W9-CBL-282

Insieme

To Barbara, Darko, Vanja, and Marko.

Insieme

an intermediate italian course

2 EDITION

ROMANA HABEKOVIĆ

University of Michigan (Ann Arbor)

CLAUDIO MAZZOLA

The College of the Holy Cross

McGraw Hill

Boston   Burr Ridge, IL   Dubuque, IA   Madison, WI   New York   San Francisco   St. Louis
Bangkok   Bogotá   Caracas   Lisbon   London   Madrid
Mexico City   Milan   New Delhi   Seoul   Singapore   Sydney   Taipei   Toronto

McGraw-Hill

A Division of The McGraw·Hill Companies

This is an  book.

Insieme
An Intermediate Italian Course

Copyright © 1998, 1994 by The McGraw-Hill Companies, Inc. All rights reserved.
Printed in the United States of America. Except as permitted under the United States
Copyright Act of 1976, no part of this publication may be reproduced or distributed in
any form or by any means, or stored in a data base or retrieval system, without the prior
written permission of the publisher.

This book is printed on acid-free paper.

5 6 7 8 9 0 QPD QPD 3 2 1

ISBN 0-07-025469-9

Editorial director: Thalia Dorwick
Developmental editors: Gregory Trauth and Ann Goodsell
Marketing manager: Cristene Burr
Project manager: Terri Edwards
Production supervisor: Rich DeVitto
Designer: Suzanne Montazer
Cover designer: Amanda Kavanagh
Editorial assistant: Beatrice Wikander
Compositor: Clarinda Company
Typeface: Galliard and Gill Sans
Printer and binder: Quebecor Press Dubuque

Because this page cannot legibly accommodate all the copyright notices, page 413
constitutes an extension of the copyright page.

Library of Congress Cataloging-in-Publication Data
Capek-Habeković, Romana, 1948–
    Insieme : an intermediate Italian course / Romana Habeković,
Claudio Mazzola. — 2nd ed.
        p.   cm.
    Includes index.
    ISBN 0-07-025469-9
    1. Italian language—Textbooks for foreign speakers—English.
I. Mazzola, Claudio.   II. Title.
PC1129.E5C37   1998
458.2′421—dc21   97-52592
                                                      CIP

http://www.mhhe.com

CONTENTS

UNITÀ II
Il discorso sull'ambiente

CAPITOLO 4   Vacanze in città   67

CAPITOLO 5   Venezia: museo o città?   88

CAPITOLO 6   Aria, acqua, terra: Istruzioni per l'uso   116

UNITÀ III
Cultura e comunicazione

UNITÀ IV
Il mondo dell'immaginario

UNITÀ V
L'Italia in transizione

PREFACE

Welcome to the Second Edition of *Insieme*, a complete program for intermediate college Italian. Aimed at building students' proficiency in all four language skills (reading, writing, listening, and speaking) and enhancing their knowledge of Italian culture, *Insieme* is a comprehensive, communication-oriented text that offers your students fascinating insights into contemporary Italian society through engaging readings, colloquial audio dialogues, and video segments.

The *Insieme* Program

Insieme consists of a main text and a combined *Workbook/Laboratory Manual.* Through the readings and video segments in the text, and the listening passages in the *Workbook/Laboratory Manual,* students not only learn to understand "real" Italian but also explore many facets of contemporary Italian society and culture. The flexible structure of *Insieme* is designed to accommodate different teaching styles and learning objectives. Unique in its balanced combination of concise grammar presentations and contemporary readings, *Insieme* exposes students to Italian culture as an integral part of learning the language. Rich, creative exercises and activities encourage students to strengthen their communication skills, while readings help them to build their vocabulary and their awareness of Italian societal and cultural issues.

New in the Second Edition

In response to extensive input from instructors and students alike, we have implemented a number of changes in the Second Edition without altering the essence of *Insieme*.

- Each chapter now begins with a dialogue illustrating a facet of the chapter topic. Recorded on the *Audiocassette Program,* these dialogues are an excellent tool for introducing students to the chapter topic.
- The **Al corrente** feature has been moved to the workbook to make room for a new video-based section, **L'Italia dal vivo**. The new video section also offers post-viewing activities.
- The two separate grammar presentations of the first edition have been combined and streamlined into a single section.

- Several of the readings from the last edition have been revised and updated. This edition also features two brand-new readings:

  Capitolo 2: «Esploratore cibernetico cercasi,» which deals with some of the difficulties faced by Italian university students and recent graduates.

  Capitolo 9: "L'italiano? Una lingua «forestiera»," which examines the influence of English on contemporary Italian.

- The design of *Insieme* has been improved in order to enhance the appeal and usability of the text.

Organization of *Insieme*

Insieme consists of five thematic units, each containing three chapters. Each chapter in a unit presents a different facet of, or perspective on, the unit's theme. The vocabulary, reading, grammar presentations, activities, and writing topics of the chapters work together to develop the unit's theme.

- Unità I: **Com'è fatta l'Italia** introduces the geography, educational system, and political structures of modern Italy.
- Unità II: **Il discorso sull'ambiente** surveys the threats to Italy's natural environment and some approaches to maintaining the equilibrium of its ecological systems.
- Unità III: **Cultura e comunicazione** provides insights into the mass media—particularly television and film—and how the media shape Italians' awareness of contemporary issues.
- Unità IV: **Il mondo dell'immaginario** explores the realm of fantasy through the writings of three of Italy's popular contemporary writers.
- Unità V: **L'Italia in transizione** examines trends in Italian society as it approaches the twenty-first century.

Each chapter consists of the following sections: **Contesto culturale, Vocabolario tematico, Lettura, Strutture, L'Italia dal vivo,** and **Mettiamolo per iscritto!**

- **Contesto culturale**
  Opening the chapter, this contextualized dialogue introduces students to the chapter theme through the use of contemporary Italian language in an everyday situation. Functioning as an advance organizer, it prepares students for the chapter's reading by acquainting them with key expressions and cultural concepts.
- **Vocabolario tematico**
  A list of key words and expressions pertinent to the chapter topic and reading is followed by exercises and activities that enable students to employ the vocabulary in various contextualized formats. The exercises and activities include grouping words into semantic categories, matching synonyms or antonyms, and using vocabulary items in contextualized sentences, narrations, and dialogues.

- **Prelettura**

  The **Prelettura** sets the stage for the reading by motivating students to approach and discuss its theme. **Entriamo nel contesto!** offers a set of brainstorming questions to draw students into a discussion of the primary concepts they will encounter in the reading. The **Strategie per la lettura** (in Chapters 1–9) introduces students to a specific reading strategy that they then practice in a brief follow-up activity. All of the **Prelettura** activities reinforce vocabulary acquisition by recycling words and phrases originally introduced in the **Vocabolario tematico**.

- **Lettura**

  The readings in *Insieme* represent a wide range of authentic literary and non-literary texts as well as several author-written texts that address various aspects of contemporary Italian society and culture. Authentic readings drawn from popular Italian newspapers and magazines include an article on the spending habits of Italian consumers that examines some drawbacks of the "new affluence" (*Il Corriere della Sera*); a feature on Italian women in the 1990s who increasingly divide their time between careers and the traditional demands of motherhood and the home (*Panorama*); and an analysis of the measures needed to turn Italy into an environmentally safe, "green" nation (*L'Espresso*). The literary readings in Unità IV include a selection of whimsical, modern fables and poetry by three well-known contemporary writers: Gianni Rodari, Stefano Benni, and Luigi Malerba. In every chapter, the reading selection is followed by **Avete capito?**, a series of comprehensive questions and exercises, and **E ora a voi!**, one or two open-ended, creative activities designed to encourage students to pursue the topic in greater depth.

- **Strutture**

  The grammar section presents and reviews the basic structures of the Italian language in a concise and contextualized fashion. Each grammar presentation is followed by a series of exercises and activities ranging from form-focused to more open-ended and interactive. Some activities are based on authentic contemporary documents. Activity types include brief conversational exchanges (**Quattro chiacchiere**) in which students fill in targeted grammar items, partner/pair activities in which students use the structure just presented, and activities based on popular newspaper and magazine ads. Grammar activities draw on the chapter theme, in order to encourage students to broaden their knowledge of Italian society and culture while strengthening their language skills.

- **L'Italia dal vivo**

  This new video-based section, complete with post-viewing activities, offers students an additional window on Italian culture and society. Footage from Italian television (RAI) gives students exposure to the language and texture of this important medium.

- **Mettiamolo per iscritto!**

  Each chapter closes with a guided writing activity that offers stimulating composition topics related to the chapter theme. **Mettiamolo per iscritto!** encourages students to expand their writing skills while practicing the grammar structures and vocabulary introduced in the chapter.

Program Components

. . . .

Insieme, Second Edition, includes the following components, designed to complement your instruction and to enhance your students' learning experience. Please contact your local McGraw-Hill sales representative for information on the availability and cost of these materials.

Available to adopters *and* to students:

Main text. (See Organization of *Insieme* above.)

Workbook/Laboratory Manual. This combined workbook and laboratory manual, coordinated thematically with the chapters of the main text, offers guided, form-focused grammar and vocabulary exercises that complement the interactive material in the main text. Special features include supplementary readings and a section focusing on everyday, popular Italian language (**Al corrente**). The laboratory program builds listening and speaking skills via pronunciation practice and focused practice on the chapter's vocabulary and grammar.

Audiocassette Program to accompany **Insieme.** Corresponding to the laboratory portion of the *Workbook/Laboratory Manual*, the *Audiocassette Program* contains recorded materials for review of vocabulary and grammatical structures, passages for extensive and intensive listening practice, and guided pronunciation practice.

Available to adopters only:

Instructor's Manual and Testing Program. Revised for the Second Edition, this practical guide offers instructors model course syllabi, guidelines for lesson planning and testing, suggestions for approaching the readings in class, and suggested techniques for teaching with *Insieme.* It also contains a complete testing program, with tests for each chapter and unit, as well as a complete videoscript.

Tapescript. This is a complete transcript of the material in the *Audiocassette Program to accompany* **Insieme.**

Video to accompany **Insieme.** Based on the *McGraw-Hill Library of Authentic Italian Materials: An Italian TV Journal*, the video contains 15 topical segments taken from Italian television (RAI) and coordinated with the chapter themes of *Insieme*. Viewing activities are presented in the main text; a videoscript appears in the *Instructor's Manual*. This video also contains 17 additional segments for possible use in class or in the language laboratory.

Slides. A set of contemporary color slides of Italy is accompanied by a booklet containing suggested commentary and questions.

Acknowledgments

• •

We would like to express our gratitude to the following instructors whose valuable suggestions contributed to the preparation of this new edition. The appearance of their names here does not necessarily constitute an endorsement of *Insieme* or its methodology.

Salvatore Bruno, *Santa Barbara City Community College*
Guiseppe Candela, *Arizona State University*
Mary Anne Carolan, *Yale University*
Denise M. Caterinacci, *Case Western Reserve University*
Sebastiano DiBlasi, *St. Joseph's University*
Giuliana Fazzion, *James Madison University*
Barbara Mangione, *University of Notre Dame*
Elisabetta Nelsen, *San Francisco State University*
Clara Orban, *DePaul University*
Tom Peterson, *University of Georgia*
Concettina Pizzuti, *Northwestern University*
Guy Raffa, *University of Texas at Austin*
Pina Swenson, *Cornell University*
Angela Zagarella-Chodosh, *Portland State University*

In addition, we would like to thank our colleagues for their continuing support and assistance in classroom-testing the original *Insieme* materials, and our students for their patience and inspiration.

Many other individuals deserve our gratitude for their contributions to this edition. We are especially grateful to Vittorio Testa who, as the native reader, edited the language for authenticity, style, and consistency; to Ann Goodsell, who edited the manuscript with clarity and incisiveness; and to James Toepper for his fine work in compiling the Italian-English vocabulary. Special thanks are also owed to several individuals whose input to the first edition can still be found in the pages of this book: Marion Lignana Rosenberg, Suzanne Cowen, Carole Cadoppi, Mara Mauri Jacobson, and Pina Piccolo.

We also wish to acknowledge the editing, production, and design team at McGraw-Hill: Karen Judd, Diane Renda, Francis Owens, Terri Edwards, and Suzanne Montazer. Margaret Metz, Cristene Burr, and the marketing and sales staff of McGraw-Hill are much appreciated for their loyal support of *Insieme* through its two editions. Finally, many thanks are owed to our editor, Gregory Trauth, who followed the book through the writing and production phases and provided us with encouragement and assistance, as well as to our publisher, Thalia Dorwick, for her continuing support and enthusiasm.

Insieme

UNITÀ I
Com'è fatta l'Italia

Un pomeriggio di relax per tutti? Dove si incontrano le persone nella vostra città?

CAPITOLO 1
Gli italiani e dove vivono

Questa è una piazza a Roma. C'è una piazza nella vostra città? È molto diversa da questa? In che modo?

Contesto culturale*

 *

L'Italia divisa   Ascoltate il dialogo almeno un paio di volte. Poi leggete le **Espressioni utili** ed interpretate le **Situazioni pratiche** insieme ad un compagno/una compagna.

In Italia le tasse imposte dal governo sono alte. Molto di questo denaro serve ad aiutare lo sviluppo del Sud d'Italia, dove ci sono poche industrie e più disoccupazione che nel Nord d'Italia. Negli ultimi anni si è diffuso tra parecchi abitanti del Nord l'opinione che sarebbe meglio se il Nord si separasse dall'Italia meridionale. Insoddisfatti da come il governo italiano amministra il denaro pubblico, e desiderosi anche di pagare meno tasse, queste persone hanno appoggiato un partito politico, la Lega Nord, che sostiene la necessità di dividere l'Italia in due parti.

Christian e Andrea stanno discutendo animatamente.

CHRISTIAN: **Non è possibile!**

ANDREA: **Ti giuro** che è così, **credimi!** Alcuni italiani del Nord vorrebbero dividere l'Italia in due.

CHRISTIAN: **Ma dai! Mi stai prendendo in giro?** Ho sentito parlare di federalismo, di autonomia delle regioni... ma dividere l'Italia in due **non ci posso credere!**

ANDREA: Beh, **prova a** leggere più spesso i giornali e vedrai. Vogliono dividere l'Italia: L'Italia del Nord, chiamata Padania, si estenderebbe fino all'Emilia Romagna, e il resto dalla Toscana in giù.

CHRISTIAN: Dici **sul serio?**

ANDREA: **Ma non è possibile** che tu non ne sappia niente!

CHRISTIAN: Devi capire che sono stato all'estero per più di tre anni.

ANDREA: È strano, comunque, perché anche la stampa straniera ne ha parlato.

CHRISTIAN: Beh, **ti assicuro che** non ne sapevo niente!

ANDREA: Va bene, va bene. Adesso lo sai.

CHRISTIAN: Ma perché vogliono separarsi? Qual è il motivo vero?

ANDREA: Soprattutto per non dover pagare tutte le tasse imposte dal governo—tasse che servono a finanziare lo sviluppo del Sud d'Italia.

CHRISTIAN: Credevo che il motivo fosse la corruzione che c'è al Sud.

ANDREA: **Ma guarda!** La corruzione c'è dappertutto... dovunque c'è denaro e politica.

CHRISTIAN: Da te **non me l'aspettavo!**

ANDREA: Cosa?

CHRISTIAN: Il tuo commento del tutto cinico.

ANDREA: Ma no, non sono per niente cinico. **Volevo dire che** sono cambiate molte cose, da quando sono iniziati i processi contro i politici corrotti, ma ci vorrà ancora del tempo.

CHRISTIAN: Spero solo di non aver bisogno del passaporto per andare da Torino a Roma.

ANDREA: No, **stai sicuro che** queste storie della secessione sono solo una moda. I veri problemi sono le tasse troppo alte, il debito pubblico e la Mafia che ancora non è stata del tutto sconfitta. Sono problemi che non si risolvono dall'oggi al domani. Ma stai tranquillo, ora che sei tornato in Italia, non ti servirà il passaporto ma solo tanta pazienza!

---

*This icon directs you to the *Audiocassette Program* for a recording of the dialogue.

ESPRESSIONI DI SORPRESA

Non è possibile! *It's not possible!*
Ma dai! *Come on!*
Mi stai prendendo in giro? *Are you kidding me?*
Non ci posso credere! *I can't believe it!*
Sul serio? *Seriously?*
Ma guarda! *Come on!*
Non me l'aspettavo! *I'd never have imagined it!*

ESPRESSIONI PER ASSICURARE QUALCUNO

Ti giuro! *I promise!*
Credimi! *Believe me!*

Prova a... *Try to . . .*
Ti assicuro che... *I assure you . . .*
Voglio dire che... *I mean . . .*
Stai sicuro che... *You can be sure that . . .*

Situazioni pratiche

Con un compagno/una compagna, interpretate le seguenti situazioni, utilizzando delle espressioni elencate sopra. Altre espressioni utili sono «Hai sentito che..?» «Corre voce che...» (*People are saying that . . .*) e «Si dice che...»

1. Studente 1 racconta a Studente 2 che un'amica si è sposata improvvisamente con un uomo molto più anziano di lei. Studente 2 reagisce con sorpresa. Studente 1 l'assicura che è vero, e aggiunge che la coppia si è già trasferita in Italia. Studente 2 reagisce di nuovo.
2. Studente 2 racconta a Studente 1 che un famoso attore è stato arrestato all'aeroporto di New York per possesso di cocaina. Studente 1 reagisce e ricorda a Studente 2 che l'attore è famoso per la sua campagna pubblica contro la droga.
3. Studente 1 incontra una compagna, Studente 2, che ha passato l'estate in Italia. Studente 2 dice che non si è divertita perché la gente era scortese, i prezzi erano altissimi e faceva troppo caldo. Studente 1 dice che è stato anche in Italia e aveva avuto un'esperienza del tutto diversa.

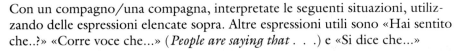

VOCABOLARIO TEMATICO

The following terms are useful for discussing various aspects of Italy's geographical and cultural diversity.

Sostantivi

l'abitudine, l'usanza *(f.)* habit, custom
l'alloggio housing
il capoluogo capital of a region
il confine boundary, border
la crescita growth
la ditta company, firm
la grandezza size

la mancanza shortage, lack
il paese country; town
il punto point
   punto di vista point of view
lo sviluppo development
il tasso rate, degree

Verbi

accorgersi to realize
affrontare to face; to confront
appartenere to be part of, belong
dividere to divide
ingrandirsi to grow
paragonare to compare
spostarsi to move, travel
svilupparsi to develop

---

*This icon indicates partner/pair and group activities.

Aggettivi

affascinante fascinating, charming
diverso different, diverse
notevole considerable, notable
pieno full
quotidiano daily
sconosciuto unknown

sorprendente surprising
straniero foreign

Altre parole ed espressioni

assieme (insieme) together
bisogna one must
cioè that is

comunque however
eppure yet, nevertheless
inoltre moreover
invece instead, rather
nonostante in spite of
parecchio quite a bit
quindi therefore
subito at first, at once, immediately

A. Completate le seguenti frasi con la scelta (*choice*) più logica.

ESEMPIO: ((L'alloggio)/ L'usanza) è sempre un problema per gli studenti
universitari.

1. (Le abitudini / I tassi) della gente di quel paese sono strane.
2. Ci sono (notevoli / inoltre) diversità (*differences*) tra alcune città italiane
geograficamente vicine.
3. (La mancanza / Lo sviluppo) di quella zona è molto importante per il paese.
4. L'amministrazione non è capace (*capable*) di (affrontare / dividere) tutti i
problemi della città.
5. (È terribile / Bisogna) sempre ricordarsi (*remember*) che molte città italiane hanno problemi simili.
6. Per molti aspetti (*In many respects*) è possibile (paragonare / appartenere)
Torino a Milano.
7. L'insediamento (*base*) industriale determina (il tasso / la crescita) delle città.
8. Ho letto (parecchio / eppure) sulla situazione politica in Italia.
9. Bologna è (invece / nonostante) uno dei centri culinari più importanti
d'Italia.

B. Abbinate (*Match*) le parole a sinistra con le definizioni o i sinonimi a destra.

1. _f_ capoluogo
2. _e_ ingrandirsi
3. _i_ dividere
4. _h_ straniero
5. _c_ comunque
6. _a_ quotidiano
7. _g_ paese
8. _b_ confine
9. _d_ cioè

a. di tutti i giorni
b. limite
c. però
d. in altre parole, per precisare
e. crescere
f. centro amministrativo di una regione
g. nazione o piccola città
h. che viene dall'estero (*abroad*)
i. separare

C. Abbinate le parole a sinistra con quelle a destra che sono sinonimi oppure (*or*)
logicamente associate.

ESEMPIO: spostarsi → svilupparsi, incontrarsi, (muoversi), accorgersi

1. alloggio   paese, ditta, casa, capolugo
2. accorgersi   appartenere, affrontare, rendersi conto, svilupparsi
3. diverso   strano, straniero, differente, notevole
4. affascinante   incantevole, sorprendente, assieme, sconosciuto
5. pieno   straniero, confine, affollato, capoluogo
6. punto di vista   mancanza, abitudine, paese, opinione

D. In gruppi di tre o quattro, cercate tutte le parole del **Vocabolario tematico** che possono essere collegate logicamente ai temi o alle categorie seguenti. Poi confrontate (*compare*) le vostre scelte con quelle degli altri gruppi della classe.

> ESEMPIO: Tema: le opinioni
> Parole: il punto di vista, accorgersi, sorprendente, sconosciuto, diverso, quindi...

> **Temi:** l'attività economica, la geografia, il modo di vivere, le città, i contrasti

PRELETTURA

This chapter's reading presents Italy as a collection of different lands within one small territory. What often astounds and delights first-time visitors to Italy is that despite the relatively small size of the country—its total land area is roughly equal to that of California—it presents a seemingly endless variety of geographical, cultural, and even linguistic diversity. The provincial capital cities of Italy, which might be only fifty or one hundred miles apart, are remarkably distinct in their history, foreign influence, local economy, and geographical setting. These differences are reflected in their dialects, which have developed over the centuries as expressions of regional lifestyle and local culture.

"Molte Italie" presents a brief overview of the "many Italies" that form this unique peninsular nation. It describes the regional and local individualism that makes Italy so appealing and unusual in this age of mass media and diminishing cultural diversity.

Entriamo nel contesto!

This section presents basic themes and questions that are dealt with in the chapter reading. The activities allow you to get acquainted with the subject matter of the reading by working with some of its key ideas, and applying them to your own cultural experience, before encountering them in the context of Italian language and culture. Make an effort to use words and expressions from the **Vocabolario tematico,** wherever appropriate, when doing these activities.

A. Rispondete alle seguenti domande.

1. Qual è la regione o la città più industriale degli Stati Uniti?
2. In quali stati, all'interno degli Stati Uniti, si trasferiscono (*move, relocate*) più spesso gli americani?
3. In quale stato americano troviamo il paesaggio (*landscape*) più vario?
4. Quali stati hanno il clima più freddo? e il clima migliore?
5. Quali sono alcune differenze fondamentali tra Los Angeles e New York?
6. Avete visitato città straniere? Elencate (*List*) le differenze che avete notato a confronto con (*in comparison with*) le città americane.
7. Ci sono delle regioni degli Stati Uniti in cui la geografia sembra (*seems*) influenzare molto le abitudini dei suoi abitanti? Quali? Cercate di descrivere alcune di queste influenze.

B. Le città americane. Abbinate ogni caratteristica a sinistra con la città più appropriata a destra.

1. _d_ bel paesaggio naturale con oceano e colline (*hills*)
2. _a_ ex-centro industriale, capitale dell'automobile
3. _h_ famoso quartiere francese
4. _f_ grandi autostrade e industria del cinema
5. _g_ sede del governo; grandi musei, biblioteche e palazzi di stile «coloniale»
6. _c_ centro bancario e culturale; enormi grattacieli e un grande parco pubblico in centro
7. _e_ vitalità commerciale e industriale; clima freddo d'inverno, con venti molto forti
8. _b_ clima tropicale; gran parte della popolazione di origine cubana

a. Detroit
b. Miami
c. New York
d. San Francisco
e. Chicago
f. Los Angeles
g. Washington, D.C.
h. New Orleans

Strategie per la lettura

Recognizing cognates. The passage you are about to read contains some words that may be unfamiliar. The first step in learning how to read a foreign-language text is to keep in mind that you don't have to stop reading every time you encounter a new word. You may be tempted to use the dictionary, but relying on it continually will not help you become a better reader. It is much more important to learn how to find your way around in a text, much as a traveler learns how to get around in unfamiliar territory by using a map.

The first useful landmark you will need to identify is the cognate—a word whose forms and meaning are similar in both languages. One obvious example is **informazione** (*information*).

Read over the following sentences, which are adapted from the chapter reading. Try to guess the meaning, first, of the underlined words, then of the entire sentence.

1. Napoli è una grande <u>metropoli</u> con <u>gravi problemi economici</u>.
2. È <u>difficile immaginare</u> le differenze <u>politiche</u> che ci sono in Italia.
3. Nel <u>Nord</u> c'è la più alta <u>concentrazione</u> di <u>industrie</u>.
4. Nel <u>periodo</u> del dopoguerra (*postwar*) c'è stata una forte <u>immigrazione</u> dal <u>Sud</u> verso il <u>Nord</u> dell'Italia.
5. Le <u>diversità geografiche</u> dell'Italia possono... spiegare le differenze di abitudini... che <u>si notano</u> non solo tra <u>regioni</u> ma anche da città a città.

LETTURA

Molte Italie

*S*e si guarda una mappa dell'Italia e la si confronta[1] con quella degli Stati Uniti viene quasi da ridere[2] a vedere quanto è piccolo quello stivale[3] nel sud dell'Europa. Per grandezza, si può infatti paragonare l'Italia a uno stato come la California. Eppure in quel piccolo paese ci sono sorprendenti differenze geografiche, 5 politiche ed economiche.

[1]la... *one compares it*   [2]viene... *it's almost laughable*   [3]*boot (the shape of Italy)*

Politicamente, l'Italia è divisa in venti regioni. Ogni regione ha un capoluogo, che è la città più importante dal punto di vista amministrativo e, di solito, anche la città più grande. Venezia, per esempio, è il capoluogo della regione Veneto; Roma è la capitale d'Italia e anche il capoluogo della regione Lazio.

10   Per chi[4] non conosce bene l'Italia è difficile immaginare che ci possano essere differenze di lingua e di abitudini da una regione all'altra. Ma bastano spesso pochi chilometri[5] per spostarsi da una grande città all'altra in due regioni diverse, e trovare due mondi differenti. Bologna, per esempio, è nell'Emilia-Romagna, a solo 90 chilometri da Firenze, che invece si trova in Toscana. Per dialetto e
15   tradizioni storiche, le distinzioni tra i due capoluoghi sono notevoli.

Il bolognese, grazie in parte al suo passato prevalentemente agricolo, è spesso considerato un bonaccione, cioè una persona d'indole[6] semplice e spontanea. È anche amante della buona cucina, la quale ha una funzione molto importante nelle attività sociali e nella vita quotidiana. (Non bisogna dimenticare, però, che
20   a Bologna c'è una delle più antiche e famose università italiane, e che Bologna è una delle città culturalmente e politicamente più attive d'Italia.) Il fiorentino, dall'altro lato degli Appennini, mantiene un senso di orgoglio[7] per il suo passato artistico ed aristocratico che risale[8] al medioevo. Fu[9] in quel periodo che il dialetto toscano cominciò[10] a evolversi in ciò che sarebbe stata[11] la lingua
25   nazionale italiana. Inoltre, dato che[12] Firenze è una città cosmopolita e frequen-tatissima[13] da turisti, il fiorentino può sembrare inizialmente meno ospitale[14] del bolognese. Esempi di due città italiane così vicine e apparentemente così diverse sono comuni.

In Italia quattro città hanno più di un milione di abitanti: Roma (2.660.000),
30   Milano (1.300.000), Napoli (1.050.000) e Torino (1.000.000). Milano, Torino e Genova appartengono a quello che è comunemente chiamato «il triangolo indus-triale», una zona nel Nord così definita per l'alta concentrazione di industrie. Du-rante il «boom economico» degli inizi[15] anni '60, le industrie di questa zona si svilupparono[16] molto velocemente. In quel periodo, si verificò[17] una fortissima
35   immigrazione dal Sud di persone in cerca di lavoro. Città come Milano e Torino si ingrandirono[18] parecchio, ma la crescita fu spesso disordinata e poco pianificata.[19] Queste città infatti non erano preparate a ricevere un così alto numero di persone; i problemi più gravi furono[20] quelli dell'alloggio e della mancanza di scuole.

Tra le maggiori città italiane, Roma conserva ancora la sua importanza storica e
40   soprattutto politica ed è forse la città più cosmopolita d'Italia. Ancora oggi molti artisti, attori, scrittori e registi provenienti[21] da paesi diversi decidono di vivere a Roma. Culturalmente è, insieme a Milano, il centro più attivo d'Italia. Milano, da parte sua,[22] offre molte possibilità ricreative ed è soprattutto il centro commerciale italiano più importante: la maggior parte delle grandi ditte internazionali ed ital-
45   iane vi[23] hanno la loro sede[24] principale.

Napoli è la grande metropoli del Sud che spesso deve affrontare gravi problemi economici, tra i quali un tasso di disoccupazione molto alto e la mancanza di adeguate strutture sociali come scuole e ospedali. Nonostante tutto, però, riesce a

---

[4]Per... *For those who*   [5]bastano... *a few kilometers is often sufficient*   [6]*nature, character*   [7]*pride*   [8]*dates back*
[9]p. remoto of essere: *It was*   [10]p. remoto of cominciare   [11]sarebbe... *would (later) be*   [12]dato... *since* (lit., *given that*)
[13]*very frequently visited*   [14]*hospitable*   [15]*beginning*   [16]p. remoto of svilupparsi   [17]si... p. remoto of verificarsi: *there took place*   [18]p. remoto of ingrandirsi   [19]*planned*   [20]p. remoto of essere: *were*   [21]*coming*   [22]da... *for its part*
[23]*there*   [24]*headquarters*

tenersi sempre a galla,[25] mostrando una vitalità sconosciuta ad altre città italiane.
50   Infatti, è grazie alla intraprendenza[26] dei napoletani che la loro città è sempre
piena di contrasti affascinanti e di un'incredibile energia culturale.

Parlando con gli italiani, è facile accorgersi che ci sono molti stereotipi che si
riferiscono agli abitanti di queste città. Per esempio, si dice che i milanesi sono
buoni lavoratori ma troppo freddi nei rapporti personali, mentre i napoletani sono
55   generosi ma hanno un atteggiamento piuttosto trascurato verso il tempo. Indub-
biamente questi sono stereotipi grossolani,[27] ma la diversità geografica dell'Italia
può, almeno in parte, spiegare alcune differenze di abitudini e costumi che si no-
tano non solo tra regioni ma anche da città a città. Resta da ricordare inoltre[28] che
ci sono profonde ragioni storiche che stanno alla base[29] della varietà del panorama
60   culturale ed economico italiano. Per molti secoli l'Italia è stata infatti divisa in tanti
piccoli stati e sotto il dominio[30] di diverse potenze straniere, comprese[31] la Francia, la Spagna e l'Austria. L'influsso delle lingue straniere sui vari dialetti, insieme
ad una geografia di montagne, valli e isole che tende a creare confini naturali tra le
varie regioni, ha permesso[32] ad ogni dialetto uno sviluppo particolare. Il dialetto è
65   l'espressione più diretta delle realtà quotidiane e dello spirito popolare delle varie
regioni attraverso[33] i secoli.

---

[25]*keep itself afloat*   [26]*initiative*   [27]*gross*   [28]*Resta... Furthermore, one must remember*   [29]*stanno... are at the root*
[30]*domination, rule*   [31]*including*   [32]*ha... permitted, allowed*   [33]*(down) through*

Avete capito?

A. Trovate l'associazione logica tra le parole a sinistra e le città a destra.

1. _d_ capitale e capoluogo
2. _f_ differenze di dialetti e abitudini
3. _g_ grande centro commerciale
4. _b_ patrimonio artistico e passato aristocratico
5. _c_ triangolo industriale
6. _h_ capoluogo del Veneto
7. _a_ grande vitalità ed energia culturale nonostante i gravi problemi
8. _e_ buona cucina; università antica e famosa

a. Napoli
b. Firenze
c. Milano, Genova, Torino
d. Roma
e. Bologna
f. Firenze e Bologna
g. Milano
h. Venezia

B. Rispondete alle seguenti domande.

1. Com'è divisa l'Italia? *l'Italia è divisa in venti regioni, dal punto di vista amministrativo,*
2. Che cos'è un capoluogo? *è la città più importante, e più grande*
3. Quali città italiane hanno più di un milione di abitanti? *Roma, Milano, Napoli*
4. Cos'è il triangolo industriale? Perché le città del triangolo industriale sono *perché il boom economico,* cresciute (*have grown*) moltissimo? *Milano, Genova, e Torino. è concentrazione industriale*
5. Quanto sono lontane Firenze e Bologna? *90 chilometri*
6. Quale città può essere considerata il centro artistico e culturale dell'Italia? *Roma Firenze* Qual è il centro commerciale più importante? *Milano*
7. In quale città italiana vi sono enormi problemi economici e sociali e una grande vivacità culturale? *Napoli*
8. Quali sono alcuni dei motivi storici che possono aver alimentato (*con-tributed to*) le differenze fra le varie regioni italiane? *la geografia montagne, e il dominio di straniere potenze comprese la Spagna, la francia, e l'Austria*

E ora a voi!

A. Guardate la mappa d'Italia a pagina 9 e rispondete alle seguenti domande.

1. Quali città sono situate nel Nord d'Italia? E nel Sud?
2. Secondo voi, dove andrebbero (*would go*) gli italiani d'inverno, per fare una vacanza sciistica (*skiing*)?
3. L'Italia è un paese in cui il turismo ha una grande importanza. Secondo voi, quali sono i posti più frequentati (*the most heavily visited spots*)?
4. Ci sono singoli stati negli Stati Uniti che offrono una diversità geografica paragonabile (*comparable*) a quelle della penisola italiana? Se sì, quali?

B.   Esodo (*Exodus*) dalle grandi città. In molte città italiane, problemi come il traffico automobilistico, il rumore, l'inquinamento e lo spaccio della droga (*drug dealing*) minacciano sempre di più la tranquillità dei cittadini. Negli ultimi anni, molti italiani hanno lasciato le metropoli italiane per stabilirsi (*settle down*) in piccoli centri urbani o in campagna.

Questo grafico illustra (in migliaia di unità [*thousands of units*]) la distribuzione della popolazione italiana (negli anni 1971, '81 e '87) tra grandi città, piccoli centri urbani e campagna. Studiate il grafico e le informazioni date, e cercate la risposta corretta elle seguenti domande.

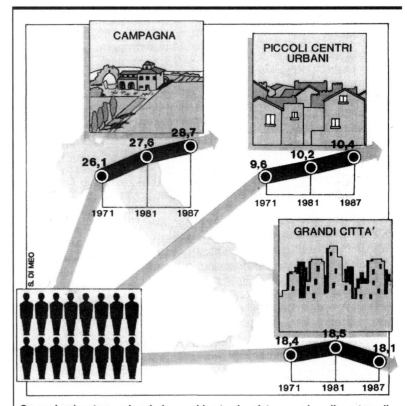

1. Nel 1987, la più alta concentrazione della popolazione in Italia si è registrata
   a. in campagna.
   b. nelle grandi città.
   c. nei piccoli centri urbani.
2. In campagna, tra il 1971 e il 1981, la popolazione è cresciuta di (*by*)
   a. mezzo milione di abitanti.
   b. un milione di abitanti.
   c. un milione e mezzo di abitanti.
3. L'esodo dalle grandi città è avvenuto (*took place*) particolarmente nel periodo
   a. dal 1971 al 1987.
   b. dal 1971 al 1981.
   c. dal 1981 al 1987.

Come si può notare, nel periodo considerato si registra un calo nelle metropoli, a vantaggio dei piccoli centri e soprattutto della campagna. Qui la popolazione passa da 26 milioni e 100 mila abitanti nel '71, a 28 milioni e 700 mila nell'87; più del metà della popolazione italiana che nell'87 era di 57 milioni e 291 mila abitanti (Fonte: Istituto nazionale di sociologia rurale).

4. La popolazione dell'Italia dal 1971 al 1981
   a. è diminuita.
   b. si è stabilizzata.
   c. è aumentata.
5. Dal 1971 al 1981 la crescita più marcata della popolazione si è concentrata
   a. nelle grandi città.
   b. nei piccoli centri urbani.
   c. in campagna.

STRUTTURE

1. Pronomi personali soggetto

SINGOLARE		PLURALE	
io	*I*	noi	*we*
tu	*you* (informal)	voi	*you*
lui	*he*	loro	*they*
lei	*she*		
Lei	*you* (formal)	Loro	*you* (formal)

Personal pronouns are often omitted in Italian because verb endings indicate the person and number of the subject. However, they are normally used.

1. to avoid ambiguity or to draw a distinction between subjects.

   Io mi alzo presto, ma **tu** sei capace   *I get up early, but you're*
   di dormire tutto il giorno!   *capable of sleeping all day!*

2. for special emphasis, particularly with such expressions as **anche** and **solo.**

   Solo **voi** passate ogni estate   *Only you spend every summer in*
   nel Colorado.   *Colorado.*

Note the position of subject pronouns in certain emphatic sentences.

   —Voglio pagare **io.**   *I want to pay.*

2. Presente indicativo dei verbi regolari

Forms

There are three conjugations of Italian verbs: **-are, -ere,** and **-ire.** All regular verbs follow one of the patterns of endings shown in the chart.

	ascoltare	ripetere	sentire	finire
io	ascolto	ripeto	sento	finisco
tu	ascolti	ripeti	senti	finisci
lui lei, Lei	ascolta	ripete	sente	finisce
noi	ascoltiamo	ripetiamo	sentiamo	finiamo
voi	ascoltate	ripetete	sentite	finite
loro Loro	ascoltano	ripetono	sentono	finiscono

Some -**ire** verbs require -**isc** between the stem and the ending in all but the **noi** and **voi** forms. Other common verbs in this category are **capire, inserire, preferire, pulire, restituire, spedire,** and **suggerire.**

Variations in the spelling and pronunciation of verbs ending in -**care**, -**gare**, -**gere**, -**ciare**, -**giare**, and -**iare** can be found in Appendix I.

Uses

The present indicative expresses

1. an action taking place at the present time.

    Leggo un libro.   *I'm reading a book.*

2. an imminent future action.

    Domani pomeriggio **pulisco** la   *Tomorrow afternoon I'll clean*
    casa.   *the house.*

3. a repeated action.

    Telefoniamo a casa ogni setti-   *We phone home every week.*
    mana.

4. an action begun in the past and continuing in the present, conveyed by two possible patterns:

    a. *present +* **da** *+ time expression*

        Studio l'italiano **da** un paio   *I have been studying Italian for a*
        d'anni.   *couple of years.*

    b. **È** *or* **sono** *+ time expression +* **che** *+ present-tense verb*

        È un mese ormai **che cerco** uno   *I have been looking for a decent*
        zaino decente.   *backpack for a month now.*
        Sono due anni **che studio** l'ita-   *I have been studying Italian for*
        liano.   *two years.*

3. *Essere* e *avere*

essere		avere	
sono	siamo	ho	abbiamo
sei	siete	hai	avete
è	sono	ha	hanno

Un po' di pratica

A. Io, tu e gli altri. Completate gli scambi con la forma adatta del pronome personale dove necessario.

1. —Come mai *loro* non parlano? Perché parli solo *tu* ?
2. —Va' al cinema ____, se vuoi; ____ non mi sento di (*I don't feel like*) vedere film violenti.
3. —Cosa fanno quei signori?
   —____fa la scultrice e ____ è direttore d'orchestra.
4. Oggi ____puliamo il bagno e ____ due lavate i piatti.

B. Dialoghi-lampo. Fate le domande e rispondete con le forme adatte dei verbi regolari, secondo gli esempi.

1. ESEMPIO: parlare →
   —Perché non parlate?
   —Parliamo già troppo!

   Verbi: studiare, leggere, lavorare, dormire, ripetere, pagare

2. ESEMPIO: lavorare →
   —Lavori subito?
   —No, lavoro dopo.

   Verbi: decidere, cominciare, telefonare, partire, scrivere, mangiare

3. ESEMPIO: aspettare →
   —Aspetta solo Lei?
   —No, aspettano anche gli altri.

   Verbi: soffrire, entrare, rispondere, scappare (*to run along*), partire, scendere

C. Dimmi tutto! Luca è un gran ficcanaso (*busybody*). Vuole sempre sapere tutto sugli (*about*) altri. Rispondete pazientemente alle sue domande con le forme adatte dei verbi regolari, usando le parole in parentesi secondo l'esempio.

ESEMPIO: —Quando parti per Napoli? (domani)
   —Parto domani.

1. Che cosa scrivi? (una lettera)
2. Chi aspetti? (un amico)
3. Quanto spendi per i vestiti? (poco)

4. Quali corsi segui questo trimestre? (matematica, biologia e letteratura inglese)
5. Quando torni a Roma? (sabato)
6. Che cosa dimentichi sempre? (le chiavi)

E ora Luca ripete le stesse domande a due amici. Fate le domande e rispondete.

> ESEMPIO: —Quando partite per Napoli?
> —Partiamo domani.

D. Discorsi d'università. Con un compagno/una compagna di classe, parlate dei corsi e degli studi universitari. Fate le domande e rispondete secondo l'esempio.

> ESEMPIO: perché / studiare italiano →
> —Perché studi italiano?
> —Perché canto e studio musica d'opera. E tu?
> —Io studio italiano perché amo la cultura e la moda italiana.

1. come / arrivare all'università
2. dove / mangiare sul *campus*
3. con chi / studiare, di solito
4. quando / finire le lezioni ogni giorno
5. quale corso / preferire, e perché

Ora andate avanti con vostre domande.

4. Articolo determinativo

Forms

The form of the definite article (meaning *the*) is determined by the gender, number, and first letter of the word that follows it. This chart shows all the variants.

MASCHILE		
	Singolare	*Plurale*
before most consonants: **il, i** before **s** + consonant, **z, ps: lo, gli**	**il** paese **lo** stereotipo **lo** zaino **lo** psicologo	**i** paesi **gli** stereotipi **gli** zaini **gli** psicologi
before vowels: **l', gli**	**l'**alloggio	**gli** alloggi
FEMMINILE		
	Singolare	*Plurale*
before all consonants: **la, le**	**la** ditta **la** strategia **la** zebra **la** psicologa	**le** ditte **le** strategie **le** zebre **le** psicologhe
before vowels: **l', le**	**l'**abitudine	**le** abitudini

Uses

1. In contrast to English, the definite article is rarely omitted in Italian. It is used

   - before a specific item or person, in the singular or plural.

     il paese, **la** città, **lo** studente, **i** capoluoghi, **le** regioni, **gli** immigranti

   - before abstract nouns and nouns that refer to an abstract concept or a phenomenon in its entirety.

     La pazienza è una virtù.
     Lo spaccio della droga è un problema molto grave.
     I piccoli paesi sono più tranquilli.

   - before family names or titles when speaking or writing *about* people.

     Lo zio Eugenio vive nel centro storico.
     La professoressa Fredi studia i dialetti dell'Italia meridionale.

   - before nouns referring to body parts or personal possessions.

     Pinocchio ha **il** naso lungo.
     Porto **gli** occhiali (*glasses*).

   - before most geographical names.

     Quale regione preferisci, **il** Lazio o **l'**Umbria?

   - before days of the week to indicate a repeated action (all days except **domenica** are masculine).

     Il sabato lavoro ma **la** domenica sono libera.

   - in most cases, before the names of languages.

     Il cinese è tanto difficile. Preferisco **lo** spagnolo!

2. The definite article is omitted

   - before family names or titles when addressing people directly.

     Zio Eugenio, vieni da noi questa volta!
     Professoressa Fredi, quello che dice è veramente interessante.

   - before unmodified names of cities and small islands.

     Cagliari è il capoluogo della Sardegna.
     Capri è un'isola meravigliosa nel golfo di Napoli.

   - after **essere** and verbs expressing changes of status, such as **diventare** (*to become*) and **eleggere** (*to elect*), followed by an unmodified profession.

     John Kennedy è diventato (*became*) presidente nel 1960.

Attenzione!   The definite article is *always* used in the expression **fare il/la** + *professione.*

   La madre di Tommaso è giornalista: fa la giornalista.

Un po' di pratica

A. Articoli... di moda. La pubblicità seguente presenta una linea italiana di abbigliamento (*clothing*) ed accessori. Guardate l'elenco (*list*) dei prodotti offerti da questo stilista.* Solo i primi sei prodotti sono accompagnati dai rispettivi articoli determinativi. Inserite (*Provide*) quelli che mancano.

LE GIACCHE. I TAILLEURS. I BLAZERS.
GLI ABITI. LE T-SHIRTS. I PANTALONI.
GONNE. GIUBBOTTI.ᵃ CAMICIE.
BLOUSONS.ᵇ SAHARIANE.ᶜ POLO.ᵈ
MAGLIONI. CARDIGANS. SPUGNE.ᵉ
PLAIDS. FOULARDS.ᶠ POCHETTES.ᵍ
CRAVATTE. BORSE. ZAINI.
SACCHE.ʰ VALIGIE. SCARPE.
SANDALI. GUANTI. CINTURE.
CARTELLE.ⁱ OMBRELLI. JEANS.
FELPE.ʲ OCCHIALI. PROFUMO.
ARGENTI.ᵏ PORCELLANE. MONDO

Nazareno Gabrielli

ᵃ*bomber jackets*
ᵇ*lumber jackets*
ᶜ*safari jackets (f.)*
ᵈ*turtleneck jerseys (f.)*
ᵉ*terry-cloth sportswear*
ᶠ*scarves*
ᵍ*clutch bags (f.)*
ʰ*knapsacks*
ⁱ*briefcases*
ʲ*sweatsuits*
ᵏ*silver jewelry and accessories*

B. Quattro chiacchiere.† Completate gli scambi con la forma adatta dell'articolo determinativo.

1. —Come sono cari ____ appartamenti qui a Milano!
   —Caro mio, ____ costo della vita è alto dappertutto.
2. —Secondo Lei, quali sono ____ problemi più gravi della nostra regione?
   —Secondo me, ____ mancanza di scuole e ____ sviluppo troppo rapido dell'industria.
3. —Vedi spesso ____ professor Rossi?
   —No, lo vedo solo ogni tanto (*once in a while*). Ora abita a Montalcino con ____ famiglia; insegna ____ greco e ____ latino in un liceo.
   —E ____ professore trova bella ____ Toscana?
   —Sì, tanto!
4. —Quali sono ____ ore di ricevimento della professoressa Marino?
   —È in ufficio ____ lunedì e ____ giovedì dalle 2 alle 3.
5. —Lo sapevi (*Did you know*) che ____ moglie di Tommaso è avvocatessa?
   —E lui fa ____ ingegnere. Caspita, saranno (*wow, they must be*) ricchi!

---

*Nouns in this list that are borrowed from foreign words and end in **-s** are masculine unless otherwise indicated.
†**Fare quattro chiacchiere** means "to chat."

5. Sostantivi

Gender of nouns

This table shows the most common masculine and feminine singular noun endings.

GENDER	ENDING	EXAMPLE
maschile	**-o**	il lib**r**o
femminile	**-a**	la cas**a**
maschile o femminile	**-e**	il giornal**e**
		la lezion**e**

There are many exceptions to these patterns—remember that ending are *not* always reliable indicators of gender. However, some general categories of noun endings can help you determine gender.

Masculine

1. **-ore; il colore, l'umore** (*mood*), **il rumore**
2. **-ma, -ta, -pa** (words derived from Greek): **il sistema, il poeta, il papa** (*Pope*)
3. words ending with a consonant: **il bar, il film**

Feminine

1. **-à and -ù: la felicità, la virtù**
2. **-i, -ie, -(z)ione: la tesi** (*thesis*), **la specie** (*kind, species*), **la stagione, la nazione**
3. **-(tr)ice: la radice** (*root*), **l'attrice**

Nouns ending in **-ista** and many ending in **-ga** and **-e** can be either masculine or feminine, depending on the gender of the person to whom they refer. Use the context (accompanying adjectives and articles) to determine gender.

> **il** giornalista american**o** e **la** giornalista italian**a**
> **i** giornalist**i** american**i** e **le** giornalist**e** italian**e**
> **il** collega simpatic**o** e **la** collega antipatic**a**
> **i** collegh**i** simpatic**i** e **le** collegh**e** antipatic**he**
> **il** cantante pover**o** e **la** cantante ricc**a**
> **i** cantant**i** pover**i** e **le** cantant**i** ricch**e**

Abbreviated nouns retain the gender of the words from which they derive: **il cinema** (from **cinematografo**), **l'auto** (*f.*), **la foto, il frigo, la moto,** etc. Items referred to by their brand names retain the gender of the generic category they belong to: **la FIAT, il Frigidaire, il Macintosh,** etc.

Changes in endings and irregular forms

Some nouns referring to people change gender by changing endings. Here are the most common instances.

MASCHILE → FEMMINILE		
-o, -e → **-a**	ragazz**o**	→ ragazz**a**
	camerier**e**	→ camerier**a**
-o, -e, -a → **-essa**	avvocat**o**	→ avvocat**essa**
	dottor**e**	→ dottor**essa**
	poet**a**	→ poet**essa**
-tore → **-trice**	scul**tore**	→ scul**trice**

1. Note these pairs of words whose masculine and feminine forms differ markedly.

   dio, dea (*god, goddess*)   marito, moglie (*husband, wife*)
   re, regina (*king, queen*)   maschio, femmina (*male, female*)
   strega, stregone (*witch, sorcerer*) uomo, donna (*man, woman*)

2. Generally, the names of fruits are feminine but the trees on which they grow are masculine: **la pera** (*pear*), **il pero** (*pear tree*).

Attenzione!   These rules provide a solid grounding, but it is important to learn the gender of new vocabulary words along with their meaning. Many words that differ "only" in gender have completely different meanings: **il fine** (*purpose*), **la fine** (*end*); **il modo** (*way*), **la moda** (*fashion*); **il posto** (*seat, place*), **la posta** (*mail, post office*).

Un po' di pratica

A. Maschile/femminile. Completate le frasi con le forme adatte dei sostantivi, secondo il caso.

ESEMPIO: Stefania Sandrelli è un'attrice italiana.
(Gérard Depardieu / francese) →
Gérard Depardieu è un attore francese.

1. Alberto era il marito della regina Vittoria d'Inghilterra. (Giuseppina / dell'imperatore Napoleone di Francia)
2. Apollo era un dio del panteon greco. (Minerva / panteon romano)
3. Christian Barnard è un dottore sudafricano. (Helen Caldecott / australiana)
4. El Greco era un pittore spagnolo. (Artemisia Gentileschi / italiana)*

---

*Artemisia Gentileschi fu (*was*) un'importante artista romana del Seicento (*seventeenth century*).

5. Shirley MacLaine è la sorella di Warren Beatty. (Peter Fonda / Jane Fonda)
6. Günter Grass è uno scrittore tedesco. (Oriana Fallaci / italiana)
7. Emily Dickinson era una poetessa americana. (Giosuè Carducci / italiano)
8. Maddalena è un nome di donna italiana. (Michele / italiano)
9. Elisabetta II è la regina d'Inghilterra. (Juan Carlos / di Spagna)

B. Quattro chiacchiere. Completate gli scambi con la forma adatta dell'articolo determinativo.

1. —_____ sistema scolastico americano ha dei grossi problemi.
   —D'accordo, senatore, ma ne possiamo migliorare _____ situazione?
2. —Conosci _____ film «Roma»? Di chi è?
   —È di Fellini, _____ regista italiano più famoso.
3. —Giulio, guarda _____ programma del concerto. Chi canta stasera?
   —Kiri te Kanawa, _____ cantante che abbiamo visto alla TV.
4. —Alberto, come va? Hai finito _____ tesi?
   —Non ancora, ma quasi. La finirò entro _____ fine del semestre.
5. —Ragazzi, guardate _____ foto. Quali sono i colori della bandiera italiana?
   —Mi dispiace, professoressa. Ho dimenticato di studiare _____ lezione.
   —E qual è _____ città principale del Piemonte?
   —È Torino, dove fanno _____ FIAT.

Plural nouns

Most regular nouns form the plural according to a simple pattern based on the last letter of the singular.

SINGOLARE → PLURALE		
-o → **-i**	il li**bro**	→ i li**bri**
-a → **-e**	la ca**sa**	→ le ca**se**
-e → **-i**	il giorna**le**	→ i giorna**li**
	la lezio**ne**	→ le lezio**ni**

Masculine

1. **-co** endings: The plural varies, depending on whether the next-to-last syllable is stressed or not.

NEXT-TO-LAST SYLLABLE STRESSED: **-co** → **-chi**
par**co** → par**chi**
gio**co** → gio**chi**
elen**co** → elen**chi**

Exceptions: greco, nemico, porco, and **stomaco** all follow the pattern **amico → amici.**

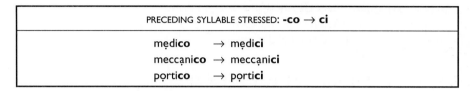

PRECEDING SYLLABLE STRESSED: **-co** → **ci**
mędico → mędici
meccąnico → meccąnici
pǫrtico → pǫrtici

Exception: carico (*burden, load*) → carichi

2. **-go** endings: The plural usually ends in **-ghi,** as in **luogo → luoghi.** Exceptions are mostly scholarly and professional titles: **psicologo → psicologi, antropologo → antropologi,** etc.

3. **-io** endings: The plural varies, depending on whether or not the final **i** is stressed.

i in **-io** stressed → **-ii**	zįo	→ zįi
i in **-io** unstressed → **-i**	fįglio	→ fįgli

4. **-ma, -ta, -pa** endings: The plural changes to **-i** as in **il sistema → i sistemi, il profeta → i profeti, il papa → i papi.**

Feminine

1. **-ca** and **-ga** endings: The plural changes to **-che** and **-ghe,** as in **l'amica → le amiche, la bottega** (*shop*) **→ le botteghe.**

2. **-cia** and **-gia** endings: The plural varies, depending on whether or not the **i** is stressed.

i in **-cia** stressed → **-cie**	farmacįa	→ farmacįe
i in **-cia** unstressed → **-ce**	arąncia	→ arąnce
	minąccia (*threat*)	→ minącce
i in **-gia** stressed → **-gie**	bugįa (*lie*)	→ bugįe
i in **-gia** unstressed → **-ge**	spiąggia (*beach*)	→ spiągge

Invariable plurals

The following classes of nouns, both masculine and feminine, do not change in the plural.

1. Nouns of one syllable: **il re→ i re, la gru** (*crane*) **→ le gru.**
2. Nouns that end in a stressed vowel: **il caffè→ i caffè, l'unità→ le unità.**
3. Nouns borrowed from another language: **lo sport→ gli sport, la performance→ le performance.***

---

*Plural nouns borrowed from other languages sometimes end in -s; **la T-shirt → le T-shirts.**

4. Nouns ending in **-i** and **-ie: il brindisi** (*toast* [*to one's health*])→ **i brindisi, la specie**→ **le specie.**
   Important exception: **la moglie → le mogli.**
5. Abbreviated versions of nouns: **il cinema**→ **i cinema, l'auto**→ **le auto.**

Irregular and variable plurals

1. A few nouns have completely irregular plural forms: **il bue** (*ox*)→ **i buoi, il tempio** (*temple*)→ **i templi, il dio**→ **gli dei, l'uomo**→ **gli uomini.**
2. Some masculine nouns become feminine in the plural: **il braccio** (*arm*) → **le braccia, il ciglio** (*eyelash*) → **le ciglia.** Other nouns following this pattern: **il dito** (*finger*), **il labbro** (*lip*), **il miglio** (*mile*), **il paio** (*pair*), **l'osso** (*bone*), **l'uovo** (*egg*).

Un po' di pratica

A. Una visita a Roma. Completate il seguente brano, mettendo al plurale i sostantivi tra parentesi.

> Roma è una città molto pittoresca, con (parco)[1] pieni di monumenti antichi. È famosa anche per i suoi palazzi, (portico)[2] ed (arco)[3] di stile classico. Essendo un centro amministrativo e politico, Roma ospita molti (politico)[4] italiani e stranieri. C'è sempre presente anche un gran numero di (storico)[5] ed (archeologo)[6] che si occupano della Roma antica. La città offre molti (luogo)[7] interessanti da vedere ed è anche possibile organizzare (viaggio)[8] nei suoi dintorni (*surrounding areas*).

B. Geografia e abitudini. Completate le frasi, scegliendo la parola adatta dalla colonna a destra e mettendola al plurale nelle frasi della colonna a sinistra.

1. Abruzzo, Umbria e Lazio sono _____ del Centro.	industria
2. Le _____ che compriamo nel Sud d'Italia sono molto dolci (*sweet*).	barca
3. Nel Golfo di Napoli ci sono molte piccole _____.	spiaggia
4. D'estate molti italiani vanno sulle _____ del Mar Tirreno.	arancia
5. Nelle grandi città molte _____ restano (*remain*) aperte anche nei giorni festivi.	farmacia
6. Le _____ più importanti si trovano al Nord.	provincia

C. Coppie (*Couples*) famose. Alternandovi con un compagno/una compagna di classe, date una categoria per ognuna di queste «coppie». Chi, o che cosa, sono?

ESEMPIO: Mead e Levi-Strauss → Sono antropologi.

Persone o cose: antropologo, auto, città, dio, papa, spiaggia, poeta, re, amico, sport, medico

1. Dante e Wordsworth   **2.** il tennis e il calcio   **3.** Paolo VI e Giovanni Paolo II   **4.** una Mercedes e una Chevy   **5.** Calvin e Hobbes   **6.** Madrid e Montreal   **7.** Christian Barnard e Doogie Howser   **8.** Apollo e Giove (*Jove*)   **9.** Enrico VIII e Luigi XIV   **10.** Waikiki e Daytona

L'ITALIA DAL VIVO *

Sculture di neve sul lago di Misurina

Prima visione. Guardate attentamente il video la prima volta *senza audio*. Poi cercate di rispondere alle seguenti domande.

1. Quale vi sembra sia l'argomento del video?
2. Di solito, quale stagione associate con l'Italia?
3. Secondo voi, quanti anni hanno le persone presentate nel filmato?
4. Cosa stanno facendo?
5. Vi pare che si stiano divertendo?
6. Il video vi ricorda della vostra infanzia quando giocavate sulla neve?

Seconda visione. Leggete il **Vocabolario utile** e guardate il video ancora due volte. La prima volta guardate ed ascoltate solo le informazioni generali. La seconda volta leggete l'esercizio che segue e cercate delle informazioni specifiche che vi servono per completarlo.

VOCABOLARIO UTILE

l'infanzia	*childhood*
la motoslitta	*snowmobile*
il pupazzo di neve	*snowman*
il regolamento	*regulation*
il sogno	*dream*
cimentarsi	*to test oneself*
darsi da fare	*to get busy with something*
giungere	*to arrive*
improvvisarsi	*to throw oneself into something*
ghiacciato	*frozen*
rigido	*strict*
al di sotto di	*under, below*

Comprensione

Vero o falso? Scegliete la risposta giusta.

V   F

1. ____ ____   Diciannove squadre di ragazzi di otto paesi europei hanno partecipato a questa gara.

2. ____ ____   I ragazzi potevano usare solo le mani per fare le sculture.

————

*This icon directs you to the *Video to accompany Insieme*.

	V	F	

3. ____ ____ Una delle sculture rappresentava un personaggio di un fumetto (*comic strip*) popolare.

4. ____ ____ Secondo una leggenda popolare, durante la notte le sculture si sarebbero animate. (**animarsi:** *to come to life*)

5. ____ ____ La scultura che ha vinto si chiamava *Notturno indiano* ed era stata fatta da una squadra tedesca.

6. ____ ____ La banda delle truppe alpine ha partecipato alla premiazione (*award ceremony*).

Variazione

1. Con cinque o sei frasi semplici, descrivi cosa facevi da bambino/bambina quando c'era molta neve.
2. Insieme ad un compagno/una compagna, scrivete un volantino (*flyer*) che dovrebbe attirare i turisti italiani in una particolare località negli Stati Uniti. Potrebbe essere la vostra università, la vostra città, il posto dove andate a sciare, ecc. Quali manifestazioni di gruppo (tipo quella descritta nel video) organizzereste per intrattenere i turisti?

METTIAMOLO PER ISCRITTO!

*

Viaggi e visite. Scegliete uno di questi argomenti come tema. Cercate di usare il più possibile (*as much as possible*) il presente indicativo dei verbi regolari, una varietà di sostantivi e i vocaboli di questo capitolo.

1. Preparate un breve itinerario per un viaggio in Italia. Scegliete due o tre luoghi da visitare, e dite quello che avete intenzione di fare in ciascun (*each*) luogo.
2. Franco e Mirella, due vostri amici italiani, vi fanno visita e vogliono fare esperienze di vita in una «tipica» città americana. Scrivetegli (*write them*) una lettera in cui descrivete alcune delle caratteristiche della città dove abitate. (Scrivete anche dei problemi, se ce ne sono.)

---

*All main writing activities are indicated by this icon.

CAPITOLO 2
La scuola e gli studi

L'Università Bocconi. In quale città si trova? Perché è così famosa? Come si potrebbero descrivere gli studenti che si vedono in questa foto?

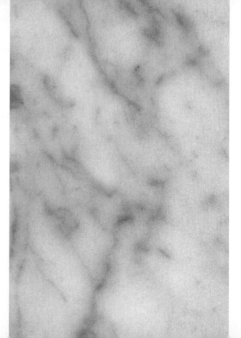

Contesto culturale

In bocca al lupo!   Ascoltate il dialogo almeno un paio di volte. Poi leggete le **Espressioni utili** ed interpretate le **Situazioni pratiche** insieme ad un compagno/una compagna.

Frequentare l'università per un giovane italiano è un'esperienza completamente diversa da quella di uno studente americano. L'accesso ai corsi e pressoché gratuito, ma le aule sono sempre affollate, gli esami sono molto difficili e alla fine solo uno studente su quattro arriva alla laurea. La maggior parte degli studenti italiani rimane nella propria città a studiare, e quindi preferisce vivere in famiglia.

Luisa sta uscendo di casa di fretta. La madre la ferma proprio sulla porta.

MADRE: Dove corri? Guarda che mi ricordo! Oggi è l'ultimo giorno dell'**appello** estivo dell'esame di pedagogia. Lo fai o no?

LUISA: Dai, mamma! Sai che non mi piace parlare prima di **fare un esame.**

MADRE: Allora, lo fai?

LUISA: Se mi va, sì.

MADRE: Come «Se mi va, sì»?

LUISA: Beh, se ci sono troppi iscritti prima di me, preferisco farlo alla prossima sessione, cioè tra un mese.

MADRE: Ma se sei preparata, perché rimandare?

LUISA: Mamma, non è una questione di essere preparati o no.

MADRE: E allora, cos'è?

LUISA: Ci sono tante componenti...

MADRE: Sono le solite storie, il professore cattivo...

LUISA: No, pignolo—e poi ha degli **assistenti** che sono il terrore della facoltà. Pensa che nessuno vuole preparare la tesi con loro.

MADRE: A proposito... la tua tesi?

LUISA: Oggi vado a parlare con il **relatore** per sistemare alcune cosette nell'ultimo capitolo. Spero di **consegnarla** tra tre settimane.

MADRE: E io spero che, almeno quando andrai a **discutere la tesi,** avrai la cortesia di dirmelo...

LUISA: Come sei pesante, mamma! Ora, però, lasciami andare, altrimenti il professore se ne va...

MADRE: Va be', vai. Ma il corso di storia dello spettacolo non lo **segui** più?

LUISA: No, la frequenza non è obbligatoria. Finito l'interrogatorio? Adesso scappo, un'altra domanda delle tue e ti confesso di non essere mai andata all'università.

MADRE: Sì, fai anche la spiritosa!

ESPRESSIONI UTILI NEL MONDO UNIVERSITARIO

appello	*administration of an exam*
fare un esame (sostenere un esame)	*to take an exam*
assistente	*junior faculty member*
consegnare la tesi	*to hand in one's thesis*
discutere la tesi	*to defend one's thesis*
relatore	*thesis advisor*
seguire un corso	*to take a course*

Completate le seguenti frasi con una delle espressioni elencate sopra.

1. Non ho studiato per _____ di dicembre dell'esame di psicologia.
2. Non ho ancora parlato con _____ per il titolo della tesi.
3. Ieri _____ l'ultimo esame e fra un mese _____ la tesi.
4. Quando si _____ la tesi, bisogna parlare davanti a dieci professori.
5. Il corso non lo _____ perché il professore è noioso.

Situazioni pratiche

Con un compagno/una compagna, interpretate le seguenti situazioni.

1. Studente 1 segue un corso di laurea ma è molto indietro perché ha un lavoro part-time. Incontra per strada Studente 2, che sta pensando di cercare un lavoro part-time. Chiede a Studente 1 la sua opinione della possibilità di lavorare e studiare allo stesso tempo.
2. Studente 2 propone a Studente 1 di andare a passare il fine-settimana al mare. Studente 1 deve rinunciare perché ha molto da studiare. Per convincerlo/la di rimandare gli studi, Studente 2 descrive la bellezza della casa al mare, la spiaggia, ecc. Studente 1 cerca di tenere valida l'offerta per un'altra volta.

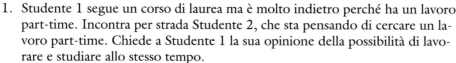

VOCABOLARIO TEMATICO

The following terms are useful for discussing education in Italy.

Sostantivi

il disagio hardship
la disciplina subject of study
il docente university lecturer
le elementari elementary school
la facoltà university department
il liceo high school
la scienza ambientale environmental science
la scuola media middle school
le tasse universitarie tuition

Verbi

abbandonare to leave
apprezzare to appreciate
dare un esame to take an exam
frequentare to attend
iscriversi (a) to register, enroll (n)
laurearsi (a) to graduate (from ι university)
laurearsi (in) to get a degree (ın)
occuparsi (di) to be busy with
spingere to push

Aggettivi

affollato crowded
duro difficult
scadente declining
vuoto empty

Altre parole ed espressioni

prendere la laurea to get a degree
sostenere gli esami to take exams
superare l'esame to pass an exam

A. Definite in italiano le seguenti parole.

1. la tesi
2. il docente
3. sovraffollato
4. scadente

B. Scegliete il verbo giusto nel contesto di ogni frase.

ESEMPIO: Da quanto tempo frequenti/affronto università?

1. Le aule sono troppo _____ (affollate/vuote): non ci stanno tutti gli studenti.
2. Voglio _____ (laurearmi/sposarmi) in giurisprudenza.
3. Pochi _____ (superano/prendono) l'esame di ammissione.
4. Questo corso è _____ (scadente/buono): il professore insegna male.
5. Gianni vuole (affrettarsi/iscriversi) a un'università americana.
6. Mara, tu (spingi/riesci) a finire la tesi per la fine dell'anno accademico?
7. Fra due mesi Roberto (apprezza/consegna) la tesi.

C. Completate le seguenti piccole conversazioni con alcune delle parole del **Vocabolario tematico.**

1.
   ILARIA: Andrea, hai intenzione di _____ti all'università quest'anno?

   ANDREA: Non lo so ancora. Devo vedere se la _____ d'ingegneria offre corsi utili per il mio piano di studi.

   ILARIA: Allora vuoi _____ti in ingegneria?

   ANDREA: Sì, ma il corso di laurea è molto lungo. È difficile _____ la laurea in meno di cinque anni. Forse deciderò di frequentare un corso più breve, come economia e commercio. È una _____ difficile!

2.
   FRANCO: Ormai ci sono troppi studenti e non abbastanza professori all'università. Guarda! Tutti i corsi sono _____. Non _____ neanche a trovare un posto (*place*) da sedermi. Succede anche a te?

   VIRGINIA: Ora non ho questo problema. Per fortuna devo solo _____ la tesi!

3.
   PAOLA: Mi sembra inutile studiare e basta! Io voglio avere il tempo di _____ mi anche di problemi sociali. Ma i miei genitori mi _____ a laurearmi in quattro anni. Non vogliono più pagare le tasse (*tuition*).

   MARIANGELA: C'è troppo materialismo in giro! I genitori non _____ più l'idealismo!

· ·

PRELETTURA

This chapter's reading, "Esploratore cibernetico cercasi," is a journalist's overview of the problems facing the Italian university system and university students: a high dropout rate, overcrowding due to open admission policies, and sluggish responses to economic and social change. The article questions whether the universities are training students appropriately for the technology-dominated job market of the future.

Entriamo nel contesto!

A. Rispondete alle seguenti domande.

1. Quali sono le spese più importanti che deve affrontare uno studente universitario?
2. Potete enumerare quattro o cinque caratteristiche che a vostro parere (*in your opinion*) sono importanti nel giudicare (*judging*) la qualità di un'università?
3. Siete favorevoli o contrari ad una specializzazione scientifica, letteraria, artistica o di un altro tipo sin dal (*starting in*) liceo?
4. A vostro parere, quali sono le qualità indispensabili per essere un bravo professore universitario?
5. Perché avete deciso di frequentare questa università?
6. In quale campo vi specializzate? Perché?
7. Secondo voi, la vostra università offre agli studenti delle buone possibilità per prepararsi al mondo del lavoro? Se sì, in che modo; se no, perché no?

B. Siete o non siete d'accordo con le seguenti affermazioni? (Giustificate le vostre opinioni.)

1. Le tasse universitarie sono troppo alte.
2. Per un professore universitario, la ricerca (*research*) dev'essere più importante dell'insegnamento (*teaching*).
3. I corsi di lingua sono troppo difficili.
4. Il liceo è il punto debole (*weak link*) del sistema scolastico negli Stati Uniti.
5. L'università dà poca importanza alle materie umanistiche.
6. Il governo dovrebbe spendere di più per l'istruzione.
7. È meglio fare esami orali che gli esami scritti.

Strategie per la lettura

Using clues to anticipate content. In **Capitolo 1,** you learned that cognates allow you to use your familiarity with English to determine the meaning of new terms.

Another useful strategy for guiding yourself through a text is to use clues to guess at its content before even starting to read. First look at the title and the first two sentences of each paragraph. From these simple signals you can often make predictions about the content based on your general knowledge of the subject.

What material do you expect to be covered? What kind of information do you expect to find, and what do you already know about the subject? Use this information to help orient yourself as you proceed from paragraph to paragraph.

Quickly look over the first paragraph of the following reading, then the first sentence of each paragraph, and try to answer the following questions:

1. According to some experts, what is the most serious problem that Italian universities face?
2. What other serious problem directly affects the teaching of courses at Italian universities?
3. Which field of study is considered the most open to new findings?

Once you have answered these questions, you should be able to predict topics that might come up in the reading. Talk over your guesses with two or three classmates. Then read the text thoroughly and see whether it confirms your pre-reading expectations.

LETTURA

Esploratore cibernetico cercasi

*S*econdo alcuni esperti, uno dei problemi più gravi dell'università italiana è l'alta percentuale di studenti che non si laureano, che abbandonano cioè l'università dopo uno o due anni di studio. Su cento universitari solo trenta prendono la laurea, una delle più basse percentuali in Europa. A questo gruppo si aggiunge anche
5　un discreto numero di studenti che sostiene tutti gli esami richiesti ma poi smette di frequentare l'università perché non riesce a trovare la motivazione per scrivere la tesi. Scoraggiati da un sistema che li lascia in balia[1] di sé stessi, che non li prepara ad affrontare il mondo del lavoro, alcuni studenti continuano a rimandare[2] gli impegni presi con i professori per completare la tesi. Altri studenti invece hanno il
10　complesso della tesi perché gli esami in Italia sono quasi tutti orali e, una volta dati tutti gli esami lo studente è spaventato all'idea di dover scrivere duecento pagine di tesi. Sicuramente c'è anche una spiegazione economica legata a questa percentuale di studenti che non finisce l'università. Nonostante le tasse universitarie non siano particolarmente alte, soprattutto se paragonate a quelle che si pagano
15　negli Stati Uniti, bisogna ricordare che in molti casi gli studenti sono completamente a carico[3] della famiglia. I lavori part-time sono rari, e comunque è diffuso[4] ancora il concetto che quando uno frequenta l'università si concentra solo su quello e non lavora. Questo vuol dire che la famiglia deve mantenere[5] uno studente quattro o cinque anni.
20　　　Oltre a questo ci sono altri mali[6] che affliggono[7] l'università italiana oggi. Sicuramente uno dei più gravi è il sovraffollamento[8] dei corsi. In alcuni casi, nonostante le aule siano grandi, non si può fisicamente entrare e gli studenti fanno fatica a seguire le lezioni. Scadente qualità dei corsi, rapporti difficili con il docente e gli assistenti, esami fatti in condizioni precarie, tesi curate male dai docenti, ecc.
25　Sono solo alcuni dei disagi che devono affrontare gli studenti universitari. A questo problema si è cercato di ovviare[9] in due modi. Da un lato alcune facoltà hanno introdotto il numero chiuso, selezionando i candidati con un esame. Alla Bocconi di Milano, per esempio, una delle più prestigiose università private per

---

[1]in... *at the mercy of*　　[2]*to postpone*　　[3]*a... at the expense*　　[4]*widespread*　　[5]*support*　　[6]*problems*　　[7]*afflict*
[8]*overcrowding*　　[9]*solve*

studenti che vogliono ottenere la laurea in economia e commercio, i posti a dispo-
30 sizione sono 2.500 e le domande sono 4.000 ogni anno. Il buon funzionamento
della Bocconi si specchia[10] in un dato interessante: si laurea ben il 93% degli iscritti. Dopo aver preso la laurea, i «bocconiani» trovano con relativa facilità un lavoro soddisfacente. La stessa cosa succede alla Scuola Normale di Pisa, nata agli
inizi del secolo scorso quando Napoleone volle[11] un'università italiana simile al-
35 l'Ecole Normale di Parigi. A Pisa ci sono solo 330 studenti, che studiano esclusivamente discipline teoriche, come scienze matematiche, fisiche e naturali, lettere e
filosofia. C'è un durissimo esame per entrare alla Normale, e ogni anno sono
ammessi solo 50 studenti. Il direttore della Normale sostiene che per entrare non
si tiene conto del voto della maturità ma dell'esame, che sostengono gli studenti
40 per vedere se hanno la necessaria curiosità intellettuale per frequentare la Normale
e se sono pronti a reagire agli stimoli esterni. Purtroppo la Bocconi e la Normale
sono due splendide eccezioni. Un altro esperimento per ovviare al sovraffollamento è stato quello di aprire molte nuove sedi[12] universitarie in città piccole. In
molti casi ciò ha voluto dire che le attrezzature[13] delle università spesso carenti[14] si
45 sono ulteriormente indebolite.[15]

Gli esperti si domandano se l'università italiana riuscirà a tenere il passo[16] con
le trasformazioni sociali ed economiche di questo decennio. Un sistema universitario come quello italiano, ancora fortemente controllato dallo stato, si muove nel
campo delle riforme con una lentezza inadeguata all'economia globale del
50 duemila, i cui settori più trainanti[17] saranno l'industria, l'ambiente e l'informatica.
Nell'industria la parola nuova è «cliente» e la professione nuova è il «customer
care», l'esperto che deve tener d'occhio il consumatore finale (un aspetto della
catena produttore-consumatore che in Italia non è mai stato considerato). Per ri-
pulire un ambiente sempre più inquinato, i laureati in agraria, scienze ambientali,
55 biologia e chimica hanno la possibilità di trovare lavori nel campo ambientale.
Ecco quindi la figura dell'ecomanager, un professionista che si occupa della gestione[18] ecologica dei processi produttivi. La disciplina più aperta alle novità è l'informatica, soprattutto nelle telecomunicazioni, dove un laureato in ingegneria
elettronica può diventare «esploratore cibernetico» o «accatiemmelista» (da
60 HTML), una persona che programma su internet pagine con testi[19], foto e immagini in movimento.

Queste sono le previsioni degli esperti. Quello che succederà poi è, come
spesso succede in Italia, nelle mani della politica. C'è solo da sperare che l'università italiana sia pronta a accettare questi cambiamenti così come la lingua ita-
65 liana è pronta ad accettare parole nuove come accatiemmelista o esploratore
cibernetico.

—*La Repubblica*

---

[10]*si... is revealed*   [11]*wanted*   [12]*campuses*   [13]*physical plant*   [14]*weak*   [15]*ulteriormente... further deteriorated*
[16]*keep up*   [17]*leading*   [18]*management*   [19]*text*

Avete capito?

A. Rispondete alle seguenti domande.

1. Qual'è uno dei problemi dell'università?
2. Cosa fanno gli studenti italiani per guadagnare un po' di soldi?

3. Cos'è la Bocconi?
4. Come vengono ammessi gli studenti alla Scuola Normale di Pisa?
5. Come si è rimediato al sovraffollamento delle aule?
6. Cosa fa un accatiemmelista?
7. Qual è la disciplina più aperta alle novità? Perché ?

B. Molti aspetti della vita universitaria in Italia sono diversi da ciò che succede negli Stati Uniti. Quali cambiamenti prevedete sulla vostra vita universitaria se:

1. le tasse fossero più basse?
2. le lezioni fossero più affollate?
3. gli esami fossero orali invece di scritti?
4. per laurearsi si dovesse scrivere una tesi di almeno 150 pagine?

E ora a voi!

A. Uno studente italiano vi chiede delle informazioni sulla vostra università, in cui desidera studiare per un anno. In gruppi di tre o quattro persone, preparate alcuni suggerimenti ed informazioni da dare sui seguenti aspetti della vita universitaria negli Stati Uniti, e della vostra università in particolare. In che cosa differiscono le vostre informazioni da quelle degli altri gruppi della classe?

ESEMPIO: il sistema dei voti →
Nei corsi universitari americani usiamo lettere. Il voto più alto è «A» e quello più basso «F».

1. il numero di corsi da seguire al semestre
2. il dormitorio e la mensa
3. l'acquisto di libri (nuovi e usati)
4. il pagamento delle tasse d'iscrizione
5. i professori
6. i passatempi e le attività sociali e ricreative

B. Dite cosa pensate dei seguenti aspetti della vita universitaria. Poi suggerite uno o due modi per migliorare (*improve*) queste strutture.

ESEMPIO: l'iscrizione ai corsi →
l'iscrizione ai corsi è un processo troppo lungo e noioso. Bisogna fare la fila e perdere molte ore in segreteria. Perché non lo facciamo da casa, con il computer?

1. la biblioteca
2. i dormitori
3. le attività ricreative e culturali (film, concerti, ecc.)
4. la mensa
5. come sono dati (*are assigned*) i voti
6. le tasse universitarie

STRUTTURE

I. Articolo indeterminativo

Forms

The form of the indefinite article (meaning *a, an*) is determined by the gender and first letter(s) of the word that follows it. This chart shows all the variants.

MASCHILE	
before most consonants: **un**	**un** professore
before **s** + consonant, **z, ps: uno**	**uno** sportello **uno** zaino **uno** psicologo
before vowels: **un**	**un** istituto

FEMMINILE	
before all consonants: **una**	**una** materia **una** strategia **una** zoologa **una** psicologa
before vowels: **un'**	**un'**aula

Uses

1. In contrast to the definite article, the indefinite article refers to a nonspecific item or person.

    un articolo; **una** professoressa

**UNA MOTO, UN CICLOMOTORE, UNO SCOOTER
E, SORRIDI!**

2. The indefinite article is omitted after **essere** or **diventare** (*to become*) followed by an unmodified noun indicating profession, nationality, family status, political affiliation, or religion. When modified by an adjective, the article is used.

    È dottoressa.   È **una** dottoressa molto nota.
    È italiana.   È **un'**italiana di origine francese.
    Maurizio diventerà (*will become*)   Maurizio diventerà **un** pianista
      pianista.   famoso.

Attenzione!   One important exception: **figlio unico/figlia unica** (*only child*).

    Barbara è **figlia unica.**

Un po' di pratica

A. Cosa c'è nel *campus*? Nominate persone o cose che si trovano nella vostra università (nel vostro *college*). Usate la forma adatta dell'articolo indeterminativo.

ESEMPIO: piscina (*swimming pool*) →
C'è una piscina. (Non c'è una piscina.)

Possibilità: casa dello studente, facoltà d'ingegneria (*engineering*), bar, infermeria, professore molto famoso, stadio, cinema, mensa, palestra (*gym*), ufficio postale

B. Chi sono? Ecco una serie di nomi di cose o di persone. Definite ogni nome, aggiugendo un aggettivo e la forma adatta dell'articolo indeterminativo.

ESEMPIO: Danielle Steele → È una scrittrice famosa.

1. *Missione impossibile* **2.** Meryl Streep **3.** Harvard **4.** Michelangelo **5.** Dr. Joyce Brothers **6.** Il *Times* di Londra **7.** *Aida* **8.** *Insieme* **9.** Sigmund Freud **10.** Maserati

E adesso ripetete i nomi dell'elenco precedente senza l'aggettivo (e senza l'articolo indeterminativo quando è opportuno).

ESEMPIO: Danielle Steele → É scrittrice.

C. Consumismo! Un compagno/una compagna vi chiede se avete certe cose. Se rispondete «no», dite invece quello che avete.

ESEMPIO: motorino (bici) →
—Hai un motorino?
—Sì, ho un motorino. (No, non ho un motorino ma ho una bici.)

1. biglietto per il cinema (prenotazione per il teatro)
2. macchina per scrivere (computer)
3. zaino (cartella [*briefcase*])
4. appartamento grande (stanza con bagno)
5. agenda (calendario tascabile)
6. dizionario italiano (grammatica italiana)

2. Presente indicativo dei verbi irregolari

You learned the most common irregular verbs in first-year Italian:

andare	*to go*	sapere	*to know (facts, information)*	venire	*to come*
fare	*to make; to do*			tenere	*to have; to keep*
stare	*to be; to stay*	dire	*to tell, say*	porre	*to place*
dare	*to give*	tradurre	*to translate*	rimanere	*to stay, remain*

| salire | to go up; to board (bus, train, etc.), get in | conoscere | to know (person, place), be acquainted with | bere | to drink |
| scegliere | to choose | uscire | to go out | trarre | to pull |

Review their present-tense forms now by consulting the charts in Appendix I.

Un po' di pratica

A. Quattro chiacchiere. Completate le frasi con la forma adatta dei verbi.

1. —Noi usciamo spesso, però tu ed Angela _____ quasi ogni sera.
   —Questo non è vero. Mia madre è quella che _____ regolarmente.
   —Ma più di lei _____ i Signorelli, non pensi?

2. —Fai un errore se dici una bugia (*lie*) al professore, anche se molti studenti ne _____ tante. Paolo è l'unico che non _____ mai bugie.
   —E voi, _____ bugie qualche volta?
   —Certo, però le (*them*) _____ raramente.

3. —Che fa Vittoria, va a dormire o traduce quel brano (*passage of text*)?
   —Va a dormire e io _____ il brano anche se non ne ho voglia. Perché non lo _____ tu?
   —Perché Carlo e Tina dicono che lo _____ loro. Che bravi!

4. —Quanti soldi tieni nel portafoglio?
   —Ne _____ pochi; preferisco fare assegni. Mia moglie però _____ sempre almeno 50 dollari in tasca!

5. —La domenica rimani a letto fino a (*until*) tardi?
   —Sì, ma i miei compagni di camera vi (*there*) _____ fino alle due del pomeriggio. E voi, fino a quando _____ a letto?
   —Vi _____ fino alle nove e poi facciamo colazione.

6. —Bevete vino o acqua minerale?
   —Noi _____ vino, e tu?
   —Anch'io _____ vino, ma poco. I miei genitori _____ solo acqua minerale. Mio zio Luigi, però, _____ molto vino e anche molta birra!

7. —Io salgo sul tram in via Cerchi. Dove _____ tu e Luca?
   —_____ in via Veneto e gli altri _____ con noi, tranne (*except for*) Marco che _____ in via Settembrini.

8. —Quella ragazza si veste sempre di rosso; attrae l'attenzione di tutti.
   —Non mi sorprende, lei ama _____ l'attenzione della gente.
   —Anch'io comunque _____ l'attenzione dei compagni di classe quando ho l'orecchino (*earring*) nel naso. Non dirmi che tu non _____ l'attenzione dei tuoi compagni quando hai quegli enormi anelli (*rings*)!

9. —Questi signori propongono un affare (*business deal*) interessante, ma l'avvocato Spinelli _____ un affare vantaggioso (*profitable*). Forse è ancora più vantaggioso di quello che _____ noi.
   —Sì, lo so. È forse anche più interessante di quello che _____ tu.

B. Non più sola. Sonia sta bene a Venezia ma va spesso all'estero (*abroad*) per motivi di lavoro e di studio. Il mese prossimo si sposerà con Davide, e la coppia continuerà a viaggiare e a lavorare insieme. Rileggete la storia ad alta voce, cambiando il soggetto da **Sonia** a **Sonia e Davide.**

(Sonia e Davide sono due amici...)

Sonia è un'amica di Venezia. Le piace la vita libera e non rimane mai a lungo (*for long*) nella stessa città. Anche quando è lontana, però, mantiene sempre i contatti con gli amici. Lavora come traduttrice: traduce saggi (*essays*) e romanzi. È anche una brava pianista e compone molte belle canzoni. Guadagna bene, perché lavora con cura e diligenza.

Ha una villetta (*small house*) a tre chilometri dalla città. Sta a casa gran parte del giorno a lavorare, ma la sera, in genere, esce con gli amici, e propone sempre qualcosa d'interessante da fare. Dice poco, ma dà sempre degli ottimi consigli (*advice*) agli amici. Viene spesso a casa mia, ma fra poco parte per Parigi, dove ha intenzione di tradurre un romanzo importante. Conosco poche persone come Sonia!

C. Abitudini personali. Con un compagno/una compagna, preparate le domande e rispondete usando i verbi irregolari.

ESEMPIO: quando/bere/caffè →
—Quando bevi il caffè?
—Bevo il caffè (la mattina, dopo la lezione di chimica, alle due di notte). (Non bevo caffè.)

1. cosa / fare / di solito il sabato sera
2. con chi / uscire / in genere
3. dove / andare / per mangiare specialità cinesi
4. a chi / dare / il numero di telefono
5. in quali giorni / venire / all'università
6. quando / andare / a trovare (*visit*) i genitori (o altri parenti)

3. Dovere, potere, volere

Forms

1. **Dovere, potere,** and **volere** usually accompany other verbs. This chart shows the present-tense conjugations of these *modal verbs,* as they are known.

dovere *must, to have to*		potere *can, to be able to*		volere *to want*	
devo	dobbiamo	posso	possiamo	voglio	vogliamo
devi	dovete	puoi	potete	vuoi	volete
deve	devono	può	possono	vuole	vogliono

2. Typically, **dovere, potere,** and **volere** precede an infinitive.

> Giulio, non **devi** correre tanto!
>
> *Giulio, you mustn't [shouldn't] rush around so much!*

> Non **posso** sopportare quell'uomo.
>
> *I can't stand that man.*

> Ragazzi, **volete** venire al cinema?
>
> *Guys, do you want to come to the movies?*

Uses

1. **Dovere** can also mean *to owe.*

> **Devo** un sacco di soldi a mio fratello.
>
> *I owe a lot of money to my brother.*

2. **Volere,** when accompanied by **ci** and used in the third-person singular or plural, is an impersonal expression meaning *to take (time)* or *to require.*

> **Ci vuole** un'ora per preparare il sugo di pomodoro.
>
> *It takes an hour to make tomato sauce.*

> **Ci vogliono** due uova per fare la pasta fresca.
>
> *Two eggs are needed to make fresh pasta.*

3. **Voler bene a qualcuno** means *to be fond of, care for,* or *love someone.*

> **Voglio** tanto **bene ai** miei nonni.
>
> *I'm so fond of my grandparents.*

4. **Voler dire** means *to mean.* Used in this way, it drops the final **e** from the infinitive and from the third-person singular.

> Cosa **vuol dire** «arzigogolato»?
>
> *What does "arzigogolato" mean?*

Un po' di pratica

A. **Dialoghi-lampo.** Rispondete con la forma adatta dei verbi modali.

ESEMPIO: —Cominciamo? (**dovere**)
   —Sì, dovete cominciare!

1. Ripeto?   **2.** Studiano?   **3.** Fai il compito?   **4.** Aspettate?
5. Finiscono il progetto?

ESEMPIO: —Rispondete? (**potere**)
   —No, non possiamo rispondere.

6. Vieni a lezione?   **7.** Danno l'esame questo mese?   **8.** Propongo un film?   **9.** Esce stasera Gianfranco?   **10.** Facciamo un giro del *campus*?

ESEMPIO: —Prendo un caffè. E tu? (**volere**)
           —Sì, voglio prendere un caffè anch'io.

11.   Traduco una poesia. E Gianna?
12.   Bruno va in biblioteca. E loro?
13.   Frequentiamo questo corso. E voi?
14.   Scelgo un libro di storia. E tu?
15.   Loro dicono due parole al professore. E noi?

B. Quattro chiacchiere. Completate gli scambi con la forma adatta di **dovere, potere, volere** o **volerci.**

1. —Come mai (tu) _____ frequentare i corsi estivi (*summer school*)?
—L'anno prossimo _____ andare a Parigi, e _____ imparare il francese prima di partire.

2. —Mi dispiace, Paola, ma non posso pagarti ora le £20.000 che ti _____.
—Non ti preoccupare! Mi _____ dare i soldi la settimana prossima.

3. —Professoressa, cosa _____ dire «cibernetica»?
—Ragazzi, è un nome tecnico che _____ usare nel vostro tema domani.

4. —Tommaso, stai a casa tutto il giorno con la bambina. Non _____ uscire qualche volta?
—Sì, ma _____ uscire la sera e il weekend. Comunque (*anyway*) sono contento di stare con Sandrina perché è mia figlia e le _____ bene.

5. —Franco, mi _____ accompagnare alla stazione?
—Mi dispiace, Silvia, ma non _____ ; _____ studiare.

6. —Quanto tempo _____ per andare a Boston?
—Dipende; in aereo, _____ un'oretta; in macchina, _____ quattro ore.

C. Problemi d'abitazione. L'alloggio è quasi sempre un problema per gli studenti. Parlate della vostra situazione con un compagno/una compagna e date dei particolari (*some details*). Chiedete...

ESEMPIO: se può studiare a casa →
           —Puoi studiare a casa?
           —No, non posso perché i miei compagni di camera fanno troppo chiasso (*uproar*). E tu?
           —Posso studiare a casa se chiudo la porta.

1.   a che ora deve alzarsi per venire all'università
2.   dove vive, e se vive nel dormitorio (in una casa privata, un appartamento, ecc.) perché vuole o perché deve
3.   con chi vive o se vive da solo/a, e se vive così perché vuole o perché deve
4.   dove vuole vivere l'anno prossimo
5.   se può ascoltare lo stereo o guardare la TV quando vuole
6.   se può preparare i pasti (*meals*) a casa
7.   se può parcheggiare la macchina (la bici, la motocicletta) facilmente

Ora andate avanti voi con vostre domande.

Voglio tutto.

4. Espressioni negative

niente; nulla	*nothing*
nessuno; nessun(o)...	*nobody; no . . .*
mai, non... mai	*never*
non... ancora	*(not) yet*
non... più	*(not) anymore, any longer*
neanche	*(not) either; (not) even*
né... né	*neither . . . nor*

1. Italian phrases become negative when **non** precedes the verb. If **ci** or an object pronoun appears before the verb, **non** precedes them.

Quest'anno **non** frequento l'università.	*This year I'm not attending the university.*
Non m'iscrivo; **non** ci vado per ora.	*I'm not enrolling; I'm not going there for now.*

2. When **non** accompanies other negative expressions, the word order is usually **non** + *verb* + *negative expression*.

STRUTTURA POSITIVA	STRUTTURA NEGATIVA
Faccio **tutto.**	**Non** faccio **niente.**
C'è **qualcosa** da bere?	**Non** c'è **nulla** da bere.
Conosci **tutti?** Conosci **qualcuno?**	**Non** conosco **nessuno.**
Conosco **tutti** i parenti.	**Non** conosco **nessun** parente.
Franco vince (*wins*) **sempre** a poker.	Franco **non** vince **mai** a poker.
Claudia e Gina sono **già** iscritti.	Claudio e Gina **non** sono **ancora** iscritti.
Mio fratello frequenta **ancora** l'università.	Mio fratello **non** frequenta **più** l'università.
Invitano **anche** Lisa.	**Non** invitano **neanche** Lisa.
Sia Michele **che** Laura viene alla festa.*	**Né** Michele **né** Laura vengono alla festa.†

3. **Nessuno** is always singular, whether it is used as a pronoun or an adjective.

Non ho **nessun** orario fisso.	*I have no fixed schedule.*
Nessuno vuol fare una domanda?	*Nobody wants to ask a question?*

4. When **nessuno** is used as an adjective, it is declined like the indefinite article.

Non abbiamo **nessun'**idea di quando cominci il prossimo trimestre.	*We have no idea when the next semester begins.*

***Sia... che** = *both . . . and.*

†In contrast to English, **né... né** is *always* followed by a plural verb.

5. When a negative expression precedes the verb, **non** is omitted.

Nessuno mi aiuta, neanche l'assistente.	*Nobody's helping me, not even the teaching assistant.*

6. **Niente (nulla),** like the positive expression **qualcosa,** takes **di** before an adjective and **da** before an infinitive.

C'è **qualcosa di** interessante sul giornale?	*Is there something interesting in the newspaper?*
Non c'è **niente di** interessante sul giornale.	*There's nothing interesting in the newspaper.*
Non cerchiamo **niente da** fare.	*We're not looking for anything to do.*

7. *Not . . . any (no)* can be expressed in more than one way.

Non abbiamo esami. Non abbiamo **nessun** esame. }	*We don't have any exams. [We have no exams.]*
Non abbiamo domande. Non abbiamo **nessuna** domanda. }	*We don't have any questions. [We have no questions.]*

Un po' di pratica

A. Siete proprio dei disgraziati! Alternandovi con un compagno/una compagna, fate delle domande e rispondete secondo l'esempio.

ESEMPIO: amica →
—Hai molte amiche?
—No, non ho nessun'amica.

1. disco **2.** idea **3.** bel vestito **4.** gettone **5.** amico straniero (amica straniera) **6.** videocassetta

Ora ripetete l'esercizio usando **neanche.**

ESEMPIO: —Hai molte amiche?
—No, non ho neanche un'amica.

B. Povero Pasqualino! Il vostro amico Pasqualino Passaguai è un gran pessimista. Ditegli che le cose vanno meno male di quanto non creda. (*Tell him things aren't going as badly as he thinks.*) Usate l'espressione **dai** (*come on!*) nelle vostre risposte.

ESEMPIO: Laura non mi telefona mai. →
Ma dai, ti telefona sempre (qualche volta)!

1. Nessuno mi invita alle feste.
2. Né Mirella né Claudia mi trovano simpatico.
3. Neanche il cane mi vuol bene.
4. Non c'è niente di bello nella mia vita.
5. Non sono più giovane.
6. Non ho niente da fare.

C. È una questione di carattere. Claudia e Claudio sono fratelli, ma hanno
caratteri completamente diversi. Leggete ad alta voce la descrizione di Claudia e
poi mettetela al negativo per parlare di Claudio.

> Claudia è una persona allegra e simpatica. È amica di tutti. Ha sempre
> qualcosa di gentile da dire a tutti, e ha sempre qualcosa da fare. Trova
> tempo ogni giorno sia per il lavoro che per gli amici. È già laureata, ma
> frequenta ancora qualche corso all'università. Tutti ammirano quella
> ragazza!

L'ITALIA DAL VIVO

La scuola di Arzano

Prima visione. Guardate attentamente il video la prima volta senza audio. Poi
cercate di rispondere alle seguenti domande.

1. Dove si svolge il video?
2. Potreste descrivere la classe?
3. Quale sembra che sia l'argomento del filmato?
4. Quanti anni hanno i ragazzi?

Seconda visione. Leggete il **Vocabolario utile** e guardate il video ancora due
volte. La prima volta guardate ed ascoltate solo le informazioni generali. La seconda volta leggete l'esercizio che segue e cercate delle informazioni specifiche
che vi servono per completarlo.

VOCABOLARIO UTILE

l'alunno	*student*
il banco	*desk*
il dibattito	*debate*
l'inquinamento	*pollution*
il tema	*topic*
la violenza	*violence*
difendere	*to defend*
degradato	*deteriorated, in decline*
raccolto	*collected*
attraverso	*through, across*

Comprensione

Mettete un segno di fronte alle parole che avete sentito o riconosciuto (anche quelle che non appaiono nel **Vocabolario utile**).

_____altro	_____l'inquinamento	_____l'alunno
_____il banco	_____descrivere	_____il dibattito
_____difendere	_____dire	_____inquinato
_____la paura	_____il tema	_____lo studio
_____la violenza	_____amare	_____vivere

Variazione

1. Guardate dei disegni appesi sul muro nella classe e cercate di spiegarne il significato.
2. Insieme a un compagno/una compagna, formulate almeno cinque domande che si riferiscono alla vostra infanzia. Intervistatevi a vicenda.

METTIAMOLO PER ISCRITTO!

Esperienze scolastiche. Scegliete uno di questi argomenti come tema. Cercate di usare il più spesso possibile (*as often as possible*) il presente indicativo dei verbi irregolari e i vocaboli presentati in questo capitolo.

1. Un vostro amico italiano (una vostra amica italiana) vuole iscriversi a un'università americana, e vi chiede informazioni. Descrivete quattro o cinque aspetti salienti (*notable)* della vita universitaria negli Stati Uniti. Consultate l'esercizio A a pagina 33.
2. Adottando la forma di un diario e usando il tempo presente, scrivete quattro o cinque riflessioni (*reflections*) sulle vostre esperienze della scuola. Cercate di dare un esempio per ogni livello della vostra carriera scolastica: le elementari, la scuola media, il liceo, l'università.

CAPITOLO 3

Il mondo politico

Extracomunitari si guadagnano da vivere. Che cosa vendono? Perché sono su una strada?

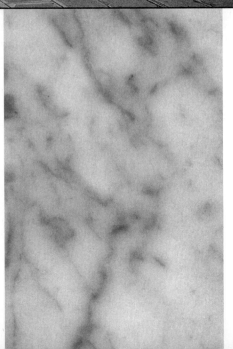

Contesto culturale

• •

Un affarone   Ascoltate il dialogo almeno un paio di volte. Poi leggete le **Espressioni utili** ed interpretate le **Situazioni pratiche** insieme ad un compagno/una compagna.

In estate, sulle affollatissime spiagge italiane, si incontrano spesso dei venditori ambulanti. In molti casi sono extracomunitari (cittadini di paesi che non fanno parte dell'Unione Europea) che, nell'attesa di ottenere un permesso di lavoro, sopravvivono vendendo piccoli oggetti di artigianato ed altra merce di scarso valore.

Silvia e Marco incontrano un venditore ambulante sulla spiaggia.

VENDITORE: Buongiorno, signorina! Vuole qualcosa? Un braccialetto, un paio di orecchini, un elefantino d'avorio? Guardi, questo elefantino è **gratis!**

SILVIA: Come sarebbe a dire «è gratis»?

VENDITORE: Glielo regalo se acquista questo braccialetto. Solo 20.000 lire. In mogano. Fatto a mano. Artigianato tunisino.

SILVIA: **Quanto vuole** invece per quello là, in pelle?

VENDITORE: Quello nero **viene** 25.000 lire.

SILVIA: Oh, accidenti, lo pago di meno se lo compro in un negozio!

VENDITORE: Ma in un negozio non le danno elefantini di avorio gratis!

SILVIA: Anche questo è vero.

VENDITORE: Nel mio piccolo, sono un esperto di strategia commerciale.

SILVIA: Se continua così, aprirà presto un negozio tutto suo.

VENDITORE: Sicuro. E se Lei ora mi compra il braccialetto da 25.000 lire, Le prometto che nel mio negozio potrà comprare tutto pagando la metà.

SILVIA: 25.000 è troppo.

VENDITORE: Lo consideri un investimento sul futuro.

SILVIA: Hmm...e quello marrone, quanto costa?

VENDITORE: Quello marrone viene 10.000.

SILVIA: **È troppo!** È di plastica!

VENDITORE: Per essere bello, secondo Lei, quanto dovrebbe costare? 1000 lire?

SILVIA: **Se mi fa lo sconto,** compro quello di pelle.

VENDITORE: No, no, non posso, è già **un prezzo stracciato.** Non lo trova da nessuna parte a così poco.

MARCO: Ma se **costa un occhio della testa?** 10.000 lire e lo prendiamo...

VENDITORE: No, non posso, io **ci perdo** se Le do per 10.000 il braccialetto. Le do il braccialetto e l'elefante per 20.000.

MARCO: Ma l'elefante non era gratis?

SILVIA: Ecco quello che cercavo, quegli orecchini con il brillantino.

VENDITORE: Ah, quelli vengono dal Sud Africa, che belli! Vengono 50.000. Sono **un affare!**

SILVIA: Sono belli!

VENDITORE: È un **prezzo di favore!**

MARCO: Allora, **quanto fa** in tutto?

VENDITORE: Tutto cosa?

MARCO: Beh, Silvia si compra gli orecchini, io le regalo il braccialetto e Lei le dà gratis l'elefantino.

VENDITORE: **Mi deve** almeno 35.000.

MARCO: **Facciamo** 30.000.

VENDITORE: **Affare fatto.**

MARCO: Ecco qua 30.000 lire.

VENDITORE: Grazie, però vede che l'elefantino Le interessava.

MARCO: Come no. È stato un affarone prenderlo gratis. Ciao!

ESPRESSIONI UTILI PER L'ACQUISTO DI OGGETTI VARI

gratis	*free, complimentary*
Quanto vuole?	*How much do you want (for it)?*
Viene / vengono	*to cost*
È troppo!	*That's too much!*
Mi fa lo sconto?	*Will you give me a discount?*
prezzo stracciato	*rock-bottom price*
Costa un occhio della testa.	*It costs an arm and a leg.*
ci perdo...	*I'd lose money*
un affare/un affarone	*bargain, deal*
prezzo di favore	*special price*
Quanto fa?	*How much does it come to?*
Mi deve...	*You owe me...*
Facciamo...	*Let's make it ..., Let's say ...*
Affare fatto.	*Done deal.*

Situazioni pratiche

Con un compagno/una compagna, interpretate le seguenti situazioni.

1. Studente 1 entra in un negozio d'abbigliamento elegantissimo del centro di Milano. Ha pochi soldi in tasca ma vuole comprare un regalo ad un amico. Il commesso, Studente 2, gli fa vedere tutto quello che chiede ma i prezzi sono troppo alti.
2. Per le strade del centro di Firenze, Studente 1 incontra un venditore ambulante, Studente 2, che vuole vendere una collanina. Studente 1 non s'interessa molto ma vorrebbe comprare altri oggetti.
3. È l'ultimo giorno di permanenza in Italia, e Studente 1 deve comprare i regali per la madre (una donna molto moderna e aperta) e il fratello maggiore. Va in un negozio e chiede consiglio al commesso, Studente 2.

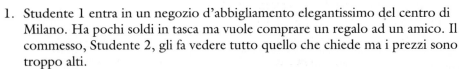

VOCABOLARIO TEMATICO

The following terms are useful for discussing immigration, government institutions, and political life in Italy today.

Sostantivi

l'accordo agreement
l'aiuto help, assistance
disoccupazione (*f.*) unemployment
l'immagine (*f.*) image
l'immigrato immigrant
la maggioranza majority
il mito myth, idealized image
il partito (political) party
la patria homeland
il potere power
il profugo refugee
la vittima (*f.; pl.* **le vittime**) victim

Verbi

accettare to accept
contribuire (*conj. like* **capire**) to contribute
creare to create
fornire to provide
inserirsi to become part of, fit into
negare to deny
permettere (di) to allow
regolare to control, regulate
rimandare to postpone, to send back
rischiare (di) to risk
scappare to flee, take off, run
scontentare to displease
scoppiare to explode, to break out
sfruttare to exploit

succedere (*p.p.* **successo**) to happen
trattarsi (di) to be a matter of, be about

Aggettivi

bloccato blocked, stuck
capace capable
clandestino secret, illegal
costretto forced
perplesso perplexed
unanime unanimous

Altre parole ed espressioni

comunque anyway
neppure not even

A. Cercate, tra le parole del **Vocabolario tematico,** il contrario di ciascuna delle seguenti parole.

1. l'emigrato
2. confessare
3. la minoranza
4. respingere (*to reject*)
5. distruggere
6. accontentare
7. anche
8. scappare

B. Date una definizione in italiano delle seguenti parole.

1. unanime
2. il mito
3. raggiungere
4. l'immagine
5. l'accordo
6. regolare
7. il partito
8. perplesso
9. disoccupazione

C. Tre studenti italiani si incontrano in un caffè dopo la lezione. Guardando i titoli (*headlines*) del giornale, cominciano a lamentarsi della situazione politica in Italia. Completate le frasi con le parole adatte, secondo il contesto.

MARCO: Evidentemente il governo non è _____[1] di prendere provvedimenti efficaci (*effective measures*).

LAURA: Sì, è vero! Guarda il caso dei _____[2] albanesi (*Albanian*). Prima il governo decide di _____[3] agli albanesi d'immigrare in Italia, e ora gli (*to them*) vuole _____[4] il permesso di restarci.

DONATA: Sì, perché il governo non capisce che se apre le porte agli _____[5], gli deve anche _____[6] adeguate strutture e servizi per aiutarli ad _____[7] nella società, specialmente quando arrivano in tanti (*in such large numbers*)!

LAURA: È logico che vengano tutti in Italia! Nei programmi televisivi italiani trasmessi (*broadcast*) in Albania, vedono il tenore di vita (*standard of living*) che c'è qui. Per questo credono di trovare abbondanti opportunità di lavoro. Si formano una specie di _____[8] dell'Italia e naturalmente i mass-media _____[9] molto a creare questa _____[10] falsa.

DONATA: Ma purtroppo, per stabilirsi in Italia, gli albanesi hanno bisogno di molto _____[11].

MARCO: È uno scandalo che il governo non lo abbia capito (*didn't understand it*) subito.

D. Cosa succede in questa fotografia? Con l'aiuto di alcune parole del **Vocabolario tematico**, provate a rispondere alle domande.

    Possibilità: clandestinamente, immagine, patria, permettere, profugo, rischiare, trattarsi di, vittima

1. Chi sono queste persone e che cosa sono costrette a fare?
2. Perché lo fanno?
3. Cosa rischiano nel farlo?

PRELETTURA

The reading in this chapter, "Tornano i 'boat people' dall'Adriatico," addresses the controversy surrounding the massive influx of illegal immigrants who have poured into Italy from Albania following the fall of its Communist regime and the collapse of fraudulent investment schemes in which thousands lost their life savings. Immigration policy continues to be a major concern for Italy, as for most Western countries.

Entriamo nel contesto!

A. Rispondete alle seguenti domande.

1. Quali sono i gruppi etnici più numerosi negli Stati Uniti? Da dove proviene la maggioranza degli immigrati clandestini agli Stati Uniti? Secondo voi, perché preferiscono abitare in questo paese?

   2. Sapete in quale periodo c'è stata la più forte immigrazione negli Stati
   Uniti?
   3. Da quali paesi provengono gli stranieri che vogliono restare negli Stati
   Uniti legalmente in questi ultimi anni?
   4. Sapete cos'è la carta verde e a cosa serve?

B. Siete o non siete d'accordo con le seguenti affermazioni?

   1. Il governo americano dovrebbe fornire maggiori aiuti ai paesi poveri.
   2. Non si devono dare né l'istruzione pubblica né l'assistenza sanitaria agli
   immigrati clandestini.
   3. Tutti gli immigrati clandestini che sono adesso negli Stati Uniti devono
   essere costretti a tornare ai propri paesi, anche se sono perseguitati
   politici.
   4. Ci vuole più polizia che controlli le frontiere.

Strategie per la lettura

Guessing meaning through context. To guess the meaning of an unfamiliar
word, it is useful to understand its function in a sentence and to notice all the
structural clues that context can provide.

Consider the following sentence: *A bordo della nave ci sono 850 persone; otto
si sono tuffati in mare e sono stati salvati dalla guardia costiera.* Some words and
expressions may be unfamiliar to you, but look at their position within the sentence:

> **A bordo della nave** there are 850 people; eight **si sono tuffati** in the sea
> and were **salvati** by the **guardia costiera.**

Once you know if a word or expression is functioning as a noun, verb, or adverb, for example, you can narrow down its possible meanings. Recognition of
cognates (discussed in **Capitolo 1**) for the words **salvati** and **guardia costiera**
will also help clarify the meaning. You may not understand all the words, but you
can still get a pretty good idea of the overall meaning of the sentence. This is the
first step in using structural clues to interpret unfamiliar passages. Remember that
this process is always made easier by looking over the sentences that precede and
follow for contextual meaning.

Try to identify the subject, verb, and object of the following sentences.

1. Sulle coste italiane i turisti hanno visto 18.000 profughi sbarcare senza soldi,
   vestiti o cibo.
2. Almeno dieci persone hanno perso la vita mentre lottavano per salire sulla
   nave.
3. A un certo numero di albanesi, il governo ha dato alcuni mesi per cercare lavoro.

Can you now determine the overall meaning of each sentence?

LETTURA

Tornano i «boat people» dall'Adriatico

Carlo e Ian, un suo amico inglese, sono seduti in un caffè. Ian sta leggendo un grande articolo in prima pagina. Ian sembra perplesso e chiede a Carlo alcune spiegazioni.

IAN: Ma perché gli albanesi scappano dal loro paese? Perché vogliono venire in
5   Italia? Perché il governo italiano li rimanda[1] in Albania?

CARLO: Oh, oh, quante domande! Aspetta un momento! Non so cosa dice quell'articolo, non l'ho letto. So che molti albanesi sono scontenti[2] del regime che ha sostituito la dittatura comunista. Hanno deciso di venire in Italia perché pensano che gli italiani siano ricchi, eleganti e gentili e in Italia ci
10   siano grandi opportunità di lavoro.

IAN: Ma chi gliele ha dette queste cose?

CARLO: La maggior parte degli albanesi conosce l'Italia attraverso la televisione italiana che possono vedere dal loro paese. Vedono programmi dove tutti stanno bene, hanno una casa, un televisore, un computer. Sai, tutto ciò ha
15   contribuito a creare il mito di un'Italia prospera dove tutti hanno un lavoro. L'Albania è un paese molto povero, l'economia è inesistente e la disoccupazione è alta. A proposito, hai visto *Lamerica*?

IAN: No, cos'è?

CARLO: Se non sai nulla dell'Albania, te lo raccomando. È un film molto bello il
20   cui protagonista è un italiano che va in Albania per costruire una fabbrica e sfruttare la povertà di quel paese. Rimane bloccato lì e alla fine riesce a capire la disperazione degli albanesi e cosa vuol dire per loro venire in Italia. Un po' come gli italiani vedevano l'America alla fine della Seconda Guerra Mondiale.

25 IAN: Non lo conosco, ma devo andarlo a vedere. Di quando è?

CARLO: È recente, di pochi anni fa. È stato fatto proprio quando il problema degli albanesi è scoppiato sulle prime pagine dei giornali. L'unico attore professionista nel film è Enrico lo Verso. Il resto degli attori sono non-professionisti.

30 IAN: A proposito, cosa fa il governo italiano per questi stranieri che vogliono venire in Italia?

CARLO: Come tutte le decisioni politiche... scontenta un po' tutti.

IAN: E gli italiani, cosa ne pensano?

CARLO: C'è parecchia confusione. Molti vogliono aprire le porte a
35   questi immigrati perché vengono qui per cercare un futuro migliore che non possono trovare in patria. Altri hanno paura che sia difficile regolare la loro entrata. A molti italiani fa pena[3] vedere così tanta gente costretta ad emigrare senza niente. La maggioranza sono uomini tra i venti e i quaran-

---
[1]send back   [2]unhappy   [3]fa... it brings sorrow

40 t'anni, molti arrivano solo con i vestiti che hanno addosso,[4] non hanno
niente da mangiare e non hanno soldi.

IAN: Ma chi li può aiutare?

CARLO: In realtà, sono vittime innocenti di una situazione assurda. C'è solo da
sperare[5] che il loro governo decida di attuare[6] quelle riforme democra-
45 tiche che permettano a queste persone di trovare condizioni di vita
migliori in Albania. Se il governo italiano decide di legalizzare la posizione
di quelli che sono già qui, deve farlo dando[7] loro tutte le possibilità per inserirsi nella società italiana.

---

[4] on their backs   [5] C'è... one can only hope   [6] to put into effect   [7] deve... it must do so (while) giving

Avete capito?

A. In base alla lettura, scegliete gli aggettivi che descrivono meglio le parole o
espressioni seguenti. Sapreste aggiungere (*Could you add*) qualche aggettivo alla
lista per completare le descrizioni?

> **Aggettivi:** scontento, ricco, prospero, difficile, complicato, delicato, con-
> fuso, povero, innocente, assurdo, complesso, numeroso, oppressivo,
> pietoso... altro?

1. gli italiani
2. l'Italia
3. i partiti politici
4. gli accordi politici in Italia
5. la situazione degli albanesi
6. gli albanesi
7. il governo albanese

B. In base a quello che avete letto, formate una frase logica abbinando le parole e
le espressioni nelle tre colonne.

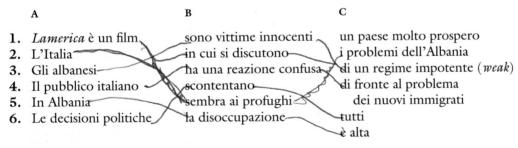

A	B	C
1. *Lamerica* è un film	sono vittime innocenti	un paese molto prospero
2. L'Italia	in cui si discutono	i problemi dell'Albania
3. Gli albanesi	ha una reazione confusa	di un regime impotente (*weak*)
4. Il pubblico italiano	scontentano	di fronte al problema
5. In Albania	sembra ai profughi	dei nuovi immigrati
6. Le decisioni politiche	la disoccupazione	tutti
		è alta

C. Trovate nella lettura quei fatti che possano contraddire o sostenere (*contradict or support*) le seguenti dichiarazioni.

1. Gli albanesi sono vittime di una grave recessione economica, ma per il
resto (*for the most part*) sono contenti.
2. La sorte (*fate*) degli albanesi è una questione molto difficile da risolvere.
3. Gli italiani hanno paura ad aprire le porte agli albanesi.
4. La sola soluzione possibile è che gli albanesi trovino migliori condizioni di
vita in Albania.
5. Il protagonista del film *Lamerica* va in Albania per aiutare gli albanesi.

D. In base alla lettura, siete o non siete d'accordo con le seguenti affermazioni?
Spiegate le vostre opinioni.

1. Gli albanesi sono disperati.
2. I governi dei paesi sviluppati non dovrebbero (*should not*) aprire i confini ai profughi se non hanno adeguate strutture per aiutarli a trovare alloggio e lavoro.
3. Gli italiani (insieme agli altri paesi sviluppati) hanno il dovere (*duty*) umanitario di accettare i profughi albanesi, anche se ciò è causa di gravi problemi per la società italiana.
4. I problemi degli immigrati sono simili in Italia e negli Stati Uniti.
5. Negli Stati Uniti, c'è un sistema più efficace per trattare (*to deal with*) il problema degli immigrati entrati illegalmente nel paese e dei profughi politici.

E ora a voi!

Immaginate di avere il potere di decidere quello che è possibile fare in una situazione simile a quella descritta (*described*) nella lettura. Guardate l'elenco qui sotto e dite quali soluzioni vi sembrano più giuste (*just*), e quali meno. Poi date una giustificazione per ciascuna delle vostre scelte.

1. Lasciate entrare tutti gli stranieri indiscriminatamente.
2. Lasciate entrare solo quelli che hanno già dei parenti (*relatives*) in Italia.
3. Lasciate entrare solo quelli che sono dei perseguitati politici.
4. Decidete caso per caso, ma cercate di convincere altre nazioni europee ad accettare dei profughi.
5. Non lasciate entrare nessuno.

STRUTTURE

I. Aggettivi qualificativi

Adjectives can modify nouns, pronouns, or other adjectives. They agree in gender and number with the word they modify. This chart shows the regular variants.

MASCHILE			FEMMINILE		
	Singolare	*Plurale*		*Singolare*	*Plurale*
-o → -i	l'uomo perplesso	gli uomini perplessi	-a → -e	la donna perplessa	le donne perplesse
-e → -i	l'accordo unanime	gli accordi unanimi	-e → -i	la decisione unanime	le decisioni unanimi
-ista → -isti	il signore egoista	i signori egoisti	-ista → -iste	la signora egoista	le signore egoisti

If an adjective modifies two or more words of different genders, it takes the masculine plural form.

Il partito e la coalizione sono compromessi.

Position of adjectives

1. Adjectives normally follow the noun they modify. Any adjective preceded by an adverb (**molto, poco, troppo, tanto,** etc.) *must* follow the noun.

> Sono studenti **apatici.**
> Sono giornalisti **molto entusiasti.**

2. Certain commonly used adjectives precede the noun they modify. Among them are **bello, brutto, buono, bravo, cattivo, grande, piccolo, giovane, vecchio, caro, stesso, vero, lungo, primo, ultimo, certo.**

> Quella senatrice è una **brava** persona.
> È sempre la **stessa** storia con i politici!
> *But*   Lei prepara sempre una cena **molto buona.**

3. Some adjectives change meaning depending on the position they occupy. Common examples include:

una **cara** persona (*dear*)	una macchina **cara** (*expensive*)
un **nuovo** televisore (*another*)	un televisore **nuovo** (*brand-new*)
una **certa** signora (*certain*)	una cosa **certa** (*sure*)
un **povero** ragazzo (*unfortunate*)	un ragazzo **povero** (*with little money*)
diverse cose (*a few, several*)	cose **diverse** (*different*)
un **vecchio** amico (*known for many years*)	un amico **vecchio** (*elderly*)
un **grand'**uomo (*great*)	un uomo **grande** (*large, tall*)

4. However, multiple common adjectives of the type listed in point 2 above may precede the noun they modify.

> È una **vecchia cara** amica.

In most cases, multiple adjectives follow the noun they modify.

> È un'università **vecchia** e **famosa.**

Buono, bello, grande, and *Santo*

1. In the singular, **buono** follows the pattern of the indefinite article (**Capitolo 2**) when it precedes the noun it modifies. Its plural forms are regular.

> Franco è un buo**n** padre.   Che buo**n'**amica!
> Il dottor Gilli è un buo**no** psicologo.   Ecco una buo**na** ricetta (*recipe*).

2. **Bello** follows the pattern of the definite article (**Capitolo 1**) when it precedes the noun it modifies.

> Che **bel** libro!
> Ancona è una **bella** città.
> Quel negozio vende tanti **begli** abiti!

	MASCHILE	
	Singolare	*Plurale*
Before most consonants	un bel vestito	due bei vestiti
Before s + consonant, z, ps	un bello spettacolo	due begli spettacoli
Before vowels	un bell'orologio	due begli orologi

	FEMMINILE	
	Singolare	*Plurale*
Before all consonants	una bella foto	due belle foto
Before vowels	una bell'occasione	due belle occasioni

3. **Grande** and **Santo** (*saint*) also have irregular forms when they precede the nouns they modify. Before plural nouns, **grande** and **Santo** are regular. Before singular nouns, they follow these patterns.

	MASCHILE	
Before most consonants	un gran signore	San Francesco
Before s + consonant, z, ps	un grande zoo	Santo Stefano
Before vowels	un grand'amico	Sant'Antonio

	FEMMINILE	
Before all consonants	una grande signora	Santa Chiara
Before vowels	una grand'amica	Sant'Anna

Attenzione! You will sometimes encounter **gran** before feminine nouns not beginning with **z, s** + consonant, or **ps: una gran signora. Gran** can also be an adverb meaning *really* or *quite*.

Sofia Loren è sempre una **gran** bella donna!

GRAN RAFFREDDORI.   GRAN FAZZOLETTI.

Scottex

IL POSTO PIU' MORBIDO DOVE METTERE IL NASO.

Irregular plurals of adjectives

1. Most adjectives with irregular plurals follow the general patterns summarized below.

NEXT-TO-LAST SYLLABLE STRESSED	
-co → -chi	bian**co** → bian**chi**
-ca → -che	bian**ca** → bian**che**
-go → -ghi	lun**go** → lun**ghi**
-ga → -ghe	lun**ga** → lun**ghe**
-gia → ge	gri**gia** → gri**ge**

SYLLABLE BEFORE NEXT-TO-LAST STRESSED	
-co → -ci	simpati**co** → simpati**ci**
-ca → -che	simpati**ca** → simpati**che**

-i IN NEXT-TO-LAST SYLLABLE STRESSED	
-io → -ii	rest**io** (*reluctant, unwilling*) → rest**ii**
-ia → -ie	rest**ia** → rest**ie**

FINAL -i UNSTRESSED	
-io → -i	vecc**hio** → vecc**hi**
-ia → -ie	vecc**hia** → vecc**hie**

2. Adjectives denoting certain colors are invariable in the plural: **beige, blu** (*navy/dark blue*), **marrone** (*brown*), **viola** (*purple/violet*), **rosa** (*pink*).

> Ho i guanti (*gloves*) **beige** e gli stivali **marrone**.

3. In compound adjectives, only the ending of the final adjective changes in the plural: **i film italo-francesi, le teorie socio-politiche**.

Un po' di pratica

A. Descrizioni. Completate le frasi con gli aggettivi indicati. Attenzione alla posizione degli aggettivi!

ESEMPIO: Ho troppa roba. Devo affittare un... appartamento... (nuovo) →
Devo affittare un **nuovo** appartamento.

1. Amo molto mia zia. È una... persona... (cara)
2. «I Repubblicani vinceranno le elezioni presidenziali negli Stati Uniti», dice il giornalista. «È una... cosa...» (certo)
3. I nostri vicini sono immigrati russi. Sono... persone... ma simpatiche e intelligenti. (povero)
4. La mia amica è traduttrice. Ha... dizionari... di lingue straniere. (diverso)
5. Conosco Fabia da molto tempo. È una... collega... di mio marito. (vecchio)
6. Non devi credere a Paolo; è un... bugiardo (*liar*)... (grande)
7. Quell'uomo è tanto noioso. Dice sempre le... cose... (stesso)
8. La signora Morelli insegna l'italiano ai profughi. Fa un... lavoro... (grande e importante)

B. Piccole conversazioni. Completate le frasi con la forma adatta di **bello, buono** o **grande.**

1. —Chi si vede! Che _____ sorpresa! Come stai, Arturo?
   —Benissimo! Senti, voglio presentarti il mio _____ amico Bruno di Biasi.
   —Molto piacere.
2. —Il professore Zatti è un _____ studioso (*scholar*) del Cinquecento.
   —Ah, sì. Ho letto alcuni suoi saggi e li ho trovati molto _____.
3. —Che _____ stivali! Perché non li compri?
   —Purtroppo, sono troppo _____ per me. Porto solo il 34 (*size 6*).
4. —È un _____ _____ uomo il signor Mirollo.
   —È simpatico, ed è pure un _____ padre e un ottimo (*excellent*) marito.
5. —Di chi saranno questi _____ pantaloni?
   —Lo sai benissimo, Laura. Dammeli (*Give them to me*) subito!

C. Fare la critica. Completate le frasi con la forma adatta degli aggettivi.

Agettivi: femminista, negativo, convincente, italiano, professionista, bravo, stanco, difficile, secco, incisivo, deprimente (*depressing*), bello, recente

MAURO: Dimmi cosa ne pensi del _____[1] film *Lamerica*?
CATHY: L'ho visto ieri sera. È molto _____[2] anche se è _____[3].
MAURO: A me è piaciuto il tono _____[4] e _____[5] del film. Anche uno straniero riesce a capire quanto siano _____[6] le condizioni di vita degli albanesi perché loro sono _____[7] del loro governo.
CATHY: Gli attori sono _____[8] soprattutto se pensiamo che sono quasi tutti non _____[9].
MAURO: Gli attori _____[10] sono gli unici che ho già visto in altri film.
CATHY: Enrico Lo Verso è molto _____[11] nel comunicare la sorpresa di chi pensava di andare a conquistare l'Albania e alla fine lotta per tornare in Italia.
MAURO: L'unica cosa _____[12] che ho notato è l'assenza di donne nel film.
CATHY: È vero, però non farei una critica _____[13] al film, sarebbe fuori luogo.

D. Aggettivi. Con un compagno/una compagna, inventate dei brevi dialoghi secondo l'esempio.

ESEMPIO: le opere di Mozart / i concerti di Brahms (lungo) →
           —Le opere di Mozart sono lunghe.
           —Anche i concerti di Brahms sono lunghi.

1. i signori Costa / le loro figlie (simpatico)
2. la borsa di Gianna / i suoi guanti (rosa)
3. quest'armadio / questi quadri (vecchio)
4. l'ombrello / le scarpe (grigio)
5. le lezioni di fisica / i compiti (lungo)

E. Indovinelli (*Riddles*). In piccoli gruppi, scrivete una descrizione di persone note ai vostri compagni di classe. Dopo, chiedete loro di indovinare (*to guess*). Usate molti aggettivi e siate specifici. Usate un po' d'immaginazione!

ESEMPIO: Quattro inglesi famosi, originali, bravissimi musicisti, non sempre simpatici. Sono molto ricchi, ma non tanto giovani. →
Sono i Rolling Stones!

Possibilità: Roseanne Barr, Bill e Hillary Clinton, Arnold Schwarzenegger, la regina Elizabeth, i quattro fratelli Marx

E adesso fate descrizioni simili di cose invece di persone.

ESEMPIO: Un'università americana vecchia e famosa, privata, non molto grande, vicino a Boston. →
È Harvard!

Possibilità: i vestiti di Michael Jackson, la vostra aula, le canzoni di Barry Manilow, un ristorante molto frequentato (*popular*) vicino al vostro *campus*, i concerti delle Spice Girls

2. Espressioni interrogative

There are several ways to ask yes/no questions in Italian. Unlike in English, the word order can be the same as that of a declarative sentence. The sentence is made interrogative by

- changing intonation so that vocal pitch rises at the end of a declarative sentence.

È di Bologna?   È italiana?

- adding **non è vero? è vero? vero?** or **no?** to the end of the sentence.

  Marco è egoista, **no?**   Sei spagnolo, **non è vero?**

- adding questions like **D'accordo?** or **Va bene?** to the end of the sentence when you expect a positive response.

  Tornate presto, **va bene?**   Usciamo alle sette, **d'accordo?**

- Note that the subject of a question may be placed either at the beginning or the end.

  I vicini restano a casa?   Restano a casa **i vicini?**

Interrogative adjectives

1. Interrogative adjectives modify nouns, pronouns, or other adjectives. They correspond to *what?*, *what kind of?*, *which?*, *how much?*, and *how many?* in English. With the exception of **che**, which is invariable, interrogative adjectives agree in gender and number with the nouns they modify.

2. **Quale** (*which* or *what*) has only two forms, singular and plural.

Quale paese preferisci?	*Which country is your favorite?*
Quali paesi hai visitato quest'estate?	*Which countries did you visit this summer?*

3. The invariable **che** (*what*) often substitutes for **quale** in informal Italian.

Che programma TV guardi?	*Which TV program are you watching?*

4. **Quanto** (*how much, how many*) follows the patterns of regular singular and plural adjectives: **quanto, quanta, quanti, quante.**

Quanti profughi chiedono asilo?	*How many refugees request asylum?*
Quanta roba portano con sé?	*How much property do they bring with them?*

Interrogative pronouns

Interrogative pronouns take the place of nouns, or refer back to previously mentioned nouns, in questions. They correspond to *who?*, *whom?*, *what?*, and *which (one/ones)?* in English.

1. **Chi** (*who, whom*) and **che, cosa** and **che cosa** (*what*) are invariable.

Chi sostiene il partito socialista?	*Who supports the Socialist Party?*
Per chi hai intenzione di votare?	*For whom do you intend to vote?*
Che (**cosa**) significa «lista elettorale?»	*What does "lista elettorale" mean?*

2. **Quale** and **quanto** can also be used as interrogative pronouns. They always agree with the nouns they replace. **Quale** drops its final **e** before a vowel.

Quali (candidati) preferite?	*Which (candidates) do you prefer?*
Quante (cioè, quante nostre amiche) vengono al concerto?	*How many [i.e., how many of our friends (f.)] are coming to the concert?*

3. In Italian, a preposition must *always* precede an interrogative pronoun; in contrast with informal English, it can never follow the pronoun.

Con chi studi?	*Who do you study with?*
A che cosa pensate?	*What are you thinking about?*

Interrogative adverbs

Like other adverbs and adverbial expressions, **come** (*how*), **come mai** (*how come*), **dove** (*where*), **perché** (*why*), and **quando** (*when*) are invariable. (**Dove** and **come** do elide before **e.**) In questions using these adverbs, the subject usually appears at the end.

Come voteranno i giovani?
Come mai si lamentano i profughi?
Dove sta l'Albania?
Perché vogliono immigrare in Italia gli albanesi?
Quando raggiungono un accordo i politici?

Un po' di pratica

A. Interrogatorio. Ognuna delle domande a destra dovrebbe cominciare con un aggettivo o avverbio interrogativo. Tutte queste parole sono state cancellate (*have been deleted*). Reinseritele (*Replace them*) nelle forme adatte. Poi scegliete la risposta corretta per ogni domanda. Se non sapete le risposte, cercate di indovinare! Le risposte sono stampate alla rovescia a piè di pagina (*upside-down at the bottom of the page*).*

B. Punti interrogativi. Formate le domande che corrispondono alle seguenti risposte.

ESEMPIO: Discutono l'accordo con **i lavoratori.** →
Con chi discutono l'accordo?

1. Le elezioni nazionali hanno luogo (*take place*) **a novembre.**
2. La senatrice va **a Tokio** alla fine del mese.
3. Sono sostenitori di **leggi più severe.**
4. Tanti giovani d'oggi sono **menefreghisti** (*apathetic*).
5. **Cinque** candidati partecipano al dibattito.
6. Il primo ministro ha dato le dimissioni (*resigned*) **per motivi di salute.**
7. **L'ambasciatrice** accompagna il presidente all'ONU (*UN*).

1. ____popolarissimo attore è fratello di Shirley MacLaine?
E = Warren Beatty; **F** = Paul Newman; **V** = Robert Redford

2. ____di queste sinfonie fu composta da Robert Schumann?
C = La Primavera; **Q** = La Tragica; **T** = Resurrezione.

3. ____formulò la famosa «legge elementare» dell'elettrodinamica?
P = Ampère; **H** = Edison; **K** = Volta.

4. A ____musicista fu sentimentalmente legata la scrittrice George Sand?
H = Chopin; **W** = Liszt; **G** = Wagner.

5. ____nacque Carlo Collodi, il creatore di Pinocchio?
A = Firenze; **Y** = Roma; **S** = Torino.

6. In ____opera lirica è il personaggio di Norina?
U = Il barbiere di Siviglia; **L** = Don Pasquale; **Q** = I pagliacci.

C. Vita universitaria. Fate tutte le possibili domande che corrispondono alle seguenti risposte.

ESEMPIO: Bruno studia legge perché vuole fare carriera in politica. →
Cosa studia Bruno? **Perché** studia legge?
Chi studia legge? **Che cosa** vuole fare?

1. Giulio passa gran parte della giornata con la radio accesa mentre studia.
2. Ogni tanto apre il libro di chimica per studiare.
3. Tiziana prende la laurea entro il 20 giugno.
4. Il venerdì sera va in birreria con un gruppo di amici.
5. Elmo lavora durante l'estate per poter pagare le tasse d'iscrizione.

*Le risposte sono: (1) Quale, E; (2) Quale, C; (3) Chi, P; (4) quale, H; (5) Dove, A; (6) quale, L.

3. *Conoscere e sapere*

English has only one verb meaning *to know*, whereas Italian has two. **Conoscere** means *to be acquainted or familiar with someone or something*, or *to meet for the first time*. **Sapere** means *to know facts, to find out*, or *to know how to do something*.* Consider the following examples.

Conosci il sindaco di Genova?	*Do you know the mayor of Genoa?*
Non **conosco** bene il sistema politico americano.	*I'm not well acquainted with the American political system.*
Sai che tipo di governo ha la Grecia?	*Do you know what kind of government Greece has?*
Mio fratello non **sa** giudicare le questioni politiche.	*My brother doesn't know how to judge political issues.*
Conosco Rosa, ma non **so** dove abita.	*I know Rose, but I don't know where she lives.*

Un po' di pratica

A. Conoscere o sapere? Completate le frasi con la forma adatta del verbo secondo il contesto.

1. —Claudio, _____ perché gli albanesi vogliono venire in Italia?
   —_____ che vogliono un lavoro.
2. —Molti giovani d'oggi _____ solo quello che imparano a scuola, vero?
   —Non sono d'accordo, _____ anche aspetti importanti della vita politica, sociale ed economica del paese.
3. —Ragazzi, _____ una buona spaghetteria?
   —_____ che ce n'è una in via Dante.
4. —Mio fratello lavora per la FIAT, ma non _____ riparare la propria (*his own*) macchina. Per fortuna, _____ molti meccanici in città.
5. —Zia Adele _____ suo marito da venti anni, ma non _____ ancora per quale partito vota!
6. —Alberto, vuoi _____ una ragazza molto carina?
   —Eccome (*you bet*)! Chi è?
   —Mia sorella Chiara. (Io) _____ che stasera non è impegnata (*busy*); vuoi venire da noi?

B. Chi conosci? Cosa sai? Con un compagno/una compagna, fate domande e rispondete alle frasi seguenti, usando la forma adatta di **sapere** o **conoscere** secondo il contesto.

> ESEMPIO: un buon ristorante cinese in questa città→
> —Conosci un buon ristorante cinese in questa città?
> —Sì, conosco un buon ristorante: «La Pagoda». (No, non conosco un buon ristorante cinese in questa città!)

---

*__*Conoscere__ is a regular second-conjugation verb; the present-tense conjugation of **sapere** appears in Appendix I.

1. i nomi dei candidati alle prossime elezioni municipali   **2.** il film thriller-politico «The Manchurian Candidate»   **3.** in quale zona d'Italia vanno gli albanesi   **4.** dove posso trovare un bell'abito nuovo senza spendere un patrimonio (*fortune*)   **5.** un bravo parucchiere   **6.** cucinare   **7.** che in Svizzera esistono tre lingue ufficiali   **8.** una persona che parla più di due lingue   **9.** quali lingue si parlano in Svizzera   **10.** parlare tedesco

4. Usi idiomatici di *avere, fare, dare* e *stare*

The verbs **avere, fare, dare,** and **stare** appear in many common Italian idioms. You probably know most of the expressions below; see if you can figure out any unfamiliar ones from the context.

AVERE

Mangia se **hai fame!** Bevi se **hai sete!**
I bambini **hanno sonno;** devono andare a letto.
Laura dice la verità; **ha ragione.**
«Spesso chi **ha torto** è quello che grida di più (*shouts loudest*)».
Che caldo! **Ho voglia di** un tè freddo.
*Chi **ha paura** di Virginia Woolf?*
Chiara **ha mal di testa; ha bisogno di** un'aspirina.
Perché corro (*am I rushing*)? Corro perché **ho fretta!**
La nonna **ha 65 anni** ma non vuole andare in pensione (*retire*)!

FARE

Se in classe non **fate attenzione,** non imparate nulla.
Facciamo un bel **regalo a** Gianni; è il suo compleanno.
Non ti **fanno paura** i libri di Stephen King?
Non **faccio colazione** a casa; la mattina prendo un caffelatte al bar.
Fa bel tempo oggi—**facciamo una passeggiata.**
Se **fa brutto tempo,** andiamo al cinema o a un museo.
Non ci vediamo da tanto tempo; **facciamo quattro chiacchiere.**
In genere, i bambini **fanno il bagno** e gli adulti **fanno la doccia.**
Fai molte domande in classe.
Non c'è nulla in frigo; bisogna **fare la spesa.**
Ho bisogno di varie cose per il viaggio; vado a **far compere.**
La pornografia è disgustosa; mi **fa schifo.**

DARE

Povera Renata! Deve **dare un esame** alle 8,00 domani mattina.
Si può **dare del tu** solo agli intimi (*close friends/acquaintances*); bisogna **dare del Lei** alle persone che non si conoscono bene.
Danno una festa per l'anniversario di matrimonio dei genitori.

STARE

Su, corri! Il treno **sta per** partire.
È una bambina molto attiva; non **sta** mai **ferma.**
Ragazzi, **state zitti!** Sto parlando al telefono.

Un po' di pratica

A. La mamma curiosa. La mamma di Luisa le fa sempre un sacco di (molte) domande noiose. Immaginate le risposte di Luisa e rispondete usando alcune espressioni idiomatiche adatte con **avere, fare, dare** e **stare,** secondo il contesto.

ESEMPI: MAMMA: Perché non mangi?
                 LUISA: Perché non ho fame!
                 MAMMA: Perché la nonna ha preso l'aspirina?
                 LUISA: Perché ha mal di testa.

1. Perché non vuoi uscire?
2. Perché non c'è niente da mangiare in casa?
3. Perché devi correre alla stazione?
4. Perché tuo fratello non prende voti più alti a scuola?
5. Perché non porti il cugino Andrea a vedere *Il mondo perduto*?
6. Perché non sei d'accordo con le opinioni politiche di tuo padre?
7. Perché hai i capelli bagnati (*wet*)?
8. Perché non vuoi mai invitare i Gardella con i loro bambini?
9. Perché non bevi qualcosa?
10. Perché hai comprato una torta e tre bottiglie di spumante?

B. Piccole conversazioni. Completate le frasi con la forma adatta di una delle espressioni idiomatiche elencate.

ESPRESSIONI: avere bisogno di, avere fretta, dare del Lei, dare del tu, dare una festa, fare la spesa, fare paura, fare un regalo, stare fermo, stare per

1. —Devo _____ a tutti in Italia?
   —A tutti, no; puoi _____ ad altri studenti e ai tuoi coetani (*people your own age*).
2. —I Barsanti _____. Hai ricevuto l'invito?
   —Sì. Gli voglio _____—sono così simpatici e generosi.
3. —Paolo, che c'è (*what's up*)? _____?
   —Sì, devo scappare (*rush off; run*). La mia telenovela (*soap opera*) preferita _____ cominciare!
4. —Ilaria, vengono a cena i miei genitori. (Noi) _____ pane, latte, caffè, acqua minerale...
   —Presto, andiamo a _____—non c'è niente da offrirgli (*to offer them*)!
5. —Perché non guardi mai i film dell'orrore?
   —Mi _____ troppa _____!
6. —Quel cane non _____ per un minuto. È tanto nervoso!
   —Poverino! Forse _____ uscire.

C. Chi, quale, come... ? Con un compagno (una compagna), fate le domande e rispondete. Usate un'espressione idiomatica nella domanda *e* nella risposta. Usate un po' di fantasia!

ESEMPIO: perché/voglia →
                 —Perché non hai voglia di studiare?
                 —Non ho voglia di studiare perché fa troppo caldo.

1. quando / doccia
2. perché / fretta
3. dove / passeggiata
4. che cosa / bisogno

5. chi / del Lei
6. quale / paura
7. come mai / sonno
8. quando / compere

. . . .

L'ITALIA DAL VIVO

Il cinema «impegnato» di Francesco Rosi

Prima visione. Guardate attentamente il video la prima volta *senza audio*. Poi cercate di rispondere alle seguenti domande.

1. In quante parti si potrebbe dividere il video?
2. A che cosa vi fa pensare la prima parte del filmato?
3. Potreste indovinare l'argomento del video?

Seconda visione. Leggete il **Vocabolario utile** e guardate il video ancora due volte. La prima volta guardate ed ascoltate il commento dell'intervistatore sull'ultimo film di Francesco Rosi, *Dimenticare Palermo*, e poi ascoltate il regista stesso. La seconda volta leggete gli esercizi che seguono e cercate delle informazioni specifiche che vi servono per completarli.

VOCABOLARIO UTILE

l'attualità	*current events*
il capolavoro	*masterpiece*
la droga	*drugs*
il pregio	*value, excellence*
la prepotenza	*overbearing force, arrogance*
la radice	*root*
il rapporto	*relationship*
confrontarsi (con)	*to confront*
inquinare	*to pollute, corrupt*
riflettere	*to think about, reflect*
doloroso/a	*painful*
tale	*such*

Comprensione

A. Guardate ed ascoltate attentamente l'intervista con Francesco Rosi. Poi scrivete le parole che mancano.

«Come altri _____ film, è un film sul _____. È un film sul potere criminale _____ internazionalmente nel mondo [e] che è _____ forte ed ha una tale _____ che può _____ sia l'economia che la _____ mondiale.»

B. Cercate di abbinare in modo logico la colonna a sinistra con la colonna a destra.

_____ conoscere   1. la radice
_____ la droga   2. la prepotenza
_____ il rapporto   3. sporco
_____ inquinare   4. il legame
_____ doloroso/a   5. confrontarsi
_____ la Mafia   6. soffrire
_____ la causa   7. l'attualità
_____ le notizie   8. la legalizzazione

Variazione

A. Rispondete alle seguenti domande.

1. Quali sono i temi principali del film _Dimenticare Palermo_?
2. Chi è il protagonista principale del film e cosa cerca di fare?
3. Ti ricordi il nome di qualche attore o attrice nel film?
4. Potresti dire i titoli di altri due film di Rosi, che si menzionano all'inizio del video?

B. Insieme ad un compagno/una compagna, fate un elenco dei film politici che avete visto. Fate una lista dei problemi attuali che trattano.

METTIAMOLO PER ISCRITTO!

Problemi e scelte politiche

1. Cosa spinge una persona a lasciare il proprio paese per andare in un altro? Iniziate a elencare le motivazioni e poi a pensare alle difficoltà (linguistiche, culturali, economiche, ecc.) che una persona deve affrontare nel nuovo paese. Immaginate anche che la persona non abbia ancora un lavoro e che quindi deve cercarlo.
2. Immaginate di essere il sindaco di una piccola città di frontiera del Texas dove ogni giorno entrano centinaia di immigrati illegali. La città è composta al cinquanta per cento di immigrati legali. Quale atteggiamento avete nei confronti degli immigrati illegali? Fate qualcosa per bloccare con la forza l'entrata degli immigrati? Cosa fate con quelli che sono già in città? Cosa fate a chi offre loro lavoro? Come organizzate le scuole della città (riguardo ai figli degli immigrati e alla lingua che si usa in classe).

UNITÀ II
Il discorso sull'ambiente

Piazza San Marco rovinata dall'incuria della gente. Ci sono parti della vostra città degradate dalla maleducazione della gente? Cosa si può fare per cambiare?

CAPITOLO 4

Vacanze in città

Tutti scappano dalle città, le spiagge sono sovraffollate e la gente si diverte! Com'è questa spiaggia? Vorreste fare una vacanza in un luogo simile? Perché o perché no?

CONTESTO CULTURALE
Vacanze stressanti

LETTURA
Weekend bollente, tutti in fuga

STRUTTURE
1. Verbi riflessivi e reciproci
2. Preposizioni semplici e articolate
3. Numeri cardinali e ordinali
4. *Dire, raccontare, parlare*

L'ITALIA DAL VIVO
I vacanzieri della domenica

METTIAMOLO PER ISCRITTO!
Turismo e ambiente

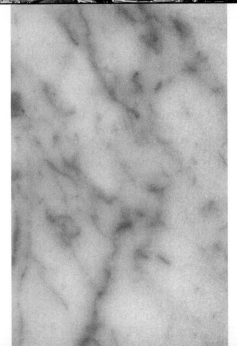

Contesto culturale

Vacanze stressanti   Ascoltate il dialogo almeno un paio di volte. Poi leggete le **Espressioni utili** ed interpretate le **Situazioni pratiche** insieme ad un compagno / una compagna.

Mangiar fuori durante il periodo estivo, e soprattutto nella settimana di Ferragosto, può essere una vera e propria avventura. Le città si svuotano perché tutti vanno in vacanza. Cercano un po' di relax lontano dallo stress quotidiano. Quello che trovano può però essere ben diverso.

Stefano, Tiziano e Ornella si siedono a un ristorante dopo una lunga attesa.

STEFANO: Non mi sembra vero! Ci siamo finalmente seduti!

ORNELLA: Beh, non ci è andata male! Abbiamo aspettato solo mezz'ora. Poteva andarci peggio, molto peggio.

STEFANO: (*cerca di attirare l'attenzione di un cameriere*) Scusi! Scusi! Per favore!

TIZIANO: Scusi un corno! Quelli non ti sentono. Non si può andare fuori a mangiare a Ferragosto.

ORNELLA: Ma dai! Non essere noioso. Fra un attimo ci servono.

TIZIANO: Il servizio è pessimo e i prezzi sono alle stelle.

STEFANO: Eccolo che arriva!

CAMERIERE: Desiderate?

STEFANO: Ci porta il menù?

CAMERIERE: Subito. Intanto cosa vi posso portare da bere?

TIZIANO: Acqua minerale. Frizzante.

CAMERIERE: Un po' di vino?

ORNELLA: Che cosa avete?

CAMERIERE: **Vi consiglio** il vino bianco della casa, in caraffa.

STEFANO: Va bene il bianco della casa.

CAMERIERE: Bene.

TIZIANO: Ad aspettare mi è venuta una fame da lupi.

CAMERIERE: Ecco il vino, l'acqua e i menù.

ORNELLA: **Cosa c'è** di primo?

CAMERIERE: Abbiamo orecchiette al pesto e spaghettini alle vongole come piatto del giorno e poi tutto quello che c'è nel menù. Ma non volete un antipasto? **Qualcosa di pronto?**

STEFANO: Io **salto** l'antipasto. **Prendo** le orecchiette se il pesto è fresco.

CAMERIERE: Freschissimo!

ORNELLA: Allora, anch'io **mi faccio** le orecchiette. Vado matta per il pesto!

TIZIANO: Io invece passo subito al secondo, voglio qualcosa di sostanziale.

CAMERIERE: Non glielo consiglio. Per i secondi piatti c'è da aspettare un po'. Sai, c'è solo un cuoco.

TIZIANO: Ma come solo un cuoco?

CAMERIERE: Uno solo ma bravissimo.

TIZIANO: Non si sarebbe qualcosa di pronto?

CAMERIERE: Tutto quello che prepariamo è **fatto apposta, su ordinazione.** Perché non prende l'antipasto? In cinque minuti le posso portare prosciutto e melone.

TIZIANO: Sì, va bene così.

ORNELLA: Eccolo, guarda come è contento adesso che sta per mangiare. Sei capriccioso come un bambino.

ESPRESSIONI UTILI AL RISTORANTE

Vi consiglio (il vino della casa)	*I suggest*
Cosa c'è (di primo, di secondo, da bere)?	*What do you have . . .?*
Qualcosa di pronto	*Something quick*
Salto (il primo, la frutta, il caffè)	*I'll skip . . .*
Prendo/Desidero/Mi faccio (le orecchiette, il vino della casa)	*I'll have . . .*
Fatto apposta/su ordinazione	*Made to order*

Situazioni pratiche

Con due compagni/compagne, interpretate le seguenti situazioni.

1. Studenti 1 e 2 sono seduti in un'osteria che non offre menù. Invece devono discutere con il cameriere, Studente 3, cosa conviene mangiare.
2. Studente 1 va a cena in un ristorante molto elegante con i suoi genitori, Studenti 2 e 3. È un ristorante italiano e Studente 1 conosce bene i piatti. Perciò consiglia ai suoi genitori cosa prendere come primo, secondo, ecc.

VOCABOLARIO TEMATICO

The following terms are useful for discussing summer vacations.

Sostantivi

l'aria condizionata air conditioning
le ferie (*pl.*) vacation, holidays
il fresco cool temperatures
il grande magazzino department store
la piscina swimming pool
il sandalo sandal
il temporale thunderstorm

Verbi

accogliere to welcome, accommodate
mancare to be lacking, missing

ospitare to accommodate
rientrare (in) to come back to town (following a holiday or vacation)
rinfrescare to cool down, refresh
rinunciare (a) to give up (something)
somigliare, assomigliare (a) to resemble, look like
superare to exceed
tuffarsi (in) to dive

Aggettivi

afoso humid, muggy
bollente boiling

polveroso dusty
sospirato longed-for

Altre parole ed espressioni

circa about, approximately
fina a up to, until
intanto in the meantime
proprio really

A. Scegliete la parola adatta per completare le seguenti frasi.

1. Ho già consumato tutte le ferie per quest'anno; quindi devo _____ una settimana in montagna con gli amici.
   a. superare   **b.** rinunciare a   **c.** rientrare   **d.** accogliere
2. Marzia ha il carattere di suo padre, ma fisicamente _____ sua madre.
   a. appare   **b.** accoglie   **c.** assomiglia a   **d.** appartiene a
3. I temporali _____ l'aria torrida d'agosto in Italia.
   a. superano   **b.** accolgono   **c.** raggiungono   **d.** rinfrescano
4. Cinquantamila spettatori sono pochi per uno stadio come il Giuseppe Meazza di Milano, che può _____ più di 80.000 persone.
   a. ospitare   **b.** mancare   **c.** superare   **d.** rientrare in
5. Quest'anno prendo _____ in ottobre; voglio evitare le spiagge affollate.
   a. la piscina   **b.** il fresco   **c.** il temporale   **d.** le ferie
6. D'estate, quando non piove per molti giorni e il sole è caldissimo, le strade e i campi (*fields*) diventano _____.
   a. rinfrescati   **b.** polverosi   **c.** temporali   **d.** sospirati
7. Noi restiamo in città _____ luglio; poi andiamo sempre al Lago Maggiore.
   a. intanto   **b.** fino a   **c.** proprio   **d.** circa
8. Da mesi penso alle ferie; andare in un bel posto tranquillo, dove l'aria è fresca e non c'è traffico, per me è una cosa tanto _____!
   a. superata   **b.** afosa   **c.** sospirata   **d.** rinunciata

B. Abbinate le parole a sinistra con quelle a destra che hanno un senso (*meaning*) simile o logicamente associato.

1. _____ afoso
2. _____ proprio
3. _____ circa
4. _____ piscina
5. _____ temporale
6. _____ fresco
7. _____ intanto

a. più o meno
b. acqua
c. pioggia
d. nel frattempo
e. umidità
f. veramente
g. aria condizionata

C. Definite in italiano le seguenti parole.

1. il grande magazzino
2. i sandali
3. tuffarsi
4. rientrare

· ·

PRELETTURA

Nearly all employed Italians receive six weeks of paid vacation every year. The beaches, mountains, and countryside of Italy are favorite destinations for Italians as well as for the millions of foreign tourists who pour into the country each year.

In summer, especially during the high holiday season in July and August, the mass exodus of recreation-seekers from major Italian cities places an enormous burden on natural resources, which are already subject to environmental stresses such as drought and forest fires. Those few people who stay in town increase their demand on summer's most precious natural resource: water, an indispensable source of comfort and recreation during the sweltering summer months.

This chapter's reading, "Weekend bollente, tutti in fuga," describes a typical July weekend in Milan for those who cannot join the summer migration. The remaining city dwellers are obliged to cope with record temperatures, few opportunities for relief, and a steadily dwindling water supply.

Entriamo nel contesto!

A. Usando la tabella (*chart*) come modello, elencate sei o sette attività caratteristiche dei mesi caldi in città e fuori città. Ecco qualche suggerimento: prendere il sole, andare in ambienti (*locations*) dove c'è l'aria condizionata, leggere all'ombra, andare in piscina, mangiare il cocomero (*watermelon*).

IN CITTÀ	FUORI CITTÀ (DOVE?)
ESEMPIO: frequentare i bar all'aperto	dormire all'ombra

B. In Italia, è comune fare le vacanze al mare in agosto insieme a molta altra gente. Con 2 o 3 compagni, fate un elenco dei vantaggi e dei problemi relativi a una vacanza al mare in massa. Perché pensate che questa sia la vacanza preferita in Italia sin dagli (*ever since*) anni sessanta?

VANTAGGI	PROBLEMI
ESEMPIO: Tanti ristoranti sono aperti	Gli hotel sono più cari

Strategie per la lettura

Using headlines and lead sentences to guess content. In reading the following brief article from the daily newspaper *Il Corriere della Sera*, apply some of the strategies you have used in previous chapters. Identify cognates, focus on the main components of each sentence (leaving for later consideration nonessential words or expressions), try to understand meaning through context and logic, and don't stop because of an unfamiliar grammatical form.

In a journalistic piece of writing, you are almost sure to find the main points of the article stated in the title, subtitle, and the first sentence or two of each paragraph. This article's title, "Weekend bollente, tutti in fuga," gives you the time frame (the weekend) and the fact that people are escaping the heat. Look at the subtitle ("Con il termometro a 33 gradi..."). It reveals the name of the city and the two groups of people in question: those who leave town and those who stay behind.

Read the first two sentences of each paragraph and look for more information on the same subject matter. See if you can answer the following questions:

> What is the general appearance of the city?
> Which groups of people are mentioned or alluded to?
> What are people doing or feeling?
> What kinds of problems are caused by this situation?
> What is the hope of resolving such problems?

LETTURA

La temperatura ha raggiunto la massima stagionale[1] mentre continua l'emergenza idrica[2] nella zona di viale Certosa[3]

Weekend bollente, tutti in fuga[4]

Con il termometro a 33 gradi Milano si svuota[5] e per i sopravvissuti[6] non resta che l'Idroscalo[7]

Il treno non arriva, il caldo è rovente: c'è chi inganna l'attesa come può
(Foto De Bellis)

Una Milano da «day after».[8] Ecco come appariva ieri la città. Silenzio, strade deserte e caldo appicci-coso,[9] i grandi protagonisti di un weekend d'inizio estate fatto apposta per fuggire. A fare da com-
5 parse[10] sono rimasti solo piccoli gruppi di stranieri. Giapponesi, soprattutto, e qualche tedesco con san-dali e calzino corto[11] a bere gran boccali[12] di birra fresca all'ombra dei tavolini in Galleria.[13]

I milanesi? Tutti scomparsi.[14] I mariti hanno rag-
10 giunto mogli e figli in vacanza al mare o al lago. E quelli rimasti si sono divisi tra i grandi magazzini (che grazie all'aria condizionata in questo periodo raddoppiano i clienti),[15] i polverosi parchi pubblici del centro, l'Idroscalo e le piscine comunali.[16]
15 Alla Argelati[17] ieri hanno staccato[18] circa 1.500 biglietti. Quasi un record, considerando che

l'impianto è predisposto[19] per accogliere 800 per-sone. Al Lido invece si sono tuffati in 4.500.[20] Tanti? Non proprio, se si pensa che le piscine possono os-pitare fino a 6.000 bagnanti e che la media,[21] in questa 20 stagione, supera normalmente le 5.000 presenze.

---

[1]*seasonal high point*   [2]*drought*   [3]*zona... a neighborhood in Milan*   [4]*in... fleeing*   [5]*si... empties out*   [6]*survivors*   [7]*artificial lake outside Milan*   [8]*Una... Milan after the apocalypse*   [9]*sticky*   [10]*A... As extras on the set*   [11]*calzino... sweat socks (particularly unstylish in Italy)*   [12]*mugs*   [13]*covered mall, a famous landmark of central Milan*   [14]*vanished*   [15]*raddoppiano... the number of shoppers doubles*   [16]*public*   [17]*athletic center with pool*   [18]*hanno... they've sold (lit., torn off)*   [19]*l'impianto... the facility is intended*   [20]*si... 4500 people dove in*   [21]*the average*

L'acqua per fare il bagno non manca. Scarseg-gia[22] invece quella da bere. Sul fronte idrico,[23] infatti, continua l'emergenza, principalmente in tutta la
25 zona nord: da viale Certosa a Quarto Oggiaro fino a piazzale Maciachini. Finché il caldo non diminuirà,[24] la situazione resterà critica. E i 33 gradi di ieri pome-riggio non sembrano promettere nulla di buono.

Al contrario, l'elevata temperatura degli ultimi
30 giorni, con la punta massima[25] toccata in questo weekend, ha dato a Milano il record di città italiana fra le più calde e afose di un'estate tanto ritarda-taria[26] quanto torrida.

Luglio, intanto, ha già cambiato faccia: somiglia
35 molto più a Ferragosto, quando in città non c'è proprio nessuno, e devi penare[27] se hai finito le sigarette o se il frigorifero è vuoto. Basta un giro in centro per notare, già in questi primi giorni del mese, saracinesche abbassate[28] con la scritta «Chiu-
40 so per ferie».

Forse è un bene, se le abitudini dei negozianti stanno cambiando in favore delle vacanze di luglio. Si può sperare, almeno, che il prossimo mese qualche esercizio[29] resterà aperto, in soccorso dei
45 «forzati»[30] della città.

Quelli però che attendono[31] agosto per le sospi-rate vacanze, non hanno rinunciato, dunque, al fine settimana e sono partiti per il mare o la montagna, a godersi[32] un po' di fresco. Nonostante il traffico or-
50 dinato di ieri mattina sulle autostrade lombarde, Mi-

lano nel pomeriggio era deserta. Segno[33] che anche i più indecisi, all'ultimo momento, hanno lasciato cadere ogni incertezza.[34] E hanno preso un treno, diretti in [35] Liguria o sull'Adriatico. Oppure, nella notte, hanno raggiunto in auto i laghi vicini.   55

Per chi rientra, un minimo di speranza arriva dagli esperti di Linate,[36] che non escludono nelle prossime ore piccoli temporali che dovrebbero rin-frescare, anche se di poco, l'aria.

—*Il Corriere della Sera*

---

[22]*There is a scarcity of*   [23]*Sul... With regard to water*   [24]*Finché... Until the heat subsides*   [25]*punta... maximum temperature*   [26]*late*   [27]*suffer*   [28]*rolling shut-ters pulled down*   [29]*shop, establishment*   [30]*in... to aid the "prisoners"*   [31]*wait*   [32]*to enjoy*   [33]*A sign*   [34]*hanno... have overcome any indecision*   [35]*diretti... headed toward*   [36]*airport in Milan*

Avete capito?

A. In base alla lettura, le seguenti frasi sono vere o false?

	V	F
1. A Milano, i grandi protagonisti di questo weekend estivo sono i turisti giapponesi e quelli tedeschi.	V	
2. I 33 gradi promettono bene per temperature più basse.		F
3. Molti negozi sono già in ferie.	V	F
4. Chi ha programmato le vacanze per agosto ha dovuto rinunciare a questo weekend in luglio.	V	F
5. Molti sono andati ai laghi per trovare un po' di fresco.	V	

B. Rispondete alle seguenti domande.

1. Perché Milano è definita da «day after»?
2. Dove vanno i turisti rimasti in città?
3. Dove si rifugiano i milanesi rimasti in città? Sono in molti?
4. Com'è la situazione per quanto riguarda (*as far as . . . is concerned*) l'acqua da bere?
5. Com'è la città, di solito, durante il Ferragosto?
6. Dove si è registrata la temperatura record per quest'estate?

C. Tutte le seguenti parole o frasi sono collegate all'articolo che avete appena letto. A che cosa associate queste espressioni? Con vostre parole cercate di spiegare il loro significato nel contesto della lettura.

ESEMPIO: giapponesi e qualche tedesco →
            Questi stranieri sono quasi le sole persone che restano in città in un torrido weekend d'estate.

1. strade deserte
2. sandali e calzino corto
3. fronte idrico
4. 4.500 si tuffano
5. grandi magazzini
6. «Chiuso per ferie»

E ora a voi!

A. Usando la tabella come modello, elencate le vostre reazioni alle seguenti vacanze e spiegate le vostre opinioni.

> **Vacanze:** Club Med nel Messico; una spiaggia sull'Adriatico in agosto; lo sci nel Colorado; un safari in Kenya; il campeggio su una spiaggia del Pacifico in luglio; una gita organizzata nelle maggiori città europee; una settimana a Parigi; un giro in barca a vela (*sailboat*); una settimana a Tokio; le città dell'Europa dell'Est; un giro che include vari festival musicali e teatrali

REAZIONE POSITIVA	REAZIONE NEGATIVA
ESEMPIO: Disney World Europa	lo sci nel Vermont

E ora aggiungete la vostra vacanza ideale e confrontate i risultati con quelli di un compagno (una compagna).

B. La siccità (*drought*) è un problema grave durante i mesi estivi (*summer*) in molte città italiane. In gruppi di quattro o cinque, preparate una lista di cinque o sei misure (*measures*) da proporre al Comune (*city council*) per risparmiare (*save*) acqua nei periodi di crisi.

STRUTTURE

I. Verbi riflessivi e reciproci

Reflexive verbs

alzarsi	mettersi	vestirsi
to get up	*to put on (clothing, etc.)*	*to get dressed*
mi alzo ci alziamo	mi metto ci mettiamo	mi vesto ci vestiamo
ti alzi vi alzate	ti metti vi mettete	ti vesti vi vestite
si alza si alzano	si mette si mettono	si veste si vestono

Forms

1. The action of reflexive verbs refers back to the subject. In English, most reflexive constructions are implicit: *Time to get (yourselves) up!* In Italian, reflexive pronouns must *always* be used with reflexive verbs.

2. Reflexive verbs follow normal conjugation patterns. Their infinitive endings are **-arsi, -ersi,** and **-irsi.**

3. Reflexive pronouns ordinarily precede the conjugated forms of verbs and agree with the subject of the verb.

    Ti vesti sempre in fretta!   *You always get dressed in a hurry!*
    Ci alziamo ogni giorno alle sette.   *We get up every day at seven.*

4. Reflexive verbs are conjugated with *essere* in compound tenses.[*]

    Ti sei riposato bene durante le ferie?   *Did you get a good rest over the vacation?*
    Ci siamo divertiti a Milano.   *We had fun in Milan.*

5. When used with infinitives, the reflexive pronoun attaches to the infinitive ending, which drops its final **-e.**

    Avete intenzione di **mettervi** i jeans per andare alla festa?   *Do you intend to put on jeans to go to the party?*
    Bisogna **abituarsi** a parlare una nuova lingua.   *You have to get used to speaking a new language.*

6. When modal verbs **dovere, potere,** and **volere** are used with the infinitive form of reflexive verbs, the reflexive pronoun can either precede the conjugated verb or be attached to the infinitive.

    Mi voglio riposare durante le vacanze.
    Voglio riposarmi durante le vacanze.   *I want to rest during the vacation.*

---

[*]The use of reflexive verbs in the compound past tenses is presented in Chapter 5, Section 1: **Passato prossimo.**

Il bambino non **si può vestire**
da solo.

Il bambino non **può vestirsi**
da solo.

⎫
⎬
⎭

*The child can't get dressed by
himself.*

Uses

1. Some verbs are considered intrinsically reflexive. For example, **radersi** (*to
shave*) and **lavarsi** (*to wash*) clearly refer back to the subject, since they are
actions carried out upon one's own body. Others, such as **laurearsi** (*to get a
college degree*) and **stabilirsi** (*to settle down, to get established*), may be described as reflexive in form but not in intrinsic meaning. However, they all
follow the same basic grammatical patterns. Some of the most common reflexives are

abituarsi (a) *to get used (to)*	rendersi conto (di) *to realize,*
accorgersi (di) *to notice*	*become*
annoiarsi *to become bored*	*aware (of)*
arrabbiarsi *to become angry*	riposarsi *to rest*
farsi male *to hurt oneself*	sentirsi *to feel*
fermarsi *to stop*	sistemarsi *to settle down, get*
godersi *to enjoy*	*organized*
innamorarsi (di) *to fall in love*	sposarsi *to get married*
(with)	spostarsi *to move*
lamentarsi (di) *to complain*	stabilirsi *to settle (in a place)*
(about)	svegliarsi *to wake up*
laurearsi *to graduate (from a*	trasferirsi *to relocate, move*
university)	trovarsi *to be situated, find*
levarsi, togliersi *to take off*	*oneself*
(clothing, etc.)	vestirsi *to get dressed*

2. Many verbs can be used both as reflexives and as transitive verbs, which act on
separate direct objects.

Prima **veste** il bambino e poi **si
veste.**

Devo **svegliare** Filippo domani
alle sei perché non **si sveglia**
mai da solo.

*First he dresses the baby and then
he gets dressed.*

*I have to wake up Filippo
tomorrow at six because he
never wakes up on his own.*

3. When a subject acts upon his or her own body, clothing, or a personal possession, Italian uses reflexive verbs and definite articles. English, by contrast, uses
possessive adjectives. Common expressions of this kind include:

bruciarsi (il dito, il braccio)	*to burn oneself (one's finger, arm)*
cambiarsi (i vestiti, le scarpe)	*to change (one's clothes, shoes)*
dimenticarsi (le chiavi, la cartella)	*to forget (one's keys, briefcase)*
lavarsi (i capelli, la faccia)	*to wash (one's hair, face)*
mangiarsi le unghie	*to bite (lit., to eat) one's nails*
mettersi (i vestiti, il cappello)	*to put on (one's clothes, a hat)*

pettinarsi	*to comb one's hair*
pulirsi (i denti, la camicia)	*to clean (one's teeth, shirt)*
slogarsi (il polso, la caviglia)	*to sprain (one's wrist, ankle)*
sporcarsi (il viso, le mani)	*to get (one's face, hands) dirty*
Sta' attento a non **bruciarti le mani!**	*Be careful not to burn your hands!*
Non **ti metti il costume da bagno?**	*Aren't you putting on your bathing suit?*

Reciprocal verbs

1. Plural reflexive constructions can be used to express a reciprocal action (*to each other, to one another*).

   Si scrivono spesso.

   They write each other often.

   Ci incontriamo ogni estate nello stesso albergo.

   We meet [each other] every summer in the same hotel.

2. The following verbs are commonly used reciprocally.

aiutarsi	Io e Luca **ci aiutiamo** sempre in cucina.
amarsi	«**Amatevi** come compagni di viaggio...» (Manzoni, *I promessi sposi*)
darsi appuntamento	**Ci diamo** appuntamento per il 15 giugno.
farsi regali	**Si fanno regali** a Natale.
odiarsi	Sono fratelli ma purtroppo **si odiano.**
(ri)vedersi	Allora, **ci vediamo** la settimana prossima!
salutarsi	Strano—**si salutano** ma non si fermano mai a parlare.
sentirsi	(*al telefono*): **Ci sentiamo** domani, va bene? Ciao, ciao!
volersi bene	È chiaro che **vi volete bene**, tu e tuo marito.

3. Certain expressions can reinforce or clarify the reciprocal meaning.

fra di noi (voi, loro)	*among ourselves (yourselves, themselves)*
l'un l'altro (l'un l'altra)	*each other*
reciprocamente a vicenda	*reciprocally, mutually*
Si parlano spesso **fra di loro.**	*They often speak among themselves.*
Vi guardate **l'un l'altro** come due innamorati!	*You look at one another like two people in love!*

Un po' di pratica

A. Cosa ci mettiamo? Il vostro amico Bob si sposa con Elena, una ragazza italiana che ha conosciuto durante le vacanze. Dite quello che varie persone si mettono per il ricevimento.

ESEMPIO: tu / una gonna molto elegante →
            (Tu)**ti metti** una gonna molto elegante.

1. io / la blusa e i pantaloni di seta
2. la mia amica / le perle
3. i miei compagni di camera / giacca e cravatta
4. voi due / il farfallino (*bow tie*)
5. Emanuela ed io / i nuovi sandali
6. tu / l'abito di Armani

B. Tanto da fare! Il ricevimento per il matrimonio di Elena e Bob sarà un'occasione di gala (*a gala event*). La mamma di Elena organizza la festa, e dice ai parenti quello che devono o non devono fare. Ripetete i suoi ordini, usando **dovere** e i verbi riflessivi.

ESEMPIO: Cugina Marta / mettersi il vestito viola →
            La cugina Marta deve mettersi il vestito viola. (La cugina Marta si deve mettere il vestito viola.)

1. Tu / alzarsi alle sette
2. Le gemelle (*twins* / vestirsi molto bene
3. Il piccolo Luigino / lavarsi e pettinarsi con molta cura
4. Voi / non arrabbiarsi se alcuni ospiti (*guests*) arrivano in ritardo
5. Carlo / fermarsi dal fioraio (*florist's*) a prendere le rose
6. Io / riposarsi prima della cerimonia
7. Le zie / non lamentarsi del tempo
8. Noi tutti / divertirsi alla festa

C. Riflessivi vari. Completate le frasi con la forma adatta del verbo riflessivo, secondo il contesto.

> **Verbi:** abituarsi, annoiarsi, laurearsi, rendersi conto, sposarsi, trasferirsi, trovarsi

1. Marcello scrive la tesi, e l'anno prossimo _si laurea_
2. In genere io _____ facilmente alle nuove situazioni. *mi abitua*
3. Anna e Carlo _____ a giugno; poi Carlo _____ a Milano per motivi di lavoro.
4. Sei in ritardo un'altra volta! Forse non _____ dell'ora! *ti rendi*
5. Pisa _____ a circa (*about*) cinquanta chilometri da Firenze. *si trova*
6. Non voglio portare i bambini alla conferenza perché _____ sicuramente. *si annoiano*

D. Cosa si fanno? Usando le espressioni seguenti, completate le frasi in modo logico con la forma adatta dei verbi riflessivi.

Espressioni: bruciarsi la mano, cambiarsi gli occhiali, dimenticarsi il portafoglio, farsi la barba, lavarsi le mani, mangiarsi le unghie, pulirsi i denti, slogarsi la caviglia, sporcarsi il viso

ESEMPIO: Quei bambini... mangiando tanti cioccolatini.
Quei bambini *si sporcano il viso* mangiando tanti cioccolatini.

1. Marisa è molto nervosa perché sta per dare un esame molto difficile e...
2. Se... a casa non ho soldi per mangiare in mensa.
3. Tipicamente quando va in cucina a prepararsi la pastasciutta (*any pasta dish*), Pasqualino Passaguai...
4. Ragazzi, non dimenticate di... prima di andare a un colloquio di lavoro (*job interview*).
5. Claudia non vuole andare a sciare perché ha paura di...
6. Un medico deve sempre... prima di visitare un cliente.
7. La mattina mi faccio la doccia, mi pettino e, dopo mangiato, ...
8. Devo... per leggere e per guidare la macchina.

E. Sciarada (*Charades*). Dividete la classe in gruppi di due o tre persone. Scrivete queste espressioni e altre simili su dei pezzettini di carta e distribuiteli ai gruppi. Mimate le azioni e fate indovinare gli altri!

Espressioni: amarsi, darsi appuntamento, farsi regali, incontrarsi, odiarsi, rivedersi, salutarsi, scriversi, telefonarsi

2. Preposizioni semplici e articolate

Forms

1. The most common Italian prepositions are **a** (*at, to*), **con** (*with*), **da** (*from*), **di** (*of*), **fra** (*between, among*), **in** (*in, to*), **per** (*for, through*), and **su** (*on*).
2. When **a, da, di, in,** and **su** precede the definite article, the preposition and the article combine into special forms called articulated prepositions. This chart shows the variants.

PREPOSIZIONI ARTICOLATE							
	il	*l'**	*la*	*lo*	*i*	*le*	*gli*
a	al	all'	alla	allo	ai	alle	agli
da	dal	dall'	dalla	dallo	dai	dalle	dagli
di	del	dell'	della	dello	dei	delle	degli
in	nel	nell'	nella	nello	nei	nelle	negli
su	sul	sull'	sulla	sullo	sui	sulle	sugli

*****L'** precedes both masculine and feminine singular nouns beginning with a vowel.

3. **Con** combined with the article is becoming less common. **Per** combines with the article primarily in archaic and poetic language. **Tra** and **fra** never combine with articles.

Uses

Prepositions are used in many idiomatic expressions, which must often be learned individually. Here are a few of the most common idiomatic uses of prepositions. Others are listed in Appendix II.

Place

1. **A** is generally used before cities.

    > L'anno prossimo andiamo **a** Vienna e **a** Praga.

2. **In** is used with the names of countries, states, and regions that are feminine and unmodified. In all other cases, use **in** + *article.*

    > Andiamo **in** Italia quest'estate.   *but*   Andiamo **nell'**Italia meridionale.
    > Andate a sciare **in** Svizzera?   *but*   Andate a sciare **nel** Canadà (*m.*)?

3. **In** without the article is used with the unmodified names of places, rooms, or buildings: **in bagno, in biblioteca, in chiesa, in giardino, in montagna.** (Exceptions: **a casa, al mare, a teatro.**) If the noun is modified, use **in** + *article.*

    > Andiamo **in** banca a cambiare i soldi.   *but*   Andiamo **nella** Banca Nazionale.
    > Andate **in** centro?   *but*   Andate **nel** centro storico?

Time

1. Before the names of months, use either **a** or **in.** Before seasons, use either **in** or **di (d').**

    > **a** febbraio; **in** agosto   **in** primavera; **d'**inverno

    When the month or season is modified (by a prepositional phrase, for example), use only the articulated form of **in.**

    > Partono per l'Inghilterra **a** maggio.   *but*   Tornano **nell'**agosto del '99.
    > Preferisco viaggiare in Italia **d'**autunno. *but*   Ho intenzione di visitare l'Italia **nell'** autunno del 1999.

2. Before times of day, use the articulated forms of **a** (*at*) or **da** (*from*) in the feminine plural.

    > —Quando parte il rapido per Torino?
    > —Parte **alle** dieci e trenta dal binario dodici.

    > —Quando è aperto il museo?
    > —**Dalle** nove alle due.

Exceptions: **a** mezzogiorno, **a** mezzanotte, **all'**una. Remember, too, the expression **A che ora?***

> Pasqualino dorme fino **a** mezzogiorno e mangia **a** mezzanotte.

> —A che ora hai laboratorio di chimica?
> —All'una il martedì e all'una e mezzo il giovedì.

3. The following expressions are often used after the hour: **di mattina, di sera, di notte** *but* **del pomeriggio.**

4. **Fra** (**tra**) + *time expression* means *in (within) an hour (minute, week, etc.)* when referring to a future event.

> L'aereo parte **fra** un'ora. Su, andiamo, ragazzi!
> Vi mando i biglietti **fra** due settimane.

5. **Da** is used with verbs in the *present* tense to mean *for* or *since*. Contrast Italian and English:

> —**Da** quanto tempo viaggiate insieme?
>
> *How long have you guys been traveling together?*
>
> —Viaggiamo insieme **da** un paio di mesi (**dall'**anno scorso).
>
> *We've been traveling together for a couple of months (since last year).*

Transportation

Note these common expressions

> Non è facile fare il giro di Perugia **in bici** (bicicletta)!
> È bello andare **in barca** sul laghetto del Boston Common.
> In Italia preferisci viaggiare **in treno** o **in macchina**?
> Nel Wyoming è bello andare **a cavallo.**
> A Firenze si va facilmente **a piedi** dal Bargello al Duomo.

Un po' di pratica

A. Combinazioni. Combinate le parole usando la forma adatta delle preposizioni (semplici o articolate, secondo il caso).

ESEMPIO: regalo / da / nonna → il regalo dalla nonna

1. orario / di / treni
2. biglietto / per / Venezia
3. weekend / su / spiaggia
4. programma / per / vacanze
5. distanza / fra / Palermo e Catania
6. problema / di / ambiente

B. Guide turistiche per le vacanze. Completate i titoli con le espressioni adatte che descrivono il contenuto delle guide.

ESEMPIO: Le rovine etrusche _____ Italia centrale. →
            Le rovine etrusche **dell'**Italia centrale.

---

*A more detailed presentation of time expressions appears in Chapter 5, Section 3: **Ora, giorni, mesi, anni e secoli.**

1. Una visita _____ Mosca.
2. I parchi nazionali _____ Stati Uniti.
3. Il Grand Canyon __a__ cavallo.
4. Andiamo _____ Francia!
5. Girare _____ bici—Rispettare l'ambiente.
6. Tutti _____ mare! Le spiagge _____ Adriatico.
7. Roma _____ notte.
8. _____ macchina _____ Paesi Bassi.
9. La Provenza _____ primavera.
10. _____ centro storico di Napoli.

C. Una moto... e sorridi! Secondo questa pubblicità, il possessore di uno di questi veicoli a due ruote (*two-wheeled vehicles*) è così felice che sorride quasi sempre. Ogni situazione che lo/la fa sorridere è accompagnata dalla preposizione articolata appropriata. Le preposizioni articolate appaiono solo davanti alle prime tre situazioni; quelle successive sono assenti (*absent*). Inserite le forme mancanti di **a** + *l'articolo determinativo*.

ESEMPIO: Sorridi (...) traffico →
            Sorridi al traffico

SORRIDI !

SORRIDI ALLO STADIO • SORRIDI ALLA PIZZA • SORRIDI AL TRAFFICO • SORRIDI ~~ TV MONDIALE • SORRIDI ~~ ESAMI • SORRIDI ~~ VACANZE • SORRIDI ~~ STRANIERI • SORRIDI ~~ CITTÀ • SORRIDI ~~ VERDE • SORRIDI ~~ LIBERTÀ • SORRIDI ~~ SCUOLA • SORRIDI ~~ SEMAFORO • SORRIDI ~~ AMICI • SORRIDI ~~ BENZINAIO • SORRIDI ~~ RAGAZZE • SORRIDI ~~ CENTRO STORICO • SORRIDI ~~ BAR SPORT • SORRIDI ~~ SVEGLIA • SORRIDI ~~ WEEK END • SORRIDI ~~ SOLE • SORRIDI ~~ CINEMA • SORRIDI ~~ GARAGISTA • SORRIDI ~~ GELATO • SORRIDI ~~ VENTO • SORRIDI ~~ MONDO •

UNA MOTO, UN CICLOMOTORE, UNO SCOOTER E, SORRIDI!

D. Informazioni. Bob Douglas, turista americano, è in viaggio per Torino. Completate il dialogo con le preposizioni adatte, semplici o articolate secondo il contesto.

ᵃ*traffic light*
ᵇ*gas-station attendant*
ᶜ*alarm clock*

BOB: Buon giorno, sa _____¹ che ora parte il treno _____² Torino?
CONTROLLORE: Parte _____³ 11,30 e arriva _____⁴ Torino _____⁵ 13,15.
BOB: _da_⁶ quale binario parte?
CONTROLLORE: Credo _dal_⁷ terzo, ma deve controllare il monitor.
BOB: Ho un biglietto di prima classe. Devo pagare il supplemento?
CONTROLLORE: Sì, perché è un intercity.* Si ferma solo _in_⁸ Torino. Il supplemento lo paga _in_⁹ treno o lo compra _allo_¹⁰ sportello (*ticket window*). Mi raccomando, faccia presto (*hurry*): il treno parte _fra_¹¹ dieci minuti.
BOB: Grazie mille! ArrivederLa!

_____

*Intercity: treno rapido che va da una città principale ad un'altra senza fermarsi alle stazioni intermedie.

3. Numeri cardinali e ordinali

Cardinal numbers

1	uno	11	undici	21	vent**uno**	40	quaranta
2	due	12	dodici	22	ventidue	50	cinquanta
3	tre	13	tredici	23	ventitrè	60	sessanta
4	quattro	14	quattordici	24	ventiquattro	70	settanta
5	cinque	15	quindici	25	venticinque	80	ottanta
6	sei	16	sedici	26	ventisei	90	novanta
7	sette	17	diciassette	27	ventisette	100	cento
8	otto	18	diciotto	28	vent**otto**	101	centouno
9	nove	19	diciannove	29	ventinove	102	centodue
10	dieci	20	venti	30	trenta	199	centonovantanove

200	duecento	500.000	cinquecentomila
300	trecento	1.000.000	un milione (di)
1.000	**mille**	5.000.000	cinque milioni
2.000	due**mila**	251.000.000	duecentocinquantun milioni
10.000	diecimila	1.000.000.000	un miliardo (di)
21.000	vent**un**mila	2.000.000.000	due miliardi

1. Cardinal numbers are used for most mathematical operations and descriptions, time, dates, and counting. Cardinal numbers are invariable except for **uno,** which follows the same pattern as the indefinite article before a noun (Chapter 2: **Articolo indeterminativo**), and **mille**, which becomes **mila** in the plural.
2. The final vowel of numbers after 20 is dropped before adding -**uno** or -**otto**: **venti, ventuno; sessanta, sessantotto.**
3. When **tre** appears as part of a number after 20, it is always written with an accent: **trentatrè, quarantatrè.**
4. **Un milione, un miliardo** (*billion*) and related forms (**due milioni, cinque miliardi,** etc.) are followed by the preposition **di** when they directly precede a noun. When they are followed by other numbers, **di** is omitted.

    Almeno **un milione di** persone visita l'Italia ogni estate.
    Almeno **un milione cinquecentomila** persone visita l'Italia ogni estate.

Ordinal numbers

primo	*first*	quarto	*fourth*
secondo	*second*	quinto	*fifth*
terzo	*third*	sesto	*sixth*

settimo	*seventh*	ventesimo	*twentieth*
ottavo	*eighth*	ventitre**esimo**	*twenty-third*
nono	*ninth*	ventise**iesimo**	*twenty-sixth*
decimo	*tenth*	centesimo	*hundredth*
undicesimo	*eleventh*	millesimo	*thousandth*
dodicesimo	*twelfth*		

1. Ordinal numbers indicate the order of succession. They usually precede the noun and follow the definite article. Because they are adjectives, they agree in gender and number with the noun they modify.

   la prim**a** lezione, **le** prim**e** lezioni
   il second**o** posto, **i** second**i** posti

2. The first ten ordinal numbers have unique forms. From **undici** on, ordinal numbers are formed with the base of the cardinal number (i.e., the cardinal number minus its final vowel) plus -**esimo.**

   undici → undic**esimo**   venti → vent**esimo**
   trentadue → trentadu**esimo**

   Ordinal numbers ending in **tre** and **sei,** however, retain the final vowel of the cardinal number:

   sessantatrè → sessantatr**eesimo**
   ottantasei → ottantase**iesimo**

3. Ordinal numbers are used to form fractions (**le frazioni**).

   ⅓ → un terzo   ¾ → tre quarti

   The exception is ½, **un mezzo** (**una metà**).

4. Another useful ordinal number is **ennesimo** (*umpteenth* or *nth*), which can substitute for an unknown or exaggerated number.

   È **l'ennesima** volta che Riccardo ci
   fa vedere le sue foto di Fiji!

   It's the umpteenth time Riccardo has shown us [lit., *makes us see*] *his photos of Fiji!*

Attenzione!   Note that ordinal numbers are sometimes written 1° (1ª when the noun modified is feminine), 2°, 3°, etc.

Un po' di pratica

A. Quanto tempo... ? Ecco un elenco di varie attività. Ciascuna richiede un certo periodo di tempo per essere imparata bene (*to master*). Osservate attentamente i disegni che rappresentano queste attività. Poi, ad alta voce, dite quanti minuti ci vogliono per impararle. (Cercate di indovinare i nomi di quelle che non conoscete.)

   1. nuotare
   2. cucinare il pollo arrosto

3. annodare (*to knot*) un farfallino
4. mangiare con le bacchette
5. allacciare le scarpe
6. andare sullo skateboard
7. suonare il sassofono
8. guidare
9. fare il windsurfing
10. mettere un chiodo per appendere un quadro alla parete
11. pilotare un elicottero
12. fare ginnastica con il cavallo con maniglie

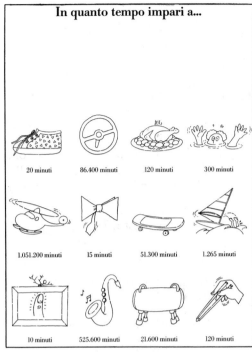

In quanto tempo impari a...

20 minuti — 86.400 minuti — 120 minuti — 300 minuti

1.051.200 minuti — 15 minuti — 51.300 minuti — 1.265 minuti

10 minuti — 525.600 minuti — 21.600 minuti — 120 minuti

B. Le operazioni. Scrivete cinque o sei operazioni matematiche, usando le espressioni **più** (+), **meno** (−), **per** (×) e **diviso** (÷). Poi, con un compagno/una compagna, fate le domande e rispondete.

ESEMPIO: —Sei per sei fa quanto? (Quanto fa sei per sei?)
—Sei per sei fa trentasei.

C. Quattro chiacchiere. Completate i dialoghi con i numeri ordinali adatti. Usate gli articoli determinativi dove necessario.

1. PROFESSORESSA: Roma è _____ (1) città italiana che conta oltre due milioni di abitanti. E _____ (2) qual è, ragazzi?

FRANCO: Per il numero di abitanti è Milano, seguita da Napoli che occupa _____ (3) posto.

2. MARA: C'erano tanti ospiti a festeggiare _____ (40) compleanno dello zio Giuseppe.

NICOLETTA: Ah sì? Dimmi un po' quello che avete fatto—a giugno è _____ (35) anniversario dei miei genitori e vogliamo fare qualcosa di bello.

3. SIGNORA GENTILONI: Due posti di platea (*orchestra seats*) in _____ (5) fila (*row*), per favore!

CASSIERE (*ticket agent*): Mi dispiace, signora; ci sono posti solo dalla _____ (10) alla _____ (15) fila.

4. PROFESSOR MUTI: Come dicevamo nell'ultima conferenza, durante _____ (7) dinastia ci furono tantissime pestilenze, motivo per cui...

STUDENTE: Ma che barba (*bore*) quel professor Muti! È _____ (*nth*) volta che ce lo racconta.

4. Dire, raccontare, parlare

English has only one verb for "to tell," but Italian has two: **dire** and **raccontare**. **Dire** means *to say* or *tell;* **raccontare** means *to narrate, recount,* or *relate,* and is usually used to describe an extended narration. The verb **parlare** (**di**) means *to speak* or *to talk* (*about*).

Cosa **dici**? Non ti capisco. *What are you saying? I don't understand you.*

Voglio **raccontarti** un mio sogno.

I want to tell you my dream (a dream of mine).

Laura **parla** molto bene l'italiano, ma non **parla** mai dei tre anni che ha passato in Italia!

Laura speaks Italian very well, but she never talks about the three years she spent in Italy!

Un po' di pratica

A. Dire, parlare o **raccontare?** Scegliete il verbo adatto.

1. Io _racconto_ sempre agli amici le mie avventure estive (*summer*).
2. Perché (tu) _parli_ solo delle esperienze negative?
3. Greg e Kim _dicono_ che tra tutte le città italiane preferiscono Milano.
4. Pasqualino Passaguai è così noioso! _parla_ sempre senza _dire_ mai niente d'interessante.
5. Susanna, mi _racconti_ la stessa storia per l'ennesima volta!
6. Gianmaria ama molto _raccontare parlare_ dei suoi viaggi, ma io _parlo dico_ che le più belle vacanze sono quelle che si passano (*you take*) a casa!

B. Modi di dire. Formate delle frasi utilizzando le espressioni seguenti e i verbi **dire, parlare** o **raccontare,** secondo il contesto.

ESEMPIO: il tempo → Gli inglesi parlano sempre del tempo!

1. una fiaba (*fairy tale*)
2. come preparare la pizza
3. le bugie (*lies*)
4. la politica americana
5. gli avvenimenti (*events*)
6. perché non posso dormire

L'ITALIA DAL VIVO

I vacanzieri della domenica

Prima visione. Guardate il video la prima volta senza audio. Poi cercate di rispondere alle seguenti domande.

1. Quale vi sembra sia l'argomento del video?
2. Come sono le persone che si vedono per le strade?
3. In quale località si svolge il filmato?
4. Com'è il traffico della città?
5. In che stagione è stato fatto il video?

Seconda visione. Leggete il **Vocabolario utile** e guardate il video ancora due volte. La prima volta guardate ed ascoltate le informazioni generali. La seconda volta leggete l'esercizio che segue e cercate delle informazioni specifiche che vi servono per completarlo.

VOCABOLARIO UTILE

centinaia	*hundreds*
l'invasione	*invasion*
il megaingorgo	*huge traffic jam*
la meta	*destination*
la polemica	*controversy*

il sudore	*sweat*
la superstrada	*freeway*
il vacanziere	*vacationer*
riscuotere	*to earn*
balneare	*pertaining to swimming*
tuttora	*still, always*

Comprensione

Vero o falso? Scegliete la risposta giusta.

V   **F**

_____ _____ 1. Molta gente va a Capri per lavorare.

_____ _____ 2. Ischia è invasa dai vacanzieri della domenica.

_____ _____ 3. Nonostante la costruzione della superstrada, il traffico non è stato ridotto.

_____ _____ 4. Grazie alla superstrada, adesso è possibile fare il bagno in mare e non più di sudore.

_____ _____ 5. Ora non ci sono più megaingorghi.

Variazione

1. I seguenti sostantivi si riferiscono a diversi tipi di strade. Completate le frasi usando il termine adatto.

   via   corso   calle   autostrada

   a. Eccoti l'indirizzo: Carla Rossi, _____ Garibaldi 18, Torino.
   b. A Venezia una piccola strada si chiama un _____.
   c. Per viaggiare da una città a un'altra, si prende _____.
   d. Un _____ è una strada molto larga che si trova in città.

2. Attività di gruppo (intervista). Siamo fermi nel traffico nell'ora di punta (*rush hour*). Un giornalista si avventura tra le automobili intervistando varie persone. (Fate almeno due domande a persona).

METTIAMOLO PER ISCRITTO!

Turismo e ambiente

1. Descrivete i vantaggi e gli svantaggi di passare le vacanze (1) in città, (2) al mare e (3) in montagna. (E se c'è un altro ambiente che trovate molto attraente, aggiungetene una descrizione anche di quello!)
2. Nelle località turistiche, spesso un boom economico porta enormi danni (*harm*) ecologici. Descrivete un posto che conoscete bene e parlate dei suoi problemi.
3. Secondo molti, i viaggi «verdi»* hanno l'intenzione di stimolare un senso di rispetto non solo per l'ambiente, ma anche per la cultura di una regione o un paese. Raccontate la vostra idea di un viaggio «verde» in una parte del mondo o degli Stati Uniti che vi interessa particolarmente.

---

*Viaggi intrapresi in gran parte con lo scopo di studiare o di apprezzare l'ambiente naturale.

CAPITOLO 5

Venezia: Museo o città?

Venezia si trova in uno stato di deterioramento. La maggioranza dei palazzi veneziani sta andando in rovina a causa dell'inquinamento e della negligenza. Conoscete qualche città americana che si trova in uno stato simile a Venezia?

CONTESTO CULTURALE
Un viaggio in treno

LETTURA
Com'è triste Venezia!

STRUTTURE
1. Passato prossimo
2. Imperfetto
3. Ora, giorni, mesi, anni e secoli
4. Tempo e stagioni

L'ITALIA DAL VIVO
Carnevale a Venezia

METTIAMOLO PER ISCRITTO!
Città da salvare

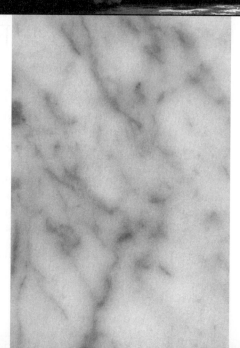

Contesto culturale

Un viaggio in treno   Ascoltate il dialogo almeno un paio di volte. Poi leggete le **Espressioni utili** e interpretate le **Situazioni pratiche** insieme ad un compagno/una compagna.

Molti giovani, sia italiani che stranieri, preferiscono viaggiare in treno perché non è tanto costoso ed è divertente. Naturalmente, nei mesi estivi i treni sono affollatissimi e allora bisogna organizzarsi bene.

Francesca e Marco sono alla stazione Centrale di Milano. Stanno attendendo l'arrivo del treno per andare a Venezia.

MARCO: Il treno ancora non c'è. Il tabellone dice che ha 15 minuti **di ritardo.**

FRANCESCA: Guarda quanta gente sta aspettando il treno. Te l'avevo detto che era meglio **prenotare il posto.**

MARCO: È colpa tua.

FRANCESCA: Perché?

MARCO: Perché non hai voluto prendere l'**Intercity** delle otto, perché era troppo presto, e su questo **Interregionale** non accettano prenotazioni.

FRANCESCA: Possiamo farci cambiare il biglietto di **seconda classe** con una di **prima classe** e **pagare la differenza.**

MARCO: Eh, no! Dobbiamo **pagare** anche **la multa.**

FRANCESCA: Ma se avessimo preso l'Intercity, avremmo pagato di più lo stesso, perché c'è **il supplemento** rapido da pagare.

MARCO: Certo! Ma saremmo arrivati a Venezia in due ore, anziché in tre! E con il posto prenotato!

FRANCESCA: E allora, che soluzione hai? Più aspettiamo e più il treno si riempie.

MARCO: Aspetta, lasciami controllare l'orario.

FRANCESCA: Guarda il **tabellone** delle partenze: tra mezz'ora c'è un Intercity!

MARCO: Ah, adesso ti va bene l'Intercity!

FRANCESCA: Smettilo di fare il polemico e aiutami.

MARCO: Aiutare a fare cosa?

FRANCESCA: Niente! Solo non essere così antipatico. Altrimenti a Venezia ci vado da sola. Col treno che pare a me.

MARCO: Va bene.

FRANCESCA: Ritorniamo alla biglietteria e cambiamo i biglietti con quelli per il prossimo Intercity.

MARCO: **Andata e ritorno?**

FRANCESCA: Solo andata, per adesso. Poi vediamo se ti do il permesso di tornare insieme a me.

MARCO: Spiritosa! Fai una cosa: aspettami al binario 7, da dove parte l'Intercity. Cambio i biglietti e ti raggiungo là.

FRANCESCA: No. Vengo con te. Di te non mi fido! Sei un pasticcione. L'ultima volta hai confuso **il pendolino** con l'Interregionale e hai preso i biglietti sbagliati.

MARCO: Adesso sarei io quello che crea i problemi?

FRANCESCA: Dai! Andiamo o vogliamo perdere anche l'Intercity? Quello parte sempre **in orario!**

ESPRESSIONI UTILI PER VIAGGIARE IN TRENO

in ritardo	*late*
prenotare il posto (prenotazione)	*to reserve a seat (reservation)*
l'Intercity	*train that stops only at large cities*
Interregionale	*local train*
seconda classe / prima classe	*second class/first class*
pagare la differenza	*to pay the difference*
pagare la multa	*to pay a fine*
il supplemento	*supplementary charge*
il tabellone	*board displaying arrival and departure times*
andata e ritorno	*round-trip*
il pendolino	*high-speed train*
in orario	*on time*

Situazioni pratiche

Con un compagno/una compagna, interpretate le seguenti situazioni.

1. Studente 1 ha un appuntamento con un amico per andare a Venezia. Il treno parte alle 7,00, e Studente 1 arriva alla stazione alle 6,45 senza aver comprato i biglietti in anticipo. Studente 2 l'aspetta davanti alla biglietteria arrabbiatissimo.

2. Studente 2 è in un treno per Roma. Non ha fatto in tempo a comprare il biglietto perché è arrivato molto tardi. Arriva il controllore, Studente 1. Studente 2 deve cercare di spiegare cosa è successo, sperando di non pagare la multa.

VOCABOLARIO TEMATICO

The following terms are useful for discussing environmental problems in Venice and other coastal cities.

Sostantivi

l'allagamento flood, flooding
il Carnevale Carnival (Mardi Gras)
il degrado decay
la laguna lagoon
il peso weight
il rapporto relationship
il risanamento restoration
lo scarico waste
la tendenza tendency

Verbi

assumere to take on, adopt, assume
garantire (*conj. like* **capire**) to guarantee
mettere in crisi to threaten, put in a critical position
risanare to restore, improve
rivelarsi to prove to be
scendere to sink, descend
servire (per) to be necessary (for)
sopportare to sustain, support
spopolarsi to be depopulated

Aggettivi

abitabile liveable
attuale present-day, current
inarrestabile unstoppable
puzzolente stinking, smelly
sommerso (da) submerged

Altre parole ed espressioni

appena barely, just
oltre more (greater) than, beyond

A. Collegate le espressioni a sinistra con quelle a destra per formare delle frasi logiche.

1. __e__ Il sindaco (mayor) ha promesso
2. _____ Mio figlio mi mette in crisi
3. _____ L'abuso dell'ambiente
4. _____ Venezia ospita
5. _____ Le due sorelle hanno sviluppato
6. _____ Il mare dopo la tempesta assume
7. _____ L'ascensore non sostiene
8. _____ Molti miliardi di lire servono

a. il peso di più di 10 persone.
b. un aspetto tormentato e quasi èsurreale.
c. oltre 7 milioni di turisti all'anno.
d. con le sue domande imbarazzanti.
e. per riparare i palazzi e i monumenti.
f. il risanamento della laguna.
g. una tendenza che deve cambiare.
h. un buon rapporto da quando vivono insieme.

B. Il signor Celeghin, sostenitore (*supporter*) dell'Expo 2000* a Venezia, cerca di convincere il Sovrintendente per i beni architettonici e ambientali (*Superintendent of architectural and environmental resources*) dei benefici che l'Expo potrebbe portare alla città. Il Sovrintendente non si convince facilmente. Ha paura che una massiccia invasione turistica possa deteriorare ulteriormente la città. Completate la conversazione con le parole adatte del **Vocabolario tematico**.

Un bellissimo palazzo a Venezia danneggiato dall'inquinamento

SOVRINTENDENTE: Ospitare l'Expo 2000 sarebbe un suicidio per Venezia! Già la fondamenta (*foundation*) della città appena _____¹ il peso dei milioni di turisti che la visitano ogni anno. Venezia continua a _____² nella laguna, causando numerosi _____³ in Piazza San Marco ogni anno. Se la situazione peggiora, la città non sarà più _____⁴ per i veneziani. Il mio compito come sovrintendente è di _____⁵ la longevità di Venezia. Il centro non deve _____⁶ dei residenti, e certamente non deve _____⁷ una fisionomia unicamente turistica!

SIGNOR CELEGHIN: Siamo d'accordo che negli ultimi dieci anni Venezia _____⁸ una città con gravi problemi strutturali e ambientali. Gli _____⁹ industriali rendono l'acqua così _____¹⁰ in estate che dà fastidio (*it bothers*) persino ai turisti. E come ha detto Lei, la Piazza è _____¹¹ dall'acqua più volte all'anno. Questo provoca il _____¹² degli edifici e dei monumenti. La situazione sembra veramente _____¹³. Ma è proprio per questo che, secondo me, è sbagliato proibire festival come l'Expo: i soldi guada-

*Venezia si era candidata per ospitare l'Expo (*the World's Fair*) dell'anno 2000. Dopo un aspro (*bitter*) confronto politico, il comune di Venezia ha ritirato (*withdrew*) la candidatura per non aggravare il fragilissimo ecosistema della laguna.

gnati servono per _____[14] la laguna e per restaurare i monumenti deteriorati dall'inquinamento. Lei vedrà che nel giro di pochi anni Venezia sarà ancora più affascinante della Venezia _____[15], e il merito sarà tutto Suo. Viva Venezia, viva il Carnevale e viva l'Expo 2000!

PRELETTURA

Venice, jewel of the Adriatic and living monument to Italy's historical and artistic heritage, is threatened with extinction. The delicate balance of natural and social conditions that allowed the canal city to survive relatively undamaged for centuries is now coming apart. "La serenissima"* is literally sinking under the combined onslaught of environmental pollution, heavy demands on the natural resources of the lagoon area, and a massive influx of tourists.

Ecologists and urban scholars have studied the problem extensively. Most Italians are now aware of the grave conditions that threaten to shatter Venice's fragile urban and natural ecosystem. They know too what an irreparable loss the entire world will suffer if the struggle to save the city fails. The question is: is it too late?

This chapter's reading, "Com'è triste Venezia!," describes some of the conditions threatening Venice's survival. It includes an interview with the mayor of Venice, Massimo Cacciari, a philosopher-politician-ecologist who has led the campaign to preserve his native city from destruction. In his responses, Cacciari considers whether there is still hope for Venice and, if so, what measures can and must be taken to save the city.

Entriamo nel contesto!

A. Prendete in esame queste quattro città americane in cui il turismo è un'attività importante. Provate a elencare alcune delle attrazioni turistiche e alcuni dei problemi presenti in queste città.

	ATTRAZIONI	ASPETTI NEGATIVI
1. New York	_____	_____
2. Chicago	_____	_____
3. Los Angeles	_____	_____
4. Miami	_____	_____

B. Siete o non siete d'accordo con le seguenti affermazioni? Spiegatene il motivo.

1. Lo smog è la ragione principale per cui i cittadini lasciano le grandi città per vivere nei sobborghi (*suburbs*).

2. L'Expo porta più svantaggi che vantaggi in qualsiasi città.

3. È responsabilità di ogni governo di mantenere i monumenti e i capolavori artistici in buone condizioni, a qualsiasi prezzo.

4. Venezia dovrebbe essere una città a numero chiuso (*with limited admission*) per limitare i danni (*damage*) provocati dai troppi turisti.

---

*lit., "her serene highness." This title was given to the Republic of Venice in the twelfth century.

5. Non si deve permettere che i veneziani abbandonino la città e che Venezia diventi una specie di museo.

Molti italiani hanno paura che Venezia diventi un grande museo, una Disneyland di lusso.

Strategie per la lettura

Distinguishing fact and opinion. The following article, excerpted from *Il venerdì* (a supplement to *La Repubblica*), assesses some of the problems facing modern-day Venice. In order to be a critical reader, it is important to distinguish between fact and opinion. You must consider the information and point of view presented and draw your own conclusions. The following list of statements is taken from the reading. Can you classify them as fact or opinion? Place an F (**fatto**) or O (**opinione**) before each of the statements, depending on your definition.

1. _____   Venezia non riesce a sopportare il peso dei sette-otto milioni di turisti che la visitano ogni anno.
2. _____   Quello tra la laguna e i turisti è un rapporto di odio-amore.
3. _____   La laguna è sempre più inquinata, i canali sono sporchi e puzzolenti, i pesci muoiono e le alghe marciscono (*are rotting*).
4. _____   Bisogna rendersi conto che Venezia non può vivere se non risana la laguna, l'unica laguna urbanizzata del mondo.
5. _____   Per rendere Venezia abitabile, è necessario garantire alcune condizioni, come la mobilità di cose, merci, persone, e la possibilità di vivere in città, di lavorarci, di abitarci.

While reading the following article and interview, try to determine, first, whether the author wishes to express a generally positive or negative opinion about the future of Venice, and, second, the author's overall purpose in writing the article.

LETTURA

Com'è triste Venezia!

*V*enezia non riesce a sopportare il peso dei sette-otto milioni di turisti che la visitano ogni anno. Se la città avesse ospitato[1] l'Expo, sarebbe stata stravolta[2]—secondo alcune stime[3]—da venti a trenta milioni di visitatori in sei mesi: cioè da 80 a 200 mila persone al giorno. I posti letto[4] negli alberghi veneziani sono solo undicimila e sarebbero stati insufficienti.

Quello tra la laguna e i turisti è un rapporto di odio-amore. Venezia contro i saccopelisti,[5] Venezia «a numero chiuso»,[6] Venezia contro i megaconcerti[7] dopo l'esperienza dell'anno scorso con i Pink Floyd. Anche un appuntamento tradizionale con il Carnevale è stato messo in crisi, dopo il recente divieto[8] della Sovrintendenza per i beni architettonici e ambientali di utilizzare Piazza San Marco per le manifestazioni.[9] Tremila miliardi[10]: tanto servirebbe, secondo i calcoli della giunta[11] regionale del Veneto (che nel gennaio scorso ha varato un piano[12] per il disinquinamento[13] e il risanamento della laguna e del bacino circostante,[14] per salvare Venezia. Le attuali condizioni di degrado—dice lo studio che accompagna il piano di salvataggio[15]—dipendono solo in parte dalla Serenissima. Per il resto sono responsabili gli scarichi degli insediamenti[16] urbani, industriali, zootecnici e dell'agricoltura.

Fra cent'anni la città sarà sprofondata di un metro.[17] Si tratta di un processo inarrestabile: dall'inizio del secolo Venezia è già scesa di 23 centimetri. Ai primi del '900[18] Piazza San Marco era sommersa solo sette volte ogni dodici mesi, mentre oggi gli allagamenti sono oltre quaranta l'anno. Il degrado e l'inquinamento stanno compromettendo uno degli ecosistemi più rari e più belli del mondo.

Intorno, tutto è degrado. La laguna è sempre più inquinata, i canali sono sporchi, puzzolenti, i pesci muoiono e le alghe marciscono.[19] Vanno a rilento[20] anche le opere che dovrebbero difendere la città dall'acqua alta, mentre il centro storico si spopola, l'umidità mangia le case e i monumenti si sgretolano[21] sotto la lugubre patina[22] di smog che li ricopre.[23]

«Con l'Expo sarebbe stato anche peggio», dice il filosofo Massimo Cacciari [eletto sindaco di Venezia nel 1993] «perché l'esposizione avrebbe accelerato tutti i processi di degrado, indirizzando su un unico binario[24]—quello appunto dell'Expo—tutte le variabili economiche, sociali e culturali della città, determinando alterazioni gravissime. Sarebbe stato come far entrare un elefante in una stanza».

«Malgrado tutti i disagi e le storture,[25] la battaglia per Venezia non è ancora persa», dice Cacciari. «Questa città ha nella sua stessa memoria la dimensione di un possibile futuro. Ma dobbiamo saperla reinventare, è questa la scommessa[26] per il domani». Affascinante la «Venezia possibile» del professor Cacciari. Ma la Venezia reale, quella che sta appena fuori della porta, è tutta diversa. È una Venezia che non piace più a nessuno.

Lei ha detto che la città è ancora vivibile. A me sembra che lo sia sempre di meno.

«La città, che viene sempre più usata come un bel contenitore espositivo,[27] va assumendo una fisionomia accentuatamente turistico-commerciale. Poi c'è un problema ancora più grave, che è quello dell'inquinamento. Bisogna rendersi conto che Venezia non può vivere se non risana la laguna, l'unica laguna urbanizzata del mondo. Perciò io penso che, se si vuol davvero salvare Venezia, il primo compito sia quello di disinquinarla».[28]

---

[1]Se... *If the city had played host to*   [2]sarebbe... *it would have been shaken*   [3]*estimates*   [4]posti... *sleeping accommodations*   [5]*tourists in sleeping bags*   [6]a... *controlling the number of visitors*   [7]*concerts attracting thousands of spectators*   [8]*prohibition*   [9]*public events*   [10]Tremila... *Approximately $1.775 billion*   [11]*council*   [12]ha... *approved a plan*   [13]*cleanup*   [14]bacino... *surrounding basin*   [15]piano... *restoration plan*   [16]*enterprises*   [17]sprofondata... *one meter lower*   [18]Ai... *At the beginning of the twentieth century*   [19]*are rotting*   [20]Vanno... *(They are) proceeding slowly*   [21]si... *are crumbling*   [22]lugubre... *oppressive layer*   [23]*covers*   [24]indirizzando... *directing down a single path*   [25]disagi... *problems and errors*   [26]*challenge*   [27]contenitore... *showroom*   [28]*clean its polluted waters*

È mancata, in città, anche una classe politica all'altezza del compito.[29]

75 «Non è che i politici veneziani siano peggio di quelli di altre città. È che Venezia rappresenta un habitat eccezionale che richiede una capacità politica eccezionale e, di fronte a problemi molto grossi, la classe politica locale si è rivelata del tutto inadeguata».

80 **Cosa ne sarà di[30] questa città, se continuerà l'andazzo[31] degli ultimi trent'anni?**

«Oh, nessuna apocalisse. Diventerebbe una straordinaria Disneyland monumentale, un grande contenitore turistico-commerciale con pochissimi residenti, al centro di una situazione totalmente 85 degradata. L'Expo avrebbe rappresentato la resa[32] a questo tipo di processo».

Invece c'è ancora tempo per salvarla, Venezia?

«Credo che si possa ancora controbattere questa tendenza. Ma ci vorrebbe quell'idea di una «Venezia 90 possibile», sulla quale lavorare, che finora è mancata. L'idea di una città innanzitutto[33] abitabile, e poi fruibile nella sua interezza.[34] Ma per far questo è necessario garantire alcune condizioni, come la mobilità di cose, merci,[35] persone, e la possibilità di vivere in città, di lavorarci, di abitarci». 95

—*Il Venerdì*

---

[29]classe... *political establishment capable of carrying out (this) task*   [30]Cosa... *What will become of*   [31]*bad trend*   [32]*surrender*   [33]*first and foremost*   [34]fruibile... *completely functional*   [35]*merchandise*

Avete capito?

A. In base alla lettura, dite se le seguenti affermazioni sono vere o false.

	V	F
1. 80.000 persone hanno invaso Venezia durante l'Expo.	____	____
2. Gli allagamenti sono più frequenti di una volta.	____	____
3. Sempre più gente abita nel centro storico.	____	____
4. A Venezia case e monumenti vengono divorati dallo smog e dall'umidità.	____	____
5. La presenza dei turisti è un elemento allo stesso tempo positivo e negativo.	____	____
6. Venezia è sempre più inquinata.	____	____
7. Massimo Cacciari era a favore dell'Expo.	____	____
8. Secondo Cacciari, i politici veneziani si sono rivelati meno capaci degli altri politici nell'affrontare i problemi della loro città.	____	____

B. Collegate le espressioni a sinistra con quelle a destra per formare delle frasi logiche.

1. _____ Secondo Massimo Cacciari,
2. _____ La prima cosa da fare
3. _____ La classe politica
4. _____ Se non si fa niente
5. _____ Una condizione necessaria per salvare Venezia è
6. _____ I posti letto attuali

a. non è stata capace di risolvere i problemi.
b. renderla abitabile con posti di lavoro e case per tutti.
c. c'è ancora speranza di salvare Venezia.
d. è risanare la laguna.
e. sono insufficienti per ospitare l'Expo.
f. Venezia diventerà un'altra Disneyland.

C. Rispondete alle seguenti domande.

1. Perché Venezia attrae tanti turisti? Quali problemi crea questo afflusso annuale di turismo?
2. Perché le autorità veneziane hanno vietato grandi manifestazioni come l'Expo?
3. Chi o che cosa è soprattutto responsabile dell'inquinamento di Venezia?
4. Oltre all'inquinamento, quali sono alcuni grandi problemi di Venezia?
5. Chi è Massimo Cacciari?
6. Perché Cacciari dice che Venezia potrebbe diventare un'altra Disneyland?

E ora a voi!

A. Immaginate di essere il sindaco (*mayor*) di Venezia. Cercate di proporre un rimedio per ognuno dei seguenti problemi.

1. insufficienti posti letto per ospitare la Biennale (*biannual festival*) del cinema
2. troppi turisti durante i weekend estivi
3. richieste per l'uso di Piazza San Marco per concerti rock
4. un'invasione di massa durante il famoso Carnevale di Venezia

B. Sondaggio. In ordine crescente da uno a quattro, numerate i seguenti effetti positivi e negativi del turismo di massa. Poi confrontate le vostre risposte in gruppi di tre o quattro studenti, e spiegate il perché delle vostre scelte.

1. gli effetti negativi del turismo di massa sull'ambiente
   a. _____ aumento del traffico
   b. _____ strade sporche
   c. _____ maggior consumo di energia elettrica
   d. _____ (altro) _____
2. gli effetti negativi del turismo di massa sulla vita quotidiana degli abitanti
   a. _____ ristoranti affollati e servizio scadente
   b. _____ prezzi più alti in generale
   c. _____ rumore e sporcizia (*dirt*)
   d. _____ (altro) _____
3. benefici economici del turismo per gli abitanti
   a. _____ guadagni per i commercianti
   b. _____ nuovi posti di lavoro nell'industria del turismo
   c. _____ maggiori entrate (*income*) per il comune (*city government*)
   d. _____ (altro) _____
4. miglioramento generale dei servizi dovuto al turismo
   a. _____ più ristoranti e maggiori scelte nel mangiare
   b. _____ più divertimenti
   c. _____ maggiori occasioni di conoscere gente da tutte le parti del mondo
   d. _____ (altro) _____

STRUTTURE

1. Passato prossimo

In everyday Italian, the **passato prossimo** is the tense most frequently used to relate completed past events. Its English equivalents, using as an example the verb **parlare** in the first-person singular, are: *I have spoken, I spoke,* and (for emphasis) *I did speak.*

Regular forms

The **passato prossimo** consists of the present-tense form of the auxiliary **avere** or **essere** followed by the past participle of the verb. The past participle of verbs conjugated with **essere** agrees with the subject in gender and number. The following tables summarize the regular forms.

PAST PARTICIPLES		
parl**are** → parl**ato**	vend**ere** → vend**uto**	fin**ire** → fin**ito**

PASSATO PROSSIMO WITH **avere**				PASSATO PROSSIMO WITH **essere***			
ho	parlato	**abbiamo**	parlato	**sono**	partito/a	**siamo**	partiti/e
hai	parlato	**avete**	parlato	**sei**	partito/a	**siete**	partiti/e
ha	parlato	**hanno**	parlato	**è**	partito/a	**sono**	partiti/e

Attenzione!   One important spelling variation: the past participles of verbs ending in **-scere** or **-cere** end in **-sciuto** or **-ciuto** (cono**scere** → cono**sciuto;** pia**cere** → pia**ciuto**).

Don't forget: To express an action begun in the past but continuing into the present, use *present tense* + **da** + *time expression.*

> **Sono** a Venezia **da** due anni.   *I've been in Venice for two years.*

Irregular forms

Many verbs, particularly those in the second (**-ere**) conjugation, have irregular past participles. This list of the most common irregular past participles is grouped according to similarity of form.

---

*A list of verbs requiring **essere** in the **passato prossimo** appears in Appendix I.

essere **stato**
nascere **nato**

fare **fatto**

aprire **aperto**
coprire **coperto**
offrire **offerto**
scoprire (*to discover*) **scoperto**
soffrire (*to suffer*) **sofferto**

correggere **corretto**
dire **detto**
(e)leggere **(e)letto**

correre **corso**
occorrere (*to be necessary*)
   occorso

accendere (*to light, turn on*)
   acceso
dipendere **dipeso**
offendere **offeso**
prendere **preso**
rendere (*to render, make*) **reso**
scendere **sceso**
spendere **speso**

esprimere **espresso**
mettere **messo**
succedere (*to happen*) **successo**

decidere **deciso**

dividere **diviso**
(sor)ridere **(sor)riso**
(av)venire (avvenire, *to happen*)
   (av)venuto
bere **bevuto**

nascondere (*to hide*) **nascosto**
proporre **proposto**
rispondere **risposto**

cogliere (*to pick, gather*) **colto**
risolvere **risolto**
togliere (*to take off, remove*)
   tolto

(con)vincere (vincere, *to win*)
   (con)vinto
dipingere (*to paint*) **dipinto**

concludere **concluso**
chiudere **chiuso**

(inter)rompere **(inter)rotto**
tradurre **tradotto**

apparire **apparso**
parere (*to seem*) **parso**
scomparire (*to disappear*)
   scomparso

assumere **assunto**
raggiungere (*to reach*)
   raggiunto

MISCELLANEOUS IRREGULAR FORMS*

affiggere (*to affix, post*) **affisso**
discutere **discusso**
esistere **esistito**
(i)scrivere **(i)scritto**
morire **morto**
(pro)muovere **(pro)mosso**
perdere **perso** (*o* **perduto**)
piangere (*to cry*) **pianto**

(ri)chiedere **(ri)chiesto**
rimanere (*to remain, stay*)
   rimasto
scegliere (*to choose*) **scelto**
spegnere (*to put out, turn off*)
   spento
vedere **visto** (*o* **veduto**)
vivere **vissuto**

*Many second-conjugation verbs have related compound verbs. For example, **trarre** (p.p. **tratto**) is parallel to **distrarre** and **estrarre** (**distratto, estratto**); **prendere** (p.p. **preso**) is parallel to **riprendere, sorprendere** (**ripreso, sorpreso**), etc.

Uses

Verbs conjugated with avere

Most verbs conjugated with **avere** in the **passato prossimo** are transitive; that is, they can act on a direct object. Their past participle does not agree in gender and number with the subject.

Ho finit**o** i compiti, poi ho guardat**o** un programma alla TV.	*I finished my homework, then watched a program on TV.*
Abbiamo vendut**o** la macchina.	*We sold the car.*

Verbs conjugated with essere

Verbs conjugated with **essere** in the **passato prossimo** include *all* reflexive and reciprocal verbs and verbs used with the impersonal **si** (Chapter 8, Section 2), as well as verbs that indicate states of being (**essere, stare, diventare**) and motion (**andare, venire, arrivare, cadere, rimanere, tornare**). Their past participle agrees with the subject in gender and number. Most such verbs are intransitive.

Laura **è** partit**a** per Padova.	*Laura left for Padova.*
Ci **siamo** incontrati a Venezia.	*We met in Venice.*
Le ragazze si **sono** divertit**e** molto a Carnevale!	*The girls had a great time at the Mardi Gras festival!*

The passato prossimo of dovere, potere, and volere

1. When used without an accompanying infinitive, **dovere, potere,** and **volere** are always conjugated with **avere** in the **passato prossimo.**

—Siamo tornati presto da Venezia solo perché **abbiamo** dovuto.	*We came back early from Venice only because we had to.*
—Hai visitato il Museo Correr?	*Did you visit the Correr Museum?*
—No, purtroppo non **ho** potuto.	*No, unfortunately I couldn't [wasn't able to].*

2. When used with an accompanying infinitive, the modal verbs **dovere, potere,** and **volere** can be conjugated with either **avere** or **essere,** depending which auxiliary the infinitive takes. In everyday Italian, **avere** is routinely used except with reflexive or reciprocal verbs whose pronouns precede the auxiliary.

Hanno voluto restare a Venezia. **Sono voluti** restare a Venezia.	*They wanted to remain in Venice.*
Hanno dovuto affrettarsi. Si **sono dovuti** affrettare.	*They had to hurry.*

Special use of auxiliaries in the passato prossimo

1. Certain verbs can be used either transitively or intransitively. Study the following examples.

TRANSITIVI	INTRANSITIVI
Ho cambiato idea.	Come **sono** cambiati quei ragazzi!
Avete cominciato gli studi?	È cominciato il concerto?
Ieri **ho** corso due miglia.	**Sono** corsi a prendere l'autobus.
Ha finito i cioccolatini.	Le lezioni **sono** finite.
Hai passato una bella giornata?	**Sei** passata da Luigi?
Ho salito le scale.	**Sono** saliti in taxi.
Abbiamo suonato il violino.	Il telefono è suonato alle 3,00.
Hanno sceso i gradini.	**Sono** scesa dall'autobus.

Note that **correre, salire,** and **scendere** are conjugated with **essere** when a point of arrival or departure is indicated, but with **avere** when accompanied by a direct object.

2. Several common verbs are conjugated with **avere** even though they are normally used intransitively. They include **camminare, dormire, sognare,** and **viaggiare.**

3. Some verbs, particularly those that describe weather conditions, can be conjugated with either **avere** or **essere.** These include **piovere, nevicare,** and **grandinare** (*to hail*).

> **È piovuto** molto a Venezia
> l'anno scorso.
> **Ha piovuto** molto a Venezia
> l'anno scorso.

It rained a great deal in Venice last year.

Exception: tirare vento (*to be windy*) is always conjugated with **avere.**

Ha tirato vento ieri.   *It was windy yesterday.*

Un po' di pratica

A. Una gita a Venezia. Carla e i suoi amici hanno passato un bellissimo weekend di primavera nella città lagunare. Completate le frasi con le forme adatte dei verbi al passato prossimo.

(Noi) _____¹ (visitare) parecchi posti interessanti: Riva degli Schiavoni, Piazza San Marco e naturalmente il famoso Ponte de' Sospiri. Io ho _____ (cercare) di visitare anche il Museo dell'Accademia, ma purtroppo non ho _____ (avere) tempo. Allora (noi) _____⁴ (decidere) di andare a Murano, dove ci sono tante fabbriche di vetro (*glassware factories*).* Ornella _____⁵ (comprare) un bel vaso, e Daria _____⁶ (spendere) un sacco di soldi per un servizio (*set*) di bicchieri.

---

*L'isola di Murano, a breve distanza da Venezia, è famosa per le sue fabbriche di cristalli e per gli oggetti di vetro.

siamo corso *abbiamo troppo veduto*

(Noi) _____7 (correre) tanto! _____8 (Vedere) le piccole piazze, che a
Venezia si chiamano *campi*, e _____9 (fare) moltissime foto. Poi _____10
(scoprire) un ottimo ristorante vicino al Ponte di Rialto. _____11 (Pren- *ho abbiamo*
dere) il baccalà con polenta,* che è una specialità veneta, e _____12 (bere) *ho bevuto*
un'ottima bottiglia di Orvieto bianco. _____13 (Mangiare) molto bene
senza spendere troppo. Quella volta _____14 (offrire) io, ma un'altra volta
Daria _____15 (pagare) il pranzo a noi tutte. *abbiamo*

In Piazza San Marco (noi) _____16 (conoscere) due simpatiche ragazze
americane. Io non parlo inglese ma Ornella lo sa molto bene, quindi (lei)
_____17 (tradurre) per me. In un caffè all'aperto (noi) _____18 (sentire) un
quartetto jazz che _____19 (suonare) alcuni pezzi proprio per noi. Una
delle ragazze americane, Rebecca, _____20 (chiedere) una vecchia e buffis-
sima canzone di Elvis Presley. (Noi) _____21 (ridere) tanto! Rebecca
_____22 (dire) che in California, vicino a Los Angeles, c'è un'altra
«Venezia», e che ha anche i canali!

B. Com'è cambiata Venezia! Spiegate cosa è successo a Venezia negli ultimi
vent'anni, cambiando il verbo dal presente al passato prossimo.

ESEMPIO: L'interesse per l'ecologia aumenta. →
          L'interesse per l'ecologia è **aumentato**.

1. L'inquinamento diventa un gran problema.
2. L'inquinamento danneggia molte case e palazzi veneziani.
3. Una patina di smog ricopre i monumenti.
4. Gli scarichi industriali contribuiscono all'inquinamento della laguna.
5. Venezia sprofonda (*sinks*) nel mare alcuni centimetri.
6. Per salvare Venezia, proponiamo nuove leggi contro l'inquinamento.
7. Venezia comincia solo recentemente ad affrontare il problema dell'inquinamento e dell'invasione dei turisti.
8. Tanti studiosi (*scholars*) si preoccupano della difesa dei tesori artistici.
9. Scompaiono molte osterie (trattorie), e si aprono molti fast-food.
10. L'immagine di una Venezia romantica cambia radicalmente.

C. Quattro chiacchiere. Completate gli scambi mettendo i verbi al passato
prossimo.

1. —Avanti, avanti! La festa _____ già _____ (cominciare)!
   —Scusateci! (Noi) _____ (partire) in ritardo e _____ (passare) mezz'ora a
   cercare un posto per parcheggiare.
2. —Renata, _____ (succedere) qualcosa? Come sei pallida (*pale*)!
   —Non ti preoccupare, sto bene. Solo che mi _____ (dovere) alzare alle
   5,00 stamattina e sono stanchissima.
3. —_____ (divertirsi) al ricevimento Bruno e Claudia?
   —Eccome (*You bet*)! E Claudia _____ (rimanere) proprio stupita (*as-
   tounded*) quando _____ (ricevere) un premio (*prize*).

---

*Il baccalà con polenta (*codfish with cornmeal*) è un piatto tipicamente veneto, ma molto popolare in
tutto il nord d'Italia.

4. —Ragazzi, _____ (tornare) tardi ieri sera!

—Eh, l'opera _____ (finire) dopo mezzanotte. (Noi) _____ (vedere) il *Don Carlos* di Verdi.

5. —Giorgio, hai l'aria (*you look*) un po' stralunata (*spaced out*) oggi. (Tu) _____ (cambiare) casa un'altra volta?

—Purtroppo, sì, _____ (trasferirsi) già due volte quest'anno e non mi _____ (potere) ancora abituare al ritmo di vita di questa città!

D. Che tempaccio! Oggi Mirella è di pessimo umore (*in an awful mood*) perché il tempo è orribile. Mettete il brano al passato prossimo.

> Oggi nevica molto e tira anche vento. Cambio idea: non vado a piedi all'università con questo tempaccio. Invece, prendo l'autobus. Arrivo in orario e la lezione comincia. La lezione finisce alle 11,00 e nel frattempo (*in the meantime*) la neve diventa pioggia. Per riscaldarmi (*warm up*) un po', passo dalla mia amica Francesca che mi prepara un tè caldo.

> Lunedì scorso...

E. Impressioni di una vacanza. Parlate con un compagno/una compagna delle ultime vacanze che avete fatto. Chiedete a lui (a lei)...

ESEMPIO:　dov'è andato/a →
　　　　—Dove sei andata?
　　　　—Io sono andata a trovare amici nel Maine. E tu?
　　　　—Sono andato in Italia.

1. dov'è andato/a, e perché
2. quanto tempo ci è rimasto/a
3. come ha viaggiato (con quale mezzo di trasporto)
4. cosa ha trovato più interessante o notevole in quel posto, e perché
5. che tempo ha fatto
6. se ha osservato dei danni (*damage*) all'ambiente provocati dal turismo, e quali
7. se ha cercato di essere un (una) turista «verde», e come

2. Imperfetto

The imperfect tense is used to convey actions in progress in the past. Its English equivalents, using as an example the verb **cantare** in the first-person singular tense, are: *I was singing, I used to sing, I sang, I did sing,* and (rarely) *I would sing.*

Forms

The imperfect tense is formed by adding the imperfect endings to the verb stem. This table shows the conjugations of regular verbs in the imperfect.

parlare		vendere		finire	
parlavo	parlavamo	vendevo	vendevamo	finivo	finivamo
parlavi	parlavate	vendevi	vendevate	finivi	finivate
parlava	parlavano	vendeva	vendevano	finiva	finivano

Avere is regular in the imperfect; **essere** is irregular. Several other verbs are irregular only in that their original Latin or archaic Italian stem is used to form the imperfect. The following table shows the irregular imperfect forms of several common verbs.

essere	bere (bevere)	dire (dicere)	fare (facere)	porre* (ponere)	tradurre* (traducere)	trarre* (traere)
ero	bevevo	dicevo	facevo	ponevo	traducevo	traevo
eri	bevevi	dicevi	facevi	ponevi	traducevi	traevi
era	beveva	diceva	faceva	poneva	traduceva	traeva
eravamo	bevevamo	dicevamo	facevamo	ponevamo	traducevamo	traevamo
eravate	bevevate	dicevate	facevate	ponevate	traducevate	traevate
erano	bevevano	dicevano	facevano	ponevano	traducevano	traevano

Uses

The imperfect tense describes

1. a repeated, habitual action in the past. This use of the imperfect is often accompanied by expressions like **sempre, a volte, di solito, di rado** (*rarely*), **ogni** (**giorno, mese, anno,** *ecc.*), **tutti i giorni** (**mesi,** *ecc.*), **tutte le** (**mattine, domeniche,** *ecc.*).

> D'estate i Giuliani **andavano** sempre al mare.
>
> *In summer, the Giulianis would always go [used to go, went] to the seashore.*

> **Si alzavano** presto ogni mattina, **facevano** una lunga passeggiata e **mangiavano** qualcosa di semplice.
>
> *Every morning they would get up early, take a long walk, and eat something simple.*

2. a mental state or physical condition in the past.

> Da bambina Marianna **era** sempre allegra e vivace.
>
> *As a child, Marianna was always cheerful and lively.*

> Quel giorno **avevo** un mal di testa terribile.
>
> *That day I had a terrible headache.*

3. age, date, time, and weather in the past.

---

*Verbs with similar infinitive endings follow the same pattern: com**porre** → com**ponevo**; con**durre** → con**ducevo**; dis**trarre** → dis**traevo**, etc.

Nel 1987 **avevo** dieci anni.   *In 1987 I was ten years old.*
Era venerdì l'8 luglio 1971.   *It was Friday, July 8, 1971.*
Erano le sette e **faceva** ancora   *It was seven o'clock and still very*
molto caldo.   *hot.*

4. an ongoing action or condition in the past.

Io **leggevo** mentre le mie sorelle   *I was reading while my sisters*
giocavano a scacchi.   *played chess.*
C'**era** tanta gente a Carnevale!   *There were so many people at the*
    Mardi Gras celebration!

5. *since when* or *for how long* something *had* been happening in the past. Italian offers two constructions, both using the imperfect tense, to express this situation. They are the past-tense equivalents of the present-tense constructions you have already learned to express *since when* or *for how long* something *has* been going on.

imperfect + **da** + *time expression*   *imperfect* + *time expression* + **che**

Ti **aspettavo da** mezz'ora.   **Era** mezz'ora **che** ti aspettavo.
I had been waiting for you for half   *I had been waiting for you for half*
     an hour   *an hour.*

Un po' di pratica

A. Venezia di una volta. Descrivete come era nel passato «la Serenissima». Mettete il brano all'imperfetto. (Una volta Venezia...)

Venezia è la città dei Dogi* e dei veneziani che amano e godono (*enjoy*) la loro città. I canali e la laguna non puzzano ed i pesci non ci muoiono. Le gondole galleggiano (*float*) nei canali e pochi turisti passeggiano (*stroll*) in Piazza San Marco. Guardano vetrine piene di maschere, merletti (*lace*) ed altri oggetti fatti da artigiani locali. Venezia non è ancora un centro turistico; la sua ricchezza è il porto che le permette di essere una città importante dal punto di vista commerciale. Tutto il mondo ammira la Serenissima, chiamata così per il suo aspetto unico.

B. Quattro chiacchiere. Completate gli scambi mettendo i verbi all'imperfetto.

1. —Come mai siete rimasti a casa? Non _____ (volere) andare fuori?
   —_____ (fare) brutto tempo, e nessuno _____ (avere) voglia di fare un picnic sotto la pioggia.
2. —Gina, come mai non vedi più Michele e Laura? (Tu) mi _____ (dire) sempre che _____ (andare) tanto d'accordo.
   —Boh, all'inizio (loro) mi _____ (sembrare) delle persone sagge (*sensible*), ma poi _____ (proporre) sempre delle stupidaggini (*stupid ideas*). Mi

---

*I Dogi erano i capi (*heads*) della Repubblica di Venezia durante il Medioevo ed il Rinascimento.

sono accorta che _____ (essere) impossibile fare un discorso intelligente con loro.

3. —Scusami, Piera, ti ho interrotto. Cosa _____ (dire)?

—_____ (lamentarsi) che _____ (essere) le 2,00 di notte quando sono tornati, quei disgraziati (*scoundrels*)!

4. —Cosa _____ (fare) i tuoi genitori quando (tu) _____ (essere) piccola?

—Mio padre _____ (tradurre) saggi e novelle; mia madre _____ (lavorare) alle poste (*for the postal service*).

5. —Ti ricordi quando (noi) _____ (abitare) in Inghilterra e _____ (bere) il tè ogni pomeriggio?

—Sì, (noi) _____ (essere) molto felici, anche se non mi _____ (piacere) tanto prendere il tè alle quattro del pomeriggio!

6. —Il nonno _____ (sapere) come far star tranquilli i bambini, non è vero?

—Eccome! Ci _____ (distrarre) sempre con una favola o un giochino. Com' _____ (essere) bravo!

C. Sondaggio sull'infanzia. Fate delle domande ad un compagno/una compagna per sapere come era da bambino/a. (Usate le espressioni interrogative con le forme adatte dei verbi all'imperfetto.) Poi raccogliete le risposte e cercate di analizzare la vostra generazione. Siate sinceri!

ESEMPIO: passatempo/preferire →
            —Quale passatempo preferivi?
            —Preferivo (guardare la TV, giocare a Dungeons & Dragons, dare
            fastidio [*bother*] al mio fratellino...)

1. verdura (*vegetable*)/mangiare più spesso
2. verdura/detestare di più
3. tipi di film/preferire
4. ore di televisione/guardare ogni giorno
5. libri o riviste/leggere più spesso
6. Coca-Cola/bere al giorno (alla settimana)
7. nomignolo (*nickname*)/usare in genere
8. attività/fare il weekend
9. volte alla settimana (al mese? all'anno?)/pulire la tua camera

3. Ora, giorni, mesi, anni e secoli

Benedetto sia 'l[1] giorno e 'l mese et l'anno
e la stagione e 'l tempo et l'ora e 'l punto[2]
e 'l bel paese e 'l loco ov'io[3] fui giunto[4]
da' duo[5] begli occhi che legato m'ànno[6]...

—*Petrarca, Sonetto 61*

[1]il   [2]momento   [3]loco ov'... luogo dove   [4]fui... *I was struck*   [5]due   [6]legato... mi hanno   catturato

L'ora (*time of day*)

1. To indicate times of day, use **essere** and the feminine articles **l'** or **le** before cardinal numbers, plus **e** or **meno** when necessary to indicate *after* or *before* a certain hour.* (**Ora** and **ore** are implicit.) **Un quarto** and **e mezzo (e mezza)** can be used when you express time using the 12-hour clock.

   > È l'una **e** venti (1,20).
   > Sono **le** dieci **meno** cinque (9,55).
   > Sono **le** sei **meno un quarto** (5,45).
   > Sono **le** undici **e mezzo (mezza, trenta)** (11,30).

2. **Mezzogiorno** and **mezzanotte** are used without the article.

   > —Quando avete mangiato?   —**A** mezzogiorno.

3. Official time (for trains, airplanes, television, radio, etc.) is expressed with the 24-hour clock.

   > Il telegiornale comincia **alle 19,30** (*7:30 pm*).

   To avoid confusion, the following expressions are often used in everyday speech.

   > Mi hanno svegliato all'una **di notte.**
   > Si alzano alle sei **di mattina (del mattino).**
   > È arrivato alle tre **del pomeriggio.**
   > Torno a casa alle otto **di sera (della sera).**

4. The following are some common expressions used to ask and answer questions about time.

—Che ora è? Che ore sono?	—È l'una (sono le undici, ecc.)	*It's one.*
—A che ora? Quando?	—All'una (alle nove).	*At one.*
	—Dall'una (dalle cinque).	*Starting at one.*
	—Verso le tre.	*Around three.*
	—Alle due in punto.	*At two sharp.*
	—Fra un'ora.	*In an hour.*
	—Tre ore fa.	*Three hours ago.*
—Fino a (*Until*) che ora?	—Fino alle tre.	*Until three.*

5. There are three Italian words that can be translated as *time* in English.

   Ora indicates time by the clock.

   > —Che **ora** è? —È **ora** di dormire!

---

*The verb **mancare** (*to lack*) can also be used: **Manca** un quarto alle sei (5,45); **Mancano** dieci minuti all'una (12,50).

Volta means an occasion, instance, or turn.

> È l'ennesima **volta** che ve lo dico!
> Vedo i miei zii due o tre **volte** all'anno.

Tempo refers to the expanse of time, time in the abstract, or an epoch. (**Tempo** as weather will be treated later in this chapter.)

> Non ho **tempo** per queste sciocchezze.
> «Il **tempo** è un grande medico».
> Ai miei **tempi** non si dicevano queste parolacce!

I giorni della settimana

Che giorno è? È...						
lunedì	martedì	mercoledì	giovedì	venerdì	sabato	domenica

1. In Italian, days of the week are written without capital letters. No preposition precedes them. Contrast Italian with English in the following examples.

> Partirà **domenica**. *She's leaving on Sunday.*
> Ci siamo visti **lunedì**. *We saw each other on Monday.*

2. The definite article is used with days of the week to indicate an action habitually performed on a certain day. (Note that all days except **domenica** are masculine.)

> **Il** sabato vado in biblioteca, ma **la** *On Saturdays I go to the library,*
> domenica mi riposo. *but on Sundays I rest.*

3. To ask what day of the week it is, and to reply, use these expressions:

> —Che giorno è oggi?
> —Oggi è lunedì (martedì, *ecc.*).

I mesi

Che mese è? È...			
gennaio	aprile	luglio	ottobre
febbraio	maggio	agosto	novembre
marzo	giugno	settembre	dicembre

1. In Italian, months are written without capital letters. They are preceded by the definite article only when modified.

> **Maggio** è un bellissimo mese; mi ricordo molto bene **il maggio** del '96.

2. Use the prepositions **a** or **in** with months. If modified, use the articulated forms of **in**. (All the months are masculine.)

Vado in Italia **a** settembre.
Ci siamo laureati **in** giugno, **nel** giugno del '92.

3. Express dates using the masculine definite article and a cardinal number followed by the month. Full dates are written in Italian as *day.month.year*.

Oggi è **il** ventisette marzo.
Sono nata **l'**otto dicembre.
Mirella è nata **il 15 maggio 1972** (15.5.72).

Exception: The first of the month is **il primo (il 1°).**

4. Use these expressions to ask and answer questions about dates.

Quanti ne abbiamo oggi?   Ne abbiamo sei.
Che data è oggi?   Oggi è il 3 maggio 1997.
Qual è la data di oggi?

Gli anni e i secoli

1. The definite article always precedes the year.

Il 1492 fu un anno molto importante.
John F. Kennedy è stato eletto **nel** 1960; è stato presidente **dal '60 al '63.**

2. Centuries are commonly abbreviated using Roman numerals. As in English, they can also be expressed using ordinal numbers. The shorthand forms, such as **il Duecento, il Trecento,** are always capitalized. They are used very frequently in texts and lectures to designate the centuries after the year 1200.

| dal 1201 al 1300 } | il XIII secolo | il tredicesimo secolo | il Duecento |
| dal 1301 al 1400 } | il XIV secolo | il quattordicesimo secolo | il Trecento |

Il Quattrocento e **il Cinquecento** sono i secoli del Rinascimento italiano. Giuseppe Verdi e Alessandro Manzoni sono due grandi dell'**Ottocento** italiano (del **diciannovesimo secolo** in Italia).

3. The *1920s, 1930s,* and so on are expressed as **gli anni '20, gli anni '30,** etc. In informal written Italian, specific years in this century can be abbreviated thus: **nel '89 (nel 1989).**

Summary of past time expressions

ieri (*yesterday*)
   ieri mattina, ieri pomeriggio
   l'altro ieri (*the day before yesterday*)

time expression + **fa** (*ago*)
   un'ora fa, tre settimane fa
   molto (poco, qualche) tempo fa
   Quanto tempo fa?

time expression + **scorso** (*last*)
   lunedì scorso
   nel gennaio dell'anno scorso
   la settimana scorsa, il mese scorso, l'anno scorso,
     il secolo scorso

Un po' di pratica

A. L'orario ferroviario. Queste persone visitano il Veneto, la bellissima regione in cui si trova Venezia. Guardate l'orario dei treni locali e dite (1) quale treno possono prendere e (2) da che ora e fino a che ora sono in viaggio.

ESEMPIO: Gianpaolo va a Trento. Vuole tornare a Venezia S. Lucia il più tardi
      possibile. →
      (1) Può prendere il treno delle diciotto e ventidue (delle sei e ven-
         tidue di sera, delle sette meno trentotto di sera).
      (2) È in viaggio dalle diciotto e ventidue fino alle ventuno e dician-
         nove (fino alle nove e diciannove di sera).

1. I signori Costa vanno da Caldonazzo a Strigno. Vogliono arrivare verso le otto di sera.
2. Claudia e Franca si trovano a Primolano. Vogliono tornare a Venezia S. Lucia il più presto possibile.
3. Giorgio va a Castelfranco. I suoi amici lo aspettano alla stazione di Venezia Mestre verso le sei di sera.
4. Angela e Matteo vanno da Trento a Noale-Scorzè. Vogliono arrivare prima di mezzogiorno.
5. La signora Schmidt si trova a Primolano. Vuole partire dopo pranzo e ar-rivare a Venezia S. Lucia prima delle sei di sera.

Qdr. **95**	**TRENTO - BASSANO - CASTELFRANCO VENETO - VENEZIA**																	
			✖		✖		✖				✖	✖			✖			
		5701	11053	11055	5703	2801	5705	2803	5709	5713	5425	5427	5429	2805	11063	5431	2807	2809	5433
		L 2	L 2	L 2	L 2	D	L 2	L 2	L 2	L 2	L 2	L 2	L 2	L 2	L 2	L 2	L	L	L 2
—	**Trento** p.						638	804	1050	1214	1250	1323	1414			1622	1726	1822	1913
7	Villazzano							816	1059	1223	1259	1332	1423			1631	1735	1831	1922
18	Pergine						700	830	1113	1237	1313	1350	1437			1649	1749	1846	1939
21	S. Cristoforo L.-Ischia							I	I	I	I	I	I			I	I	I	I
25	Calceranica						708	837	1121	1244	1321	1358	1445			1656	1756	1853	1946
27	Caldonazzo						712	841	1125	1248	1325	1403	1450			1700	1801	1857	1950
31	Levico Terme						716	846	1130	1253	1330	1408	1458			1705	1806	1902	1955
39	Roncegno B.-Marter							855	1140	1302	1339	1417	1507			1714	1815	1911	2004
44	Borgo Valsugana						729	900	1146	1307	1344	1422	1512			1719	1821	1916	2009
48	Castelnuovo in Vals.							I	I	I		I	I			I	I	I	I
49	Strigno						736	909	1156		✖	1434	1521		✖		1830	1925	2018
52	Ospedaletto							I	I		5719	1442	1530		5725		1839	1933	2027
59	Grigno						744	918	1205		L 2	1442	1530		L 2		1839	1933	2027
64	Tezze di Grigno						749	925	1211			1448	1536				1846	1939	2033
68	**Primolano**			557	640		754	931	1217		1415	1452	1541			1700	1851	1944	2037
75	Cismon del Grappa			604	646		800	938	1224		1422					1708	1858	1952	
84	Carpanè-Valstagna			618	658		809	949	1238	✚	1433		1555			1719	1906	2001	
87	S. Nazario			622	703			953		5715	1437					1723			
91	Solagna			627	707		814	957	1246	L 2	1442	✖				1728	1913	2008	
				636	716		820	1005	1252		1448	11057	1607			1735	1919	2014	
97	**Bassano del G.** a.						833	1014	1253			L 2					1919	2014	
	Bassano del G. p.	528	615	640		726		1019	1258	1340		1455	1609	1700			1922	2015	
103	Cassola	533	623	645	◇	732		1019	1258	1345		1500	I	1706	◇		1927	I	
111	Castello di Godego	540	632	652		739		1026	1305	1352		1508	1620	1713			1934	2026	
116	**Castelfranco V.** a.	545	638	657		745	846	1031	1311	1357		1513	1625	1719			1939	2032	
	Castelfranco V. p.	549	640	703		747	820	847	1033	1321	1359		1515	1627	1725			1941	2034
125	Piombino Dese	558	653	717		I	830	I	1041	1331	1410		1523	1635	1737			1951	2043
134	Noale-Scorzè	606	701	723		804	837	901	1049	1338	1418		1531	1643	1748			2002	2051
137	Salzano-Robegano	612	706	730			841		1053	1342	1422		1536	1647	1753			I	I
141	Maerne di Martellago	617	712	736			845		1058	1348	1430		1541	1652	1759			2009	2101
148	**Venezia Mestre** a.	625	723	743		816	852	912	1104	1358	1439		1549	1700	1806			2016	2108
	Venezia Mestre p.	627	725	744		818	854	914	1106	1400	1441		1551	1702	1808			2018	2110
151	Venezia P. Marghera	◆ 30	◆ 29	I		I	I	I	I	I	I		I	I	I			I	I
157	**Venezia S. Lucia** a.	637	736	754		827	903	923	1115	1408	1450		1600	1711	1817			2027	2119

6. Claudia va a Caldonazzo. Incontra gli amici a Carpanè alle nove di sera.

B. Una volta... ma ora non più. Finora avete seguito una serie di *routines* ab-bastanza fisse (*fixed*); la settimana scorsa però, avete deciso di abbandonare tutte le vecchie abitudini. Usate l'imperfetto per parlare della vostra vita passata, e il passato prossimo per descrivere la vostra «vita nuova». Siate il più possibile creativi nelle vostre risposte!

> ESEMPIO: andare sempre in biblioteca il lunedì →
> Una volta andavo sempre in biblioteca il lunedì. Lunedì scorso, però, ho passato tutta la giornata a leggere i fumetti (*comic books*).

1. fare il bucato (*laundry*) il martedì   **2.** mangiare in un ristorante macrobiotico il mercoledì   **3.** andare in palestra (*gym*) il giovedì   **4.** vedere gli amici il venerdì   **5.** accompagnare mia zia al cinema il sabato   **6.** dormire fino a mezzogiorno la domenica

C. Informazioni, opinioni, preferenze. Con un compagno/una compagna, preparate domande e risposte sui seguenti argomenti.

> ESEMPIO: il giorno e l'ora del suo corso più difficile →
> —Il mio corso più difficile questo trimestre è economia. Si tiene (*It is held*) il lunedì e il mercoledì da mezzogiorno all'una e venti, e il giovedì dalle tre e quaranta alle cinque del pomeriggio.

1. la data del suo compleanno   **2.** il mese che preferisce, e perché   **3.** un mese che detesta, e perché   **4.** la data di un avvenimento personale importante nella sua vita   **5.** la data dell'avvenimento che considera più importante (a parte il suo compleanno), e perché lo considera importante   **6.** la data della festa civile o religiosa che preferisce, e perché la preferisce

D. Quattro chiacchiere. Completate gli scambi aggiungendo le espressioni adatte.

1. —Dunque, qual è _il giorno_ dell'Indipendenza americana?
—È _il 4_ luglio. Di solito facciamo un picnic.

2. — _a_ che ora sono arrivati gli ospiti?
—Sono arrivati _alle_ otto, e sono rimasti _fino a_ mezzanotte.

3. —Allora, ripassiamo rapidamente. Le grandi manifestazioni a favore dei diritti civili hanno avuto luogo durante _negli anni_ '60.
—Sì, e anche le manifestazioni di protesta contro la guerra nel Vietnam. Ma la guerra è continuata anche nei primi _degli anni_

4. —Matteo, aiutami, non capisco questo orario. Dice che il treno parte « _alle_ 23,20». Cosa significa?
—Si tratta di un orario ufficiale. Significa _alle_ undici e venti _di sera_

5. —Non ho _tempo_ da perdere oggi. Telefona a Roberto e ricordagli (*remind him*) che il nostro appuntamento è per _____ 3,00.
—Non ti preoccupare, lui è puntualissimo! Se dice che arriverà _alle_ 3,00, arriverà _alle_ 3,00 _in punto_

E. È solo questione di secoli! Esprimete i seguenti secoli in una forma alternativa secondo gli esempi.

> ESEMPI: Il commediografo (*playwright*) Carlo Goldoni è vissuto nel 18° secolo, cioè nel *Settecento*.
>
> Dante è nato nel '200, cioè nel *tredicesimo secolo*.

1. La scrittrice italiana Natalia Ginzburg è vissuta nel 20° secolo, cioè nel _____.
2. Santa Caterina da Siena è nata nel 14° secolo, cioè nel _____.
3. Le scoperte scientifiche più importanti di Galileo sono del '600, cioè del _____.
4. Il poeta Petrarca è nato nel '300, cioè nel _____.
5. Vittoria Colonna e Gaspara Stampa sono due grandi poetesse del '500, cioè del _____.

4. Tempo e stagioni

Le stagioni

la primavera	l'estate (*f.*)	l'autunno	l'inverno

1. Seasons are written without capital letters. They take the definite article, except when unmodified after **essere.**

   Che stagione è? È autunno!
   L'inverno è la stagione preferita degli sciatori!

2. Use the prepositions **di** or **in** with seasons. If the names of seasons are modified, use the articulated forms of **in.**

   D'estate andiamo in montagna.
   Si sono sposati **in** primavera, **nella** primavera del 1998.

Il tempo

1. Use the verb **fare** to ask about the weather in Italian. You can use **fare** or **essere** in responses.

   —Che tempo **fa?**   —**Fa** bello (brutto, caldo, freddo, fresco). *o* **Fa** bel (brutto, cattivo) tempo.
   —**È** bello (brutto, caldo, coperto *o* nuvoloso [*cloudy*], freddo, fresco, sereno [*clear*]).

2. Some weather expressions require **esserci.**

   C'è afa (*It's muggy*).   C'è neve.
   C'è foschia (*It's hazy*).   C'è (il) sole.
   C'è (la) nebbia (*It's foggy*).   C'è (*o* Tira) vento.

3. There are also specific verbs for certain weather conditions. (Most are conjugated with **essere** in compound tenses.)

   diluvia (diluviare, *to pour*)   il diluvio
   gela (gelare, *to freeze*)   il gelo
   grandina (grandinare, *to hail*)   la grandine
   lampeggia (lampeggiare, *to* [*discharge*] il lampo
     lightning)

nevica (nevicare, *to snow*)   la neve
piove (piovere; piovere a dirotto,   la pioggia
   to pour)
tuona (tuonare, *to thunder*)   il tuono

—**Piove** sempre? —Sì, è un vero **diluvio!**
È nevicato tanto ieri; **la neve** è salita a un metro.
Questa settimana **è grandinato** quasi tutte le sere, ma stasera finalmente
   non c'è **grandine.**

Un po' di pratica

A. Le stagioni in città. Completate il brano con le espressioni adatte.

Io ho passato gran parte della mia vita a New York. Qui _____¹ stagioni sono
tutte diverse e tutte belle. _____² inverno è la mia stagione preferita. La città è
tanto bella sotto la _____³: bianca e tranquilla. Manhattan è bella non solo
nelle giornate di sole; mi piace camminare anche quando _____⁴ vento, e
persino (*even*) quando è _____⁵. Allora posso guardare le silhouette degli alberi contro il cielo grigio.

   _____⁶ primavera non è molto lunga qui, ma è piacevole. La _____⁷ arriva dai
fiumi presto la mattina e si dissolve quando esce il _____⁸. _____⁹ estate, però, è
un'altra storia! Fa molto, molto _____¹⁰ e c'è tanta _____¹¹. È meglio stare a casa
con l'aria condizionata! I temporali _____¹² estate sono violenti da queste parti.
Mi vengono i brividi (*shivers*) quando sento i _____¹³ e vedo i _____¹⁴! _____¹⁵
autunno, però, è proprio splendido. Fa _____¹⁶—né troppo caldo, né troppo
freddo, il _____¹⁷ splende e il cielo è _____¹⁸. Quanto mi piace la mia città!

B. Un'attività per ogni stagione. Chiedete a un compagno/una compagna di
classe in quale stagione preferisce fare le seguenti cose, e perché.

   ESEMPIO: andare al mare →
          —In quale stagione preferisci andare al mare?
          —Io preferisco andare al mare d'estate. Sono contento/a quando fa
            caldo e c'è il sole. E tu?
          —Io preferisco andare al mare d'autunno perché c'è meno gente e
            posso fare una bella passeggiata in santa pace.

1. fare un picnic   4. andare in campeggio
2. viaggiare   5. fare delle lunghe passeggiate
3. passare la giornata a fantasticare   6. andare in montagna
   (*daydreaming*)

C. Tutti parlano del tempo! Guardate le mappe e le tabelle preparate dal
servizio meteorologico italiano per il fine-settimana (*weekend*) 15–17 gennaio.
Poi rispondete alle domande.

1. Com'è il tempo nel nord d'Italia?
2. In quali regioni d'Italia il cielo è sereno? E dove piove?
3. Il tempo promette forti cambiamenti durante il fine-settimana?
4. Quali tre città hanno registrato le temperature più basse ieri? (Sono le stesse
    città che hanno registrato le variazioni più estreme di temperatura.)

5. Quale città ha registrato la temperatura più elevata? Sapete indicare dove si trova questa città?
6. A parte le nuvole e la nebbia, qual è la terza causa per cui gran parte del cielo italiano è coperto? (Guardate il titolo.) Potete citare (*mention*) alcune zone degli Stati Uniti dove si presenta spesso lo stesso fenomeno, per motivi simili?

Un "coperchio" atmosferico ci ripara dal sole

Nebbia, nuvole e aria inquinata

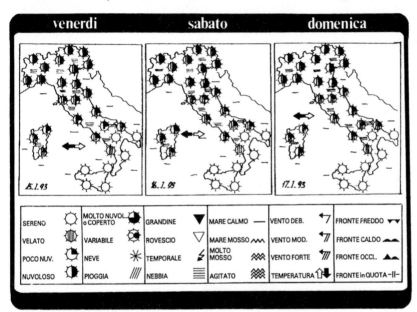

TEMPERATURE Ieri in Italia		
Perugia	2	10
Pescara	0	13
L'Aquila	-3	12
Roma Urbe	4	14
Bolzano	2	11
Verona	5	8
Trieste	8	8
Venezia	5	8
Milano	5	9
Torino	4	10
Genova	11	13
Imperia	13	15
Bologna	2	12
Firenze	4	12
Pisa	6	12
Falconara	1	16
Roma Fiumicino	5	15
Campobasso	6	14
Bari	3	14
Napoli	5	14
Potenza	3	14
S. M. di Leuca	8	14
R. Calabria	7	17
Messina	8	14
Palermo	8	14
Catania	4	14
Alghero	5	16
Cagliari	5	14

L'ITALIA DAL VIVO

Carnevale a Venezia

Prima visione. Guardate attentamente il video la prima volta senza audio. Poi cercate di rispondere alle seguenti domande.

1. Secondo voi, quale potrebbe essere l'argomento del video?
2. Potreste identificare le caratteristiche principali di Venezia?
3. Quali località avete riconosciuto?
4. Quale è il mezzo di trasporto più popolare a Venezia?
5. Chi avete notato in Piazza San Marco? Solo i turisti?
6. Cosa avete visto galleggiare (*to float*) sul Canal Grande?
7. Com'è l'atmosfera generale della città?

Seconda visione. Leggete il **Vocabolario utile** e guardate il video ancora due volte. La prima volta guardate ed ascoltate solo le informazioni generali. La seconda volta leggete l'esercizio che segue e cercate delle informazioni specifiche che vi servono per completarlo.

VOCABOLARIO UTILE

Arlecchino	*Harlequin*
la bottiglia	*bottle*
il buco	*hole*
la calle	*narrow street (Venetian)*
il campo	*city square (Venetian)*
la chitarra	*guitar*
il divieto	*prohibition*
il fiocco	*bow (ribbon)*
i fuochi d'artificio	*fireworks*
Gianduia, Giacometta	*traditional* maschera *characters*
il giocoliere	juggler
la maschera	*mask; stock character*
il molo	*pier*
lo spumante	*sparkling wine*
il tappo	*cork*
il tamburo	*drum*
i trampoli	*stilts*
berci sopra	*to drink to (celebrate) something*
coinvolgere	*to get involved*
disporre	*to arrange*
sturare	*to uncork*
di ferro	*tough, strong-willed*
in punta di piedi	*on tiptoe*

Comprensione

A. Completate le seguenti frasi con le parole o espressioni adatte.

1. Quando non vogliamo fare rumore, camminiamo _____.
2. Spesso al circo, si vedono gli acrobati che camminano sui _____.
3. Per il compleanno di Luigi, gli ho regalato una _____ di _____.
4. Per Halloween, i bambini portano _____.
5. In molti ristoranti americani, c'è il _____ di fumare.
6. Molte feste si celebrano con _____.

B. Scegliete la risposta corretta.

1. Il Carnevale di Venezia non poteva aver lugo in Piazza San Marco perché
   a. ci sarebbe stato troppo traffico automobilistico.
   b. la folla rappresentava un pericolo alle strutture e all'ambiente naturale.
   c. la piazza era troppo piccola.

2. Dopo il divieto, i veneziani hanno pensato che forse era meglio
    a. celebrare il Carnevale in qualche altra città.
    b. berci sopra.
    c. togliere le maschere.

3. La "bottiglia di spumante" era lunga
    a. mezzo chilometro.
    b. 25 metri.
    c. 35 metri.

4. Quando si è sturata la "bottiglia,"
    a. tutti i festeggianti hanno bevuto lo spumante.
    b. è esploso il panico in Piazza San Marco.
    c. molti si sono travestiti (**travestirsi:** *to disguise oneself*) da maschere tori-
       nesi.

Variazione

1. Guardate attentamente il filmato ancora una volta. Poi mettete i numeri per
   indicare l'ordine corretto delle immagini che vedete.

   ___ giocolieri   ___ trampoli   ___ bottiglia di
   ___ Arlecchino che saluta ___ maschere in nero   spumante
   ___ gondola   ___ fuochi d'artificio   ___ acrobati
                                                     ___ bambina con
                                                         fiocco celeste

2. Con un compagno/una compagna, cercate di descrivere il personaggio che vi
   piacerebbe essere per Halloween. Adoperate almeno cinque frasi.

METTIAMOLO PER ISCRITTO!

Città da salvare

1. Descrivete com'è cambiata qualche grande città americana negli ultimi ven-
   t'anni. Prendete in considerazione l'ambiente, lo stile di vita, l'atteggiamento
   dei cittadini, ecc.
2. Scrivete i ricordi che avete della vostra città dieci anni fa. Prendete in considerazione il vostro quartiere, l'ambiente (naturale e sociale), il tempo e le stagioni, le attività quotidiane (*daily*) degli amici e dei parenti, i mezzi di
   trasporto, le principali attività produttive (di lavoro) e ricreative dei cittadini.

CAPITOLO 6

Aria, acqua, terra:
Istruzioni per l'uso

Catania, Sicilia—un posto
vacante nel centro della città.
Quali danni all'ambiente vedete
nella foto? Potete indovinarne le
cause?

**CONTESTO
CULTURALE**

La raccolta
differenziata

LETTURA

Verde Italia

STRUTTURE

1. Pronomi diretti
2. Pronomi indiretti
3. *Piacere* e i verbi
   impersonali
4. Passato prossimo
   e imperfetto
   (riassunto)
5. Altre preposizioni

**L'ITALIA
DAL VIVO**

Napoli senza
macchine

**METTIAMOLO
PER ISCRITTO!**

Considerazioni
ecologiche

Contesto culturale

La raccolta differenziata Ascoltate il dialogo almeno un paio di volte. Poi leggete le **Espressioni utili** ed interpretate le **Situazioni pratiche** insieme ad un compagno/una compagna.

Maria e suo padre stanno preparando la cena per il compleanno della madre.

MARIA: Papà, ma cosa **combini?** Che confusione, **sporchi** dappertutto!

PADRE: Lo sai che non **ci so fare** in cucina. Prima le **cipolle,** e mi sono messo a piangere. Poi mi sono rovinato le mani con i **carciofi.**

MARIA: Attento a non accoltellarti quando pulisci i **peperoni!**

PADRE: Non prendermi in giro e **accendi** il **forno.** Puoi tagliare le **melanzane?**

MARIA: Già fatto. Devo solo mettere un po' di **farina** sul fondo della **teglia.**

PADRE: Almeno sei sicura che la torta alle verdure piaccia alla mamma?

MARIA: **Ne va pazza.** Fidati.

PADRE: Se lo dici tu!

MARIA: Fermati! Dove credi di **buttare** tutte quelle **bucce** di patata?

PADRE: Là, nel **sacchetto** dell'**immondizia...** e dove se no?

MARIA: Dammi qua, pasticcione! Adesso facciamo **la raccolta differenziata.** Ne hai sentito parlare?

PADRE: Il sacchetto blu è per i **rifiuti organici,** quello rosso per la plastica e **il vetro...** Già, dove si mette il vetro?

MARIA: Sono le persone come te che ci rovinano.

PADRE: Non esageriamo! E comunque una volta non c'era quella **puzza** che adesso c'è dove ci sono i **bidoni.**

MARIA: Perché hanno messo bidoni troppo piccoli e poi la gente sbaglia e butta le cose in sacchetti sbagliati.

PADRE: Beh, lo capisco è tutto così complicato. Se voglio buttare un barattolo mezzo pieno di salsa, dove lo metto?

MARIA: **Svuoti** il **recipiente** e lo metti nella busta del vetro. La marmellata la **getti** tra i rifiuti organici. Semplice, no?

PADRE: Non ci capisco niente.

MARIA: Solo perché non vuoi capire. Se c'è la volontà, si fa tutto. Guarda te, hai voglia di fare una sorpresa alla mamma, e ti trasformi in un cuoco.

PADRE: Non esageriamo. Io ti sto solamente aiutando.

MARIA: E allora, aiutami anche a raccogliere questa **sporcizia.**

PADRE: Ma a cosa serve tutta questa raccolta differenziata?

MARIA: Per poter **riciclare** materiali già utilizzati, senza abbattere altri alberi, o inquinare l'ambiente per produrre nuovo vetro, nuova plastica, nuovo alluminio... Per esempio, si può fare della carta buonissima riciclando quella vecchia.

PADRE: Su questo sono d'accordo, si **spreca** ancora troppa carta. Pensa solo ai giornali!

MARIA: Bene. Almeno questo l'hai capito. Ora però diamoci da fare, che la mamma sta per arrivare. Prendi le uova dal **frigorifero.** Io

intanto **grattuggio** il parmigiano e metto sul **fornello** l'acqua
per la pasta.

PADRE: Se avessimo usato il **forno a micro-onde,** avremmo preparato la
cena in due minuti invece che in due ore!

MARIA: Ma papà! Il cibo cotto in quel forno non ha lo stesso sapore!
Ecco la mamma! Metti giù tutto e andiamo in sala.

PADRE: Dobbiamo farci trovare in salotto **come se niente fosse.**

Entra la madre con molti pacchettini in mano.

MADRE: Lo sapevo che vi avrei trovato qui a fare niente. Conosco i miei
polli!

PADRE: Leggendo il giornale si è fatto tardi.

MADRE: E io ho pensato bene di comprare qualcosa da mangiare in **ro-
sticceria.** Altrimenti avremmo **saltato** la cena anche il giorno del
mio compleanno.

MARIA: Una torta alle verdure non ti piacerebbe di più?

MADRE: Certo... Perché?

PADRE: Abbiamo preparato qualcosa per te...

MARIA E PADRE: Buon compleanno!

ESPRESSIONI UTILI IN CUCINA

la cipolla	*onion*
il carciofo	*artichoke*
il peperone	*pepper*
accendere	*to turn on (an appliance)*
il forno	*oven*
la melanzana	*eggplant*
la farina	*wheat*
la teglia	*pan*
il frigorifero	*refrigerator*
grattuggiare	*to grate (cheese)*
il fornello	*kitchen stove*
il forno a micro-onde	*microwave oven*
la rosticceria	*delicatessen*
saltare	*to skip (a meal, a turn, etc.)*

ESPRESSIONI UTILI PER IL RICICLAGGIO

sporcare	*to make a mess*
buttare (via)	*to throw (away)*
la buccia	*skin (of a vegetable)*
il sacchetto	*garbage bag*
l'immondizia	*garbage*
la raccolta differenziata	*recycling*
i rifiuti organici	*perishable waste*
il vetro	*glass*
la puzza	*smell, stink*
il bidone	*trashcan*
svuotare	*to empty*

il recipiente	*food container*
gettare (via)	*to throw (away)*
la sporcizia	*dirt*
riciclare	*to recycle*
sprecare	*to waste*

ALTRE ESPRESSIONI

combinare	*to be up to, cook up, contrive*
saperci fare	*to know how to (do something)*
andare pazzo per	*to be crazy about*
come se niente fosse	*as if nothing were going on*

A. Completate le seguenti frasi con una delle parole relative alla cucina.

1. Per preparare quella torta, ci vogliono cinque uova e della ~~farina~~
2. Ho messo l'acqua minerale nel ~~frigorifero~~ per tenerla fredda.
3. La pizza ortolana è fatta solo con verdure: ci sono ~~cipolla~~, ~~carciofo~~ e ~~peperone~~.
4. Ho messo il pollo nel ~~forno~~ dieci minuti fa.
5. Stasera non ho voglia di cucinare. Andiamo a prendere qualcosa in ~~forno~~ ~~rosticceria~~

B. Collegate le seguenti parole che si riferiscono al riciclaggio in modo logico.

vetro	rifiuti organici
plastica	bottiglia di vino
carta	cena
avanzi	bottiglia di acqua
buccia	giornale

Situazioni pratiche

Reagite con un compagno/una compagna alle seguenti situazioni.

1. Immaginate di essere fratelli e di aver deciso di preparare una cena per il compleanno di vostra madre. Discutete il menù e poi le varie fasi della preparazione.
2. Studente 1 è a cena da un amico/un'amica, Studente 2, che però non ricicla niente. S1 cerca di convincerlo/la che vale la pena riciclare la carta, gli avanzi, il vetro, ecc., mentre S2 continua a evitare l'argomento.

VOCABOLARIO TEMATICO

The following terms are useful for discussing environmental issues.

Sostantivi

l'anidride carbonica (*f.*) carbon dioxide
la benzina gasoline

il danno damage, harm
il decennio decade
l'effetto serra greenhouse effect
l'elettrodomestico appliance
l'emissione emmission

l'ingorgo traffic jam
l'intervento intervention, measure
l'ipotesi hypothesis
il pannello solare solar panel
la proposta proposal

il **riciclaggio** recycling
il **rifiuto, i rifiuti** trash, waste
le **risorse** (*pl.*) resources
il **risparmio** savings(s); conservation
lo **spreco** wastefulness

Verbi

coinvolgere to involve (people in an initiative, program, etc.)

consentire to allow
danneggiare to harm
realizzare to put into effect, bring about
riciclare to recycle
risparmiare to save

Aggettivi

complessivo total
dannoso harmful

emesso emitted
incisivo effective, to the point
sfruttato exploited, utilized

Altre parole ed espressioni

con efficacia effectively
essere in grado (di) to be able (in a position) to
in commercio on the market

A. Abbinate le parole a sinistra con le definizioni o i sinonimi adatti a destra.

1. _____ consentire
2. _____ coinvolgere
3. _____ decennio
4. _____ ipotesi
5. _____ con efficacia
6. _____ in commercio
7. _____ realizzare
8. _____ essere in grado di
9. _____ complessivo
10. _____ risparmiare
11. _____ dannoso

a. potere, avere la capacità
b. si vende al pubblico
c. in modo perfetto
d. chiedere la partecipazione
e. che reca (*produces*) un effetto negativo
f. fare, portare a termine
g. teoria non verificata
h. totale
i. permettere
j. conservare
k. dieci anni

B. Per ognuna delle seguenti cose, mettete la lettera P se ha un effetto positivo sull'ambiente e la lettera N se ha un effetto negativo. Poi spiegate le ragioni delle vostre scelte.

1. _____ l'emissione d'anidride carbonica
2. _____ il trasporto in camion (*truck*) e in macchina
3. _____ il riciclaggio
4. _____ gli elettro-domestici
5. _____ gli ingorghi
6. _____ i pannelli solari
7. _____ la benzina
8. _____ il trasporto in treno

C. Quali delle seguenti combinazioni di aggettivi e sostantivi non sono logiche?

1. risorse sfruttate 2. proposta emessa 3. intervento incisivo
4. risparmio efficiente 5. effetto serra in commercio 6. danno complessivo 7. rifiuti organici 8. spreco utile

• •

PRELETTURA

A "green" Italy: is it an actual possibility, a vague hypothesis, or a utopian dream? To safeguard the environment, it may be essential to view dream and reality as synonyms. This is the conclusion of the 1991 report "Ambiente Italia," issued by the Italian environmental organization *La Lega italiana per l'ambiente*. This chapter's reading, "Verde Italia," reviews some of the most important points of the report. It describes various private and public initiatives, from energy-saving uses of electrical appliances to a national urban-reforestation program, that could reverse the ecologically disastrous trends of this century and make Italy a show-case for a rationally balanced natural and human environment.

Entriamo nel contesto!

A. Con due o tre compagni/compagne, cercate di identificare le cause principali dei seguenti tipi di inquinamento. Ecco alcune parole utili per aiutarvi (ma non limitate il discorso a queste parole!).

> **Parole utili:** agricoltura, clacson (*horns*), fabbrica (*factory*), gas di scarico (*exhaust*), immondizie (*garbage*), macchinari (*machinery*), pesticidi, petrolio, pioggia acida, rifiuti non-biodegradabili, sostanze chimiche

TIPI D'INQUINAMENTO	CAUSE
1. l'inquinamento dell'acqua	_____
2. l'inquinamento dell'aria	_____
3. l'inquinamento della terra	_____
4. l'inquinamento acustico (*noise pollution*)	_____

E adesso parlate dei sacrifici che voi considerate necessari e che sareste (*you would be*) pronti a fare per ridurre l'inquinamento.

B. Quiz sull'ecologia. Le seguenti affermazioni sono vere o false? Parlatene in gruppi. Poi, confrontate i vostri risultati con quelli degli altri gruppi. Cercate la verifica delle vostre risposte nella lettura.

	V	F
1. L'energia elettrica non procura danni all'ambiente.	_____	_____
2. L'energia solare è quella meno dannosa per l'ambiente.	_____	_____
3. Molti alberi nei parchi sono belli e piacevoli da vedere, ma in realtà non assorbono l'anidride carbonica.	_____	_____
4. Gli elettrodomestici consumano molta energia elettrica.	_____	_____
5. In generale, non è tanto importante ridurre il consumo dell'energia quanto trovare fonti (*sources*) d'energia pulita e a basso costo.	_____	_____
6. Le lampade fluorescenti (*fluorescent light bulbs*) consumano più energia delle lampade a filamento (*standard light bulbs*).	_____	_____

Strategie per la lettura

Identifying hypothetical and factual statements. This article, from the weekly *Il venerdì*, presents alternatives for energy conservation and for conservation of the environment in Italy. Because the purpose of the article is to suggest ecological measures, the author's main points take the form of persuasive hypothetical statements based on scientifically verifiable data.

In the first paragraph of the section *Casa ecologica*, for example, the hypothetical statement is the final sentence of the paragraph. Its function is to present a thesis supported by the information in the paragraph. Specifically, the paragraph explains that fluorescent light bulbs consume less energy than traditional bulbs. It concludes with a statement on their potential for conserving the environment: *Se questi nuovi sistemi di illuminazione arrivassero ad avere una penetrazione del 50 per cento, questo, secondo dati Enel, nel 2005 porterebbe a un risparmio di cinque milioni di tonnellate di anidride carbonica all'anno.*

Skim the article first, reading only the boldface headings. These titles alone should give you a clear idea of the author's proposals for solving some of the severe environmental problems that face modern Italy. Then read more thoroughly, to identify the facts that the author uses to support his conclusions. This approach will not only clarify the content of the reading, but will also lead you to a more critical interpretation of the facts presented. Do the author's arguments sufficiently support his conclusions? Do you find his suggestions practical? What particular group(s) of readers is he attempting to influence?

LETTURA

ECOLOGIA   Lo stato di salute del nostro Paese nello studio della Lega per l'ambiente, prossimamente in libreria,[1] e le proposte di numerosi esperti per migliorarlo. Una mappa delle scelte da fare per uscire dal degrado e combattere lo spreco delle risorse. Anticipiamo[2] gli argomenti più interessanti.

Verde Italia

*A*l movimento ambientalista preme[3] dimostrare, concretamente, che è possibile risparmiare energia e migliorare il nostro modo di vivere senza rinunciare agli agi[4] a cui siamo abituati. La Lega per l'ambiente prova, in questa terza edizione di «Ambiente Italia,» ad avanzare[5] una serie di proposte concrete. Ne anticipiamo alcune.[6]

Casa ecologica. Cominciamo con l'energia elettrica, responsabile di circa un quarto delle emissioni italiane di anidride carbonica. Gianni Silvestrini, ricercatore del Consiglio nazionale delle ricerche ed esperto di risparmio energetico, analizza nel dettaglio le diverse possibilità di risparmio ormai alla portata[7] di milioni di utenti.[8] Esistono ormai sul mercato lampade fluorescenti che consentono un risparmio energetico che arriva fino al 75 per cento rispetto alle tradizionali lampade a filamento.[9] Se questi nuovi sistemi di illuminazione arrivassero ad avere una penetrazione del 50 per cento, questo, secondo dati Enel,[10] nel 2005 porterebbe a un risparmio di cinque milioni di tonnellate[11] di anidride carbonica all'anno.

Ma il discorso va oltre l'illuminazione e coinvolge gli elettrodomestici (frigoriferi, freezer, lavabiancheria, lavastoviglie)[12] e gli scaldabagni.[13] L'introduzione di apparecchiature[14] efficienti consentirebbe entro[15] il 2005 un risparmio di 29 miliardi di chilowattore e 19,5 milioni di tonnellate di anidride carbonica. Questo considerando solo l'uso di tecnologie che le industrie nazionali hanno già in commercio (come le lavabiancherie con jet system).

---

[1]prossimamente... *soon to be available in bookstores*   [2]*We will preview*   [3]Al... *The environmental movement considers it urgent*   [4]*comforts*   [5]*to put forth*
[6]Ne... *We will set out a couple of them in advance*   [7]ormai... *by now available to*   [8]*consumers*   [9]lampade... *standard light bulbs*   [10]*the Italian state-owned electrical company*   [11]*tons*   [12]lavabiancheria... *washing machines, dishwashers*   [13]*water heaters*   [14]*equipment*   [15]*by*

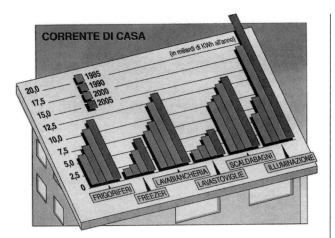

Il grafico illustra i consumi elettrici nelle abitazioni previsti dall'Enel fino al 2005.

Sognando California. Ci vorrebbe una mega-centrale[16] a pannelli solari estesa per 2.500 chilometri quadrati (poco meno dell'intero Comune di Milano) per garantire il fabbisogno[17] di energia elettrica del nostro paese.

È solo una provocazione, ma rende con efficacia le potenzialità, finora[18] non sfruttate, dell'energia solare in Italia. Più concretamente, l'ipotesi sostenuta[19] dalla Lega per l'ambiente prevede[20] l'installazione, entro il 2005, di circa tremila megawatt tra solare, termoelettrico e fotovoltaico,[21] per garan-

L'ALTRA ENERGIA
(sviluppo delle fonti rinnovabili in Italia entro il 2005)

Tecnologia	Potenza(MW)	Produzione (miliardi di KWh/anno)	Riduzione emissioni CO$_2$ (milioni di tonnellate)
IDROELETTRICO	2.000	10,0	6,8
VENTO EOLICO	4.000	7,6	5,3
BIOMASSA	1.000	6,7	4,7
SOLARE TERMOELETTRICO	1.400	3,9	1,6
FOTOVOLTAICO	1.500	2,3	1,6
TOTALE	9.900	30,5	20,0

La tabella illustra il contributo, entro il 2005, di alcune fonti rinnovabili alla produzione di energia elettrica e la conseguente riduzione di anidride carbonica.

tire una produzione di 6,2 miliardi di chilowattori all'anno e la conseguente riduzione di 3,2 milioni di tonnellate di anidride carbonica immessa[22] nell'atmosfera.

Foreste da rifare. Un ettaro[23] di parco pubblico, in città, potrebbe conservare nel legno[24] dei suoi alberi l'anidride carbonica emessa dalla combustione di 10 mila litri di benzina: circa 26 tonnellate. Se dalle città si passa alle campagne, sarebbe sufficiente riforestare il milione e mezzo di ettari di terreni agricoli abbandonati per garantirsi un serbatoio[25] naturale di circa 8,5 milioni di tonnellate all'anno di anidride carbonica. Ripiantare[26] alberi nelle foreste già esistenti ma povere[27] di piante, infine, potrebbe garantire il «recupero»[28] di altri 6,5 milioni di tonnellate di anidride carbonica.

Insomma, il patrimonio verde del nostro paese, con adeguati interventi, è in grado di ridurre in modo significativo il rischio[29] dell'effetto serra. Secondo gli esperti della Lega per l'ambiente potrebbe essere assorbito[30] in questo modo circa il 13 per cento della quantità di anidride carbonica prodotta ogni anno in Italia dal consumo di combustibili fossili.[31]

Obiettivo utopia. La parola «trasporto», in Italia, è sinonimo di automobile, e quindi di autostrade, inquinamento, traffico, ingorghi... Filippo Strati, studioso del problema, si è domandato se sia possibile diminuire i consumi energetici legati[32] al trasporto in Italia. E per rispondere a questa domanda ha costruito quattro scenari. Il primo, che chiameremo «scenario della realtà», ipotizza[33] che da oggi al 2005 la situazione evolva senza sostanziali modifiche[34] della politica da decenni seguita dai governi nazionali: in questa ipotesi l'auto e il trasporto su gomma[35] continuano a farla da padroni.[36] Il quarto, il più estremo, che si potrebbe definire «scenario dell'utopia», prevede una forte capacità di intervento da parte del governo: rilancio delle ferrovie,[37] del cabotaggio[38] e del trasporto collettivo urbano ed extraurbano; un pesante[39] intervento a favore della diminuzione dei consumi unitari dei principali mezzi di trasporto[40]; una incisiva poli-

---

[16]power station   [17]needs   [18]up to now, so far   [19]maintained, supported   [20]foresees   [21]termoelettrico... thermoelectric and photovoltaic   [22]introduced   [23]hectare (2.471 acres)   [24]wood   [25]reservoir   [26]Replanting   [27]sparse   [28]recovery   [29]risk   [30]absorbed   [31]combustibili... coal, fossil fuels   [32]tied, connected   [33]hypothesizes   [34]changes   [35]trasporto... truck and bus transport   [36]farla... dominate   [37]rilancio... return to rail transport   [38](local) coastal trade   [39]strong (lit., heavy)   [40]diminuzione... reducing consumption of single-unit vehicles as major modes of transportation

85 tica per cambiare le dinamiche economiche e sociali a favore del Sud; un consistente investimento
in infrastrutture informatiche[41] nelle aree urbane e
tra le diverse città.

Ebbene, se lo «scenario della realtà» dovesse rea-
90 lizzarsi nei prossimi quindici anni (da oggi al 2005)
i consumi energetici di questo settore aumenterebbero del 42 per cento. E solo se si dovesse realizzare
l'utopia di un intervento continuo, incisivo e illuminato[42] del governo si avrebbe una piccola diminuzione del consumo complessivo: da 33 a 32 mil-
95 ioni di tonnellate di petrolio. È un invito a diventare
tutti utopisti.[43]

—*Il Venerdì, 9 luglio 1991*

Il grafico illustra gli interventi necessari per ridurre l'anidride carbonica prodotta in Italia del 20 per cento entro il 2005, come previsto dalla Conferenza di Toronto del 1988.

---

[41]infrastrutture... *computer centers*   [42]*enlightened*   [43]*utopians (in favor of extreme conservation measures)*

Avete capito?

A. In base alla lettura, formate delle frasi usando un'espressione da ogni colonna.

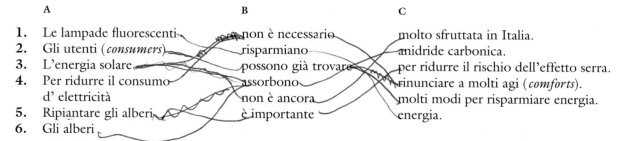

A	B	C
1. Le lampade fluorescenti	non è necessario	molto sfruttata in Italia.
2. Gli utenti (*consumers*)	risparmiano	anidride carbonica.
3. L'energia solare	possono già trovare	per ridurre il rischio dell'effetto serra.
4. Per ridurre il consumo d'elettricità	assorbono	rinunciare a molti agi (*comforts*).
	non è ancora	molti modi per risparmiare energia.
5. Ripiantare gli alberi	è importante	energia.
6. Gli alberi		

B. Qual è l'idea principale espressa nei seguenti paragrafi della lettura?

1. Casa ecologica

  a. Per ridurre il consumo d'elettricità, bisogna ridurre l'uso delle luci e degli elettrodomestici.
  b. L'elettricità danneggia l'ambiente più di quel che sembra.
  c. Si può ridurre il consumo di energia elettrica senza sacrificare nè luci nè elettrodomestici.

2. Sognando California

  a. L'Italia non ha ancora incominciato a sfruttare (*utilize*) le sue potenzialità di produrre energia con pannelli solari.
  b. L'Italia, rispetto alla California, ha una maggiore percentuale di energia prodotta da pannelli solari.
  c. Nemmeno una megacentrale grande come l'intero Comune di Milano potrebbe fornire all'Italia l'energia necessaria.

3. Foreste da rifare

  a. In Italia sarebbe possibile ridurre in modo significativo il rischio dell'effetto serra semplicemente ripiantando alberi nel terreno a disposizione (*available*).

   b. In Italia non esistono, né in città né in campagna, terreni da riforestare.
   c. Se l'Italia diminuisse (*were to reduce*) il consumo di combustibili fossili, non ci sarebbe bisogno di riforestazione per ridurre (*reduce*) il rischio dell'effetto serra.

4. **Obiettivo utopia**

   a. Se riusciremo a sostituire lo «scenario della realtà» con qualsiasi altro scenario, diminuiremo il consumo complessivo d'energia entro l'anno 2005.
   b. Purtroppo non c'è proprio speranza di ridurre il consumo di petrolio da oggi al 2005.
   c. Solo un forte (e per ora utopico) intervento del governo può portare alla diminuzione del consumo di energia.

E ora a voi!

A. Tanti problemi, tanti rimedi. È sempre possibile fare di più per conservare l'ambiente. Ecco delle situazioni e delle «buone abitudini» per salvaguardare l'ambiente. Suggeritene delle altre.

IN CASA

1. riciclare le bottiglie di vetro o di plastica
2. _____
3. _____

IN VACANZA

1. gettare (*to throw*) i rifiuti nei cestini
2. _____
3. _____

AL LAVORO

1. spegnere la luce quando non c'è nessuno
2. _____
3. _____

NEI PARCHI NAZIONALI

1. usare detersivi biodegradabili
2. _____
3. _____

B. Voi siete convinti che il danno che gli individui recano (*cause*) all'ambiente è soprattutto dovuto all'ignoranza. In gruppi di tre o quattro studenti, preparate un elenco di sette o otto cose da fare per salvaguardare l'ambiente, che potreste (*you could*) distribuire ai residenti del vostro quartiere o agli studenti della vostra università. Confrontate il vostro elenco con quello degli altri gruppi.

STRUTTURE

1. Pronomi diretti

SINGOLARE	PLURALE
mi	ci
ti	vi
lo, la, La	li, le, Li, Le

1. Direct-object pronouns (**i pronomi diretti**) replace direct objects: *Let's invite Bob; Let's invite **him**.* In Italian, direct-object pronouns usually precede the verb. However, they attach to the adverb **ecco,** to infinitives (which drop their final -**e**), and to most imperatives (Chapter 11).

Puliscono **le strade** ogni mattina; **le** puliscono.	*They clean the streets every morning; they clean them.*
Riccardo e Paolo? Eccoli, in ritardo come sempre!	*Riccardo and Paolo? Here they are, late as usual!*
La macchina? Abbiamo bisogno di ripararla.	*The car? We need to repair it.*
Quel povero cane! Portalo fuori!	*That poor dog! Take it outside!*

2. When **dovere, potere, volere,** or **sapere** precede an infinitive, a direct-object pronoun can either precede the conjugated verb or attach to the infinitive.

Dobbiamo riciclare **la carta.**	*We have to recycle paper.*
La dobbiamo riciclare; dobbiamo riciclar**la.**	*We have to recycle it.*

3. **La** and **lo** elide before the various forms of **avere** and before verbs beginning with a vowel. **Mi, ti, ci,** and **vi** elide less frequently, and the plural forms **li, le, Li,** and **Le** never elide.

Mauro? **l'**hanno visto (**lo** hanno visto) alla manifestazione.	*Mauro? They saw him at the demonstration.*
Ti aspettano (**T'**aspettano) al parco.	*They're waiting for you in the park.*
Quelle signore? **Le** ammiriamo molto.	*Those ladies? We admire them a great deal.*

4. When **lo, la, li,** and **le** precede forms of **avere** in compound tenses, the past participle agrees with these pronouns in gender and number. Agreement with other direct-object pronouns is optional.

Claudia? non **l'**ho vista al parco.	*Claudia? I didn't see her in the park.*
Pierluigi e Dario? **li** ho visti ieri.	*Pierluigi and Dario? I saw them yesterday.*
Come mai non **ci** hanno chiamato (chiamati)?	*How come they didn't call us?*

5. When used with **credere, dire, essere, pensare, sapere, sperare,** and similar verbs, **lo** can function as an invariable pronoun equivalent to *it* in English. It is also used this way with **essere** in sentences whose subject is implied rather than stated.

I Verdi hanno ragione; **lo** credo davvero.	*The Greens (Environmental Party activists) are right; I really think so.*
Stefano è diventato vegetariano? Chi **l'**avrebbe pensato?	*Stefano has become a vegetarian? Who would have thought it?*
Sai dove ha luogo la riunione della Lega per l'ambiente? —Mi dispiace, non **lo** so.	*Do you know where the meeting of the Environmental League is taking place? —I'm sorry, I don't know.*
Tua madre è deputata? —Sì, **lo** è.	*Your mother is a parliamentary representative? —Yes, she is.*

6. The following Italian verbs take a direct object, in contrast to their English counterparts: **ascoltare, aspettare, cercare, chiedere** (in the sense of *to ask for*), **guardare, pagare.**

Cercano Laura; **la** cercano.	*They're looking for Laura; they're looking for her.*
Abbiamo guardato le foto; **le** abbiamo guarda**te**.	*We looked at the photos; we looked at them.*
Quanto hai pagato quegli scarponi? Quanto **li** hai paga**ti**?	*How much did you pay for those hiking boots? How much did you pay for them?*

7. The pronoun **la** is used, alone and with other pronouns, in certain idiomatic expressions. You will learn more about how to use expressions with double object pronouns in Chapter 7; two common idioms using **la** alone are **saperla lunga** (*to know a thing or two*) and **smetterla** (*to quit, cut it out*).

Giulio è furbo; **la** sa lunga davvero!	*Giulio is shrewd; he knows a thing or two!*
Senti, **la** vuoi smettere? Sono stufa delle tue chiacchiere!	*Listen, will you cut it out? I'm fed up with your blabbing.*

Un po' di pratica

A. Abitudini ambientali. Alternandovi con un compagno/una compagna, fate della domande e rispondete secondo l'esempio. Usate i pronomi diretti nelle vostre risposte.

> ESEMPIO: gli studenti universitari / leggere / riviste di ecologia →
> —Gli studenti universitari leggono riviste di ecologia?
> —Sì, le leggono. (No, non le leggono.)

1. molti italiani / appoggiare / il movimento ambientalista
2. gli ecologi / studiare / nuovi modi di risparmiare l'energia
3. secondo lui/lei, gli americani / essere / disposti (*willing*) a fare sacrifici per proteggere l'ambiente
4. secondo lui/lei, l'industria / dovere / sfruttare di più (*take greater advantage of*) le potenzialità dell'energia solare
5. il governo italiano / potere / migliorare la situazione dei trasporti
6. gli americani / usare / abbastanza i mezzi pubblici di trasporto

B. Quattro chiacchiere. Completate gli scambi con i pronomi diretti adatti.

1. —Dove sono andati Giorgio e Nino? Non _____ vedo da tanto tempo.
   —Non _____ so, ma _____ puoi chiedere a Stefania, la loro vicina (*neighbor*).
2. —Silvia, che piacere riveder_____! Dimmi, quando _____ ho visto l'ultima volta?
   —Vediamo... sarà stato da Giacomo, un paio d'anni fa. E tu? Come _____ trovo bene!
   —Grazie. _____ devo a mia moglie. Lei _____ sgrida (*scolds*) tutte le volte che lavoro troppo.

3. —Ragazzi, domani arrivano i nonni. Se non pulite le vostre camere,
   _____ sgrido!

   —Va bene, mamma, non hai bisogno di sgridar_____; _____ puliamo subito!

4. —Mauro, ti ricordi di Gianni, quel ragazzo tanto gentile? È
   scappato (*eloped*) con la figlia dei Costa. Chi _____ avrebbe
   mai detto?

   —Eh, _____ ho sempre detto—sembra ingenuo (*naive*)
   Gianni, ma è uno che _____ sa lunga! Non _____ sapevi
   che i Costa sono ricchissimi?

5. —Paolo, smetti_____! Mi dai sui nervi. (*You're getting
   on my nerves.*)

   —Scusami, Teresa; ma avresti potuto dir_____ prima.

6. —Ma quando arriverà tua sorella? _____ aspettiamo già da
   mezz'ora...

   —Ah, ecco_____! Sta arrivando con l'amico.

7. —Donata, queste vecchie riviste, _____ metto nel tuo studio?

   —Grazie, caro, non ne ho bisogno. Puoi buttar_____ via (*throw away*).
   No, meglio, puoi riciclar_____!

C. Una settimana nella «Serenissima». Siete appena tornati da un bellissimo
viaggio a Venezia. Alternandovi con un compagno/una compagna, fate le
domande e rispondete secondo l'esempio.

ESEMPIO: visitare / la scuola di San Rocco →
            —Hai visitato la scuola di San Rocco?
            —Sì, **l'ho visitata.** (No, non **l'ho visitata.**)

1. vedere / Piazza San Marco
2. ammirare / i palazzi rinascimentali (*agg., Renaissance*)
3. pagare molto / la camera d'albergo
4. cercare / quel negozio di cui ha parlato Stefania
5. vedere / le gondole
6. ascoltare / la musica del campanile (*belltower*)

2. Pronomi indiretti

SINGOLARE	PLURALE
mi	ci
ti	vi
gli, le, Le	gli (loro), Loro

1. Indirect-object pronouns replace indirect objects.

   *I gave the book **to Mom**; I gave **her** the book.*
   *I bought some flowers **for Phil**; I bought **him** some flowers.*

In Italian, they usually precede the verb. The only exception is **loro (Loro)**, which always follows the verb.* Indirect-object pronouns attach to infinitives (which drop their final **-e**) and to most imperatives (Chapter 11).

Scrivo **agli amici** subito.	*I'll write to [our] friends immediately.*
Gli scrivo subito. (Scrivo **loro** subito.)	*I'll write to them immediately.*
Avevo intenzione di mandar**vi** un manifesto.	*I intended to send you a poster.*
Questo povero bambino ha fame. Compra**gli** un panino!	*This poor child is hungry. Buy him a sandwich!*

2. When **dovere, potere, volere,** and **sapere** precede an infinitive, an indirect-object pronoun can either precede the conjugated verb or attach to the infinitive.

Voglio dare un volantino **a** Gina.	*I want to give Gina a flyer.*
Le voglio dare un volantino. ⎱	*I want to give her a flyer.*
Voglio dar**le** un volantino. ⎰	

3. In compound tenses, past participles *never* agree with indirect-object pronouns.

Maria? L'ho vist**a** ma non **le** ho detto niente.	*Maria? I saw her, but I didn't say anything to her.*
Andrea e Bruno? **Li** ho chiamat**i** e **gli** ho chiesto i soldi.	*Andrea and Bruno? I called them and asked them for the money.*

4. The following Italian verbs take an indirect object, in contrast to their English counterparts.

chiedere	Ho chiesto **a** Laura come stava; **le** ho chiesto come stava.
consigliare (*to advise*)	Abbiamo consigliato **a** Mario di votare; **gli** abbiamo consigliato di votare.
credere	Non credo **a** quell'uomo; non **gli** credo.
dare fastidio (*to bother*)	Gli insetti danno fastidio **a** Piero; **gli** danno fastidio.
domandare	Se vuoi sapere perché siamo in ritardo, devi domandarlo **a** Franca; devi domandar**le** perché.
fare bene / male (*to be good / bad [for someone]*)	L'aria fresca fa bene **ai** bambini; lo smog **gli** fa male.
fare paura (*to scare*)	*Psycho* ha fatto molta paura **a** Silvia; **le** ha fatto molta paura!
rispondere	Voglio rispondere **alla** professoressa; **le** voglio rispondere subito.

---

*In everyday Italian, **gli** frequently replaces **loro.**

Ho dato **loro** una copia dell'articolo. (**Gli** ho dato una copia dell'articolo.)

somigliare (*to resemble*)	Somiglio **alla** mia nonna; **le** somiglio molto.
telefonare	Vogliamo telefonare subito **ad** Anna. Vogliamo telefonar**le**!
voler bene (*to love; to be very fond of*)	Voglio proprio bene **ai** miei fratelli; **gli** voglio bene.

Un po' di practica

A. Abitudini ambientali. Alternandovi con un compagno/una compagna, fate delle domande e rispondete secondo l'esempio.

> ESEMPIO: il governo / fare / delle concessioni agli ambientalisti →
> —Il governo fa delle concessioni agli ambientalisti?
> —Sì, gli fa delle concessioni. (No, non gli fa concessioni.)

1. gli ambientalisti / chiedere / ai consumatori di risparmiare energia
2. il riciclaggio gli (le) / sembrare / utile (se sì, perché?)
3. i professori d'oggi / insegnare / agli studenti a rispettare la natura
4. il Partito Verde / avere / bisogno di comunicare a noi tutti l'importanza dell'«effetto serra»
5. i suoi genitori (compagni/e di casa) / dire / agli ospiti (*guests*) di non fumare a casa loro (se sì, perché?)

B. Una discussione (*argument*). Gilda e Adriano, due compagni di casa, stanno litigando (*are quarreling*). Completate il dialogo con i pronomi indiretti adatti.

GILDA: Adriano? Ci sei? Senti, voglio parlar_____[1] di una cosa.

ADRIANO: Che c'è? _____[2] ho già dato i soldi per l'affitto... E se tu e Manuela avete bisogno della macchina, _____[3] ho lasciato le chiavi in cucina.

GILDA: Non è questo. Ti ricordi, la settimana scorsa, _____[4] avevo chiesto di pulire il bagno...

ADRIANO: Non è vero! Non _____[5] hai detto niente.

GILDA: Hai ragione. Non _____[6] ho *detto* niente, ma _____[7] ho lasciato un biglietto.

ADRIANO: Cosa _____[8] dici! Non ho trovato nessun biglietto.

GILDA: Va bene, forse è andato smarrito (*it was lost*), ma ora _____[9] chiedo di nuovo di pulire il bagno!

ADRIANO: Ma perché non lo dici a Paolo?

GILDA: Lo sai benissimo che non _____[10] tocca (**toccare a qualcuno**: *to be someone's turn*) questa settimana—tocca a te!

ADRIANO: Ma non vedi come sono impegnato? La professoressa Brunetti _____[11] ha dato tanti compiti questa settimana. Oggi pomeriggio _____[12] devo consegnare gli appunti di laboratorio (*lab notes*), domani una relazione (*report*) di tre pagine...

GILDA: So che hai tanto da fare. Ma non _____[13] puoi fare questo favore? I miei genitori arrivano domani sera, e voglio che trovino la casa in ordine.

ADRIANO: Va bene, va bene. Stasera non posso, ma lo farò senz'altro domani
pomeriggio. E scusami se _____[14] ho risposto male.

GILDA: Non ti preoccupare, Adriano. E grazie! _____[15] fai un vero piacere.

C. Già fatto! Con un compagno/una compagna, fate le domande e rispondete
secondo l'esempio.

ESEMPIO: portare un regalo a Marta →
—Perché non porti un regalo a Marta?
—Non le voglio portare un regalo (non voglio portarle un regalo);
le ho già portato un regalo!

1. scrivere una cartolina allo zio Roberto   **2.** chiedere centomila lire a papà
3. farmi un favore   **4.** dire due parole a Silvana   **5.** spiegare il problema ai
professori   **6.** pagare la cena al cugino Rocco   **7.** darmi un consiglio (*piece
of advice*)   **8.** spedire un pacco a Gigi e a Laura

D. Quattro chiacchiere. Completate gli scambi con i pronomi diretti e indiretti
adatti.

1. —Ho sentito che tu e Beppe avete litigato. Cosa _____ hai detto al ricevimento ieri sera?
   —Niente. Quando _____ vedo non _____ saluto più e non _____ parlo.
2. —Allora tua moglie è andata in quel panificio! Come _____ sembra? Ha
   provato le rosette (*soft rolls*) che _____ avevo consigliato?
   —No, purtroppo, _____ ha cercate, ma non ce n'erano più.
3. —Beppe, vedo che tu e Teresa vi vedete di nuovo (*again*). Cos'hai fatto?
   _____ hai comprato dei fiori? _____ hai portata a ballare?
   —No, non ancora, ma l'ultima volta che _____ ho vista _____ ho
   domandato scusa.
4. —Come sta, Signora Pirelli? Quella gita (*short trip*) in campagna _____ ha
   fatto bene?
   —Sì, molto, e anche a mio marito. Ha detto che _____ piacerebbe tornare
   il mese prossimo.
5. —Ciao, Franco! Il tuo bambino è proprio contento—e anche tu! Si vede
   che _____ vuoi un mondo di (molto) bene.
   —Sì, ma specialmente mia madre, perché lui _____ somiglia proprio in
   tutto!

3. *Piacere* e verbi impersonali

	SINGOLARE	PLURALE
presente	piace	piac**ciono**
passato prossimo	è piaciut**o/a**	**sono** piaciut**i/e**
imperfetto	piac**eva**	piac**evano**

1. The verb **piacere** is used with an indirect-object pronoun to convey the idea of *liking* or *enjoying*. Unlike in English, the subject of the sentence is the person or thing liked; the person who likes it is the indirect object.* Observe how English and Italian syntax differ.

Le piace **la campagna.**   *She likes the country.*

indirect object   subject of *piace*   subject of *likes*   direct object

Le piacciono **i piccoli paesi.**   *She likes small towns.*

indirect object   subject of *piacciono*   subject of *likes*   direct object

2. In compound tenses, **piacere** is conjugated with **essere** and agrees in gender and number with its subject.

> **Gli** è piaciut**o** il viaggio.   *He liked the trip.*
> **Gli sono** piaciut**i** i parchi nazionali.   *He liked the national parks.*

— Che peccato! Cominciava a piacermi, il film...

3. Indirect-object pronouns can be replaced by **a** + *noun or disjunctive pronoun* (Chapter 8).

> **A Laura** non piacciono le manifestazioni; non **le** piacciono.   *Laura doesn't like demonstrations; she doesn't like them.*
> **Ai miei amici** è piaciuta la conferenza; **gli** è piaciuta (è piaciuta **loro**).   *My friends liked the lecture; they liked it.*
> Lo sport piace **a me**, non **a lui**.   *I like sports; he doesn't.*

4. **Piacere** is always singular when its subject is an infinitive, even if the infinitive has a plural direct object.

> A Bob piaceva **dipingere**.   *Bob liked to paint.*
> Gli piaceva particolarmente **dipingere paesaggi**.   *He particularly liked to paint landscapes.*

5. The opposite of **piacere** is **non piacere**. **Dispiacere**, which occurs only in the third-person singular, is used with indirect-object pronouns to mean *to be sorry, to mind*.

> Ti **piacciono** le grandi città?   *Do you like big cities?*
> —No, **non** mi **piacciono** affatto!   —*No, I don't like them at all!*
> **Mi dispiace** disturbarLa, dottore.   *I'm sorry to disturb you, doctor.*
> Può darmi una penna, se non **Le dispiace**?   *Could [lit., can] you gave me a pen, if you don't mind?*

---

*When used with reference to people, **piacere** has a somewhat more restrictive meaning than in English, usually denoting physical attraction. The expression *essere simpatici a qualcuno* is typically used to convey the idea of liking someone.

> Claudia è tanto brava; **mi è molto simpatica** (*I really like her*).

The complete conjugation of **piacere** appears in Appendix I.

6. Several other impersonal verbs are used like **piacere.** They include **bastare** (*to be enough*), **mancare** (*to be lacking, to be missed*), **restare** (*to be left* [*over*]), and **servire** (*to be needed or useful*).

Le sono bastati cinque dollari; le restano cinque dollari.	*Five dollars were enough for her; she has five dollars left.*
Cara, **mi manchi** tanto!	*I really miss you, dear!*
Vi sono serviti gli articoli?	*Were the articles useful to you?* [*Were you able to use the articles?*]

Un po' di pratica

A. I gusti son gusti. Dite se vi piacciono o no le seguenti cose e perché. Fate le domande e rispondete secondo l'esempio.

ESEMPIO: —le canzoni di Barry Manilow —
            —Ti piacciono le canzoni di Barry Manilow?
            —Sì, mi piacciono (perché sono tanto romantiche)! (Non mi piacciono; anzi, le trovo stupide!)

1. l'opera
2. i libri di fantascienza
3. le acciughe (*anchovies*)
4. alzarsi presto la mattina
5. preparare da mangiare
6. i genitori del tuo migliore amico (della tua migliore amica)
7. la politica
8. leggere *The National Enquirer*

B. Caratteri contrastanti. Paola e Paolo sono gemelli. Paola è una ragazza molto allegra, estroversa e sicura di sè. Paolo è un ragazzo un po' malinconico, introverso e timido. L'estate scorsa sono andati a Roma. Con la classe divisa in piccoli gruppi, dite se gli sono piaciute o no le seguenti cose.

ESEMPIO: le discoteche →
            —Le discoteche sono piaciute a Paola?
            —Sì, le sono piaciute.
            —Sono piaciute a Paolo?
            —No, non gli sono piaciute.

1. ballare con tante persone diverse
2. la biblioteca Vaticana
3. la folla (*crowds*) e la confusione
4. quelle ragazze (le ragazze dell'ostello che ridevano e scherzavano)
5. restare fuori fino a tardi
6. le catacombe

C. Gusti di tempi passati. Completate le frasi con la forma adatta di **piacere** o **non piacere** all'imperfetto.

ESEMPIO: Quando faceva l'università, Claudia era ambientalista e progressista. (la politica di Bill Clinton) →
            Non le piaceva la politica di Bill Clinton.

1. Da ragazze Piera ed io eravamo vegetariane. (le verdure fresche)
2. Tu invece eri un vero carnivoro. (mangiare da McDonald's ogni giorno)

3. Io da giovane amavo i grandi spazi e la tranquillità (Tokio)
4. Fino a poco tempo fa, voi eravate dei grandi fifoni (*cowards*). (i film come *Aliens* e *Jurassic Park*)
5. La nonna adorava lo swing. (i dischi di Glenn Miller)
6. Prima di scoprire la vela (*sailing*), Riccardo e Cinzia amavano sciare. (vivere nel Vermont)

D. Quattro chiacchiere. Completate gli scambi con la forma adatta di **bastare, dispiacere, mancare, restare** o **servire.**

— No, non mi dispiace vedere la tele-visione a letto, ma il televisore è sul mio piede...

1. —Giulia, ti _____ i soldi che ti ho dato?
   —Ma dai, mamma! Non solo mi _____, ma mi _____ più di cento dollari!
2. —«Cari genitori, mi _____ tanto. Mi _____ non telefonarvi più spesso, ma mi _____ i soldi per il telefono. Penso sempre a voi, anche al cinema o in discoteca con gli amici. Vi mando un caro abbraccio. Vostro figlio, Pasqualino».
   —«Caro Pasqualino, anche tu ci _____. Ci _____, ma non possiamo mandarti più soldi questo mese. Ecco però dei francobolli. Ti possono _____ per scriverci. Tanti baci. I tuoi genitori».
3. —Ragazzi, vi _____ la tenda che vi abbiamo prestato?
   —Ci _____, e come! L'abbiamo usata per una settimana intera a Yosemite.
4. —Scusi, signora, Le _____ spostare (*move*) la Sua valigia?
   —Non mi _____ affatto! Prego, si accomodi!
5. —Franca, è la prima volta che fai un viaggio da sola, vero? Ti _____ molto i tuoi figli?
   —Vuoi sapere quanto mi _____? Ti dico esattamente quanti giorni mi _____ prima di tornare—diciassette!

4. Passato prossimo e imperfetto (riassunto)

The **passato prossimo** and the **imperfetto** are both past tenses, but they are not interchangeable. This section summarizes the distinctions between the **passato prossimo** and the **imperfetto.** You can improve your command of these tenses by paying close attention to how they are used in class, in Italian texts and broadcasts, and in conversations with Italian acquaintances.

1. The **imperfetto** indicates an action that happened repeatedly or for an undefined period in the past. The **passato prossimo** indicates an action that was *completed* in the past—often at a precisely specified time.

Da piccolo **ero** spesso malato.	*As a child I was often sick.*
Sono stato malato due mesi fa.	*I was sick two months ago.*
Le **telefonavo** spesso per chiacchierare.	*I used to phone her often to chat.*
La settimana scorsa, però, non le **ho telefonato.**	*Last week, though, I didn't phone her.*

2. The **imperfetto** describes ongoing actions, or two or more conditions that existed simultaneously.

Io **lavoravo** al computer mentre gli altri **preparavano** i manifesti.	*I worked at the computer while the others prepared the posters.*
Faceva caldo e c'**era** molta gente.	*It was hot and there were a lot of people.*

3. The **imperfetto** describes actions or conditions that were in progress when another action was completed or another condition changed. The **passato prossimo** is used to convey the completed action or changed condition. The clause containing the **imperfetto** is often introduced by **mentre, poiché** (*since, because*), **siccome** (*since*), or **quando.**

Gli amici **sono passati mentre** io **lavoravo** in giardino.	*My friends came by while I was working in the garden.*
Poiché il tempo **era** bruttissimo, Luca **ha preso** un brutto raffreddore.	*Since the weather was awful, Luca caught a bad cold.*
Siccome non **sapevamo** che fosse arrivata, **siamo rimasti** molto sorpresi di vedere Paola.*	*Since we didn't know she had arrived, we were very surprised to see Paola.*

4. The **passato prossimo** is used to describe a series of completed actions.

Ho telefonato agli amici, **mi sono preparata** da mangiare, **ho preso** la bici... e via, al parco!	*I phoned my friends, fixed myself something to eat, took my bike . . . and off to the park!*

—Sapete, **ho vendicato** il padre, **ho vinto,** Isoarre **è caduto,** io...—ma raccontava confuso, troppo in fretta, perché il punto a cui voleva arrivare ormai era un altro. —...e mi battevo contro due, ed **è venuto** un cavaliere a soccorrermi, e poi **ho scoperto** che non era un soldato, era una donna, bellissima... (Italo Calvino, *Il cavaliere inesistente*)

"You know, I avenged my father, I won, Isoarre (the enemy knight) fell, I . . ." but he told the story confusedly, in too much of a hurry, because by then the point he wanted to make was a different one. ". . . and I was fighting against two, and a knight came to help me, and then I discovered that it wasn't a soldier, it was a lady, so beautiful . . ." (Italo Calvino, The Nonexistent Knight)

Special meanings of the *passato prossimo* and *imperfetto*

1. **Conoscere** and **sapere** have different meanings in the **passato prossimo** and the **imperfetto.**

Ho conosciuto molto attivisti alla manifestazione.	*I met many activists at the demonstration.*

---

*The verb **rimanere** is used frequently in the **passato prossimo** to indicate a change in emotional or mental condition.

È rimasto stupito quando gli hanno dato il premio.	*He was amazed when they gave him the prize.*
Sono rimasti soddisfatti del tuo lavoro?	*Were they satisfied with your work?*

Quando abitavo a Cambridge, **conoscevo** molti attivisti.	*When I lived in Cambridge, I knew many activists.*
Ho saputo cosa era successo a Giorgio.	*I found out what had happened to Giorgio.*
Prima, però, non lo **sapevo.**	*Before, though, I didn't know [it].*

2. **Dovere, potere,** and **volere** in the **passato prossimo** signify a completed, definitive act. In the **imperfetto,** they simply describe a physical or mental condition in the past. Compare the following examples.

Ieri **ho dovuto** studiare.	*Yesterday I had to study [and I did].*
Ieri **dovevo** studiare (ma sono andata al mare).	*Yesterday I had to [was supposed to] study [but I went to the beach].*
Abbiamo potuto raccogliere tutti i rifiuti nel parco.	*We were able to collect all the trash in the park.*
Potevamo raccogliere i rifiuti nel parco (ma abbiamo deciso invece di distribuire i volantini).	*We could have collected the trash in the park [but we decided to pass out flyers instead].*
Ha voluto raccontarmi tutto.	*He insisted on telling me everything.*
Voleva raccontarmi tutto (ma è arrivato Paolo).	*He wanted to tell me everything [but Paolo arrived].*

Un po' di pratica

A. Il «Treno Verde» per l'ambiente. La Lega italiana per l'ambiente ha organizzato un «Treno Verde» che si ferma in molte città italiane. Parlatene, mettendo i verbi all'imperfetto o al passato prossimo secondo il contesto.

1. Il treno parte da Torino.
2. Finisce il viaggio a Roma.
3. Si ferma ogni cinque giorni in città diverse.
4. L'équipe (*team*) che viaggia sul treno vuole misurare giornalmente l'inquinamento dell'aria e il rumore di diciotto città italiane.
5. Il «Treno Verde» raccoglie regolarmente utili informazioni ecologiche.
6. Tanti cittadini vengono a vedere il «Treno Verde».
7. Gli ambientalisti sperano di ottenere un risultato concreto.
8. Ottengono quello che si augurano (*hope for*)? Si vedrà...

B. Un incontro tra amici. Completate il dialogo, mettendo i verbi all'imperfetto o al passato prossimo.

CLAUDIO: Mirella, come va? (Tu) _____¹ (potere) andare alla fiera (*exposition*) ieri? Io c'_____² (essere), ma non ti _____³ (vedere).

MIRELLA: No, purtroppo, ci _____4 (volere) andare, ma all'ultimo momento _____5 (dovere) lavorare. Dimmi un po', _____6 (imparare) qualcosa di utile?

CLAUDIO: Certo. C' _____7 (essere) tante bancarelle (*booths*) con delle informazioni sul riciclaggio, sull'energia solare, sull'effetto serra, proprio su tutto. _____8 (prendere) molti volantini, e _____9 (comprare) un paio di libri. Te li posso prestare se vuoi.

MIRELLA: Grazie! Sei molto gentile. (Tu) _____10 (andare) da solo?

CLAUDIO: No, _____11 (andare) con Vittoria, quella ragazza che _____12 (conoscere) nella sede (*headquarters*) dei Verdi.

MIRELLA: Ah sì? Non lo _____13 (sapere) che (voi) _____14 (essere) già tanto amici...

CLAUDIO: Ma dai, non scherzare! Ah, _____15 (volere) anche dirti la cosa più interessante— _____16 (sapere) che Lucia de Martis ha intenzione di presentarsi come candidata al Parlamento Europeo.

MIRELLA: Brava! Ma com' _____17 (cambiare) (lei)! Io la _____18 (conoscere) quando (noi) _____19 (fare) il liceo. Non soltanto _____20 (essere) timida, ma non _____21 (aprire) mai un giornale, non _____22 (avere) mai un'idea originale. E va bene, la gente può cambiare, e in meglio (*for the better*) a quanto pare!

CLAUDIO: Certamente! Ti saluto adesso—devo scappare. Ciao!

5. Altre preposizioni

The most frequently used prepositions were presented in Chapter 4. Here are some other prepositions and prepositional phrases that occur frequently in both written and spoken Italian.

1. Prepositions

contro (*against*)	eccetto (tranne, salvo)	senza (*without*)
dentro (*inside*)	(*except*)	sopra (*above*)
dietro (*behind*)	lungo (*along*)	sotto (*below*)
dopo (*after*)	presso (*in care of; in the*	verso (*toward*)
durante (*during*)	*house/office of; near*)	

Dietro la casa c'è un giardino.　　*There's a garden behind the house.*
Lungo il fiume ci sono tante panchine.　　*There are many benches along the river.*

2. Prepositional phrases

accanto a (*beside*)	fuori di (*outside of*)	oltre a (*in addition to, other than, beyond*)
davanti a (*in front of*)	insieme a (*along with*)	
di fronte a (*opposite, in front of*)	intorno a (*around*)	prima di (*before*)
	invece di (*instead of*)	vicino a (*near*)
fino a (*until, as far as*)	lontano da (*far from*)	

Abitiamo piuttosto **lontano dall'**aeroporto.	*We live pretty far [away] from the airport.*
Oltre a questo, non ha detto nulla.	*Other than this, he said nothing.*

Attenzione! Many prepositions can also be used as adverbs.

Il cane è **fuori?** —No, è già venuto **dentro.**	*Is the dog outside? —No, he's already come inside.*
Da' un'occhiata **intorno!**	*Take a look around!*
Dove sono i ragazzi? —Sono **sopra.**	*Where are the kids? —They're upstairs.*

Un po' di pratica

A. Il giochetto dei contrari. Sostituite le espressioni indicate con le espressioni contrarie.

ESEMPIO: La gelateria è **davanti al** cinema.→
— La gelateria è **dietro il** cinema.

1. La gelateria è **vicino a** casa mia.
2. Sono entrata nel cinema **dopo** gli amici.
3. **Fuori dal** cinema vendono bibite e panini.
4. Sono uscita **senza** gli amici.
5. Abbiamo parcheggiato la macchina **dietro** la banca.
6. Il parcheggio è molto **lontano dal** cinema.
7. Sono arrivata a casa **prima degli** altri.
8. Preferisco andare al cinema **insieme ai** miei fratellini.

B. Piccola descrizione. Descrivete un ambiente che conoscete bene (l'università, il vostro quartiere, la vostra camera) usando le preposizioni seguenti.

Preposizioni: accanto a, davanti a, dentro, dietro, di fronte a, fuori da, intorno a, lontano da, lungo, sopra, sotto, vicino a

ESEMPIO: **Intorno alla** casa dei miei genitori ci sono tante altre casette. **Davanti a** casa loro c'è un parcheggio coperto; **accanto al** parcheggio c'è una piccola baracca (*shed*). **Dentro** la baracca tengono la roba (*things, implements*) per il giardino...

● ●

L'ITALIA DAL VIVO

Napoli senza macchine

Prima visione. Guardate attentamente il video la prima volta senza audio. Poi cercate di rispondere alle seguenti domande.

1. Quale è l'argomento del video?
2. Dove si svolge il filmato, in un paese o in una città?
3. Si vedono molte macchine nel filmato?
4. Come sono le persone che si vedono passare?
5. Ci sono anche degli animali? Quali?
6. Chi dirige il traffico?
7. Com'è l'atmosfera in generale?

Seconda visione. Leggete il **Vocabolario utile** e guardate il video ancora due volte. La prima volta guardate e raccogliete delle informazioni generali. La seconda volta leggete gli esercizi che seguono e cercate delle informazioni specifiche che vi servono per completarli.

VOCABOLARIO UTILE

il camion	*truck*
la cavalcata	*procession on horseback*
il ciclomotore	*motorcycle*
l'ingorgo	*traffic jam*
la marionetta	*puppet, marionette*
i pattini a rotelle	*roller skates*
il pedone	*pedestrian*
il tramonto	*sundown*

Comprensione

A. Leggete il **Vocabolario utile** e scrivete tutte le parole che si possono associare con le seguenti espressioni.

Rumore: _____

Inquinamento dell'aria: _____

Traffico: _____

B. Piccola intervista. Chiedete a un compagno cosa farebbe se fosse vietato usare la macchina o motocicletta nella sua città per un periodo di sette ore.

1. In quale giorno della settimana avresti più problemi se dovessi girare senza poter usare la macchina o il ciclomotore?

   lun_____   mar_____   merc_____   giov_____   sab_____   dom_____

2. Quale sarebbe il problema più grave per te?
   a. arrivare all'università
   b. andare al lavoro
   c. andare a trovare gli amici o la famiglia
   d. fare spese
   e. altro (spiega)

3. Quale mezzo di trasporto alternativo sceglieresti se fosse vietato l'uso della macchina o del ciclomotore?
    a. l'autobus   d. piedi
    b. la metropolitana   e. altro (spiega)
    c. la bicicletta

Variazione

1. Con il volume abbassato, osservate attentamente il filmato e mettete un numero accanto a ogni parola o espressione per indicare l'ordine corretto delle immagini che vedete.

_____marionette   _____pattini a rotelle   _____castello
_____cavalli   _____autobus   _____ciclomotori
_____macchine   _____pedoni

2. Guardate il filmato un'altra volta. Leggete il seguente paragrafo basato sul video, e cancellate tutte le parole ed espressioni sbagliate. Poi inserite le informazioni corrette. Noi abbiamo corretto la prima parola, seguite l'esempio.

Una domenica

~~Un vener~~dì hanno sospeso tutto il traffico delle macchine e dei tram a Torino di

Torino. Dopo mezzogiorno le antiche vie del centro sono libere da ingorghi, e le

tigri possono girare dappertutto. Per compensare la mancanza delle automobili, la

maggior parte della gente prende i mezzi pubblici o va a cavallo. Molti si fermano

per strada a fare un picnic o a guardare un film.

• •

METTIAMOLO PER ISCRITTO!

Considerazioni ecologiche

1. Descrivete due o tre problemi ecologici di cui avete esperienza personale. Come, quando e dove vi siete accorti di questi problemi? Usate il passato e l'imperfetto per descrivere le vicende (*events*).
2. Dove abitate voi (casa, dormitorio o appartamento che sia [*as the case may be*]), cercate di rispettare l'ambiente? Se sì, in che modo? Cosa fate per dimostrare la vostra attenzione verso certi problemi ecologici? Proponete alcune idee in una lettera alla vostra famiglia, ai vostri compagni di camera o ai vostri vicini.

UNITÀ III
Cultura e comunicazione

Lamerica: lo sguardo della paura. Il cinema affronta un problema universale, l'emigrazione. Quali film recenti hanno messo in discussione problemi scottanti della società americana?

CAPITOLO 7

Cosa c'è su Canale 5?

Un'annunciatrice della televisione italiana. Quanto dura un telegiornale negli Stati Uniti? C'è più enfasi sulle notizie dall'estero o quelle nazionali? Quanti annunciatori di solito leggono il telegiornale?

Contesto culturale

Una serata in famiglia   Ascoltate il dialogo almeno un paio di volte. Poi leggete le **Espressioni utili** ed interpretate le **Situazioni pratiche** insieme ad un compagno/una compagna.

Molte famiglie italiane passano le sere incollate davanti al televisore. Come negli Stati Uniti ci sono moltissimi canali, per cui ci sono frequenti disaccordi tra i membri della famiglia riguardo ai programmi che ciascuno vuole vedere.

Francesco è a casa con i suoi genitori. Vuole guardare la TV, ma suo padre e sua madre vogliono guardare qualcos'altro.

FRANCESCO: **Non ne posso più**, tutte le volte che sto a casa per vedere qualcosa in TV, non si può.

MADRE: Fra dieci minuti il telefilm è finito.

PADRE: (*sorridendo*) Poi c'è la partita di calcio.

FRANCESCO: E allora, non posso vedere Video-music?

MADRE: Sai che **non sopporto** quel canale!

FRANCESCO: E a me **non vanno** questi telefilm idioti che finiscono tutti allo stesso modo.

PADRE: Eh, su, cercate di andare d'accordo almeno una volta!

FRANCESCO: Ma papà! La mamma guarda la televisione cinque o sei ore al giorno!

MADRE: Bugiardo!

FRANCESCO: Sì, si guarda tutto! Telenovelas, talk-show...

MADRE: Mi **dispiace** che tu voglia fare tanto il duro quando invece piacciono anche a te le storie d'amore.

FRANCESCO: Pensa che l'ho sorpresa mentre guardava «Il gioco delle coppie».

PADRE: Maria, mi **deludi**!

MADRE: No, sei tu che mi deludi a difendere così tuo figlio.

PADRE: Mio o tuo figlio?

MADRE: Beh, insomma, mi avete **stancato**. Guardate quello che volete.

PADRE: Allora, vai a preparare da mangiare?

MADRE: Guarda, caro, a rischio di **darti un'altra delusione**, ti devo rispondere di no. Stasera vado a cena fuori con Carla, non te lo ricordi?

PADRE: **Peccato** che non abbiate invitato anche me.

MADRE: Eh no, è solo per noi due.

PADRE: Allora, stasera faccio io da mangiare.

FRANCESCO: Papà, io, se non ti **secca**, devo uscire con Marta stasera.

PADRE: Ma... Video-music?

FRANCESCO: Ma io volevo guardarlo mentre mi preparavo ad uscire. Ti lascerò il televisore tutto per te.

PADRO: Ma resto solo come un cane.

FRANCESCO: E non guardare anche tu «Il gioco delle coppie»!

ESPRESSIONI CHE INDICANO INSODDISFAZIONE

non poterne più	*to have had enough*
non sopportare	*to be unable to stand* (*something*)
non andare (a qualcuno)	*to displease*
dispiacere (a qualcuno)	*to be displeasing*

deludere (dare una delusione)	*to disappoint*
stancare	*to wear down, exhaust*
peccato!	*too bad! what a shame!*
seccare	*to bore, annoy*

Situazioni pratiche

Con un compagno/una compagna, interpretate le seguenti situazioni.

1. Studente 1 entra nella sala TV del suo dormitorio, dove Studente 2 sta guardando una partita di football. S1 vuole vedere un episodio di «Star Trek». Cosa dice per convincere S2 che «Star Trek» è più interessante del football, e come risponde S2?
2. Studente 1 è a casa e i suoi genitori stanno guardando un film famoso. S1 invece vuole vedere una partita di baseball. Cosa fa per convincerli di lasciargli vedere il baseball? C'è anche il suo fratellino, Studente 2, che ha dieci anni; è indifferente ai due programmi ed insiste di vedere il suo programma preferito.

VOCABOLARIO TEMATICO

The following terms are useful for discussing television programs and advertising.

Sostantivi

il canale channel
la concorrenza competition
il contenuto content
il documentario documentary
il livello level
   a livello (di) at/on the level (of)
il mezzo, i mezzi means
il premio prize
   il gioco a premi game show
il programma di varietà variety show
la pubblicità advertising, publicity
il pubblico public, audience
la rete (televisiva) TV network
lo spot pubblicitario commercial

il telefilm TV series
il telegiornale newscast
la telenovela (*pl.* **le telenovelas**) soap opera
la tivù TV
la trasmissione broadcast, program

Verbi

attirare to attract
durare to last
trasmettere to transmit, broadcast

Aggettivi

culturale cultural

educativo educational
leggero light, not serious
medio average
pubblicizzato publicized
seguito popular, watched widely
televisivo pertaining to television

Altre parole ed espressioni

di conseguenza consequently
d'intrattenimento entertainment (*adj.*)
di una volta of an earlier era
nel frattempo in the meantime

A. Cercate nel **Vocabolario tematico** le parole che corrispondono alle seguenti definizioni.

1. È usata nei mezzi di comunicazione di massa, per vendere prodotti e servizi.
2. Il pubblico lo guarda per sapere le notizie (*news*) della giornata.
3. Li trasmettono alla TV per informare il pubblico sulla vita di un personaggio importante o su un argomento (*subject, topic*) di interesse generale.
4. È una gara (*contest*) televisiva per vincere premi o soldi.

5. Negli Stati Uniti, le guardano soprattutto le persone che restano a casa o che hanno del tempo libero durante il giorno.
6. Ce ne sono quattro a diffusione nazionale (*broadcast nationwide*) negli Stati Uniti: NBC, ABC, CBS, e Fox.
7. Sono le persone che guardano la TV.
8. È un regalo o una somma di denaro conferito al vincitore (*winner*) di una gara televisiva.

B. Dite uno o due titoli di trasmissioni che corrispondono alle seguenti definizioni.

ESEMPIO: programma scientifico → *Nature, Nova*

1. telefilm
2. programma di varietà trasmesso ogni sabato sera
3. telefilm indirizzato ad un pubblico giovanile
4. programma educativo-culturale per bambini
5. trasmissione d'intrattenimento molto seguita
6. il vostro spot pubblicitario preferito

C. Completate le seguenti frasi con le parole o espressioni adatte.

1. La famiglia _____ guarda due ore di televisione al giorno.
2. C'è una forte _____ fra la TV via cavo (*cable TV*) e i canali che trasmettono via etere (*over the airwaves*).
3. Di solito nelle grandi città, c'è almeno un canale che trasmette solo _____ locale.
4. I programmi di oggi sono meno educativi di quelli _____.
5. I canali non _____ programmi per il loro valore culturale o educativo, ma per la loro capacità di _____ l'attenzione dello spettatore medio.
6. È molto difficile controllare il tempo che i bambini passano davanti alla TV; _____, ne guardano troppo e leggono troppo poco.
7. La pubblicità non mi disturba (*bother*), perché _____ lavo i piatti o faccio degli altri piccoli lavori.
8. Un documentario raramente _____ più di un'ora.
9. La Coca-Cola è un prodotto _____ a livello mondiale.
10. Con la TV via cavo, ricevo dieci _____.
11. La «tivù» è un _____ di persuasione molto importante.

PRELETTURA

Since the 1950s, television has played an all-important role in Italy, not only as a form of popular entertainment, but also as an instrument of political and social power. Because of its ability to influence collective opinion and behavior, Italian TV was for many years the exclusive monopoly of the national government, a territory to be divided among the major political parties. The state-owned and -operated networks still exist, but they now compete with a wide array of private channels. Italian television today offers as broad a selection of programs as that of the United States.

This chapter's reading "'Così gira il mondo' o 'Il prezzo è giusto': la televisione in Italia," describes the development of Italian television, from the era of the twenty-minute nightly "commercial interlude" to today's eclectic array of offerings.

Entriamo nel contesto!

A. Ecco un elenco di programmi televisivi italiani popolari. Sono tutti basati su modelli americani, e hanno anche titoli simili a quelli originali. Cercate di indovinare i titoli inglesi dei seguenti programmi.

1. «Lascia o raddoppia»
   (**raddoppiare**, *to double*)
2. «Il gioco delle coppie» (*couples*)
3. «Così gira il mondo»
4. «La ruota della fortuna»
5. «La bella e la bestia»
6. «Il prezzo è giusto»

B. Sondaggio. Chiedete ad un compagno/una compagna / se è contento/a o scontento/a dei seguenti aspetti della TV, e perché. Poi, confrontate le opinioni del vostro compagno / della vostra compagna con quelle degli altri studenti della classe.

	CONTENTO	SCONTENTO	PERCHÉ
1. qualità dei telefilm			
2. settori della popolazione rappresentati nei telefilm			
3. selezione dei programmi sui canali commerciali			
4. qualità degli spot pubblicitari			
5. qualità e contenuto dei servizi del telegiornale (*news reports*)			

C. Discussione. Rispondete alle domande seguenti.

1. Guardate spesso il telegiornale? Perché sì o perché no?
2. Quali sono alcuni dei giochi a premi più popolari negli Stati Uniti? Ne guardate qualcuno (*some of them*)? Se sì, quali? Se no, perché no?
3. La pubblicità vi dà fastidio? (Sempre? qualche volta? mai?) Spiegate la vostra opinione.
4. Qual è il vostro programma preferito, e perché vi piace? Quale programma vi piace di meno (o quali programmi vi piacciono di meno)?

5. Guardate spesso programmi come quelli di David Letterman e Oprah Winfrey? Se sì, quale conduttore/conduttrice (*talk-show host/hostess*) preferite e perché?

Strategie per la lettura

Skimming for basic information. A quick, efficient way to gain an overview of a text is to skim it for important ideas, facts, or points. The opening sentences of a paragraph often provide a general idea of the information contained in the body of that paragraph. By looking for key words or phrases, you can anticipate content or learn the author's primary concerns.

Look at the underlined key words below in the first two sentences from the chapter reading. These key words convey information that should allow you to answer the following questions: What period is under discussion? What kind of television program was becoming popular during that period? What sort of public reception did they receive? How often were they broadcast?

> Alla fine degli <u>anni cinquanta</u> sono apparsi i <u>primi giochi a premi</u>. I più famosi, «Il musichiere» e «Lascia o raddoppia», hanno avuto un <u>successo immediato</u> e sono diventati ben presto i <u>programmi più seguiti della settimana</u>.

Now glance at the first three sentences of the sixth paragraph of the reading. Do not read them in detail; just attempt to identify words or phrases that seem to contain the basic information. Then answer the questions.

> Alla metà degli anni settanta è iniziata una vera e propria rivoluzione nel campo della trasmissione televisiva. Sono iniziate le trasmissioni a colori, limitate ad alcuni programmi ma poi estese a tutte le trasmissioni; poi è arrivata l'invasione delle cosiddette televisioni private.

In Italia, le trasmissioni televisive ebbero inizio ufficialmente nel gennaio del 1954, ma soltanto per la zona compresa fra la Val Padana e Roma. L'estensione del servizio a tutto il territorio nazionale venne completata a tempo di primato, ed il 1° gennaio 1956 erano collegate anche la Sicilia e la Sardegna.

During what period did several fundamental changes take place in Italian television? What were these changes? Did the first one affect all TV broadcasting?

By extending this technique to the rest of the paragraph and to other parts of a text, you can often pick up the most important points. They can help guide you as you read in greater detail to gain familiarity with new vocabulary terms and linguistic structures.

LETTURA

«Così gira il mondo» o «Il prezzo è giusto»: La televisione in Italia

*I*n Italia le trasmissioni televisive sono iniziate alla metà[1] degli anni cinquanta. All'inizio esisteva un solo canale che trasmetteva per poche ore al giorno soprattutto

---

[1] *midpoint, middle*

nella fascia serale.[2] I programmi erano concepiti a scopo principalmente educativo, e la pubblicità era molto limitata. Abbondavano documentari, concerti di musica classica e altri programmi culturali. I film, di solito molto vecchi, erano trasmessi non più di una volta alla settimana. Uno dei programmi più seguiti era il telegiornale.

A quell'epoca c'era un solo spazio dedicato agli spot pubblicitari. Si chiamava «Carosello»; andava in onda[3] tutte le sere alle 21.00, e consisteva in quattro o cinque spot pubblicitari. Ognuno durava tre o quattro minuti e raccontava una piccola storiella; solo alla fine appariva il prodotto pubblicizzato. In breve tempo è diventato il programma attorno al quale ruotava[4] la vita della famiglia media italiana. Per molti bambini era il segnale che indicava l'ora di andare a letto.

Alla fine degli anni cinquanta sono apparsi i primi giochi a premi. I più famosi, «Il musichiere»[5] e «Lascia o raddoppia[6]», hanno avuto un successo immediato e sono diventati ben[7] presto i programmi più seguiti della settimana. Nello stesso periodo hanno cominciato a diffondersi[8] telefilm e programmi di varietà. Anche questi programmi hanno avuto molto successo. Lentamente la televisione si è trasformata da un mezzo principalmente educativo e culturale in uno strumento d'intrattenimento.

Verso la metà degli anni sessanta, dopo che le trasmissioni del primo canale erano state estese[9] anche alle ore pomeridiane,[10] è nato[11] il secondo canale. All'inizio non era possibile ricevere il segnale della nuova stazione televisiva in tutte le parti d'Italia; i programmi del secondo canale non potevano essere al centro dell'attenzione del grande pubblico.

Sin dall'inizio[12] i programmi televisivi sono stati monopolio dello Stato che controllava tutto quello che veniva messo in onda.[13] Per questo motivo le maggiori cariche direttive[14] all'interno della RAI (Radio Audizioni Italiane, l'ente[15] che controlla le trasmissioni radiofoniche e televisive) erano spartite[16] tra i partiti politici più importanti. Nei primi anni di vita, la RAI era sotto il controllo totale del partito di maggioranza, cioè la Democrazia Cristiana (DC). Con l'arrivo del secondo canale (RAI 2) sono avvenuti[17] molti cambiamenti. Poiché la televisione è un monopolio di Stato, ogni cittadino in possesso di un televisore è obbligato a pagare una quota annua[18] al governo.

Alla metà degli anni settanta è iniziata una vera e propria rivoluzione nel campo della trasmissione televisiva. Sono iniziate le trasmissioni a colori, limitate ad alcuni programmi ma poi estese a tutte le trasmissioni; poi è arrivata l'invasione delle cosiddette[19] televisioni private. Queste stazioni televisive—che si potevano ricevere senza pagare una tassa—si distinguevano dalla RAI per essere soprattutto canali di puro intrattenimento. Il modello di programmazione americano è stato immediatamente seguito da tutte le televisioni private, che trasmettevano a livello locale. Nei programmi erano infatti inclusi molti film, telefilm, giochi a premi, telenovelas e moltissima pubblicità. Un buon numero di queste trasmissioni erano di importazione americana, come ad esempio «Il prezzo è giusto», «Il gioco delle coppie» e «Così gira il mondo», tutti estremamente popolari anche oggi.

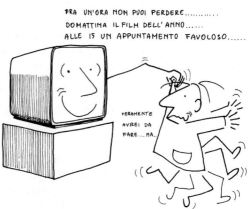

FRA UN'ORA NON PUOI PERDERE............
DOMATTINA IL FILM DELL'ANNO......
ALLE 15 UN APPUNTAMENTO FAVOLOSO......

VERAMENTE
AVREI DA
FARE....MA...

[2]fascia... *prime time*   [3]andava... *went on the air*   [4]attorno... *around which revolved*   [5]*The Music Man*   [6]*double*   [7]*molto*   [8]*gain popularity*   [9]*extended*   [10]*del pomeriggio*   [11]*established*   [12]*Sin... From the outset*   [13]*veniva... was put on the air*   [14]cariche... *executive positions*   [15]*agency*   [16]*distributed*   [17]*sono... took place*   [18]*quota... annual fee*   [19]*so-called*

Dal canto suo[20] la RAI ha dovuto fare i conti con[21] una concorrenza sempre
più forte da parte delle stazioni private, soprattutto da quando alcune di esse
50 sono entrate a fare parte di[22] un gruppo con comuni interessi economici che
trasmette a livello nazionale. La RAI ha di conseguenza aumentato il numero di
programmi di contenuto più leggero, programmando film ogni giorno e anche
raddoppiando la pubblicità.

Alla fine degli anni settanta è entrata in operazione la terza rete della RAI (RAI
55 3). Questa rete ha raccolto,[23] almeno all'inizio, lo spirito educativo della RAI di
una volta, e trasmetteva un buon numero di programmi culturali. Ormai da anni il
governo sta cercando, con apposite leggi,[24] di regolare il disordinato proliferare di
stazioni private.

---

[20]Dal... As for   [21]fare... deal with   [22]sono... become part of   [23]maintained   [24]apposite... appropriate laws

Avete capito?

A. Cercate nella lettura la parola o l'espressione che corrisponda alle seguenti
definizioni.

1. la rete più educativa oggi in Italia
2. la maggior fonte di concorrenza per la RAI
3. un «programma» di spot pubblicitari durante gli anni cinquanta
4. i programmi più seguiti alla fine degli anni cinquanta
5. ormai principalmente un mezzo d'intrattenimento
6. la TV di Stato
7. le stazioni più influenzate dalla programmazione americana

B. Cronologia. Mettete le frasi in ordine cronologico secondo i vari periodi di
sviluppo della televisione in Italia.

_____ Sono arrivate le stazioni private.
_____ Sono iniziate le trasmissioni a colori.
_____ Un solo canale trasmetteva soprattutto nella fascia serale.
_____ La RAI ha aggiunto un terzo canale.
_____ La RAI ha aumentato di molto la quantità di pubblicità.
_____ È nato il secondo canale della RAI.
_____ Sono apparsi i primi giochi a premi, telefilm e programmi di varietà.

C. Rispondete in modo completo alle seguenti domande.

1. Da quanto tempo trasmette la RAI e chi la controlla?
2. Quanti canali c'erano all'inizio e quali tipi di programmi venivano (*were*)
   trasmessi?
3. Com'è cambiata la programmazione della RAI con l'avvento (*arrival*) del
   secondo e terzo canale?
4. Come differisce la programmazione della pubblicità di oggi da quella dei
   primi anni della TV? Perché è cambiata?
5. Quali tipi di programmi di estrazione americana hanno trovato successo in
   Italia?
6. Qual è la caratteristica principale delle televisioni private? Perché queste
   reti trasmettono più pubblicità della RAI?

E ora a voi!

A. Esprimete un'opinione! Chiedete a un compagno / ad una compagna se gli (le) piacciono le seguenti trasmissioni, e perché. Lui/Lei risponderà usando le espressioni indicate.

> **Trasmissioni:** «La famiglia Simpson», la partita di football il lunedì sera, il telegiornale, «Sessanta minuti», «X-Files», altri (continuate voi!)

REAZIONE POSITIVA	REAZIONE NEGATIVA	REAZIONE D'INDIFFERENZA
Non c'è male. (*It's okay.*) Sì, abbastanza! Mi piace molto! È forte! (*It's great!*) È eccezionale!	Non mi piace proprio (per niente, affatto). Mi fa schifo! (*I can't stand it!*) No, è fatto/a male.	Ma... non lo so. Non la guardo mai. Non mi fa né caldo né freddo. (*I'm totally indifferent.*)

B. Analisi comparativa. Giudicando da ciò che avete letto, in che modo sono diverse la televisione americana e quella italiana, e come si assomigliano (*how are they similar*)? Nella vostra discussione, considerate i fattori (*factors*) seguenti: politicizzazione della TV, programmi culturali ed educativi, quota annua, concorrenza tra canali. Indicate pregi e difetti (*strong and weak points*) dei due sistemi.

Segnavideo

OGGI 20.30 TV 3 DIRETTA

Come combattere la droga

«Droga: come uscirne» (ore 20,30 - TV3) è il titolo della trasmissione in diretta di Aldo Falivena. Vengono proposti documenti e testimonianze su quello che si sta facendo per aiutare i tossicodipendenti. In studio ci sono alcuni ragazzi che sono riusciti a smettere di drogarsi ed i responsabili di alcune comunità terapeutiche *, come quella di S. Patrignano.

Intervengono anche il sottosegretario alla Sanità Mario Raffaelli e la relatrice della futura legge sulle tossicodipendenze Maria Pia Garavaglia.

STRUTTURE

1. Pronomi doppi

When direct- and indirect-object pronouns are combined, they always follow a particular order, and the forms of the indirect-object pronoun change slightly.

PRONOMI DOPPI			
Indiretto		*Diretto*	*Doppio*
mi	+	lo	=	me lo (me la, me li, me le, me ne*)
ti	+	lo	=	te lo (te la, te li, te le, te ne)
gli/le/Le	+	lo	=	glielo (gliela, glieli, gliele, gliene)
ci	+	lo	=	ce lo (ce la, ce li, ce le, ce ne)
vi	+	lo	=	ve lo (ve la, ve li, ve le, ve ne)
loro/Loro	+	lo	=	lo... loro (la... loro, li... loro..., le... loro, ne... loro)

Placement of double object pronouns

1. Double object pronouns precede most conjugated verbs. However, they attach to infinitives (which drop their final -**e**), to **ecco**, and to all but the **Lei** and **Loro** imperative forms (presented in detail in Chapter 11).

Ti presto la videocassetta.	*I'll lend you the videocassette.*
Te la presto volentieri.	*I'll be glad to lend it to you.*
Cerca di dirci la verità.	*Try to tell us the truth.*
Cerca di dir**cela**.	*Try to tell it to us.*
Portami quelle riviste, per favore.	*Bring me those magazines, please.*
Porta**mele**!	*Bring them to me!*

2. Double object pronouns can either precede **dovere**, **potere**, and **volere** or attach to their accompanying infinitives.

Vogliamo offrirvi la cena.	*We want to offer you dinner.*
Ve la vogliamo offrire.	*We want to offer it to you.*
Vogliamo offrir**vela**.	

3. As an indirect-object pronoun meaning *to them* (and less frequently *to you* [plural, formal]), **loro** is generally replaced by **gli.**

Cosa hai offerto **loro**?	*What did you offer them?*
Cosa **gli** hai offerto?	

In everyday Italian, the combined forms with **loro** (**Loro**) are thus used infrequently. Nevertheless, you should be aware of their special rules for placement and word order.

a. The direct-object pronoun is placed before the conjugated verb; **loro** follows it.

La mando **loro** subito.	*I'll send it to them right away.*
L'abbiamo spiegato **loro**.	*We explained it to them.*

b. When used with **dovere**, **potere**, and **volere**, the direct-object pronoun + **loro** combination can assume either of the following patterns:

---

*The particle **ne** will be presented later in this chapter.

- Direct-object pronoun + conjugated form of **dovere**, **potere**, or **volere** + *infinitive* (the final **e** is often dropped) + **loro**

Li posso portar(e) **Loro** domani.	*I can bring them to you* [pl., *formal*] *tomorrow.*
Non l'abbiamo saputo spiegar(e) **loro**.	*We didn't know how to explain it to them.*

- Conjugated form of **dovere**, **potere**, or **volere** + *infinitive* with attached direct-object pronoun + **loro**

Posso portar**li** **Loro** domani.	*I can bring them to you* [pl., *formal*] *tomorrow.*
Non abbiamo saputo spiegar**lo** **loro**.	*We didn't know how to explain it to them.*

Double object pronouns with reflexives

1. Reflexive pronouns also change form when combined with direct-object pronouns. These forms are identical to those of indirect-object pronouns, with one exception: the third-person singular and plural forms, which are **se lo**, **se la**, **se li**, **se le**, and **se ne.** The rules for placement are the same.

Piero si mette la giacca.	*Piero is putting on his jacket.*
Se la mette.	*He is putting it on.*
Vuole metter**sela**. (**Se la** vuole mettere.)	*He wants to put it on.*

2. When reflexive pronouns and **la** or **ne** attach to certain verbs, they acquire an emphatic, idiomatic meaning. Generally speaking, these verbs are less formal and more vivid than their "regular" counterparts. All are conjugated with **essere** in compound tenses.* The following are some of the most common.

andarsene (*to leave, go away*)	**Me ne vado**, ragazzi. A domani!
cavarsela (*to manage, get by*)	È finito l'esame? **Ve la siete cavata** bene?
godersela (*to live it up, have fun*)	Non hanno grossi impegni (*heavy responsibilities*); pensano solo a **godersela**.
intendersene (di) (*to be an expert in*)	Michele ha tre FIAT; **se ne intende** di macchine italiane.
passarsela (*to thrive* [*financially*])	Come sono eleganti! Ovviamente **se la passano** benino (*quite well*)!

---

*The past participle of verbs ending in **-sela** does not agree with the subject; it always ends in **-a.** The past participle of those ending in **-sene** agrees with the subject in gender and number.

Paolo è tanto nervoso; **se l'è presa** anche con il cane!	*Paolo is so touchy; he even got upset with the dog!*
Se ne sono anda**ti** presto perché si annoiavano alla festa.	*They took off early because they were getting bored at the party.*

prendersela (*to take offense*)

sbrigarsela (*to make it* [*in time*])

Perché **te la prendi** tanto? Non è una cosa seria!

Me la sbrigo in due minuti, perché è ancora presto.

Un po' di pratica

A. Esperienze giovanili. Sostituite i pronomi ai nomi di complemento diretto. Fate le domande e rispondete secondo l'esempio, utilizzando l'imperfetto del verbo.

> ESEMPIO: I vostri genitori (darvi) ogni settimana i soldi da spendere →
> —I vostri genitori vi davano ogni settimana i soldi da spendere?
> —Sì, ce li davano ogni settimana. (No, non ce li davano ogni settimana.)

1. In genere, il papà (comprarvi) la roba (*stuff*) per la scuola?
2. Gli amici (telefonarvi) ogni giorno?
3. Gli insegnanti (farvi) spesso le domande in classe?
4. La mamma (leggervi) ogni sera le fiabe (*fairy tales*)?
5. Gli amici (raccontarvi) sempre i loro segreti?
6. Gli zii (mandarvi) ogni anno un regalo a Natale?

B. Fammi un piacere... ! Chiedete vari favori a un amico/un'amica che, purtroppo, oggi non può aiutarvi. Lui/Lei spiega perché. Fate le domande e rispondete secondo l'esempio.

Chiedete all'amico/amica se ti può...

> ESEMPIO: ...dare ventimila lire →
> —Senti, mi puoi dare (puoi darmi) ventimila lire?
> —Mi dispiace, non te li posso dare (non posso darteli); oggi sono anch'io senza soldi!

1. ...prestare gli occhiali da sole
2. ...passare Laura al telefono
3. ...copiare i suoi appunti (*class notes*) di chimica
4. ...lasciare le chiavi della macchina
5. ...dare il numero di Maurizio
6. ...tradurre la lettera di un'amica americana

C. Lo scocciatore (*pain in the neck*). Vi sistemate davanti al televisore per guardare l'ultima puntata (*episode*) della vostra telenovela preferita. Purtroppo, il vostro amico Pasqualino Passaguai fa lo scocciatore, come al solito. Rileggete le sue richieste e i suoi commenti secondo gli esempi.

> ESEMPIO: Ragazzi, passatemi i popcorn! → Passatemeli!
> Mario, ecco la penna che mi avevi prestato! → Eccotela!

1. Ragazzi, datemi l'elenco dei programmi!
2. Fiorella, passami quel cuscino (*cushion*)!

3. Ragazzi, portatemi i salatini (*munchies*)!

4. Mario, raccontami l'altra puntata (*episode*)!

5. Ragazzi, ditemi chi è quell'attore!

6. Mario, ecco la rivista che ti avevo comprato!

D. Milano d'estate. Completate le frasi con la forma adatta delle seguenti espressioni: **andarsene, cavarsela, intendersene di, godersela, prendersela, passarsela, sbrigarsela**.

In luglio, molti milanesi _____[1] al mare o in campagna. Quelli che rimangono _____[2] comoda: Mangiano all'aperto, fanno delle passeggiate, o la sera vanno alla lunapark. In città, di solito, ci sono molti turisti stranieri che non _____[3] quando la temperatura sale a 33 gradi. Però, quelli che _____[4] arte e di cultura si divertono tanto, perché i musei sono meno affollati e ci sono tanti concerti e proiezioni di film all'aperto, spesso gratis (*free of charge*). Quelli che hanno pazienza e fanno la fila _____[5] in dieci minuti e trovano un buon posto (*seat*); riescono a godersi spettacoli di altissima qualità. I prezzi degli alberghi sono alti, ma è possibile _____[6] stando (*by staying*) all'ostello (*hostel*) o in un campeggio fuori città. A Milano d'estate fa caldo, c'è tanta afa, ma uno _____[7] lo stesso!

2. Aggettivi e pronomi possessivi

Possessive adjectives indicate ownership: **my** TV set, **his** CDs, **their** camcorder. Possessive pronouns also indicate ownership but take the place of nouns: my TV set and **hers**, their camcorder and **ours**.

SINGOLARE		PLURALE	
Maschile	*Femminile*	*Maschile*	*Femminile*
(il) mio	(la) mia	(i) miei	(le) mie
(il) tuo	(la) tua	(i) tuoi	(le) tue
(il) suo/Suo	(la) sua/Sua	(i) suoi/Suoi	(le) sue/Sue
(il) nostro	(la) nostra	(i) nostri	(le) nostre
(il) vostro	(la) vostra	(i) vostri	(le) vostre
(il) loro/Loro	(la) loro/Lora	(i) loro/Loro	(le) loro/Loro

1. In Italian, possessive adjectives and pronouns agree in gender and number with the noun they modify.

   I film di Lina Wertmüller.   **I suoi** film.

   Le opere di Giuseppe Verdi.   **Le sue** opere.

2. When two third-person possessive pronouns occur in the same sentence, use **di lui** or **di lei** to avoid ambiguity.

   L'amico **di lui,** non **di lei.**

Use of definite articles with possessives

1. When a possessive adjective directly follows a conjugated form of **essere**, the article is generally omitted.

   Sono **tue** queste videocassette?

2. Possessive pronouns, however, generally retain the article, no matter what or whom they refer to.

   Mia madre è macchinista (*stagehand*). E **la tua**?

3. The definite article is *always* used with **loro**.

   Questi sono **i loro** costumi. Sono **i loro**.

4. The definite article is omitted before singular unmodified nouns indicating family members.

   Sua sorella fa la presentatrice.

5. However, the article is always used before plural or modified nouns indicating family members, including such affectionate terms as **mamma**, **papà**, and **babbo**. Its use before **nonno** and **nonna** is optional.

   I miei fratelli e **la mia** sorellastra vanno pazzi per i Simpsons.
   Anche **la nostra** cugina italiana li adora.

6. The expressions **i miei** (**tuoi**, **suoi**, ecc.) refer to one's parents (less often, to the whole family).

   Il mese prossimo vado a trovare **i miei.**

7. Observe how English expressions such as *of mine* and *of yours* are conveyed.

   Due mie amiche frequentano l'accademia di belle arti.
   Quei tuoi amici sono un po' strani.

Attenzione!   Remember that possessives are rarely used in Italian when referring to parts of the body or articles of clothing, particularly with a reflexive expression.

Si è rotto la gamba.	*He broke his leg.*
Ha dimenticato l'impermeabile.	*She forgot her raincoat.*

The adjective **proprio/a** (*one's own*) can reinforce the possessive or replace **suo** or **loro**. It is always used in impersonal statements.

Pago le tasse universitarie con **i miei propri** soldi.	*I pay my university tuition with my own money.*
Gustavo tende a nascondere **le proprie** idee.	*Gustavo tends to hide his own ideas.*
È importante conoscere **i propri** limiti.	*It is important to recognize one's own limits.*

Un po' di pratica

A. Preferenze. Completate le frasi in modo logico.

ESEMPIO: Giulia preferisce i suoi mobili ed io... preferisco **i miei**.

1. Io ho le mie amiche e Marco...
2. Voi sentite i vostri dischi e Franca ed io...
3. Tu arredi (*decorate*) il tuo appartamento ed io...
4. I miei amici seguono i loro corsi e tu...
5. Noi dipingiamo la nostra casa e i nostri amici...
6. Francesca prova (*tries on*) i suoi vestiti e voi due...
7. Tu difendi le tue idee e i tuoi amici...

B. Quattro chiacchiere. Completate le frasi con la forma adatta dell'aggettivo possessivo, dell'articolo determinativo o di **proprio**.

1. —Donata, quando vai a trovare _____ (*your folks*)?
   —Il weekend prossimo. È il compleanno _____ (*of my*) papà.
2. —Gino, lascia stare la macchina! _____ (*Your*) zii ti vogliono vedere!
   —Un attimo! Son (Sono) tutto sudato (*sweaty*); mi voglio cambiare _____ (*my*) camicia.
3. —Con chi va in vacanza Paolo? Con _____ (*his*) sorelle?
   —No, con alcuni _____ (*of his*) amici, mi pare.
4. —Mi piace lavorare con Paola perché è molto generosa con _____ (*her*) tempo.
   —Hai ragione. È per questo che _____ (*her*) colleghi la stimano (*respect*) tanto.
5. —Franco non ha ancora chiesto scusa a _____ (*his*) padre?
   —Eh, cara mia, è difficile ammettere _____ (*one's own*) errori.

C. Conversazione a ruota libera (*free-wheeling*). Parlate un po' della famiglia con un compagno/una compagna. Chiedetegli/Chiedetele ...

ESEMPIO: ...i nomi dei nonni →
   I miei nonni materni si chiamano Rose e Gerald. Il mio nonno paterno, morto cinque anni fa, si chiamava Raffaele. Il nome della mia nonna paterna è Caterina.

1. ...L'indirizzo della sua famiglia
2. ...il numero e la professione (le attività principali) dei suoi fratelli e/o delle sue sorelle
3. ...l'età dei genitori quando lui è nato / lei è nata
4. ...il lavoro dei suoi genitori
5. ...il carattere del suo parente più eccentrico, e il modo in cui è eccentrico
6. ...il luogo di nascita dei suoi nonni

3. Partitivo

1. A partitive indicates an indefinite number of persons or things (*some, a few, several, any*) or a portion or quantity of something. In Italian the partitive is frequently conveyed using the preposition **di** plus the definite article (the combined forms of **di**, presented in Chapter 4).

Vorrei **del** latte nel caffè.	*I'd like some milk in my coffee.*
Ho acquistato **dei** libri di fanta-scienza.	*I bought some science-fiction books.*

2. In interrogative sentences and particularly in negative sentences, the partitive is usually omitted.

C'è zucchero? —Mi dispiace; non c'è zucchero.	*Is there any sugar? —I'm sorry; there isn't any [there's no] sugar.*
Avete amici negli Stati Uniti?	*Do you have any friends in the United States?*
Non mangio mai fragole; sono allergica.	*I never eat [any] strawberries; I'm allergic (to them).*

Other partitive expressions

1. **Un po' di** is used only with expressions that cannot be counted (**vino, pane, tempo, coraggio,** etc.).

Vuoi **un po' di** caffè?	*Do you want some [a bit of] coffee?*
Signori, ci vuole **un po' di** pazienza!	*Gentlemen, we must have a little patience!*

2. **Alcuni/alcune** is used only with the plural forms of nouns that can be counted (**libri, parole, scrittrici,** ecc.).

Ho letto **alcuni** racconti di Verga.*	*I read some [a few, several] short stories by Verga.*
Alcune mie amiche scrivono su quel giornale.	*Some [a few, several] friends of mine write for that paper.*

3. **Qualche** is used only with the singular form of nouns that can be counted. (**Qualche** + *singular noun* is singular in form but plural in meaning.)

Ho letto **qualche** racconto di Verga.	*I read some [a few, several] short stories by Verga.*
Qualche mia amica scrive su quel giornale.	*Some [a few, several] friends of mine write for that paper.*

---

*Giovanni Verga (1840–1922) era autore dei romanzi *I Malavoglia* e *Mastro don Gesualdo,* e di molte altre opere importanti.

4. Other partitive expressions include **vari/varie** (*several*) and **diversi/diverse** (*a number of, a good many*), both of which are used with plural nouns that can be counted. **Parecchio**, which can be used with both singular and plural nouns, means *quite a few* (*quite a lot*).

Varie cose vanno ricordate.	*Several things must be kept in mind.*
Diverse persone hanno partecipato al congresso.	*A number of people took part in the conference.*
Sono venuti anche **parecchi** studenti.	*Quite a few students came too.*
Ci vuole **parecchio** tempo.	*It takes quite a bit of time.*

Un po' di pratica

A. Quattro chiacchiere. Completate gli scambi con la forma adatta del partitivo (**di** + *articolo*).

1. —Hai fatto _____ acquisti (*purchases*) oggi?
   —Sì. Mi sono comprato _____ magliette, _____ calzini e _____ slip (*underwear* [*m. pl.*]).
2. —Donata, cosa prendi? _____ pesce?
   —No, grazie, sono vegetariana. Dammi piuttosto _____ insalata e _____ pane.
3. —Sai che ci sono _____ errori in questa relazione (*report*)?
   —Non importa. Li correggo dopo.
4. —Avete lavorato molto ieri?
   —Veramente no. Abbiamo fatto _____ telefonate, abbiamo spedito _____ pacchi e basta.

B. L'amico Peter, il professor Vanola. Completate i brani con il partitivo, **qualche**, **alcuni/e** o **un po' di**, come necessario.

1. Quando un mio amico, Peter Fontanella, ha visitato i suoi parenti in Italia, ha conosciuto _____[1] studente che parlava bene inglese e _____[2] altra lingua straniera. I suoi cugini, sfortunatamente, sapevano solo _____[3] inglese. Abitando con i parenti, poteva risparmiare _____[4] soldi e permettersi ogni giorno un espresso al bar sotto casa. Per poterlo bere, però, doveva mettere _____[5] zucchero e anche _____[6] latte.
2. Il professor Vanola è un vero pignolo (*nitpicker*). Ogni volta che apre un giornale si lamenta perché trova _____[7] errori grammaticali e _____[8] sbagli d'ortografia (*spelling*). Si lamenta anche perché l'italiano d'oggi sta adottando (*adopting*) _____[9] parole inglesi, anche quando esistono _____[10] espressioni italiane. Non gli piace che _____[11] dizionari italiani includano _____[12] appendici (*appendices*) con _____[13] anglicismi.

C. Pratica con il partitivo. In gruppi di due, fate le domande e rispondete. Cercate di adoperare due forme di espressioni partitive.

ESEMPIO: fare / errore ortografico →
Fai degli errori ortografici?
Purtroppo, faccio parecchi errori ortografici. E tu?

1. fare / errore di grammatica
2. conoscere / espressioni italiane / che usiamo tutti i giorni in inglese
3. i tuoi amici italiani / adoperare / anglicismo
4. i tuoi amici americani / conoscere / espressioni italiane
5. conoscere / scrittori e scrittrici italiani
6. leggere / romanzo contemporaneo

4. *Ci* e *ne*

Ci

1. **Ci** replaces **a**, **da**, **in**, or **su** + *a noun indicating place*.* It follows the same rules of placement as object pronouns.

> Vai subito **in ufficio? Ci** vai subito?
> Sono andata **al cinema. Ci** sono andata.
> Pensate di andare **a Milano?** Pensate di andar**ci?**
> Andiamo **da Gianni** stasera! Andiamo**ci!**

2. **Ci** can also replace **a** + *an infinitive phrase,* and most noun phrases introduced by **a**, **da**, **di**, **in**, or **su**.

> È riuscito **a finire il compito. Ci** è riuscito.
> Penso **al provino** (*audition*). **Ci** penso continuamente!
> Contiamo **sulla tua partecipazione. Ci** contiamo.

3. **Ci** is used in many idiomatic expressions. Here are some of the most important.

   a. **Volerci** is an impersonal expression used only in the third-person singular or plural. It means *to take time* or *to require.* It is conjugated with **essere** in compound tenses.

   > **Ci vuole** un anno per imparare un nuovo ruolo (*role*).
   > **Ci sono** volute tante comparse (*extras*) per fare quel telefilm.

   b. **Metterci** also means *to take time,* but can be used in any person.

   > Avete filmato uno spot pubblicitario? Quanto tempo **ci avete messo?**

---

*Vi, interchangeable with **ci,** is used infrequently in contemporary Italian.

c. **Entrarci** means *to be relevant* or *to have to do with*.

Quello che dicono proprio non **c'entra**.
Che **c'entri** tu? (*What do you have to do with it?*)

d. **Tenerci a** means *to care about*.*

Non perdo mai la mia telenovela—**ci tengo** molto!

e. **Farcela** means *to manage*.

Hai passato gli esami? **Ce l'hai fatta?** Bravo!

f. **Avercela con qualcuno** means *to hold a grudge against someone*.

Franco **ce l'ha con** suo fratello da quando gli ha portato via la ragazza
(*stole his girlfriend*).

Ne

Ne replaces a prepositional phrase, usually introduced by **di**. It has two main
functions in Italian.

- As a partitive, **ne** means *of it* or *of them*, but is rarely expressed in equivalent
  phrases in English. It follows the same rules of placement as the object pronouns. In compound tenses, the past participle agrees in gender and number
  with the expression replaced by the partitive **ne**.

Conosci **dei presentatori italiani?** —Sì, **ne** conosco alcuni.	*Do you know some Italian tele-vision hosts? —Yes, I know some [of them].*
Hai visto **dei programmi italiani?** —Ma certo, **ne** ho visti tanti!	*Have you seen some Italian pro-grams? —Certainly, I've seen so many [of them]!*
Riesci a vedere **molti telefilm?** —No, purtroppo, riesco a veder**ne** pochi.	*Do you manage to see a lot of made-for-TV movies? —No, unfortunately, I don't manage to see many [lit., I manage to see few (of them)].*

- **Ne** can also replace **di** + *infinitive phrase*, or an expression preceded by **di** when
  di means *of* or *about*. In these cases, there is no agreement in compound tenses.

Avete voglia **di guardare il tele-giornale?**	*Do you feel like watching the TV news?*
Ne avete voglia?	*Do you feel like it?*
Hanno parlato **della nuova telenovela**.	*They talked about the new soap opera.*
Ne hanno parlato.	*They talked about it.*

*****Tenerci a** is used only with reference to things; to express the idea of caring about a person or per-
sons, use **voler bene a**.

Voglio tanto bene a quel bambino; gli voglio tanto bene.

1. When **ne** is used with negative forms of the expression **esserci**, **ci** changes to **ce**: **c'è** → **ce n'è**, **ci sono** → **ce ne sono**...

Mi dai **un po' di caffè?**—Mi dispiace, non **ce n'è** più.	*Would you give me a little coffee? —I'm sorry, there's none left.*
Ci sono **dei giovani registi italiani?** —Certo, **ce ne sono** molti.	*Are there any young Italian directors?—Certainly, there are many.*

2. Indirect-object and reflexive pronouns change their final **-i** to **-e** when followed by **ne**. **Gli** changes to **glie-**.

Gianna **mi** ha parlato del programma.	*Gianna talked to me about the program.*
Me ne ha parlato.	*She talked to me about it.*
Dario vuole comprar**si** tre riviste.	*Dario wants to buy himself three magazines.*
Se ne vuole comprare tre. (Vuole comprar**sene** tre).	*He wants to buy himself three.*
Perché avete comprato tante caramelle al bambino?	*Why did you buy the child so many candies?*
Perché **gliene** avete comprate tante?	*Why did you buy him so many?*

3. A useful idiom with **ne** is **non voler saperne di qualcuno (qualcosa)**: *to want nothing to do with someone (something)*.

Quei ragazzacci? Non voglio più saper**ne** di loro!	*Those awful boys? I want nothing to do with them!*
La grammatica italiana? Non **ne** vogliamo sapere!	*Italian grammar? We want nothing to do with it!*

Un po' di pratica

A. Quanto tempo ci vuole... ? Chiedete quanto tempo ci vuole per fare queste cose. Fate le domande e rispondete secondo l'esempio.

> ESEMPIO: per leggere un romanzo di Tolstoi →
> Quanto tempo **ci vuole** per leggere un romanzo di Tolstoi?
> **Ci vogliono** almeno tre settimane!

1. per fare i compiti d'italiano   **2.** per imparare bene una lingua straniera   **3.** per andare da Milano a Roma in macchina   **4.** per venire all'università da casa sua   **5.** per perdere cinque chili   **6.** per scrivere una relazione (*report*) di venti pagine

Ora fate le stesse domande con l'espressione **metterci.**

> ESEMPIO: —Quanto tempo **ci metti a** leggere un romanzo di Tolstoi?
> —Ci metto almeno venti giorni.

B. Quantità relative. Chiedete a un compagno/una compagna quante ne ha delle seguenti cose o persone. Usate le espressioni **affatto** (*at all*),* **poco, molto** o **tanto** nelle vostre risposte.

> ESEMPIO: soldi →
> —Quanti soldi hai?
> —Ne ho pochi. E tu?
> —Non ne ho affatto!

1. libri
2. amiche
3. vestiti di Armani
4. tempo libero
5. pazienza
6. dischi
7. paia di scarpe
8. corsi
9. energia

C. Abbasso (*Down with*) la TV! La televisione piace ben poco alla professoressa Pignola. Parafrasate le sue osservazioni secondo l'esempio, usando il **ne** nelle vostre frasi.

> ESEMPIO: Ci sono pochi programmi adatti ai bambini. → **Ce ne** sono pochi.

1. C'è troppa pubblicità. 2. Ci sono tanti telegiornali superficiali. 3. C'è molta gente che guarda la TV tutto il giorno. 4. C'è violenza da tutte le parti (*all over the place*). 5. Ci sono tante situazioni scabrose (*indecent*). 6. Insomma, ci sono poche trasmissioni buone alla TV!

D. Esperienze e conoscenze culturali. Chiedete a un compagno/una compagna se ha visto (sentito, letto, ecc.) le seguenti cose. Usate la forma adatta del partitivo, e fate attenzione all'accordo del participio passato!

> ESEMPIO: telefilm italiani →
> —Hai visto dei telefilm italiani?
> —Sì, **ne** ho visti molti. (No, non ne ho visti.)

1. canzoni di Gianna Nannini
2. romanzi di Italo Calvino
3. partite di calcio
4. film di Roberto Benigni
5. musica barocca
6. telenovelas

E. Quattro chiacchiere. Completate gli scambi con **ci (ce)** o **ne**.

1. —Martedì sera vado alla conferenza. _____ vai anche tu?
   —Sì, se _____ ho voglia.
2. —Ragazzi, _____ la fate? Vi do una mano se _____ avete bisogno.
   —Eh, finalmente ti preoccupi un po' di noi! Non _____ credo!
3. —Non volevi intervistare il regista? _____ sei riuscito?
   —No, e non me _____ parlare! _____ vuole molta pazienza con questi pezzi grossi (*big shots*).
4. —C'è un nuovo ristorante coreano. Penso di andar_____ al più presto.
   —Va bene. Fammi sapere cosa _____ pensi.
5. —Giulio, sta' zitto, per favore! Quello che dici proprio non _____ entra; il problema è un altro.
   —Va bene, Laura, è meglio che non _____ parliamo più.

---

*Remember that **affatto** is an adverb and is therefore invariable.

6. —Dimmi un po'. _____ l'hai di nuovo con Marina? Prova a parlarle...
—_____ ho provato! Non _____ voglio più sapere di quella donna.

F. Modi di dire. Parafrasate queste frasi usando **avercela con, entrarci, farcela, metterci, tenerci a** o **volerci**.

> ESEMPIO: I voti sono di grande importanza per Luigi. →
> Luigi **ci tiene** molto ai voti.

1. I suoi commenti non sono molto pertinenti.   2. Hanno passato un'intera estate a riparare la casa.   3. Sono molto arrabbiata con Nino.   4. Sono necessari quattro anni per prendere la laurea in giurisprudenza (*law*).   5. Avete gran cura (*care*) della vostra Ferrari.   6. Finalmente ci siamo riusciti!

L'ITALIA DAL VIVO

Pubblicità televisive

Prima visione. Guardate attentamente il video la prima volta senza audio. Poi cercate di rispondere alle seguenti domande.

1. Quali sono gli argomenti delle tre pubblicità?
2. In che modo il primo spot pubblicitario differisce dal secondo e dal terzo?
3. Quale pubblicità è la più diretta ed efficace?
4. C'è un gruppo sociale specifico a cui questi spot pubblicitari sono diretti?
5. Quali sono le caratteristiche di questo gruppo sociale?
6. Queste pubblicità sono diverse da quelle che guardate negli State Uniti? Spiegate!

Seconda visione. Leggete il **Vocabolario utile** e guardate il video ancora due volte. La prima volta guardate ed ascoltate solo le informazioni generali. La seconda volta leggete l'esercizio che segue e cercate delle informazioni specifiche che vi servono per completarlo.

VOCABOLARIO UTILE

il cantante d'opera	*opera singer*
il confine	*border*
il marziano	*Martian*
il prestigiatore	*juggler*
il ruolo	*role*
il torero	*bullfighter*

Comprensione

Scegliete le risposte corrette.

1. La prima pubblicità incoraggia i telespettatori a pensare a
   a. un'Europa senza confini.
   b. un viaggio nei diversi paesi d'Europa.
   c. uno scambio studentesco tra i vari paesi europei.

2. Questa pubblicità si serve di
   a. cartoni animati.
   b. pupazzi.
   c. attori veri.
3. La seconda pubblicità presenta una serie di
   a. uomini d'affari.
   b. uomini vecchi.
   c. diversi personaggi.
4. La terza pubblicità invita i telespettatori ad usare «HappyDent» perché questo prodotto
   a. garantisce una vita prospera sul piano professionale e privato.
   b. è salutare.
   c. ci rende allegri.

Variazione

1. **Discussione.** Secondo voi, quale di queste tre pubblicità è la migliore? Spiegate la vostra scelta! Quali di questi spot pubblicitari sarebbero interessanti per il pubblico americano? Perché? Secondo voi, le stesse pubblicità hanno effetti simili su telespettatori in tutti i paesi dove sono trasmessi?
2. **Attività di gruppo.** Fate un elenco delle pubblicità più famose negli Stati Uniti. Fate un'altra lista dei prodotti americani pubblicizzati negli altri paesi.
3. **Attività di gruppo.** Preparate la pubblicità con un breve slogan di un prodotto venduto negli Stati Uniti e in Italia.

METTIAMOLO PER ISCRITTO!

Programmi televisivi

1. Descrivete una delle grandi famiglie della TV americana (la famiglia Addams, i Simpson, i Flintstone, ecc.). Quali sono le «manie» di questa famiglia? Come mai la trovate simpatica, divertente? Siate creativi!
2. Scrivete un breve articolo per una rivista italiana in cui parlate di uno dei programmi televisivi americani più seguiti. Spiegate come, secondo voi, questo programma rispecchi (*reflects*) (o *non* rispecchi) i gusti, i valori e i modi di vita degli americani.

CAPITOLO 8

Stasera sullo schermo

Si gira! Cosa fa il regista sul set? Che cosa dice al megafono? Chi sono le persone che dipendono dai suoi ordini?

CONTESTO CULTURALE
Andiamo al cinema

LETTURA
La dolce vita è finita: Cinquant'anni di cinema italiano

STRUTTURE
1. Pronomi tonici
2. Costruzione passiva
3. Costruzioni impersonali con *si*
4. Pronomi relativi

L'ITALIA DAL VIVO
Paura al cinema: Dario Argento, il maestro dell'horror italiano

METTIAMOLO PER ISCRITTO!
Vi è piaciuto il film?

Contesto culturale

Andiamo al cinema Ascoltate il dialogo almeno un paio di volte. Poi leggete le **Espressioni utili** ed interpretate le **Situazioni pratiche** insieme ad un compagno / una compagna.

Marisa e Franco si incontrano davanti a un cinema. Franco è in ritardo.

MARISA: Sempre in ritardo. Guarda che **fila**!

FRANCO: Mi dispiace, ma non trovavo da **posteggiare**.

MARISA: Non potevi venire con i **mezzi**? Non si può più girare in centro con la macchina...

FRANCO: Scusa, ma se stiamo qui a discutere, **esauriscono** i biglietti prima che ci mettiamo in fila.

MARISA: Rilassati, tanto il film è già esaurito.

FRANCO: Come fai a saperlo?

MARISA: Guarda il tabellone sopra la cassa.

FRANCO: E allora, cosa fa quella gente in fila?

MARISA: Come cosa fa? L'Odeon adesso è una **multisala**; andranno a vedere qualche altro film.

FRANCO: Sai che non lo sapevo—non venivo in centro da mesi. Io te l'avevo detto comunque che non dovevamo venire di mercoledì. Ci vengono tutti perché il biglietto è **scontato.**

MARISA: Sconto o non sconto, adesso che facciamo? Hai messo la macchina in un **parcheggio a pagamento**?

FRANCO: No, ho trovato un **buco** qui vicino. Ma perché non andiamo a vedere qualcosa qui?

MARISA: Cosa? A me non interessa nessuno degli altri film.

FRANCO: Guarda, fanno anche la versione in 70mm di *Via col vento*.

MARISA: Non ci saranno già più **posti.**

FRANCO: Aspetta che chiedo alla cassiera.

Dopo un attimo...

FRANCO: Dice che ci sono solo posti in prima fila.

MARISA: No, in prima fila no—mi viene il **torcicollo**. Io preferisco le ultime file.

FRANCO: Ormai a quest'ora anche tutti gli altri cinema saranno già pieni.

MARISA: Ci andiamo domani sera.

FRANCO: Sì, ma il biglietto non è più **ridotto**.

MARISA: Sì, anche il giovedì è ridotto se hai la **tessera** degli spettacoli del Comune.

FRANCO: Io non ce l'ho.

MARISA: Eh, va beh, te lo offro io se proprio è un problema. Però la tessera dovresti farla—ti fanno sconti anche agli spettacoli teatrali e tutti i giorni nel **cinema d'essai**.

FRANCO: Ma sai che vado al cinema solo con te e al massimo una volta al mese.

MARISA: E a teatro?

FRANCO: Me lo chiedi come se non lo sapessi.

MARISA: Beh, **mica** siamo sposati, io non so quello che fai quando non ti vedo.

FRANCO: Dai, lasciamo stare il cinema stasera. **Noleggiamo** una video e ce lo vediamo a casa mia.

MARISA: No, carissimo, piuttosto vedo Scarlett O'Hara grande come un grattacielo in prima fila. Andiamo al cinema!

ESPRESSIONI UTILI PER ANDARE AD UNO SPETTACOLO

la fila	*line, queue*
posteggiare	*to park*
i mezzi	*public transportation*
esaurire / esaurito	*to sell out/sold out*
la multisala	*multi-screen theater*
lo sconto / scontato	*discount/at a discount*
il parcheggio a pagamento	*parking lot*
il buco	*parking place* (lit., *hole*)
il posto	*seat*
il torcicollo	*stiff neck*
ridotto	*reduced* (price)
la tessera	*ID card entitling bearer to discounts*
il cinema d'essai	*theater dedicated to foreign and noncommercial films*
mica	*not at all*
noleggiare	*to rent*

Inserite una delle parole elencate sopra nelle frasi seguenti.

1. Vado a vedere quel film straniero in un _____.
2. Se mi siedo troppo vicino allo schermo, mi viene il _____.
3. Non ho trovato neanche un _____ dove mettere la macchina.
4. Tutti vanno al cinema mercoledì perché i biglietti sono _____.
5. Stasera non ho voglia di uscire. Forse _____ un film in videocassetta.

Situazioni pratiche

Con un compagno/una compagna, interpretate le seguenti situazioni.

1. Studente 1 ha aspettato Studente 2 per mezz'ora e quando è arrivato era troppo tardi per andare al cinema. Oggi è il giorno dello sconto e non ci sono altri cinema dove andare lì vicino.
2. Studente 1 vuole invitare un'amica, Studente 2, al cinema, ma S2 vuole andare al teatro. A S1 il teatro non piace, e non glielo vuole dire per non fare brutta figura. E poi costa troppo e non ha abbastanza soldi. Quale scusa inventa per non andare a teatro? Come convince S2 a venire al cinema? Quale tipo di film le propone?

VOCABOLARIO TEMATICO

The following terms are useful for discussing film making and film history.

Sostantivi

il dopoguerra period following
   World War II
l'emarginazione social ostracism,
   "second-class citizenship"
l'evasione escape, escapism
il genere genre, type
l'impotenza helplessness
l'ipocrisia hypocrisy
la lotta struggle, fight
la miseria poverty
la rabbia anger, rage
il regista film director
il romanzo storico historical novel

il ruolo role
la sopravvivenza survival
la tendenza tendency
la vicenda story, plot

Verbi

affermarsi to attain success, become
   popular
allontanarsi (da) to move away
   (from)
contrapporsi (a) to contrast (with)
formarsi to acquire professional experience and knowledge
girare to direct (a film)

riassumere to summarize

Aggettivi

borghese bourgeois, upper middle-
   class
ricorrente recurrent
scadente poor-quality
sconvolto very upset, devastated

Altre parole ed espressioni

(ciò) nonostante in spite of (that)
da... in poi from... on

A. Abbinate le parole a sinistra con le loro definizioni o sinonimi a destra.

1. _____ regista
2. _____ miseria
3. _____ lotta
4. _____ riassumere
5. _____ dopoguerra
6. _____ rabbia
7. _____ sconvolto

8. _____ nonostante
9. _____ vicenda
10. _____ tendenza

a. senza prendere in considerazione
b. fare un sommario
c. evento
d. estremamente turbato
e. orientamento o corrente
f. povertà
g. la seconda metà degli anni quaranta e gli anni cinquanta
h. chi dirige i film
i. battaglia
j. ira

B. Cercate delle parole nel **Vocabolario tematico** che contengano le seguenti
radici (*roots*). Spiegate il rapporto tra la parola e la radice.

ESEMPIO: **fronte: affrontare** →
   «Affrontare» vuol dire trattare un problema o una situazione con la
   «fronte», con la faccia in avanti, cioè, direttamente.

1. cadere   3. lontano   5. forma   7. vivere
2. margine   4. porre   6. correre

C. Scegliete la parola o l'espressione adatta per ogni frase, secondo il contesto.

1. A Hollywood si fanno soprattutto film (ipocriti / d'evasione); raramente
   hanno un contenuto (*content*) serio.
2. I giovani registi che vogliono (affermarsi / allontanarsi) nel mondo del
   cinema spesso devono arrivare a dei compromessi.

3. Secondo molti critici, il cinema americano ed europeo degli anni cinquanta rispecchiava (*reflected*) la società (sconvolto / borghese) di quell'epoca.

4. I film americani e stranieri sono molto popolari in Italia. (Sconvolto / Ciò nonostante), molti registi italiani continuano a produrre film di grande valore.

5. Non sopporto la maggior parte dei film moderni; in genere le idee sono superficiali e la qualità è (ricorrente / scadente).

6. Per diventare veramente bravo, un regista deve (formarsi / contrapporsi) attraverso un lungo e attento studio dei classici del cinema.

7. I produttori cinematografici spesso vengono (sono) accusati (d'emarginazione / d'ipocrisia) perché fingono (*pretend*) d'interessarsi alla qualità artistica mentre in realtà si preoccupano solo dei soldi.

8. Orson Welles aveva solo 26 anni quando ha (riassunto / girato) il suo primo film, *Citizen Kane*.

D. Completate le seguenti frasi con le parole adatte del **Vocabolario tematico**, secondo il contesto.

1. Il mio _____ letterario preferito è il _____, perché mi interessano molto i personaggi e gli avvenimenti del passato.

2. Nel dopoguerra, le condizioni economiche erano terribili. C'era una tale _____ che molta gente era costretta a lottare per la propria _____.

3. Negli ultimi cinquant'anni, cioè _____ dopoguerra _____, l'Italia ha conosciuto una gran prosperità. _____ brevi periodi di crisi, il livello di benessere (*comfort*) economico generale è aumentato.

4. Il neorealismo ha un _____ molto importante nella storia del cinema italiano.

PRELETTURA

Italy occupies a fundamental position in the history of modern cinema. Its contribution to film art rivals its importance as a source of great painting, sculpture, and music. Even today, when the film industry is largely dominated by huge multinational corporations, movies by independent Italian directors continue to impress critics and audiences throughout the world. This chapter's reading, "La dolce vita è finita: Cinquant'anni di cinema italiano," offers a brief overview of Italian cinema, from the neorealist movement (which exercised a profound influence on film art) to the current wave of independent cinematographers, who continue to create extraordinary works despite shrinking markets and intense foreign competition.

Entriamo nel contesto!

A. Piccolo quiz sul cinema. Guardate, alla pagina seguente, i titoli segnalati con l'asterisco. Potete indovinare (*guess*) i titoli inglesi di questi film americani? Quanti ne avete visti?

25 FILM DA SALVARE

25 americani da salvare

*1. **La febbre dell'oro** di e con Charlie Chaplin, 1925.

2. **Cameraman** di Edward Sedgwick con Buster Keaton, 1928.

3. **Mickey Mouse e le Silly Symphonies** di Walt Disney, dal 1928 al 1940.

*4. **Zuppa d'anatra** di Leo McCarey con i Fratelli, 1933.

*5. **I Figli del deserto** di William A. Seiter con Stan Laurel e Oliver Hardy, 1934

6. **La leggenda di Robin Hood** con Errol Flynn e Olivia De Havilland, 1938

*7. **Via col vento** di Victor Fleming con Clark Gable e Vivien Leigh, 1939

8. **Citizien Kane** di e con Orson Welles, 1941

*9. **Il grande sonno** di Howard Hawks con Humphrey Bogart e Lauren Bacall, 1946

*10. **La vita è meravigliosa** di Frank Capra con James Stewart e Lionel Barrymore, 1946

11. **Sfida infernale** di John Ford con Henry Fonda, 1946

*12. **Il tesoro della Sierra Madre** di John Huston con Humprhrey Bogart e Walter Huston, 1948

*13. **Fronte del porto** di Elia Kazan con Marlon Brando, 1854

*14. **A qualcuno piace caldo** di Billy Wilder con Marilyn Monroe, Tony Curtis e Jack Lemmon, 1960

15. **Psyco** di Alfred Hitchcock con Anthony Perkins e Janet Leigh, 1960

*16. **Il mucchio selvaggio** di Sam Peckinpah con William Holden e Robert Ryan, 1969

*17. **Il cacciatore** Di Michael Cimino con Robert De Niro e Meryl Streep, 1978

18. **Manhattan** di e con Woody Allen, 1979

19. **Apocalypse now** di Francis Coppola con Martin Sheen e Marlon Brando, 1979

20. **The Blues Brothers** di John Landis con John Belushi Dan Aykroyd, 1980

21. **Shining** di Stanley Kubrick con Jack Nicholson, 1980

22. **Blade Runner** di Ridley Scott con Harrison Ford, 1982

23. **E.T.** di Steven Spielberg con Henry Thomas e Peter Coyote, 1982

*24. **Gli intoccabili** di Brian De Palma con Kevin Costner e Robert De Niro, 1987

*25. **Chi ha incastrato Roger Rabbit** di Robert Zemeckis con Bob Hoskins e Christopher Lloyd, 1988

QUESTI SONO I 25 FILM USA DA RICORDARE SEMPRE. SI TRATTA DI VERE E PROPRIE OPERE D'ARTE

B. I film elencati (*listed*) rappresentano ogni decennio della storia del cinema americano, dagli anni venti fino agli anni ottanta. Ricordate altri film, a parte quelli citati nell'elenco, che hanno avuto successo in ognuno di quei periodi? Quale periodo della storia cinematografica americana considerate più importante e più valido? Spiegate e giustificate la vostra opinione.

C. Altro quiz sul cinema! Con un compagno/una compagna di classe, completate la tabella alla pagina 172 con le informazioni richieste per i seguenti film.

> **Generi:** dramma psicologico, storia d'amore, film comico-brillante, bellico (di guerra), western, di fantascienza, avventuroso, storico, di suspense, d'orrore, giallo, poliziesco, socio-politico

Strategie per la lettura

More on skimming for basic information. The first paragraph of the following article clearly states its overall purpose: to summarize the various phases of the development of Italian cinema from the end of World War II to the present. Therefore, you can expect to find a discussion of the principal genres and trends of Italian postwar cinema, as well as reference to the major directors and films.

If you skim the article quickly to identify key items of information, you will be able to construct a rough outline of its contents, even though at first you may not be able to understand all the grammatical or syntactic detail.

Look over the third paragraph and try to pick out the necessary information to complete the following simple outline:

A. Name of major genre, trend, or movement
   1. most important directors
   2. themes
   3. major films
   4. period

FILM	REGISTA	GENERE	PERIODO	ATTORI (ATTRICI) PRINCIPALI
ESEMPIO: *Il Dottor Stranamore*	S. Kubrick	comico-brillante	anni sessanta	Peter Sellers George C. Scott, Sterling Hayden
1. *Psico*				
2. *Via col vento*				
3. *Casablanca*				
4. *Per un pugno (fistful) di dollari*				
5. *Malcolm X*				
6. *MASH*				
7. *Alien (1, 2 e 3)*				
8. *Attrazione fatale*				
9. *Annie Hall*				
10. *Balla coi lupi*				
(Continuate voi!)				

Then skim to locate the next mention of a genre or trend, and continue constructing your outline in the same way. The completed outline will provide a chronological account of the major developments in Italian cinema over the past fifty years. From the number of examples cited of a particular genre or style, you can also get an idea of its longevity and relative importance in Italian film as a whole.

• •

LETTURA

La dolce vita è finita: Cinquant'anni di cinema italiano

Negli Stati Uniti il cinema italiano non è molto conosciuto. Per la maggior parte del pubblico americano l'unico regista noto rimane Federico Fellini, anche se la produzione cinematografica italiana è stata, dal dopoguerra in poi, ricca e complessa. Cerchiamo di riassumerne brevemente le varie fasi.

5   Con il termine «neorealismo» si indica un modo di intendere[1] la tematica e la tecnica cinematografica che si afferma alla fine degli anni quaranta. Il neorea-

---

[1]*conceptualizing*

lismo si contrappone al modello Hollywoodiano, che aveva fino ad allora[2] domi-
nato la cinematografia italiana. Invece di servire da puro spettacolo o forma
d'evasione, i film neorealisti sono «documenti» sociali e storici che descrivono
10 con vigore la realtà di un'Italia sconvolta dalla Seconda guerra mondiale immersa
nella miseria. I protagonisti diventano gli «uomini della strada» (spesso imper-
sonati da attori non professionisti), nella loro lotta quotidiana di sopravvivenza
fisica e morale.

Tra gli autori più famosi del cinema neorealista ricordiamo Roberto
15 Rossellini, regista di *Roma città aperta* (1945), un dramma-documento delle ultime tragiche fasi di liberazione dal fascismo, e di *Paisà* (1946), che tratta dello
sbarco delle truppe alleate[3] in Sicilia. Ma il film forse più amato e imitato dai registi successivi è *Ladri di biciclette* (1948), di Vittorio De Sica. Questo film racconta la vicenda di una famiglia che vive ai margini della società; una famiglia
20 coinvolta[4] in una lotta disperata per sopravvivere in un mondo in cui la solidarietà umana sembra soffocata.

Tra gli anni cinquanta e sessanta, si esauriscono[5] lentamente le condizioni economiche e sociali che avevano determinato il neorealismo. Logicamente, anche i
registi che si erano formati durante quel periodo prendono strade diverse. È ora
25 che si affermano autori come Fellini, Visconti ed Antonioni.

Federico Fellini, che continuerà comunque a definirsi neorealista per molto
tempo, gira in questi anni alcuni dei suoi capolavori. Tra questi *I vitelloni* (1953),
che rievoca (in chiave nostalgica e lirica, ma anche con un fondo severo di critica
sociale) la giovinezza del regista nella provincia riminese.[6] Poi, *La strada* (1954),
30 un film altamente poetico, che è una storia di emarginazione e violenza tra saltim-
banchi[7] di strada. Sono proprio queste caratteristiche «magiche», «surrealistiche»

---

[2]*fino... up to that point*   [3]*sbarco... landing of the Allied troops*   [4]*caught up*   [5]*si... fade out*   [6]*of Rimini, a coastal city in*
Romagna   [7]*circus-type entertainers*

o «soprannaturali» (termini usati da vari critici per definire i film di Fellini) che ne fanno un interprete tutto particolare del neorealismo. I suoi film successivi, come *La dolce vita* (1960) e *Otto e mezzo* (1963), si allontanano sempre di più dalla ten-
35 denza «magica». Affrontano invece i problemi della decadenza del mondo borghese, del ruolo degli intellettuali e del vuoto della società del benessere.[8]

Luchino Visconti, con il film *Senso* (1954), tratto da[9] un romanzo storico, continua il suo lavoro come grande interprete cinematografico del romanzo. Il suo capolavoro *Il gattopardo* (1963) è basato sul famoso e popolarissimo romanzo
40 dello scrittore siciliano G. Tomasi di Lampedusa. Il tema del film, come del romanzo, è la crisi finale dell'aristocrazia siciliana sullo sfondo[10] delle lotte per l'unificazione dell'Italia.

Michelangelo Antonioni, invece, è passato alla storia del cinema italiano come il regista dell'alienazione e dell'incomunicabilità.[11] Tipici della sua tecnica sono i
45 lenti movimenti della cinepresa[12] e i lunghissimi silenzi, caratteristici di film come *L'eclisse* (1962). Fra i suoi film più noti si ricorda soprattutto *Blow-up* (1966), che ha come tema fondamentale il rapporto tra realtà e finzione. Il protagonista è un giovane fotografo che si trova paradossalmente coinvolto in un omicidio senza capire se quello che ha fotografato è veramente accaduto[13] o è
50 solamente illusione.

Negli anni cinquanta e sessanta si diffonde anche il genere della cosidetta «commedia all'italiana» con una serie di film comico-brillanti. Alcuni autori riescono a fondere[14] l'umorismo con una critica dei costumi e delle condizioni dell'Italia del dopoguerra. Tra gli esempi più famosi ricordiamo *La grande guerra*
55 (1959) di Mario Monicelli; *Divorzio all'italiana* (1962), di Pietro Germi, è una satira sociale sulla famiglia del sud d'Italia e sul ruolo dell'uomo e della donna nella società moderna.

Sempre in questi anni si afferma il genere del film politico e di impegno sociale, a seguito[15] dei movimenti studenteschi ed operai[16] del 1968. Tra i tanti film
60 importanti di questo periodo ricordiamo *Trevico-Torino, viaggio nel FIAT Nam* (1973), di Scola, sulla condizione degli operai immigrati nelle grandi fabbriche del nord d'Italia. Esplode poi il genere del «western all'italiana» del regista Sergio Leone, diventato famoso per film come *Per un pugno di dollari* e *C'era una volta il West,* che sottolineano[17] l'aspetto rituale del western classico.

65 Fra tutti i grandi registi che si distinguono, a partire da quegli anni, per il loro stile completamente originale, dobbiamo citare almeno Marco Bellocchio e Pier Paolo Pasolini. Con *I pugni in tasca* (1965), Bellocchio rappresenta la rabbia e l'impotenza di un giovane contro l'ipocrisia famigliare e sociale. I film di Pasolini, uno degli artisti italiani più importanti di questo secolo (era anche poeta, ro-
70 manziere e saggista),[18] rappresentano invece «lo scandalo della diversità» sociale e sessuale. Pasolini usa un linguaggio cinematografico unico per raccontare miti antichi e i classici—*Edipo re* (1967), *Medea* (1970), *Il Decameron* (1971), *I racconti di Canterbury* (1974)—che raffigurano[19] soprattutto il rapporto tra l'energia erotica, la civiltà e la morte.

75 Nonostante il trionfo dei film stranieri sul mercato italiano durante gli ultimi anni recenti, molti registi italiani continuano a produrre film di alta qualità tec-

---

[8]*vuoto... emptiness of affluent society*   [9]*tratto... based on*   [10]*sullo... against the backdrop*   [11]*impossibility of communicating*   [12]*camera*   [13]*occurred*   [14]*unite, blend*   [15]*a... following*   [16]*workers*   [17]*emphasize*   [18]*essayist*   [19]*represent*

nica e artistica. Nanni Moretti, con *Palombella rossa* (1990), rappresenta la perplessità politica e sociale degli italiani di oggi. Daniele Luchetti, con *Il portaborse*
(1991), offre un ritratto spietato[20] della corruzione e del malgoverno dell'attuale
80 classe politica italiana. Francesca Archibugi, una delle più brave registe cine-
matografiche che si sono affermate negli ultimi trent'anni, ha girato *Mignon è
partita* (1990), un bildungsroman* al femminile; *Verso sera* (1991), ritratto[21] in
chiave triste e ironica della «generation gap» all'italiano; *Il grande cocomero*
(1993), il film che l'ha definitivamente consacrata tra i grandi del giovane cinema
85 italiano.

---

[20]*merciless, pitiless*   [21]*portrait*

Avete capito?

A. Individuate le parole che nel testo definiscono le caratteristiche cinematogra-
fiche dei seguenti registi. Poi, divisi in gruppi, spiegate come la parola scelta
definisce lo stile dei registi.

ESEMPIO: Federico Fellini →
           emarginazione: tema importante per i neorealisti del dopoguerra, e
           in particolare per Fellini nel *La strada*

1. Luchino Visconti   **2.** Vittorio De Sica   **3.** Michelangelo Antonioni

B. Associate ogni regista con il tema o il genere che più lo caratterizza.

A	B
1. _____ De Sica	**a.** alienazione
2. _____ Antonioni	**b.** commedia
3. _____ Visconti	**c.** western all'italiana
4. _____ Scola	**d.** socio-politico
5. _____ Leone	**e.** rapporto energia erotica/morte
6. _____ Pasolini	**f.** neorealismo
7. _____ Moretti	**g.** film-romanzo

C. In base alla lettura, indicate se le seguenti affermazioni sono vere o false. Spiegate le vostre scelte.

	V	F
1. In Italia, la rottura (*break*) con il modello hollywood-iano inizia con i film neorealisti del dopoguerra.	_____	_____
2. Fellini, rispetto agli altri registi italiani, ha ricevuto poco credito all'estero.	_____	_____
3. I primi film dei neorealisti trattavano della decadenza del mondo borghese.	_____	_____
4. Il neorealismo scompare con il miglioramento della situazione economica italiana.	_____	_____

---

*Bildungsroman = romanzo che narra lo sviluppo intellettuale e/o morale del (della) protagonista da
giovane.

	V	F

5. Il capolavoro di Visconti, *Il Gattopardo*, è l'unico suo film basato su un romanzo.   ____ ____

6. Due generi (la commedia, e il film politico e d'impegno sociale) si affermano nello stesso periodo, cioè negli anni sessanta e settanta.   ____ ____

7. La crisi degli anni ottanta e novanta ha quasi paralizzato la produzione cinematografica italiana.   ____ ____

E ora a voi!

A. Ecco gli annunci dei film più spesso noleggiati in videocassette. Ognuno è rappresentativo di aspetti significativi della società statunitense (*U.S.*) contemporanea. In gruppi di quattro o cinque, parlate delle trame di ogni film segnalato con l'asterisco, e rispondete alle seguenti domande.

1. A che cosa è dovuto il grande successo del film?
2. Quali aspetti della società contemporanea sono rappresentati nel film? Sono aspetti positivi o negativi?
3. Secondo voi, il successo del film è meritato (*well-deserved*)? Perché sì o perché no?

B. Rispondete alle seguenti domande.

1. Avete visto dei film stranieri? Se sì, quali? In termini molto generali, come erano diversi dai film di Hollywood?
2. Qual è il vostro tipo di film preferito, e perché?
3. A vostro parere, quali sono i registi americani più bravi? Perché?
4. Quali sono i film più scadenti che avete visto negli ultimi tre o quattro anni? Spiegate la vostra scelta.

☐ VIDEOCASSETTE

1 FANTASIA (1) di Walt Disney, Samuel Armstrong, James Algar, Bill Roberts. (Walt Disney Home Video).

*2 GHOST - FANTASMA (2) di Jerry Zucker, con Demi Moore, Patrick Swayze, Whoopy Goldberg. (Cic Video).

*3 BALLA COI LUPI (3) di Kevin Costner, con Kevin Costner, Mary McDonnell, Graham Greene. (Fox Video).

4 MAMMA HO PERSO L'AEREO (4) di Chris Columbus, con Macaulay Culkin, Joe Pesci, Daniel Stern. (Fox Video).

*5 TARTARUGHE NINJA (8) di S. Barron, con J. Hoag, Elias Koteas, Raymond Serra. (Vivivideo).

6 AMLETO (5) di Franco Zeffirelli, con Mel Gibson, Glenn Close, Alan Bates, Helena Bonham-Carter. (Vivivideo).

*7 LA SIRENETTA (6) di John Musker, Ron Clements, Joe Julian. (Walt Disney Home Video).

8 DUE FIGLI DI... (-) di Frank Oz con Michael Caine, Steve Martin, Glenne Headly. (Rca Columbia).

9 KAGEMUSHA - L'OMBRA DEL GUERRIERO (7) di Akira Kurosawa, con M. Nozio, S. Takashi. (Cbs Fox Video).

10 VIA COL VENTO (10) di Victor Fleming, con Vivien Leigh, Clark Gable, Leslie Howard. (Warner Home Video).

STRUTTURE

1. Pronomi tonici

SINGOLARE	PLURALE
me	noi
te	voi
lui, lei, Lei	loro, Loro
sè	sè

1. Disjunctive pronouns are most commonly used after prepositions.

    Questi video sono per **voi**.
    Sono andata al cinema con **lui**.

2. Disjunctive pronouns can also be used as direct objects immediately *following* the verb, for emphasis or to distinguish two or more objects in the same sentence.

    Il professore vuole vedere tutti gli studenti? —No, vuole vedere solo **noi**.
    —Avete incontrato Stefano e Irene?
    —Abbiamo incontrato **lui**, non **lei**.

3. Disjunctive pronouns are also used in comparative expressions and exclamations.

Caro mio, Kevin Costner è molto più bello di **te**!	*My dear, Kevin Costner is much better-looking than you!*
Le mie amiche lavorano quanto **lui**, ma guadagnano meno.	*My [female] friends work as much as he, but they earn less.*
Ha avuto un ruolo nel nuovo film. Beata **lei**!	*She got a part in the new movie. Lucky her!*

4. **Sè** (third-person singular or plural) refers back to the subject of the sentence. It can mean *himself, herself, yourself* or *yourselves* (*formal*), *itself,* or *themselves.*

    Quell'attore è pieno di **sè**: parla solo di **sè** stesso.
    Sono egoisti; pensano solo a **sè** stessi.

5. **Da** + *disjunctive pronoun* can also substitute for **da solo/a/i/e**, meaning *by myself, yourself, etc.* The third-person form is always **da sè**.

    Faccio sempre tutto **da me (da sola)**.
    Francesco preferisce prepararsi la valigia **da sè (da solo)**.

6. **Dopo, senza, sotto, su**, and many other prepositions require **di** when followed by disjunctive pronouns.

Siete arrivati **dopo di** noi?	*Did you arrive after us?*
Sono venuta **senza** Roberto; sono venuta **senza di** lui.	*I came without Roberto; I came without him.*
Abitano **sotto di** me.	*They live underneath me.*

Attenzione!   Reminder: **da** + *proper name or disjunctive pronoun* means *at* or *to someone's house:*

    Andate sempre **da Giulia (da lei)**. Venite **da me** stasera—c'è un bel film alla TV.

Un po' di pratica

A. Che confusione! Il povero Pasqualino Passaguai è un po' confuso (come al solito)! Correggetelo secondo l'esempio alla pagina seguente. Sostituite i nomi o pronomi indicati con le forme adatte dei pronomi tonici.

ESEMPIO: Chiara *mi* ha invitato al ricevimento! (Stefano) →
            No, no, ha invitato **lui**, non **te**!

1. Quelle belle ragazze *ci* vogliono invitare a cena. (Marco e Bob)
2. Lisa *mi* ha dedicato questa poesia. (Davide)
3. Devo prestare la bici a *Sergio*. (Anna)
4. Rita ha invitato *gli altri* al cinema. (tu e Franco)
5. Mirella *mi* ha portato questi biscotti. (io)
6. Mirella prende in giro *Lamberto*. (tu)

B. Sempre da soli. I vostri amici sono molto indipendenti! Parlatene secondo l'esempio.

ESEMPIO: Gioia → Fa tutto **da sè**.

1. noi ragazze   3. i ragazzi   5. Piera e Mira
2. Claudio   4. io   6. tu e Paolo

Ora ripetete l'esercizio usando le forme adatte di **da solo**, secondo il soggetto.

ESEMPIO: Gioia → Fa tutto **da sola**.

C. Problemi di cuore, amici di palazzo. Completate i brani con le forme adatte dei pronomi tonici, secondo il contesto.

1. Ieri Francesca, la mia ragazza, è andata al cinema senza di _____.[1] Sono rimasto molto deluso. Io le ho telefonato, e mi ha detto che questo non voleva dire nulla. Secondo _____,[2] Roberto è solo un amico e ieri preferiva vedere quel film con _____,[3] punto e basta (*that's all there is to it*). Dentro di _____,[4] però, non ero convinto di tutto ciò, e gliel'ho detto. Francesca mi ha risposto che, in fin dei conti (*when you come right down to it*), Roberto è un ragazzo simpatico e un po' timido, che non ha molti amici, e perciò (*therefore*) non devo dire niente contro di _____.[5] Forse ha ragione; è meglio non essere così geloso.

2. Abitiamo in un bel palazzo in centro. Sopra di _____[6] c'è una sola famiglia, i Colombo. Sono sempre molto gentili verso di _____,[7] ed io mi occupo spesso del loro cane, Fulmine. Sotto di _____[8] ci sono due famiglie, i de Sanctis e i Guarnaccia. I Guarnaccia abitano in questo palazzo da tre anni. I de Sanctis sono venuti dopo di _____,[9] ma ci conosciamo già bene. Ho fatto amicizia (*I've made friends*) con la loro figlia Tiziana; esco spesso con _____.[10] Abbiamo dei vicini simpaticissimi: possiamo contare su di _____,[11] e questo ci fa piacere.

D. Discorso sul cinema. Parlate un po' di cinema con un compagno/una compagna di classe. Chiedete a lui/a lei...

1. Secondo lui (lei), chi è l'attore più bravo e chi è l'attrice più brava?
2. Secondo i suoi amici (le sue amiche), quale genere di film è più divertente?
3. Secondo lui (lei), quali sono le caratteristiche più importanti del cinema americano contemporaneo?
4. Secondo i suoi genitori, quali film sono migliori, quelli anni '60 e '70 o quelli contemporanei? Perché?

2. Costruzione passiva

In the active voice, the subject performs the action of the verb: *Frank reads the book*. In the passive voice (**la coniugazione passiva**), the subject undergoes the action of the verb: *The book is read by Frank*. All the tenses reviewed so far have been presented in the active voice only, but every verb tense has both an active and a passive voice.

1. The passive is formed with **essere** and the past participle of the main verb. The following chart shows the passive voice of **salutare** in the present tense and the **passato prossimo**.

PRESENT	PASSATO PROSSIMO
sono salutato/a	**sono stato/a** salutato/a
sei salutato/a	**sei stato/a** salutato/a
è salutato/a	**è stato/a** salutato/a
siamo salutati/e	**siamo stati/e** salutati/e
siete salutati/e	**siete stati/e** salutati/e
sono salutati/e	**sono stati/e** salutati/e

The forms of the other tenses follow these basic patterns. In the imperfect: **ero** salutat**o/a**, **eri** salutat**o/a**, etc. Note that in the **passato prossimo** and other compound tenses, **essere** is followed by *two* past participles: **stato** and the past participle of the main verb.

2. In the passive voice the past participle agrees in gender and number with the subject.

I film italiani **sono** ammirat**i** in tutto il mondo.	*Italian films are admired all over the world.*
La fontana **fu** costruit**a** nel '600.	*The fountain was built in the 1600s.*

3. Only transitive verbs can be used in the passive voice. If the agent (the person performing the action) is expressed, it is preceded by **da** + *article* (if necessary).

COSTRUZIONE ATTIVA	COSTRUZIONE PASSIVA
Maria guida la macchina. *Maria drives the car.*	La macchina è guidata **da** Maria. *The car is driven by Maria.*
Maria incontrerà i Rossi. *Maria will meet the Rossis.*	I Rossi saranno incontrati **da** Maria. *The Rossis will be met by Maria.*
L'amico di Maria ha portato i Rossi in albergo. *Maria's friend brought the Rossis to their hotel.*	I Rossi sono stati portati in albergo **dall'**amico di Maria. *The Rossis were brought to their hotel by Maria's friend.*

4. In Italian, only the direct object of an active verb can become the subject of a passive construction. In English, by contrast, the indirect object can sometimes function as the subject of a passive verb. Compare and contrast:

L'Accademia ha dato un Oscar a Sofia Loren.	*The Academy gave Sofia Loren an Oscar.*
Un Oscar è stato dato a Sofia Loren dall'Accademia.	*An Oscar was given to Sofia Loren by the Academy.* *Sofia Loren was given an Oscar by the Academy.*

The final English example cannot be translated literally into Italian.

5. In simple tenses of the passive voice, **venire** can replace **essere**.

I film **vengono (sono)** proiettati alle 20,30.	*Films are shown at 8:30 pm.*
La dolce vita, però, **verrà [sarà]** proiettato alle 19,00.	La dolce vita, *though, will be shown at 7:00 pm.*

6. **Andare** can also substitute for **essere**. In simple tenses only, it conveys the idea of duty, obligation, or necessity.

Queste regole **vanno** rispettate.	*These rules must be respected.*
I compiti **andavano** fatti tutti i giorni.	*Assignments had to be done every day.*

Andare and **rimanere** are frequently used in both simple and compound tenses with verbs indicating destruction or loss, such as **distruggere**, **perdere**, **sprecare** (*to waste*), and **smarrire** (*to lose, mislay*).

Molti manoscritti **sono andati** smarriti.	*Many manuscripts were lost.*
Il palazzo è **rimasto** distrutto dopo il bombardamento.	*The building was destroyed following the bomb raid.*

Un po' di pratica

A. Ancora sul cinema. Mettete le frasi alla forma attiva.

ESEMPIO: Fellini è ammirato da tutti. → Tutti ammirano Fellini.

1. «C'eravamo tanto amati» è stato diretto da Ettore Scola.
2. Sofia Loren è ammirata dal grande pubblico e dai critici.
3. «Il Gattopardo» di Visconti è stato criticato da molti intellettuali di sinistra (*left-wing*).
4. «Medea» è stato ambientato (*filmed*) da Pasolini in Turchia.
5. Purtroppo, tantissimi film italiani non vengono messi in circolazione dai distributori americani.
6. Le inquadrature (*shots*) dei film di Antonioni sono studiate da tutti i giovani registi.

B. Pettegolezzi (*Gossip*) **sul set.** Mettete le frasi alla forma passiva.

ESEMPIO: La regista sgrida continuamente gli attori. →
Gli attori sono sgridati continuamente dalla regista.

1. Il giornalista Neri conosce tutti gli scandali del mondo del cinema.
2. La regista ha licenziato l'attore principale.
3. Uno scrittore sconosciuto scrive il copione (*script*).
4. Il produttore non ha approvato i cambiamenti al copione.
5. Qualcuno ha rubato due bobine di pellicola (*reels of film*).
6. Il critico Lazzeri ha scritto una recensione (*review*) molto negativa.

C. Un'altra brutta giornata per Pasqualino Passaguai. Povero Pasqualino—gli accadono (*happen*) sempre dei disastri! Descrivete quello che gli è successo. Seguite l'esempio.

ESEMPIO: Ho perduto la cartella (*briefcase*). →
La cartella è andata (rimasta) perduta.

1. Ho sprecato centomila lire.
2. Ho smarrito una chiave.
3. Ho perso (perduto) gli occhiali da sole.
4. Ho distrutto la macchina.
5. Ho perduto la nuova giacca.
6. Ho smarrito i documenti.

D. Leggete queste informazioni sul film *JFK*. Siete d'accordo con la maggioranza degli americani interpellati (*interviewed*) che sull'omicidio Kennedy la verità non sia stata detta? Fate un sondaggio informale per conoscere le opinioni dei compagni / delle compagne di classe. Secondo voi, chi erano i veri colpevoli?

Credete che la verità sia stata detta su altri fatti importanti della storia recente, come l'affare Iran-Contra, il Watergate e l'invasione dell'Iraq?

> Dopo il film «JFK», il **72%** degli americani sostiene che sull'omicidio Kennedy non è stata detta la verità. Ma chi possono essere i veri colpevoli? Secondo un sondaggio «Time»-Cnn: la Cia (**58%**), la mafia (**48%**), Cuba (**34%**), gli anticastristi (**19%**), il Pentagono (**19%**). **(Numeri a cura di Federico Bini).**

3. Costruzioni impersonali con *si*

1. Constructions with **si** can be used to give transitive verbs in the third-person singular or plural a passive meaning. This construction is expressed in English using the passive voice or as *people, they, one, you,* or *we,* depending on context.

Si ammira molto la «commedia all'italiana».

The "commedia all'italiana" is widely admired. [*People greatly admire the "commedia all'italiana."*]

Si proiettono molti documentari al cinema Odeon.

A lot of documentaries are shown at the Odeon. [*They show many documentaries at the Odeon.*]

2. In compound tenses, this **si** construction always uses the auxiliary **essere**, and the past participle of the verb agrees with the subject in gender and number.

Un film simile non si è mai visto.	*Such a film has never been seen.*
Si sono dimenticati i sottotitoli.	*The subtitles were [have been] left out.*

3. Direct- and indirect-object pronouns precede **si**. Only **ne** follows it, **si** changing to **se**. (**Si** + **ne** = **se ne**.)

Si ascolta attentamente il regista.	*People listen attentively to the director.*
Lo si ascolta attentamente.	*People listen to him attentively.*
Si distribuiscono i costumi agli attori in cantina.	*Costumes are distributed to the actors in the basement.*
Glieli si distribuiscono in cantina.	*They are distributed to them in the basement.*
Si parla raramente del primissimo Fellini.	*People rarely talk about Fellini's early work.*
Se ne parla raramente.	*People rarely talk about it.*

4. Note how the modal verbs **dovere**, **potere**, and **volere** are used in this **si** construction.

Si possono capire le parole senza guardare i sottotitoli.	*The words can be understood without looking at the subtitles.*
Le si possono capire senza guardare i sottotitoli.	*They can be understood without looking at the subtitles.*

5. Another impersonal construction uses **si** and the third-person singular of the verb. In this case **si** means *one, people in general,* or *we,* and depending on context can be translated as *one, people, we, they,* etc.

In questi giorni, **si va** meno al cinema.	*These days, people go to the movies less.*
Si resta più spesso a casa a guardare i video.	*They stay at home watching videos more often.*

6. When reflexive verbs are used with **si** constructions, **si si** becomes **ci si**.

Ci si meraviglia quando Stallone fa un film romantico.	*People are astounded when Stallone makes a romantic movie.*

Ci si afferma difficilmente nel mondo del cinema.	*It is hard to succeed in the film world.*

7. In this **si** construction too, the auxiliary verb in compound tenses is always **essere.** If the verb's normal auxiliary is **avere**, the past participle ends in **-o**; if its normal auxiliary is **essere**, the past participle ends in **-i**.

Si è parlat**o** molto dei film italiani.	*People have talked a lot about Italian films.*
Si è rimast**i** a casa a guardare i video.	*We stayed home watching videos.*
Ci si è divertit**i** tanto al festival!	*We had such a great time at the festival!*

8. Adjectives and nouns following a **si** construction are always in the masculine plural.

Quando si è famos**i**, la vita non è sempre facile.	*When you're famous, life isn't always easy.*
Quando si è regist**i**, bisogna lavorare tanto.	*When you're a director, you have to work a great deal.*

9. In abbreviated messages such as classified ads, **si** is often attached to the end of the verb.

Vende**si** impianto luci.	*Lighting board for sale.*
Cerca**si** macchinisti.	*Seeking stagehands.*

AFFITTASI
in stabile prestigioso
**Via Montebello, 32 (MM3 Turati)
mq. 70 USO COMMERCIALE
Rivolgersi allo Studio Giulini
Tel. 29003293**

Un po' di pratica

A. Una giornata all'Accademia cinematografica. Mirella, studentessa di storia del cinema, parla in termini impersonali di una giornata tipica. Trasformate le frasi usando le costruzioni impersonali con **si.**

ESEMPI: Arriviamo a lezione alle 8,30. → **Si** arriva a lezione alle 8,30.
Prendiamo delle paste al bar. → **Si** prend**ono** delle paste al bar.

1. Andiamo alla proiezione (*screening*).   **2.** Vediamo due o tre cortometraggi (*short subjects*).   **3.** Parliamo dei film che abbiamo visto.   **4.** Andiamo in un caffè e mangiamo dei panini.   **5.** Torniamo nella sala di proiezione. **6.** Studiamo in modo approfondito (*in depth*) due o tre scene dei film del mattino.   **7.** Torniamo a casa e ci prepariamo per il giorno dopo.

Ora mettete le frasi al passato prossimo.

ESEMPI: Si è arrivati a lezione alle 8,30.
Si **sono** prese delle paste al bar.

B. Uno studente straniero cerca di orientarsi. Carlo, uno studente appena arrivato dall'Italia, ha varie domande. Fate le domande e rispondete secondo l'esempio alla pagina seguente.

ESEMPIO: cosa / fare / il sabato sera in questa città →
            Cosa **si fa** il sabato sera in questa città?
            Si va al cinema o **si mangia** fuori... insomma, **ci si diverte**!

1. dove / mangiare bene
2. a che ora / alzarsi per andare a lezione
3. dove / vendere i giornali stranieri
4. come / abbonarsi (*subscribe*) al giornale locale
5. cosa / portare per andare a ballare
6. quando / fare gli esami universitari
7. come / andare in giro

C. Un po' di consigli. Chiedete a un compagno/una compagna cosa si può fare in queste situazioni. Seguite l'esempio.

ESEMPIO: essere tristi →
            —Cosa si può fare quando si è tristi?
            —Quando si è tristi, (si può telefonare a qualcuno, si può cantare una bella canzone, si può guardare un cartone animato [*cartoon*]...)

1. sentirsi soli   2. essere di cattivo umore (*in a bad mood*)   3. sentirsi nervosi prima di un esame   4. essere arrabbiati (*angry*)   5. essere stanchi prima di un' occasione importante   6. trovarsi in disaccordo con un amico / un' amica

4. Pronomi relativi

Relative pronouns connect the dependent clause in a complex sentence to the main clause. In Italian, unlike English, relative pronouns must *always* be expressed.

La regista **che** mi piace è Liliana Cavani.	*The director [whom] I like is Liliana Cavani.*
Il film **di cui** parliamo è di Antonioni.	*The film we're talking about [about which we're talking] is by Antonioni.*

Few Italian and English relative pronouns correspond exactly. Be sure to study the examples below carefully, paying special attention to sentence structure.

Che

1. **Che** (*who, whom, which, that*) is invariable. **Che** can refer to a person or a thing, and can have as its antecedent the subject or object of a clause.

La signora **che** ci ha salutato fa l'attrice.	*The lady who greeted us is an actress.*

| L'operatore **che** conosciamo arriva tra poco. | *The cameraman whom we know will arrive shortly.* |
| Le riviste **che** ho comprato (comprate)* sono importanti. | *The magazines [that] I bought are important.* |

2. **Quello che** (**quel che**, **ciò che**) means *that which* or *what*. It refers only to things. **Tutto quello che** (**tutto quel che**, **tutto ciò che**) means *everything that* or *all that*.

| —**Quello** (**Ciò**) **che** dicono è molto interessante. | *What they're saying is very interesting.* |
| —Sì, ma non sono d'accordo con **tutto quello che** propongono. | *Yes, but I don't agree with everything* [lit., *all that which*] *they're proposing.* |

3. **Quello** (**quella, quelli, quelle**) **che** means *the one that, the ones that*. It can refer to people or things.

| Antonella è **quella che** scrive la tesi sui film muti. | *Antonella is the one who is writing her thesis on silent movies.* |
| I film neorealisti sono **quelli che** preferisco. | *Neorealist movies are the ones* [lit., *those which*] *I prefer.* |

Cui

1. **Cui** (*whom, which, that*) typically follows a preposition. (The preposition **a**, however, is frequently omitted with **cui**.) It is invariable and can refer to people or things.

Il cinema **in cui** siamo entrati era molto affollato.	*The movie theater we entered* [lit., *into which we entered*] *was very crowded.*
Il signore (**a**) **cui** ho dato i biglietti mi ha trovato un posto.	*The gentleman to whom I gave the tickets found me a seat.*
Quello **di cui** hanno bisogno è un nuovo proiettore.	*What they need* [lit., *that of which they have need*] *is a new projector.*

2. **Il** (**la, i, le**) **cui** expresses ownership (*whose, of which*). As with other Italian possessives, the definite article agrees with the thing possessed, not the possessor.

| La signora **il cui** figlio è attore è molto orgogliosa di lui. | *The lady whose son is an actor is very proud of him.* |
| Lo spettacolo **i cui** biglietti sono esauriti è quello che Laura voleva vedere. | *The show whose tickets are sold out is the one Laura wanted to see.* |

---

*The agreement of the past participle with its antecedent is optional in such cases.

Quale

Il quale (la quale, i quali, le quali) can replace che or cui. particularly in sentences that might otherwise be ambiguous.* The article agrees in gender and number with the antecedent and combines with prepositions when necessary.

Ho salutato il marito di Claudia il quale [cioè, il marito, non Claudia] ci ha comprato le riviste.	*I greeted Claudia's husband, who [that is, the husband, not Claudia] bought us the magazines.*
Le ragazze con le quali [con cui] usciamo lavorano in uno studio cinematografico.	*The girls with whom we're going out work in a movie studio.*
Le sale nelle quali [in cui] proiettano i film sono al pianterreno.	*The theaters in which they're showing the films are on the ground floor.*

Chi

Chi is invariable and refers only to people. It always takes a singular verb. It is used without an antecedent, and appears frequently in proverbs. Depending on the context, it can mean *the one who, he or she who, those who, whoever, whomever,* etc.

Chi dorme non piglia pesci.
Chi beve il vino prima della minestra saluta il dottore dalla finestra.†

Chi vuole può comprarsi un programma nel ridotto.	*Whoever [Anybody who] wants to may purchase a program in the lobby.*

Chi can be preceded by prepositions.

Danno un premio a chi ha fatto il cartone animato più originale.	*They're giving a prize to the one who has done the most original cartoon.*
Non toccare! Quello spumante è per chi vince il premio.	*Don't touch! That champagne is for whoever wins the prize.*

Un po' di pratica

A. Quattro chiacchiere. Completate gli scambi con i pronomi relativi adatti. Usate le preposizioni se necessario.

1. —Come si chiama il ragazzo _____ esce Barbara?
   —Si chiama Bruno, non ti ricordi? È quello _____ ti ho parlato l'ultima volta.

---

*These expressions are more formal than those with cui and appear most frequently in written Italian.
†See whether you can find English equivalents to these two proverbs on your own!

2. —Chi è quella signora _____ hai salutato?

—È la donna _____ figli fanno l'università (*study at the university*) con Chiara.

3. —Sai, quel signore _____ sembrava tanto gentile mi ha imbrogliato (*cheated*).

—Te l'ho sempre detto, è meglio non fidarsi _____ non conosci bene.

4. —Come si chiama il ristorante _____ abbiamo mangiato con i Silva?

—Non lo so. È proprio _____ mi domandavo io.

5. —Che ragazzino viziato (*spoiled*)! Quello _____ ha bisogno è una bella sgridata (*scolding*).

—Sono d'accordo. Anche a me non piace molto il modo _____ ti ha parlato.

B. Al festival del cinema. Formate una singola frase usando il pronome relativo adatto.

ESEMPI: Il film era difficile da capire. L'ho visto ieri sera. →
Il film **che** ho visto ieri sera era difficile da capire.
Quell'attrice è molto ammirata. I suoi film sono famosi in tutti il mondo. →
Quell'attrice, i cui film sono famosi in tutto il mondo, è molto ammirata.

1. Ho intenzione di noleggiare (*rent*) quel film. Il regista di quel film ha vinto vari premi.
2. Il regista ha licenziato (*fired*) l'attore principale. L'attore arrivava sempre in ritardo sul set.
3. Vogliamo mangiare in quel ristorante. Hanno filmato *The Fisher King* in quel ristorante.
4. Quell'attrice è bravissima. Le hanno dato un premio a Cannes.
5. Lo sceneggiatore (*scriptwriter*) dà una conferenza alle 5,00. Le sue opere sono molto controverse.
6. Cercavo un romanzo. Hitchcock ha tratto la trama di *Vertigo* da quel romanzo.

C. Jeopardy! Scrivete una risposta per ciascuna categoria indicata, usando un pronome relativo in ogni frase. Poi organizzate una bella gara (*contest*). Usate fantasia!

Pronomi relativi: che; (in, da, a) cui; chi; il quale, ecc.; il cui, ecc.; quello che

Categorie: il cinema italiano, i classici del cinema americano, i premi Oscar, i film in prima visione (*first-run*), la fantascienza, i pettegolezzi (*gossip*) del mondo cinematografico

ESEMPI: È il regista che ha fatto *Morte a Venezia* e *Rocco e i suoi fratelli*. →
—Chi è Luchino Visconti?
—È il film da cui viene la canzone «As time goes by». →
Che cos'è *Casablanca*?

L'ITALIA DAL VIVO

Paura al cinema: Dario Argento, il maestro dell'horror italiano

Prima visione. Guardate attentamente il video la prima volta senza audio. Poi cercate di rispondere alle seguenti domande.

1. Di che età sono le persone nel filmato?
2. In quale località si svolge il video?
3. C'è molta azione nel filmato?

Seconda visione. Leggete il **Vocabolario utile** e guardate il video ancora due volte. La prima volta guardate ed ascoltate solo le informazioni generali. La seconda volta leggete gli esercizi che seguono e cercate delle informazioni specifiche che vi servono per completarli.

VOCABOLARIO UTILE

la follia	*madness, folly*
la furia	*anger, frenzy*
la pazzia	*madness, extravagance*
il seguace	*follower, supporter*
lanciare	*to throw, launch*
percorrere	*to run through, go through*
spargere	*to spread, scatter*
spingere	*to push*
aspro	*harsh*
capace	*capable*
coinvolgente	*absorbing, involving*
spaventoso	*frightening*
oppure	*or (else)*
ormai	*by now*

Comprensione

A. Gli spettatori che hanno appena visto un film di Dario Argento rispondono in modo diverso alle domande del giornalista. Usando la descrizione degli intervistati che segue, cercate di abbinare la descrizione della persona con le risposte date al giornalista.

    a. un ragazzo con la voce stridula   **b.** un ragazzo con il cappello   **c.** una coppia   **d.** un progettista   **e.** due ragazzi

    GIORNALISTA: «Spieghi perché è venuto a vedere Dario Argento?»

1. _____ «...non lo trovo molto... carino, però come regista è molto bravo, e poi perché i suoi film sono molto coinvolgenti...»
2. _____ «...perché dà delle sensazioni che fanno venire anche... paura.»
3. _____ «...così così, non tanto.»
4. _____ «Perché è un bel film.» «Bello, perché è un film dell'orrore.»
5. _____ «Perché mi ha portato lei!»

B. Dopo aver sentito l'intervista con Dario Argento, cercate di rispondere alle seguenti domande.

1. All'inizio della sua carriera, Argento era spesso paragonato a un famoso regista dei film dell'orrore—quale?
2. Il regista dice di essere stato influenzato dal forte gusto per la crudeltà e l'orrore che ha pervaso alcuni centri culturali in un certo periodo. Identificate questi centri culturali.
3. Dario Argento afferma anche di essere influenzato parzialmente dalla sua origine non europea, poiché sua madre proveniva da un altro paese. Di quale nazionalità era sua madre?

Variazione

1. **Discussione.** Vi piacciono i film dell'orrore? Potreste descrivere il vostro film dell'orrore preferito? Se la vostra risposta è di no, quali film vi piacciono di più?
2. **Attività di gruppo.** Fate una lista dei film dell'orrore più popolari negli Stati Uniti. Spiegate il successo di questi film negli ultimi anni!

METTIAMOLO PER ISCRITTO!

Vi è piaciuto il film?

1. Scrivete una recensione su un film che avete visto recentemente. Riassumete la trama (*summarize the plot*) e descrivete alcuni elementi del film—per esempio, gli attori e le attrici, i costumi, la fotografia, la colonna sonora (*soundtrack*), la regia (*direction*).
2. Avete la possibilità di prendere il posto di qualsiasi (*any*) personaggio cinematografico. Quale scegliete? Perché? Che cosa c'è nel suo carattere o nella sua situazione che vi attrae? Spiegate come questo personaggio vi rassomiglia o no.

CAPITOLO 9

L'italiano? Una lingua forestiera

Il giornale é un mezzo di comunicazione sensibile ai cambiamenti della lingua. Che giornale leggete?

Contesto culturale

Uso degli anglismi   Ascoltate il dialogo almeno un paio di volte. Poi leggete le **Espressioni utili** ed interpretate le **Situazioni pratiche** insieme ad un compagno / una compagna.

Franco e Marco stanno salutandosi sulla porta di casa di Marco.

FRANCO: Allora, Marco, per evitare **casini,** ci vediamo direttamente al gate dopo che hai fatto il check-in?

MARCO: Va bene, tanto io faccio il check-in direttamente al gate di imbarco. Ho solo il bagaglio a mano. Ho portato poca **roba:** le t-shirt, gli shorts e un po' di biancheria. Non porto niente di pesante. Là farà un caldo **bestiale.** E tu cosa porti?

FRANCO: Poca roba ma soprattutto il **costume da bagno.**

MARCO: Ci sono delle spiagge **da morire!**

FRANCO: **Non sto più nella pelle!**

MARCO: Ah, a che ora parti da casa domani mattina?

FRANCO: Boh, dipende da mio padre. Mi faccio **dare uno strappo** da lui quando va in ufficio.

MARCO: Io preferisco andare da solo. Prendo lo shuttle dalla stazione; è così comodo e il biglietto costa solo 13.000 lire. In un'ora sei all'aeroporto.

FRANCO: Va bene, allora, ci vediamo al gate di partenza domani mattina.

MARCO: Ciao.

La madre di Franco sta guardando il figlio con aria sorpresa.

MADRE: Ma è possibile che non parli più italiano?

FRANCO: In che senso?

MADRE: Nel senso che quando parlate, non sapete dare il proprio nome alle cose. E poi che cos'è «il gate», «il ticket»... ?

FRANCO: Ma dove vivi, mamma? Quando parli così, mi fai paura.

MADRE: Ah, sono io che ti faccio paura?

FRANCO: Ma sì... lo guardi mai il telegiornale? «Il welfare», «il ticket», «i blue chips», «l'anchorman», «lo share»... hai mai sentito queste parole?

MADRE: Sto solo dicendo che non vedo la necessità di usare parole inglesi quando ci sono quelle italiane. Per «welfare», c'è *lo stato sociale,* ad esempio.

FRANCO: Il termine inglese è più diretto. E poi... **che noia** con queste osservazioni!

MADRE: Ecco che si risolve sempre tutto con un «Che noia».

FRANCO: Sei tu che non vuoi accettare le cose nuove.

MADRE: Mi dici che c'è di nuovo nel dire «ticket» invece di *biglietto?* Che c'è? Ti sembra che costi di meno?

FRANCO: Ecco, **ci risiamo.**

In quel momento entra il padre di Franco.

PADRE: Ciao, Franco. Ciao, cara. Pensate che sono stato invitato a una convention in Nuova Zelanda.

FRANCO: «Convention»?

PADRE: Fra tre giorni. Devo prepararmi e ho pochissimo tempo. Mi hanno chiesto di fare lo speaker.

FRANCO: «Speaker»?

PADRE: Ma cos'ha tuo figlio? Parla per monosillabi?

FRANCO: Nostro figlio ti sta facendo notare come parli male.

PADRE: Come male? Non ho mica detto delle **parolacce**!

MADRE: Quasi.

PADRE: Come quasi?

MADRE: «Convention», «speaker»... ti sembra italiano questo?

PADRE: Mah... mi sembrate tutt'e due un po' strani, stasera... Cosa hai preparato da mangiare?

MADRE: Ecco, guarda.

PADRE: Che roba è quella lì?

MADRE: Sono la pasta al forno e le **bistecche** avanzate da ieri sera. E se non vi vanno bene, ve ne andate tutt'e due in un fast food ad avvelenarvi con gli hamburger, il ketchup, il milkshake...

ESPRESSIONI UTILI

il casino	*confusion, mess*
la roba	*stuff*
bestiale	*brutal*
il costume da bagno	*swimsuit*
da morire	*extremely (favorable or unfavorable)*; lit., *to die for*
non stare nella pelle	*to be excited*
dare uno strappo	*to give a ride*
che noia!	*what a bore!*
ci risiamo	*here we go again!*
la parolaccia	*vulgar word*
la bistecca	*steak*

A. Completate le seguenti frasi usando una delle **Espressioni utili.**

1. Non riesco a pensare ad altro che il concerto del prossimo weekend. Veramente non sto _____!

2. I miei insistono che la mia sorellina venga con me al concerto; _____!

3. Quando la mamma si è messa a ripetere la solita _____, ho risposto «_____! Mi dici sempre le stesse cose»!

4. E la mamma ha detto «Meglio le stesse cose che le brutte _____ che usi tu»!

B. Provate a trovare l'equivalente italiano delle seguenti parole inglesi.

t-shirt	milkshake	calzoncini	presentatore
anchorman	gate	frappè	navetta
shorts	shuttle	maglietta	cancello d'uscita

Situazioni pratiche

Reagite con un compagno/una compagna alle seguenti situazioni.

1. Prima, elencate insieme delle espressioni di linguaggio che usate con i vostri amici e uno studente straniero non capirebbe (*to hang out, to veg out, to zone out* ecc.). Poi, cercate di spiegarle in italiano.
2. Studente 1 è in Italia, e il suo amico italiano Studente 2 lo/la porta a mangiare in un fast food. S2 è entusiasta di quello che si mangia, mentre a S1 sembra strano mangiare hamburgers e french fries in Italia. Immaginate la discussione che ne segue.

VOCABOLARIO TEMATICO

Sostantivi

l'analfabetismo illiteracy
l'autarchia self-sufficiency
la carta d'identità ID card
il decennio decade
la disgregazione disintegration
la madrelingua mother tongue
il sapore flavor, taste

Verbi

accontentarsi di to be satisfied with
avvertire to notify, warn
buttare via to throw away
fornire to provide
imporsi to get the upper hand
lanciare l'allarme to sound an alarm
rabbrividire to shiver
spaventare to scare

Aggettivi

conservato preserved
infarcito stuffed
minacciato threatened
preoccupato worried
spocchioso arrogant, conceited

A. Con l'aiuto del **Vocabolario tematico**, definite:

1. Lucia è veramente arrogante; non ho mai conosciuto una persona così _____.
2. L' _____ è raro nei paesi industrializzati.
3. Dario è _____ per il suo futuro; non riesce a trovare un lavoro.
4. Per _____ la gente di un pericolo, si deve lanciare l'allarme.
5. Che cosa ti fa paura? Mi _____ andare in aereo.

B. Associate i verbi a sinistra con la situazione a destra.

1. _____ lanciare l'allarme
2. _____ buttare via
3. _____ accontentarsi

4. _____ avvertire
5. _____ fornire

a. situazione di pericolo
b. c'è troppa roba in casa
c. non c'è possibilità di ottenere di più

d. una persona è in pericolo
e. a qualcuno manca qualcosa

PRELETTURA

In recent years the Italian language has been increasingly influenced by English, and specifically by words and expressions originating in American popular culture. Young people and intellectuals have enthusiastically accepted these changes in everyday spoken Italian, but others have found them intrusive, unnecessary, and harmful to the beauty of the Italian language.

The Academy della Crusca, composed of distinguished academics, has long served as the most prominent defender of the purity and integrity of the Italian language. The Academy is voicing strong opposition to the encroachment of English words. This chapter's reading, "L'italiano? Una lingua 'forestiera'," from *La Repubblica,* one of Italy's most widely read dailies, examines changes occurring in spoken Italian and the reactions of various observers.

Entriamo nel contesto!

A. Anche in inglese molte parole derivano da altre lingue. Da quali lingue derivano queste parole?

1. fiancé
2. fiasco
3. gigolo
4. gaffe
5. rendezvous
6. al dente
7. adagio
8. apropos
9. Gesundheit

B. In gruppi di tre, preparate un elenco di parole straniere che sono entrate nell'uso inglese e poi confrontatelo con gli altri gruppi per sapere chi sa più significati.

Strategie per la lettura

Translating whole phrases. Syntax—the arrangement of words in a sentence—is often very different in Italian and English, and Italian syntax can pose problems for intermediate-level readers. Consider, for example, the following phrase from this chapter's reading: *Dirò di più: può persino avere effetti positivi, servire da contrappeso nei confronti del rischio di disgregazione politica che stiamo vivendo...* Habit may lead you to try to translate each word literally. This procedure may slow you down, because the word usage here is unfamiliar to English-speakers. An attempt to find the English equivalent will yield the awkward result: *I will say more: it could even have positive effects, to serve as counterbalance in the face of the risk of political disintegration in which we are living . . .*

A more efficient strategy for dealing with such phrases is to look at them first as single units, attempting to identify only the key words. A rapid overview of the sentence quoted above will focus on the terms *effetti positivi, servire, contrappeso, disgregazione, politica.* You can reorganize these single elements into a natural and coherent paraphrase: *Può avere effetti positivi, servire da contrappeso nei confronti del rischio di disgregazione politica.* Then, by adding the secondary elements, you can arrive at the full meaning of the sentence: *I might add: this could even have a positive effect, serving as a counterbalance to the risk of political disintegration that we are witnessing today.*

Try applying this procedure to several other sentences in the reading. Their syntax may seem awkward or unfamiliar until you follow these steps: 1. isolate and identify the key terms; 2. if necessary, check the endings of adjectives and participles to help you identify their grammatical functions; 3. reconstruct the key terms into a loose but logical unit; 4. add the secondary elements to arrive at a thorough comprehension.

• •

LETTURA

Allarme dell'Accademia della Crusca[1] «Troppi anglismi,[2] e spesso inutili»

L'italiano? Una lingua «forestiera»[3]

ROMA - Una lingua sempre più bastarda, lievemente *snob*, cioè *spocchiosa*, e anche un po' ridicola, infarcita com'è di anglismi, una parola sì e una no *target, audience, share, look, top, spot...* È l'italiano di oggi, tre quarti «puro», un quarto inglese o quasi. Roba da far rabbrividire gli accademici della Crusca che, infatti, lanciano
5   l'ennesimo allarme. Troppi «forestierismi», anche quando non serve, anche quando la madrelingua fornisce soluzioni più che degne.[4] Protestano i puristi e invocano attenzione.

In tempi di disgregazione, separatismi e razzismi, quest'ultima frase a difesa «dell'identità linguistica nazionale» ha un sapore diverso, quasi arrivasse da una
10 possibile «trincea».[5] Giovanni Nencioni, presidente della Crusca, nonché[6] professore emerito alla Normale di Pisa, ammonisce:[7] «La lingua nazionale non si può buttare via come uno straccio[8] vecchio, è la nostra carta d'identità, è una delle conquiste sociali degli ultimi decenni. Dirò di più: può persino[9] avere effetti positivi, servire da contrappeso nei confronti del rischio di disgregazione politica che
15 stiamo vivendo... »

I veri assassini

Ma è proprio così minacciato l'italiano? Sì, secondo il professor Nencioni, i sintomi dell'«imbastardimento», della «contaminazione» sono evidenti. I *killer* della lingua (anzi gli assassini) sono quei connazionali,[10] inguaribilmente[11] transnazio-

---

[1]*Italian linguistic academy*   [2]*English terms*   [3]*foreign*   [4]*worthy*   [5]*trench*   [6]*not to mention*   [7]*warns*   [8]*rag*
[9]*even*   [10]*fellow countrymen*   [11]*incurably*

20 nali, che usano *look* al posto di «una parola bellissima come *immagine...* ». Solo un esempio fra i tanti.

Inguaribili italiani, «sempre ossequiosi[12] verso l'invasore linguistico», commenta Beppe Severgnini, autore de «L'inglese. Lezioni semiserie» e avverte: «Non sono preoccupato per l'integrità della lingua però mi spaventa il ridicolo e gli ita-

25 liani hanno una vocazione nazionale per il ridicolo... » anglismi usati male, pronunciati peggio. Colloquio fra Bossi e Severgnini: «Se diventerò sindaco di Milano introdurrò il *settimena...*». Il *settimena*? Oddio, cos'è? Un minuto di disorientamento, poi la traduzione: «Ma sì il *city manager...* ». E ancora, un consigliere della Lega a Milano: «Ora passiamo la parola allo *shermen...* ». Dove *shermen*, quattro in

30 pronuncia, sta per *chairman*, presidente. Ma perché mai uno deve usare l'inglese quando non lo sa e quando, soprattutto, esiste una più che valida versione italiana? Per finire forse come quella vecchietta, è sempre Severgnini a raccontare, che arriva in farmacia per protestare: «Come faccio a comprare tutte queste medicine senza *racket*?»

35 *Racket, ticket,* che confusione. Scuote[13] la testa il professor Nencioni. La soluzione non è certo chiudersi a riccio,[14] invocare «l'autarchia linguistica». Sarebbe anacronistico, ridicolo, impossibile.

Civiltà trasmessa

40 «La soluzione è la scuola - dice il presidente della Crusca -. Per oltre un decennio si è praticato lo «spontaneismo». Ma non si trasmette una civiltà, una cultura con la lingua spontanea. Agli studenti vanno insegnate le strutture reali della lingua... » Ritorno alle poesie a memoria, ai dettati, alle letture in classe, come propone Jack Lang in Francia, preoccupato dall'analfabetismo linguistico delle ultime gener-

45 azioni? Forse. Ma per il momento la Crusca si accontenterebbe di rimandare al mittente[15] le parole inglesi «superflue». No a *look* e *top*. Sì all'uso, solo linguistico, del «*fast food*», definito «costumanza straniera» perciò legittimamente conservato in versione originale. Al bando[16] anche le italianizzazioni infelici come «*vipperia*» e «*quizzeria*», aggiunge Severgnini: «Proporrei una pena detentiva[17] per chi le ha

50 inserite nel nuovo Devoto Oli... »[18] E una parola a favore dell'inglese: «Non si è imposto per decreto[19] ma per genialità... Preferite "lungometraggio" o *film*? *Cowboy* o "ragazzo delle mucche"?»

—*Adapted from* La Repubblica, 6 ottobre 1992, p. 23.

---

[12]*obsequious*   [13]*shakes*   [14]*chiudersi... act as self-protective as a hedgehog*   [15]*rimandare... return to sender*   [16]*al... banished*   [17]*pena... prison sentence*   [18]*Devoto... definitive Italian dictionary*   [19]*decree*

Avete capito?

A. Rispondete alle seguenti domande.

1. Perché gli accademici della Crusca sono preoccupati?
2. Perché gli intellettuali difendono così fortemente la lingua straniera?
3. A cosa può servire una forte lingua nazionale?
4. Che cos'è lo «sherman»?
5. Perché l'Accademia della Crusca accetta «fast food»?

B. Combinare le frasi a sinistra con quelle a destra per formare delle frasi complete.

1. _____ L'italiano di oggi è spocchioso perché
2. _____ Introdurre forestierismi non serve perché
3. _____ Una possibile soluzione per gli studenti è
4. _____ Chi uccide la lingua sono le persone che
5. _____ Il problema di molti italiani è che
6. _____ Il ritorno alle poesie a memoria

a. l'italiano fornisce soluzioni migliori.
b. non sanno pronunciare bene le parole straniere.
c. ci sono molte parole straniere.
d. non è necessariamente la soluzione.
e. studiare le strutture reali della lingua.
f. usano parole straniere quando c'è l'equivalente italiano.

E ora a voi!

A. Con l'aiuto del professore / della professoressa, fate un elenco di parole usate in italiano che derivano dall'inglese. Cercate sostituzioni in italiano e poi pensate se è possibile accettare le versioni inglesi, come «fast food.» Iniziate dall'elenco che c'è nella lettura (*target, audience, share, look, top, spot, chairman, racket, ticket, look*).

B. I dizionari. Intervistate un altro studente / un'altra studentessa riguardo al suo uso dei dizionari.

1. Quali dizionari d'inglese o di una lingua straniera usa?
2. C'è uno che usa di più degli altri? Perché?
3. A cosa gli servono i dizionari (scrivere temi, ricerche linguistiche, parole crociate)?
4. Secondo lui / lei, esiste oggi, tra le lingue che conosce, una che si potrebbe considerare «pura»?
5. Nella sua opinione, perché la cultura popolare americana ha una grand'influenza su molte lingue, l'italiano incluso?

STRUTTURE

1. Futuro semplice

Forms

Regular verbs

1. The future tense (**futuro semplice**) is formed by dropping the final **e** of the infinitive and adding the future-tense endings. Only in first-conjugation (**-are**) verbs does the vowel of the infinitive ending change, from **a** to **e**.

mand**are**	scend**ere**	prefer**ire**
mand**erò**	scend**erò**	prefer**irò**
mand**erai**	scend**erai**	prefer**irai**
mand**erà**	scend**erà**	prefer**irà**
mand**eremo**	scend**eremo**	prefer**iremo**
mand**erete**	scend**erete**	prefer**irete**
mand**eranno**	scend**eranno**	prefer**iranno**

2. In the future tense, verbs ending in -**care**, -**gare**, and -**scare** add an **h** to keep the hard consonant sounds: giocare → gioc**h**erò; spiegare → spieg**h**erò; cascare (*to fall down*) → casc**h**erò, etc.

3. Verbs ending in -**ciare**, -**giare**, and -**sciare** drop the **i** from the stem: cominciare → comincerò; mangiare → mangerò; lasciare → lascerò, etc.

Irregular verbs

Future-tense endings are always regular. However, many Italian verbs have irregular future *stems*. Here are some of the most common, grouped according to similar stems.

essere	**sarò**, **sar**ai, etc.		avere	**avrò**, **avr**ai, etc.
dare	**dar**ò		andare	**andr**ò
fare	**far**ò		cadere	**cadr**ò
stare	**star**ò		dovere	**dovr**ò
bere	**berrò**, **berr**ai, etc.		potere	**potr**ò
tenere*	**terr**ò		sapere	**sapr**ò
venire†	**verr**ò		vedere	**vedr**ò
rimanere	**rimarr**ò		vivere	**vivr**ó
tradurre‡	**tradurrò**, **tradurr**ai, etc.		morire§	**morrò**, **morr**ai, etc.
			volere	**vorr**ò

Uses

1. The future tense is generally used the same way in Italian as in English.

Il nuovo numero di *Grazia* **uscirà** alla fine del mese.

The new issue of Grazia *will come out at the end of the month.*

L'anno prossimo **lavoreranno** per *Il Corriere della Sera.*

Next year they'll work [*they'll be working*] *for* Il Corriere della Sera.

---

*Like **tenere: mantenere, sostenere,** etc.

† Like **venire: divenire, intervenire,** etc.

‡ Like **tradurre: introdurre, ridurre, condurre,** etc.

§ Less common regular form: **morirò, morirai,** etc.

— Per Natale, al bambino regalerò un trenino elettrico: chissà come si divertirà!...

2. In informal Italian the present tense is often used to describe an imminent future action, particularly when that action is presented as a certainty.

Vengo subito!	*I'll be right there!*
Stasera **finisco** l'articolo.	*Tonight I'm going to finish the article.*

However, in formal language, or when a future action is not a certainty, the future tense *must* be used.

Secondo il giornale, «La signorina Clara de Angelis e il signor Marco Trivelli **si sposeranno** domenica 3 settembre...»	*According to the paper, "Miss Clara de Angelis and Mr. Marco Trivelli **will be married** on Sunday, September 3 . . ."*
Un giorno **viaggeremo** nello spazio.	*One day **we'll travel** in space.*

3. The future is frequently used to express probability or possibility in the present.

Sarà intelligente, ma non sono affatto d'accordo con il suo commento.	*She may be intelligent, but I don't agree with her editorial at all.*
Quella rivista **costerà** tanto.	*That magazine probably costs [must cost] a lot.*

4. The future tense must be used after (**non**) **appena** (*as soon as*), **finché** (**non**) (*until*), **quando**, and **se** when the verb in the main clause is in the future. Note the contrast with English in the following examples.

Se **potrà**, ci **manderà** le bozze.	*If she can, she'll send us the proofs.*
(Non) appena **uscirà** l'*Europeo*, lo **andrò** a prendere.	*As soon as Europeo comes out, I'll go pick it up.*

5. The expression **andare** + **a** + *infinitive* can *never* substitute for the future tense in Italian. Instead, it conveys the idea of *going* (*to a place*) *to do something*.

   Andiamo (in biblioteca) **a** cercare quegli articoli.

6. The expressions **stare per** + *infinitive* and **essere sul punto di** + *infinitive* mean *to be about to* (*do something*).

   Sono molto tesi (*nervous*) perché **stanno per** dare l'esame.
   Senti, Paolo, mi puoi richiamare stasera? **Sono** proprio **sul punto di** uscire.

Un po' di pratica

A. Il procrastinatore. Alessio è un tipo svogliato (*listless*) e rimanda (*postpones*) sempre tutto. Nelle parole di Alessio, dite quando eseguirà (*carry out*) le azioni seguenti. Usate le forme adatte del tempo futuro e dei pronomi riflessivi o di complemento diretto, secondo il contesto.

ESEMPIO: oggi / lavare la macchina (domani) →
            Oggi non ho voglia di lavare la macchina; la laverò domani.

1. Questa settimana / imbiancare (*to paint*) la cucina (la settimana prossima)
2. Oggi / pulire il garage (il prossimo weekend)

3. Adesso / ripetere questi esercizi (più tardi)
4. Ora / cominciare la traduzione in inglese (dopo)
5. Stamattina / svegliarmi presto (domani mattina)
6. Stasera / pagare i conti (domani)

E adesso ripetete l'esercizio cambiando il soggetto da **io** (*Alessio*) a **noi** (*Alessio e Gianni*), secondo l'esempio.

ESEMPIO: oggi / lavare la macchina (domani) →
            Oggi non abbiamo voglia di lavare la macchina; la laveremo domani.

B. La giornata di un abitudinario (*creature of habit*). Mettete il paragrafo al futuro. (La settimana prossima...)

> In genere mi alzo molto presto, prima delle 6,00. Cerco di fare un po' di ginnastica (se faccio ginnastica, mi sento meglio) e faccio la doccia. Preparo una prima colazione abbondante, bevo un caffè, lascio qualcosa al gatto, e esco prima delle 7,30. Vado a prendere l'autobus all'angolo e, mentre aspetto, do un'occhiata (*glance*) al giornale. Arrivo all'università verso le 8,00. Vedo i miei amici al bar, dove prendo un altro caffè in piedi, velocemente. Non ci rimango a lungo, perché devo arrivare in orario alla lezione di francese. Se posso, dopo la lezione traduco le frasi per la settimana seguente. Verso l'una, se un mio amico vuole accompagnarmi, andiamo a mangiare una pizza e vediamo un film; se no, mangio un panino e sto in biblioteca fino a tardi. Torno a casa stanchissimo ma soddisfatto del lavoro e del divertimento.

Ora ripetete l'esercizio cambiando il soggetto da **io** a **Franco e Tommaso**. Fate tutti i cambiamenti necessari.

C. Quattro chiacchiere. Completate gli scambi con la forma adatta del futuro o del presente, secondo il contesto.

1. —Senti, Paolo, quando _____ (vedere) Manuela, le _____ (potere) dare questo biglietto?
   —Certo. _____ (andare) a trovarla stasera, e glielo _____ (dare) senz'altro!
2. —Si _____ (sapere) i risultati dell'indagine domani?
   —Non lo so, ma se (i risultati) _____ (uscire), te lo _____ (fare) sapere subito.
3. —Ragazzi, cosa _____ (fare) stasera?
   —Io _____ (stare) a casa a studiare; Gilda e il suo ragazzo _____ (andare) al cinema.
4. —Guarda il manifesto: «Umberto Eco _____ (tenere) una conferenza lunedì, il 21 aprile. _____ (partecipare) alla discussione i professori Franco Cardini e Sergio Zatti.»
   —Che bello! Io ci _____ (andare) senz'altro. Ci _____ (essere) anche tu, Mario?
   —_____ (venire) se _____ (potere), ma probabilmente _____ (dovere) lavorare quella sera.
5. —Ma quando _____ (decidere) di sposarsi quei due?
   —Non lo sapevi? Hanno già fissato (*set*) la data—verso la fine di giugno, quando il padre di Claudia _____ (tornare) dal Giappone.

2. Futuro anteriore

Forms

The future perfect (**futuro anteriore**) is formed with the future of the auxiliary **avere** or **essere** and the past participle of the verb.

VERBI CON **avere**	VERBI CON **essere**	
avrò imparato	sarò partito/a	mi sarò stabilito/a
avrai imparato	sarai partito/a	ti sarai stabilito/a
avrà imparato	sarà partito/a	si sarà stabilito/a
avremo imparato	saremo partiti/e	ci saremo stabiliti/e
avrete imparato	sarete partiti/e	vi sarete stabiliti/e
avranno imparato	saranno partiti/e	si saranno stabiliti/e

Uses

1. The future perfect expresses an action that will have taken place at a future time or before another future action takes place. It can be literally translated in English as *will have + past participle.*

Per le otto **avremo finito** di mangiare.	*By eight o'clock we will have finished eating.*
Quando arriveranno alla stazione, il treno **sarà** già **partito.**	*When they arrive at the station, the train will already have left.*

2. Expressions such as **quando**, **(non) appena**, and **dopo che** often introduce the future perfect in dependent clauses.

Quando **avranno finito** il sondaggio, giudicheremo i risultati.	*When they have done the survey, we will assess* [lit., *judge*] *the results.*
Appena **sarà arrivato** a Mosca, farà un'intervista all'ambasciatrice.	*As soon as he arrives in Moscow, he'll conduct an interview with the ambassador.*

3. The future perfect is frequently used to express probability in the past.

Avrà scritto l'articolo prima di sapere i risultati.	*She must have written the article before knowing the results.*
Saranno usciti senza guardare il giornale.	*They probably went out without looking at the paper.*

4. In everyday Italian, the future tense often replaces the future perfect.

Appena **arriverà**, farà l'intervista.	*As soon as he arrives, he will conduct the interview.*

Un po' di pratica

A. Come saranno le cose? Mettete al futuro anteriore le frasi indicate, secondo l'esempio.

> ESEMPIO: A mezzanotte vado a letto. (fra mezz'ora) →
> Fra mezz'ora sarò andato a letto.

1. I Perella partono già per l'Inghilterra. (dopodomani)
2. Patrizia si sveglia. (fra mezz'ora)
3. Questo pomeriggio finisco i compiti. (per domani pomeriggio)
4. Alle cinque e mezzo laviamo la macchina. (per le cinque e mezzo)
5. La domenica tutti chiudono il negozio. (a quest'ora di domenica prossima)

B. Quale futuro? Mettete le frasi al futuro anteriore e al futuro semplice, usando le congiunzioni indicate.

> ESEMPIO: Il giornalista verifica i fatti, poi scrive l'articolo. (quando) →
> Quando il giornalista avrà verificato i fatti, scriverà l'articolo.

1. Arrivano i delegati, poi si organizza una conferenza stampa (*press conference*). (appena)
2. Vi stabilite a Washington, poi fate una ricerca sulla stampa americana? (appena)
3. Si mette in contatto con i rappresentanti di governo, poi cerca di fargli un'intervista. (dopo che)
4. Comincia la guerra, poi tu parti per il medio oriente (Middle East), vero? (appena)

C. Sarà stato così. Con un compagno/una compagna, fate le domande e rispondete usando il futuro anteriore (e un po' di fantasia) per indicare la probabilità, secondo l'esempio.

> ESEMPIO: autobus / non circolare / giovedì
> —Come mai gli autobus non hanno circolato giovedì?
> —Mah, gli autisti avranno fatto sciopero.

1. Franco / pronunciare / la parola «share»
2. il professore / usare / la parola «audience» invece di «pubblico»
3. tuo fratello / mettersi quell'orrenda cravatta / per andare / festa
4. Madonna / cancellare / ultimo concerto
5. il presidente / fare una brutta figura / al congresso (*convention*)

3. Aggettivi e pronomi dimostrativi

The demonstrative terms **questo** and **quello** can function either as adjectives (modifying nouns) or as pronouns (replacing nouns).

Aggettivi dimostrativi

1. When used as adjectives, both **questo** (*this*, pl., *these*) and **quello** (*that*, pl., *those*) always precede the noun they modify.
2. **Questo** has the four regular forms of adjectives ending in -**o**: **questo**, **questa**, **questi**, **queste**. Before singular nouns beginning with a vowel, it sometimes elides to **quest'**.

> **Queste** giornaliste scrivono per *Epoca*.
> **Quest'**articolo (**questo** articolo) è troppo lungo.

3. **Quello** is irregular and undergoes the same changes as the definite article (see Chapter 1, Section 4).

MASCHILE		
	Singolare	*Plurale*
Before most consonants	**quel** settimanale (*weekly magazine*)	**quei** settimanali
Before **s** + consonant, **z**, **ps**	**quello** scrittore	**quegli** scrittori
Before vowels	**quell'**articolo	**quegli** articoli

FEMMINILE		
	Singolare	*Plurale*
Before all consonants	**quella** rivista	**quelle** riviste
Before vowels	**quell'**indagine	**quelle** indagini

Pronomi dimostrativi

1. **Questo** and **quello** can also be used as pronouns, to replace an implicit or previously mentioned person, place, or thing. **Questo** means *this, this one* (in the plural, *these*); **quello** means *that, that one* (pl., *those*).*

> Mi interessano le riviste politiche, ma **questa** è troppo di destra (*right-wing*).
> Cerchi una rivista per bambini? **Quelle** sono molto divertenti.

> *I'm interested in political journals, but this one is too right-wing.*
> *You're looking for a children's magazine? Those are very entertaining.*

---

*When used in the same sentence, **quello** (**quelli**) and **questo** (**questi**) can mean *the former* and *the latter*. This use is generally confined to written Italian.

> Conosco i giornali importanti di San Francisco e New York: **quelli** sono superficiali, mentre **questi** sono molto più interessanti.

> *I'm familiar with the important San Francisco and New York newspapers; the former are superficial while the latter are much more interesting.*

2. As pronouns, both **questo** and **quello** have only four forms.

	MASCHILE	FEMMINILE
Singolare	questo quello	questa quella
Plurale	questi quelli	queste quelle

3. **Quello**, used with **di**, usually indicates possession.

Come sono i giornali americani?   *What are American newspapers like?*

Quelli delle città grandi sono ottimi.   *Those of the big cities are excellent.*

Un po' di pratica

A. Questo, quello o... ? Per ognuna delle seguenti cose o persone, date la forma adatta dell'aggettivo dimostrativo, secondo l'esempio.

ESEMPIO: scrittore / artista (*f.*) → questo scrittore e quell'artista

1. accademico / professore
2. forestierismi / anglismi
3. carta d'identità / passaporto
4. linguisti / scienziati
5. madre lingua / lingua straniera
6. foto (*pl.*) / disegni (*drawings*)

B. Conversazione con uno/a snob. Oggi siete con un amico/un'amica che ama acquistare prodotti cari e di marca (*prestigious brand name*). Con un compagno / una compagna, create dei dialoghi secondo l'esempio.

ESEMPIO: stivali (di Gucci) →
  —Come sono belli quegli stivali!
  —Sì, forse, ma io preferisco quelli di Gucci.

1. automobili (sportive)
2. scarpe (di Ferragamo)
3. zaino (di Patagonia)
4. guanti (di pelle)
5. abito da sera (di Armani)
6. orologi (Movado)
7. foulard (*scarf, m.*) (di Hermès)
8. cintura (di Paloma Picasso)

C. Conversazione fra due amanti di musica rock. Completate il dialogo con la forma adatta degli aggettivi o dei pronomi dimostrativi, secondo il contesto.

RINO: Ascolta _____ canzoni. Ti piacciono?

DINO: Non c'è male, ma preferisco _____ dei Nirvana.

RINO: Anche a me piace _____ disco; ho letto la recensione (*review*) sull'ultimo numero di _____ rivista americana: *Rolling Stone.*

DINO: Ah sì, _____ è un periodico molto interessante. A proposito, hai letto l'articolo sul problema delle discoteche?

RINO: No, di chi è?

DINO: Lucio Mingozzi, _____ scrittore che ha una rubrica settimanale su *Tuttamusica.*

RINO: Di quale problema parla in _____ articolo?

DINO: Di _____ della droga in particolare, ma parla anche dei giovani che scappano di casa (*runaways*).

RINO: Lo leggerò senz'altro (*for sure*). Allora, lo vuoi _____ disco?

DINO: Sì, grazie. E in compenso ti do _____ copia del mio articolo su Janis Joplin.

RINO: E chi è?

DINO: Chi era, vuoi dire. Non ti ricordi? _____ cantante famosa degli anni sessanta!

4. Avverbi

An adverb (**avverbio**) can modify a verb, an adjective, or another adverb.

Oriana Fallaci scrive **meravigliosamente**.	*Oriana Fallaci writes marvelously.*
Il suo ultimo libro è **molto** bello.	*Her latest book is very good.*
Purtroppo, le vendite dell'edizione inglese vanno **abbastanza** male.	*Unfortunately, sales of the English edition are going rather poorly.*

Forms

1. Adverbs are invariable. Although their forms vary widely (**poco, qua, volentieri, sempre**), they do not change to agree with the expressions modified. You are already familiar with many common Italian adverbs and adverbial expressions (**locuzioni avverbiali**): **bene, di solito, molto, piuttosto, spesso, tardi**.

   > Seguo il calcio; leggo **sempre** *La Gazzetta dello Sport.*
   > Quella rivista è **piuttosto** superficiale; non mi piace.
   > Non ho ricevuto l'ultimo numero di *Ecologia;* **di solito** arriva alla fine del mese.

2. Adverbs derived from adjectives are formed by attaching the suffix -**mente** to the feminine singular form of the adjective.

chiaro → chiar**amente**	diligente → diligent**emente**
Quel giornalista scrive **chiaramente.**	Bob lavora **diligentemente.**

   (Exception: leggero → legger**mente**)

EMOZIONI ASSOLUTAMENTE DA AVERE!

3. Adjectives ending in -**le** or -**re** drop the final **e** before -**mente**.

particolare → particolar**mente**	facile → faci**lmente**
È una rivista **particolarmente** interessante.	Si trovano **facilmente** diversi quotidiani.

Position

1. Adverbs normally follow the verb.

    Leggo **poco** le riviste sportive. Le compro **raramente**.

2. Certain common adverbs of time, such as **ancora, appena** (*just now, scarcely, as soon as*), **già, mai, più, sempre**, and **spesso** are usually placed between the auxiliary and the past participle in compound tenses. **Più** and **spesso** can also follow the verb.

    Il nuovo numero (*issue*) di *Gioia* è **già** uscito. Non l'ho **ancora** letto, però.

3. Adverbs can precede the verb for special emphasis.

    Mai ho letto qualcosa di tanto stupido!
    Una volta i giornalisti scrivevano a macchina; **ora** scrivono al computer.

4. **Anche** typically precedes the word it modifies. It can never appear at the end of a phrase or sentence. Note carefully how the position of **anche** changes the meaning of a sentence.

Anche Mirella scrive articoli. (Ci sono altre persone che scrivono articoli.)	*Mirella, too, writes articles.* [*There are other people who write articles.*]
Mirella scrive **anche** articoli. (Mirella è una brava scrittrice: scrive articoli, novelle, poesie, ecc.)	*Mirella also writes articles.* [*Mirella is a prolific writer: She writes articles, stories, poems, etc.*]

5. Many adverbs of time can appear at the beginning of the sentence.

    Domani pubblicheranno i risultati dell'indagine.

6. A useful adverbial phrase is **in modo** + *aggettivo*.

    Mi ha risposto **in modo strano** (mi ha risposto **stranamente**).

Un po' di pratica

A. Caratteri contrastanti. Franca e Franco sono gemelli dalle abitudini completamente diverse. Descrivete i due, usando le espressioni indicate. Formate gli avverbi quando necessario.

> ESEMPIO: bere caffè (spesso, raro) →
> Franca beve **spesso** caffè.
> Franco, invece, beve **raramente** caffè.

1. comportarsi (*to behave*) (leggero, serio)
2. amare le feste (particolare, poco)
3. imparare le lingue straniere (facile, difficile)
4. mangiare (rapido, tranquillo)

5. alzarsi (presto, tardi)

6. bere (eccessivo, normale)

B. Freschi di stampa (*Hot off the press*). Modificate le frasi usando gli avverbi indicati. Attenzione alla posizione dell'avverbio!

ESEMPIO: Ho letto i suoi commenti. (non... mai, con interesse, spesso) →
Non ho **mai** letto i suoi commenti.
Ho letto **con interesse** i suoi commenti.
Ho letto **spesso** i suoi commenti.

1. Ho pronunciato male la parola «chairperson» (sempre, ieri, mai)

2. Abbiamo visto quel film italiano perché non ci piacciono i film sottotitolati (non... ancora, senza attenzione, svogliatamente).

3. L'accademia della Crusca ha approvato la parola «fast food» (subito, non... mai, appena)

4. Gli italiani hanno accettato le parole straniere (facilmente, non... più, recentemente)

• •

L'ITALIA DAL VIVO

The Slow Food Movement

Prima visione. Guardate attentamente il video la prima volta senza audio. Poi cercate di rispondere alle domande.

1. Cosa si vede all'inizio del filmato?

2. Riconoscete qualche piatto?

3. Cosa stanno preparando Maria ed un gruppo di giovani cuochi?

4. Chi potrebbe essere l'uomo che si vede costantemente nel video?

Seconda visione. Leggete il **Vocabolario utile** e guardate il video due volte. La prima volta guardate ed ascoltate solo le informazioni generali. La seconda volta leggete l'esercizio che segue e cercate delle informazioni specifiche che vi servono per completarlo.

VOCABOLARIO UTILE

l'anticamera	*antechamber*
la contrapposizione	*antithesis, contrast*
la crapula	*excessive eating*
il diritto	*right, entitlement*
l'elogio	*praise*
la farina	*flour*
il gioco	*game*
l'impegno	*commitment*
la lentezza	*slowness*
la piacevolezza	*delight*

il ritmo	*rhythm*
il rosso d'uovo	*yolk of an egg*
lo scherzo	*joke*
conciliarsi	*to agree with*
godere	*to enjoy*
impadronirsi	*to master*
riacquisire	*to reacquire*

Comprensione

A. Scrivete l'elenco delle parole inglesi che si sentono nel video.

B. Ascoltate il video un'altra volta e mettete un numero vicino alle parole del **Vocabolario utile** che potete identificare nell'ordine che appaiono nel filmato.

C. Dopo aver visto un gruppo di cuochi preparare la sfoglia (*fresh pasta*), e sentito Maria rivelare gli ingredienti che si usano nella preparazione della pasta, scegliete la risposta giusta:

1. 1 chilo di farina, 40 rossi d'uovo e niente altro
2. 11 chili di farina, 14 rossi d'uovo e un litro d'acqua
3. 1 litro di farina, 4 rossi d'uovo e un po' di sale

Variazione

1. Spiegate a che cosa si riferiscono le parole «slow» e «fast» nel video. Cercate di imitare la loro pronuncia italiana.
2. Scrivete possibili ragioni perché ci sono molte parole inglesi usate in italiano.
3. **Attività di gruppo.** Insieme ad un compagno/una compagna, cercate di dare tre ragioni perché il «fast food» piace agli italiani e tre ragioni perché il nuovo movimento favorisce «slow food.»

. . . .

 # METTIAMOLO PER ISCRITTO!

Giornalisti e lettori

1. Una casa editrice (*publishing house*) molto importante lancia (*launches*) un nuovo giornale e ha scelto voi come editore (editrice). Descrivete il giornale che creerete. Come sarà? Quali giornalisti assumerete (*will you hire*)? Ci saranno foto, forse a colori? Perché sì o perché no? A quali tipi di lettori sarà indirizzato (*directed*) il vostro giornale? Chiederete la partecipazione dei lettori? (Se sì, in che modo?) Usate immaginazione!

2. Descrivete le vostre abitudini di lettori (lettrici). Quali giornali e riviste leggete più spesso? Per quale motivo li leggete? Poi spiegate come si possono migliorare i giornali della vostra città (e/o della vostra nazione).

UNITÀ IV
Il mondo dell'immaginario

Tecnologia e musica. I concerti rock sono diventati un mega-show dove succede di tutto. Quali concerti preferite? È importante l'aspetto spettacolare o basta la musica?

CAPITOLO 10

Linguaggio e fantasia

Lettere e numeri in tumulto. Secondo voi, questo quadro è tradizionale o astratto? Come l'artista immagina il mondo? Preferite la realtà o vi affascina più il fantastico?

CONTESTO CULTURALE
Una cena

LETTURE
Gianni Rodari
L'acca in fuga
Il «verbo solitario»

STRUTTURE
1. Passato remoto
2. *Fare* + infinito
3. *Lasciare* + infinito
4. Verbi di percezione + infinito

L'ITALIA DAL VIVO
L'orsetta salvata

METTIAMOLO PER ISCRITTO!
Invenzioni linguistiche

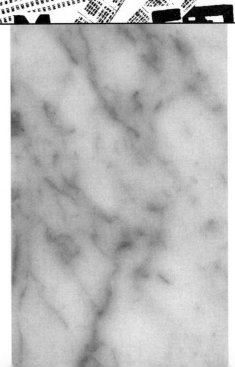

Contesto culturale

Una cena   Ascoltate il dialogo almeno un paio di volte. Poi leggete le **Espressioni utili** ed interpretate le **Situazioni pratiche** insieme ad un compagno/una compagna.

Per tutti gli italiani mangiare è un'attività importantissima. Gli italiani passano ore a tavola. La mamma ha sempre un ruolo fondamentale nel preparare i pranzi, e quando si è invitati è quasi un'offesa rifiutare qualcosa. Marco ha invitato la sua amica americana Emily a cena. La madre di Marco ha preparato una tipica cena all'italiana.

MADRE: **È pronto**! Venite a tavola!

MARCO: Mi raccomando, Emily, cerca di mangiare tutto quello che ha preparato mia madre. Se rifiuti qualcosa, si offende. Sai come sono le mamme italiane.

EMILY: Ma almeno glielo hai detto che sono **vegetariana**?

MARCO: Sì, gliel'ho detto. Ma sai... in Italia è molto difficile capire questo tipo di scelta. È del tutto contraria alla nostra cultura...

EMILY: Perché? Vi sentite male se non mangiate **carne**?

MARCO: No... anzi. La cucina italiana è basata sulla pasta, sui pomodori, sul formaggio... Il fatto è che, nella cucina italiana, nessuno pensa agli ingredienti usati per cucinare un piatto. Quello che conta è cosa viene fuori.

EMILY: Ma io che dovrei fare?

MARCO: Niente. Solo capire che se qualcuno ti offre qualcosa che, alla fine, contiene un po' di carne, non lo ha fatto perché non rispetta la tua scelta. È solo che... per noi la cucina è una forma d'arte popolare. E allora, su, su, andiamo **a tavola**!

EMILY: **Buon appetito**!

MADRE: Vuoi un po' di **antipasto**? C'è del **prosciutto cotto**, del prosciutto **crudo** con **melone** o dei gamberetti con la maionese.

EMILY: No, grazie—

MADRE: Ma, Emily, non **sarà a dieta** per caso?

EMILY: Non si offenda, signora, ma sono vegetariana... glielo ha detto Marco, vero?

MADRE: Certo... ma questo è prosciutto, non è una **bistecca**!

MARCO: **Mi passi**, per favore, il piatto con il prosciutto crudo?

EMILY: Anche il prosciutto è carne.

MADRE: Ah, già... è vero. Che sbadata. Comunque ho fatto anche dei fiori di zucca.

EMILY: Cosa?

MADRE: I fiori della zucchina, **fritti**. Ne vuoi **assaggiare**?

EMILY: Sì, grazie... sono deliziosi. Cosa c'è dentro?

MADRE: **Il ripieno**? Un po' di polpa di **pesce**.

EMILY: C'è dentro la frutta! Adoro la frutta!

MARCO: Pesce, non **pesche**, Emily.

EMILY: Non si offenda, signora... ma preferirei di no. Il pesce invece delle pesche... la pronuncia della acca mi mette sempre nei guai.

MADRE: **Si figuri**. **Gradisce** del vino o dell'acqua?

EMILY: Prendo dell'acqua naturale. Non bevo vino—sono **astemia**.

MADRE: Beh, Emily. Per primo ho preparato delle penne all'arrabbiata...

EMILY: Non le ho mai mangiate. Perché «arrabbiata»?

MADRE: Perché sono **speziate**. Sono fatte con del peperoncino e hanno un **sapore** fortissimo.

EMILY: Ah, mi piacciono le cose speziate!

MADRE: Bene. Marco invece preferisce mangiare con poco **sale** e **pepe**. Per secondo ho preparato dei **peperoni alla griglia** e **patate al forno**. Tutto vegetale al 100 percento.

EMILY: Ma... non sono fatti di carne?

MADRE: Cosa?

EMILY: I peperoni...

MARCO: Mamma, Emily si è confusa perché peperoni in inglese sono **le salsicce**. Mia madre vuole dire *peppers*.

EMILY: Ah, adoro i peperoni.

MADRE: Meno male, almeno quelli.

ESPRESSIONI UTILI A TAVOLA

è pronto	*the food is ready*
vegetariano	*vegetarian*
a tavola	*let's sit down at the table*
buon appetito	*enjoy your meal*
essere a dieta	*to be on a diet*
mi passi	*please pass*
assaggiare	*to taste, try*
si figuri	*don't mention it*
gradisce	*please help yourself*
astemio	*teetotaler, nondrinker*
speziato	*spicy*
il sapore	*flavor, taste*
alla griglia	*on the grill*
al forno	*in the oven*

CIBO

la carne	*meat*
l'antipasto	*appetizers*
il prosciutto	*cured ham*
cotto	*cooked*
crudo	*raw, uncooked*
melone	*melon*
la bistecca	*steak*
la zucchina	*zucchini*
fritto	*fried*
il ripieno	*filling, stuffing*
il pesce	*fish*
le pesche	*peaches*
il sale	*salt*
il pepe	*pepper*
i peperoni	*bell peppers*
le patate	*potatoes*
la salsiccia	*sausage*

A. Completate le seguenti frasi con una delle espressioni elencate sopra.

1. Prima di iniziare a mangiare, dico _____.
2. Sono molto goloso e mi piace _____ tutti i dolci.
3. Non bevo whiskey perché sono _____.
4. Per me quella pasta è troppo _____.
5. _____ un altro pezzo di pane?

B. Completate le seguenti frasi con una delle parole elencate sopra.

1. La frutta che preferisco sono _____.
2. Per antipasto mi piace mangiare _____.
3. Quando eravamo al mare, abbiamo mangiato _____ fresco ogni giorno.
4. Mi piacciono _____ grosse, come quelle che fanno nel Texas.
5. Sulla pizza voglio solo della mozzarella, non voglio _____.

Situazioni pratiche

Reagite con un compagno/una compagna alle seguenti situazioni.

1. Studente 1 invita a cena un suo amico italiano, Studente 2, che è appena arrivato negli Stati Uniti. Studente 1 ha scelto di servire tipici piatti americani. Che cose offrirà? Piaceranno al suo amico? Se no, come si giustifica? Cosa fa per non sembrare scortese? Ci saranno malintesi (*misunderstandings*) come nel dialogo? Di che tipo?
2. Scrivete una ricetta di una cosa semplicissima da fare (una frittata, la pancetta con le uova, ecc.), indicando la quantità, i minuti di cottura, ecc.

VOCABOLARIO TEMATICO

Sostantivi

l'acca (the letter) H
  valere un'acca to be worthless
l'ala (*pl.* **le ali**) wing
l'autostop hitchhiking
  fare l'autostop to hitchhike
la caccia hunt, hunting
la casseruola pot
il chiodo nail
la corda string
la fuga escape
  in fuga fleeing, on the run
il gallo rooster
il martello hammer
il posto place
la roba stuff, things, belongings
il sapore taste

Verbi

arrabbiarsi to get angry
cadere to fall
crollare to collapse
mettersi in viaggio to set out on a trip
piantare in asso to abandon, "leave in the lurch"
rassegnarsi (a) to resign oneself (to), settle (for)
scoprire to discover
sopportare to bear, put up with
sparire to disappear
starnutire to sneeze
tentare (**di**) to attempt, try (to)

Aggettivi

disgustoso disgusting, nauseating
miope nearsighted

Altre parole ed espressioni

all'aperto outdoors
all'estero abroad
anzi in fact, actually
da poco of little value, insignificant
di buon cuore kindhearted
di colpo suddenly
in compenso in return, on the other hand

A. Per ognuna delle parole o espressioni seguenti, cercate una parola del **Vocabolario tematico** che abbia un significato simile o sia logicamente associato.

1. martello   2. fuori   3. abbandonare   4. lettera   5. trovare   6. volare
7. generoso   8. tollerare   9. di poco valore   10. pollo

B. Completate le seguenti frasi usando una delle parole o espressioni del **Vocabolario tematico.**

1. È vero che lo zio Luigi è un po' scontroso (*grouchy*), ma è anche _____ e molto generoso.
2. Facciamo il picnic qui; è proprio un bel _____.
3. Participare alle Olimpiadi è un grosso impegno, ma _____ le soddisfazioni sono immense.
4. Durante i bombardamenti della Seconda guerra mondiale, molti edifici _____.
5. Il violino ha quattro _____, mentre la chitarra ne ha sei.
6. Da giovane, siccome spesso mi mancavano i soldi per prendere il treno, facevo _____.
7. Ci sono solo poche persone capaci di smettere di fumare _____.
8. Non faccio molto sport, _____ non ne faccio affatto!
9. Da giovane vedevo bene, ma col tempo sono diventata _____.

C. Combinate i verbi a sinistra con le espressioni a destra per formare delle frasi complete.

ESEMPIO: _____ crollare   Molti palazzi, durante un forte terremoto (*earthquake*) →
Molti palazzi crollano durante un forte terremoto.

1. _____ scoprire
2. _____ arrabbiarsi
3. _____ tentare
4. _____ cadere
5. _____ rassegnarsi
6. _____ sparire
7. _____ starnutire

a. nel fazzoletto (*handkerchief*) tre volte
b. inutilmente di spiegare la situazione
c. dalla stanza da un momento all'altro
d. la roba che i ladri (*thieves*) avevano nascosto
e. per terra
f. subito con tutti quando è stanca
g. ad una vita mediocre

PRELETTURA

Italy has a long and rich history of imaginative fiction, from the popular demons, saints, angels, and talking animals of medieval narrative to science fiction and "speculative" fiction, both extremely popular in Italy today. This chapter's readings are a short tale and a poem by Gianni Rodari, a popular contemporary writer.

The story, "L'acca in fuga," is a playful speculation about what would happen if letters had human characteristics, and if one of them decided to secede from the Italian alphabet. The poem, "Il verbo solitario," continues the theme of language and fantasy by describing a character afflicted with a malady familiar to many beginning students of Italian: "verbitis."

Entriamo nel contesto!

A. Fingete di essere un gruppo d'italiani senza nessuna conoscenza della lingua inglese. Come scrivereste i seguenti nomi geografici usando varie combinazioni di lettere dell'alfabeto italiano? Cercate di ritenere il più possibile della pronuncia americana nella vostra trascrizione!

ESEMPIO: *Chattanooga* → Ciattanuga

1. Chicago
2. Decatur
3. Glacier Peak
4. Charleston
5. Ingleside
6. Cincinnati

B. Esame di ortografia (*Spelling test*): L'acca, benché non si pronunci nella lingua italiana, è molto importante per la fonetica. Scandite ad alta voce (*Spell out loud*) l'equivalente italiano di queste parole.

ESEMPIO: *clear* → chiaro: ci acca i a erre o

1. church
2. (drinking) glass
3. to chat
4. we pay
5. key
6. nail
7. eyeglasses
8. closed

Ora, pronunciate queste parole senza l'acca!

LETTURA

L'acca in fuga

*C'*era una volta un'Acca.

Era una povera Acca da poco: valeva un'acca,* e lo sapeva. Perciò non montava in superbia,[1] restava al suo posto e sopportava con pazienza le beffe[2] delle sue compagne. Esse le dicevano:

5   —E così, saresti[3] anche tu una lettera dell'alfabeto? Con quella faccia?

—Lo sai o non lo sai che nessuno ti pronuncia?

---

[1]*non... she never put on airs*   [2]*jibes*   [3]*E così... So, you claim to be*

---

*The saying *non valere un'acca* means 'to be worth nothing,' because the letter H in Italian has no sound.

Lo sapeva, lo sapeva. Ma sapeva anche che all'estero ci sono paesi, e lingue, in cui l'acca ci fa la sua figura.[4]

«Voglio andare in Germania, —pensava l'Acca, quand'era più triste del
10   solito.—Mi hanno detto che lassù[5] le Acca sono importantissime.»

Un giorno la fecero* proprio arrabbiare. E lei, senza dire né uno né due,[6] mise[7] le sue poche robe in un fagotto[8] e si mise in viaggio con l'autostop.

Apriti cielo[9]! Quel che successe[10] da un momento all'altro,[11] a causa di quella fuga, non si può nemmeno descrivere.

15   Le chiese, rimaste senz'acca, crollarono[12] come sotto i bombardamenti. I chioschi,[13] diventati di colpo troppo leggeri, volarono per aria seminando[14] giornali, birre, aranciate e granatine in ghiaccio[15] un po' dappertutto. In compenso, dal cielo caddero giù i cherubini[16]: levargli[17] l'acca, era stato come levargli le ali.

Le chiavi non aprivano più, e chi era rimasto fuori casa dovette rassegnarsi a
20   dormire all'aperto.

Le chitarre perdettero tutte le corde e suonavano meno delle casseruole.

Non vi dico il Chianti, senz'acca, che sapore disgustoso. Del resto era impossibile berlo, perché i bicchieri, diventati «biccieri» schiattavano[18] in mille pezzi.

Mio zio stava piantando un chiodo nel muro, quando le Acca sparirono: il
25   «ciodo» si squagliò[19] sotto il martello peggio che se fosse stato di burro.

La mattina dopo, dalle Alpi al Mar Jonio, non un solo gallo riuscì a fare chicchirichì: facevano tutti *cicciricì*, e pareva che starnutissero. Si temette un'epidemia.

Cominciò un gran caccia all'uomo, anzi, scusate, all'Acca. I posti di frontiera[20] furono avvertiti di raddoppiare[21] la vigilanza. L'Acca fu scoperta nelle vicinanze
30   del Brennero,[22] mentre tentava di entrare clandestinamente in Austria, perché non aveva passaporto. Ma dovettero pregarla in ginocchio[23]:—Resti con noi, non ci faccia questo torto[24]! Senza di lei, non riusciremmo a pronunciare bene nemmeno il nome di Dante Alighieri. Guardi, qui c'è una petizione degli abitanti di Chiavari, che le offrono una villa al mare. E questa è una lettera del capo-stazione[25]
35   di Chiusi-Chianciano, che senza di lei diventerebbe il capo-stazione di Ciusi-Cianciano: sarebbe una degradazione.

L'Acca era di buon cuore, ve l'ho già detto. È rimasta, con gran sollievo[26] del verbo chiacchierare e del pronome chicchessia.[27] Ma bisogna trattarla con rispetto, altrimenti ci pianterà in asso un'altra volta.

40   Per me che sono miope, sarebbe gravissimo: con gli «occiali» senz'acca non ci vedo da qui a lì.[28]

—*Gianni Rodari*

---

[4]*ci... is held in some regard*   [5]*up there*   [6]*senza...without saying a word*   [7]p. remoto of **mettere**   [8]*bundle, pack*
[9]*Apriti... Good heavens!*   [11]p. remoto of **succedere**   [11]*da... all of a sudden*   [12]p. remoto of **crollare**   [13]*kiosks*
[14]*scattering*   [15]*snowcones*   [16]*cherubs*   [17]*taking away their*   [18]*shattered*   [19]*si... melted*   [20]*posti... border guard-posts*   [21]*to double*   [22]*Brenner (Alpine pass between Italy and Austria)*   [23]*pregarla... plead with her*   [24]*non... don't do us such a wrong*   [25]*stationmaster*   [26]*con... much to the relief of*   [27]*anybody, whoever*   [28]*da... two inches in front of my nose (lit., from here to there)*

*****fecero:** third-person plural, **passato remoto** of **fare**. Many of the verbs in this reading are in the past absolute (**passato remoto**), presented later in this chapter. You do not need to use these forms, but you should recognize them. As a reminder, glosses have been provided for the first four verbs in the **passato remoto**.

Avete capito?

A. L'umorismo del racconto «L'Acca in fuga» è basato sul destino di certe parole che perdono la loro acca. Ogni parola (o l'oggetto che rappresenta) subisce (*undergoes*) un cambiamento specifico. Combinate la parola con la trasformazione subita (*undergone*).

1. _____ chiese	**a.** perdettero corde
2. _____ chioschi	**b.** si ruppero
3. _____ cherubini	**c.** sembrarono starnuti
4. _____ chiavi	**d.** volarono
5. _____ chitarre	**e.** si sciolsero
6. _____ Chianti	**f.** diventò un nome degradante
7. _____ bicchieri	**g.** crollarono
8. _____ chiodi	**h.** non avrebbero (*wouldn't have*) aiutato a vedere meglio
9. _____ chichirichì	**i.** aveva un sapore disgustoso
10. _____ Chiusi-Chianciano	**j.** caddero
11. _____ occhiali	**k.** non aprivano più

Ora pronunciate le undici parole a sinistra prima con le acca, e poi senza le acca.

B. Rispondete alle seguenti domande.

1. Perché l'acca era triste?
2. Perché voleva andare in Germania?
3. Perché tutti volevano trovarla?
4. Come e dove sono riusciti a trovarla?
5. Chi ha scritto una petizione e perché?
6. Perché il capo-stazione si sentiva degradato senza l'acca?
7. Perché l'acca ha deciso di ritornare in Italia?
8. Cosa hanno imparato le sue compagne da questa esperienza?

C. Ecco un elenco di temi presenti in questa favola. Spiegate com'è trattato ogni tema.

ESEMPIO: Tema: le apparenze ingannevoli (*misleading*)
Spiegazione: Alle sue compagne, l'acca non sembra importante, perché non ha un suono proprio nella lingua italiana. Ma in realtà, l'acca è importantissima, perché permette alle consonanti **c** e **g** di mantenere il loro suono duro davanti alle vocali **e** e **i**. L'apparenza inganna!

1. dare per scontato (*take for granted*) qualcosa o qualcuno
2. il rispetto del prossimo (*one's neighbor*)
3. il trionfo finale della vittima

Vi vengono in mente altre favole o storie che contengono uno (o alcuni) di questi temi? Quali?

> **Suggerimenti**: Cenerentola, Dumbo, Il gatto con gli stivali, Cappuccetto rosso

E ora a voi!

A. Rispondete alle seguenti domande.

1. Quali lettere (o combinazioni di letter) dell'alfabeto inglese sono spesso mute (*silent*)?
2. Quali lettere (o combinazioni di lettere) dell'alfabeto inglese potrebbero essere eliminate per semplificare la fonetica inglese?

B. Con quattro o cinque compagni, cercate delle altre parole che contengano un'acca. Poi scrivete dei nuovi episodi fantasiosi e comici, da aggiungere alla favola «L'acca in fuga». Infine leggete la nuova versione, completata da tutti i contributi dei vari gruppi della classe.

> **Suggerimenti**: chilo, chirurgo, cinghiale, cucchiaio, fischio, ghiandola, ghigliottina, ginocchio, maccheroni, panchina

. . . .

LETTURA

Il «verbo solitario»

*I*l povero Dario
è malato:
ha il «verbo solitario»…

Qualcuno, invero,[1] afferma
5 che non si tratta già
di un verbo, ma di un verme…

Ah, che ne sa la gente!

Domandatelo a lui come si sente,
qual è la causa del suo soffrire:
10 vi dirà, precisamente,
che sono i verbi in *are*, in *ere* e in *ire*.

Lo tormentano in tutti i modi[2]:
indicativo, congiuntivo, eccetera.

Lo hanno perseguitato[3]
15 nel tempo passato
(sia prossimo che remoto)
e poco ma sicuro
gran noia gli daranno[4]
anche nel tempo futuro.

20 Che spasimi[5] atroci
quando deve coniugare
nelle sue strane voci[6]
un verbo irregolare…

—*Gianni Rodari*

---

[1]indeed   [2]ways (also, grammatical moods)   [3]pursued; persecuted   [4]gran… they'll continue to torment him   [5]pangs
[6]conjugations

Avete capito?

Scegliete la risposta giusta (o le risposte giuste). Fate attenzione ai doppi sensi della poesia.

1. Chi sarà Dario?
   a. un bambino italiano
   b. uno studente universitario d'italiano
   c. un poeta straniero
2. Perché è ammalato?
   a. Ha fatto un'indigestione di verbi.
   b. È povero e ha un verme.
   c. Il suo dizionario non ha sostantivi.
3. Esiste una malattia chiamata il «verme solitario» (*tapeworm*). Secondo voi, quali sono i sintomi (*symptoms*) della malattia del «verbo solitario»?
   a. Il malato riesce a coniugare un solo verbo.
   b. Il malato dimagrisce (*loses weight*) quando studia i verbi.
   c. Il malato soffre di spasimi quando coniuga un verbo.
4. Quanto dura la malattia del «verbo solitario»?
   a. nel presente
   b. nel presente e nel passato
   c. nel presente, passato e futuro
5. Come si cura questa malattia?
   a. con il tempo
   b. con l'imperativo e il condizionale
   c. Non c'è cura per questa malattia.
6. Quale attività provoca degli spasimi atroci?
   a. coniugare i verbi usando una voce strana
   b. coniugare le forme irregolari di un verbo
   c. pronunciare le coniugazioni le che fanno paura
7. Quale è la morale di questa storia?
   a. Coniugate i verbi irregolari poco alla volta.
   b. Coniugate i verbi solo al presente.
   c. Non cercate mai d'imparare l'italiano!

STRUTTURE

I. Passato remoto

Regular verbs

The following chart shows the past absolute of regular verbs. Note the alternate endings for the first-person singular and third-person singular and plural of **-ere** verbs.

tent**are**	v**e̥**nd**ere**	scopr**ire**
tent**ai**	vend**ei** (vend**etti**)	scopr**ii**
tent**asti**	vend**esti**	scopr**isti**

tentò	vendè (vendette)	scoprì
tentammo	vendemmo	scoprimmo
tentaste	vendeste	scopriste
tentarono	venderono (vendettero)	scoprirono

Irregular verbs

1. The following common verbs are irregular in all persons in the **passato remoto.**

essere	dare	stare
fui	diedi (detti)	stetti
fosti	desti	stesti
fu	diede (dette)	stette
fummo	demmo	stemmo
foste	deste	steste
furono	diedero (dettero)	stettero

2. Other verbs are irregular in the first- and third-person singular and the third-person plural, but regular in the other persons. Once you know the irregular **passato remoto** stem of these verbs, add the endings **-i**, **-e**, and **-ero** to form, respectively, the first- and third-person singular and the third-person plural.

avere	nascere	scrivere
ebbi	nacqui	scrissi
avesti	nascesti	scrivesti
ebbe	nacque	scrisse
avemmo	nascemmo	scrivemmo
aveste	nasceste	scriveste
ebbero	nacquero	scrissero

Other verbs that follow this pattern are listed in Appendix I.

3. **Bere, dire, fare, porre, tradurre,** and **trarre** all have irregular stems in certain forms of the **passato remoto.** As in the **imperfetto,** their regular forms are based on their original Latin or archaic Italian stems.

bere (bevere)	dire (dicere)	fare (facere)	porre (ponere)	tradurre (traducere)	trarre (traere)
bevvi	dissi	feci	posi	tradussi	trassi
bevesti	dicesti	facesti	ponesti	traducesti	traesti
bevve	disse	fece	pose	tradusse	trasse
bevemmo	dicemmo	facemmo	ponemmo	traducemmo	traemmo
beveste	diceste	faceste	poneste	traduceste	traeste
bevvero	dissero	fecero	posero	tradussero	trassero

Uses

1. The **passato remoto** and the **passato prossimo** are both used to describe completed actions in the past. The **passato remoto**, however, is used only for actions that occurred in the distant past.

Ieri ho scoperto una scarpa perduta
  sotto il letto.
Cristoforo Colombo scoprì l'America
  nel 1492.

*Yesterday I discovered a lost
  shoe under the bed.*
*Christopher Columbus discovered
  America in 1492.*

2. The use of the **passato remoto** differs from that of the imperfect in the same way as does the **passato prossimo**. (See Chapter 6, Section 4 for a discussion of this distinction.)

Faceva freddissimo il giorno in
  cui **morì** Giuseppe Verdi.
Michelangelo **scolpì** il *Davide*
  quando aveva ventisei anni.

*It was very cold the day Giuseppe
  Verdi died.*
Michelangelo sculpted the David
  when he was twenty-six.

3. Though usage varies regionally, the **passato remoto** is rarely used in everyday conversation—particularly in northern Italy—but is commonly used in literary texts and narrations of historical events.

Così **scomparve** Cosimo, e non ci **diede** neppure la soddisfazione di
  vederlo tornare sulla terra da morto. Nella tomba di famiglia c'è una
  stele che lo ricorda con scritto: «Cosimo Piovasco di Rondò—**Visse**
  sugli alberi—**Amò** sempre la terra —**Salì** in cielo».

—Italo Calvino, *Il barone rampante*

*Thus Cosimo disappeared, and he didn't even give us the satisfaction of seeing
  him return to the ground as a dead man. In the family tomb there is a slab
  that commemorates him with an inscription: "Cosimo Piovasco di Rondò—
  He lived in the trees—He always loved the earth—He ascended to heaven."*

La **vide**, la **conobbe**, e **restò** senza
  e voce e moto. Ahi vista! ahi conoscenza!

—Torquato Tasso, *La Gerusalemme liberata*, XII.67

*He saw her, he recognized her, and he fell mute and motionless. Ah, the sight!
  Ah, the recognition!*

Un po' di pratica

A. Anch'io! Rispondete alle frasi usando **anche** e il nome o il pronome tra parentesi.

ESEMPIO: Io comprai molti libri usati. (gli altri) → Anche gli altri comprarono
          molti libri usati.

1. Tutti credettero alle parole di quell'uomo. (Silvia)
2. Luigi finì di leggere l'articolo. (noi)

3. Papà andò in banca. (tu)
4. Sentii gli spari (*shots*). (I vicini [*neighbors*])
5. La signora Benetti chiamò subito la polizia. (io)
6. Arrivammo di buon'ora (*early*). (voi)
7. Gli studenti restituirono i libri alla biblioteca. (il professore)

B. Trasformazioni. Cambiate le frasi dal singolare al plurale.

ESEMPIO: Scrissi delle poesie. → Scrivemmo delle poesie.

1. Stetti un po' in silenzio, poi parlai. (stare)
2. Rimasi male (*I was upset*) quando sentii le brutte notizie. (rimanere)
3. Vidi una cosa interessante, ma non potei parlarne. (vedere)
4. Non volli accompagnare Bruno alla stazione perché mi sentii male. (volere)
5. Vinsi la gara (*competition*) e ricevetti un bel premio. (vincere)
6. Feci uno sbaglio quando spesi tutti i soldi.

E ora trasformate le frasi seguenti dal plurale al singolare. Fate tutti i cambiamenti necessari.

ESEMPIO: Decisero di cambiare casa. → Decise di cambiare casa.

1. Videro la prova e scoprirono la verità.
2. Scelsero una bella macchina ma poi non la comprarono.
3. Non seppero rispondere, quindi tacquero.
4. Chiusero il negozio e tornarono subito a casa.
5. Vennero qui nel 1902 e vissero prima a Chicago, poi a Los Angeles.
6. Conobbero alcune persone importanti; così si sistemarono abbastanza bene.

C. Avvenimenti storici. In gruppi di due, fate le domande e rispondete.

ESEMPIO: la seconda guerra mondiale / finire / 1945 →
—Quando **finì** la Seconda guerra mondiale?
—**Finì** nel 1945.

1. i Normanni / conquistare la Bretagna / 1066
2. Colombo / scoprire le Americhe / 1492
3. Machiavelli / scrivere *Il principe* / 1513
4. Bach e Händel / nascere / 1685
5. Dante / morire / 1321
6. Garibaldi / liberare la Sicilia / 1860

2. *Fare* + infinito

1. **Fare** is used with the infinitive to express the concept *to have (get) something done* or *to have (make) someone do something*. Noun objects follow the infinitive. When there is only one object, it is the direct object.

Preparo la cena.	*I prepare dinner.*
Faccio preparare la cena.	*I have dinner prepared.*
I ragazzi mangiano.	*The kids eat.*
Faccio mangiare i ragazzi.	*I make the kids eat.*

2. When the sentence has two objects (usually a person made to perform the action and the thing acted on), the person is the indirect object and the thing is the direct object. The indirect object can be replaced by an indirect-object pronoun or by a disjunctive pronoun with **a**.

L'insegnante fa ripetere l'esercizio **a** Franco.	*The instructor has Franco repeat the exercise.*
L'insegnante **gli** fa ripetere l'esercizio.	*The instructor has him repeat the exercise.*
L'insegnante fa ripetere l'esercizio **a lui.**	

3. Object pronouns normally precede the conjugated form of **fare**. Exceptions: the indirect-object pronoun **loro**, which *always* follows the infinitive, and disjunctive pronouns. In compound tenses, the past participle of **fare** agrees with the direct-object pronoun. (For combined forms of the direct- and indirect-object pronouns, review Chapter 7, Section 1: **Pronomi doppi**.)

Ho fatto battere le lettere al segretario.	*I had the secretary type the letters.*
Le ho fatt**e** battere al segretario.	*I had them typed by the secretary.*
Gli ho fatt**o** battere le lettere.	*I had him type the letters.*
Gliele ho fatt**e** battere.	*I had him type them.*
Ho fatto mangiare la frutta ai ragazzi.	*I made the kids eat the fruit.*
Gliel'ho fatt**a** mangiare. (**L'**ho fatt**a** mangiare **loro**.)	*I made them eat it.*

4. When **fare** is in the infinitive or familiar imperative forms, pronouns (except **loro**) attach to **fare**, which drops its final **e**.

Ho deciso di far riparare la macchina.	*I decided to have the car repaired.*
Ho deciso di far**la** riparare.	*I decided to have it repaired.*
Fate cantare i bambini!	*Make the children sing!*
Fate**li** cantare!	*Make them sing!*

5. When **fare** is followed by a reflexive verb, the reflexive pronoun is omitted.

Si è seduta.	*She sat down.*
L'abbiamo fatta **sedere.**	*We made her sit down.*

6. The construction **farsi** + *infinitive* is used when the object of the sentence is an article of clothing, body part, or personal possession. The auxiliary **essere** is used in compound tenses. The past participle agrees with the direct-object pronoun, or with the subject if there is no object pronoun. The agent (the person performing the service) is preceded by **da**.

Si fa pulire i denti.	*She has her teeth cleaned.*
Si è fatta pulire i denti.	*She had her teeth cleaned.*
Se è fatta pulire i denti **dal** dentista.	*She had her teeth cleaned by the dentist.*
Se li è **fatti** pulire **dal** dentista.	*She had them cleaned by the dentist.*
Mi sono fatta lavare a secco il maglione.	*I had my sweater dry-cleaned.*
Me lo sono **fatto** lavare a secco.	*I had it dry-cleaned.*

Attenzione! Faccio spedire un pacco a Maria can mean *I'm having a package sent to Maria* or *I'm having Maria send a package.* To convey the second meaning without ambiguity, use the preposition **da**: **Faccio spedire un pacco *da* Maria.**

Un po' di pratica

A. Cosa facciamo fare? Queste persone sono impegnatissime (*extremely busy*) e non hanno tempo per fare queste cose loro stesse. Dite quello che fanno fare secondo l'esempio.

ESEMPIO: Spedisco le lettere. → Faccio spedire le lettere.

1. Marco pulisce il garage.   **2.** Preparate i panini.   **3.** Faccio il bucato (*laundry*).   **4.** Antonella ed io puliamo la casa.   **5.** I vicini accompagnano la figlia a scuola.   **6.** Rimetti i libri nello scaffale.   **7.** La signora Morandi prenota l'albergo e l'aereo.

B. Le faccende (*chores*) di tutti i giorni. Trasformate le frasi secondo l'esempio.

ESEMPIO: Ho fatto la spesa. (la mia compagna di camera) →
          Ho fatto fare la spesa alla mia compagna di camera.

1. Ho lavato la macchina. (i miei compagni di camera)
2. Ho comprato dei francobolli. (la mia amica)
3. Ho restituito i video. (le mie amiche)
4. Ho battuto al computer la relazione. (mio fratello)
5. Ho riparato la TV. (l'elettricista)

— *No! La mamma mi ha detto di non farmi mettere da te nessuna mela sulla testa!*

C. Ancora una volta. Ora trasformate le frasi dell'esercizio B secondo l'esempio.

ESEMPIO: Ho fatto fare la spesa alla mia compagna di camera. →
          Gliel'ho fatta fare.

D. Da chi? Alternandovi con un compagno/una compagna, fate le domande e rispondete secondo l'esempio.

ESEMPIO: farsi riparare gli occhiali (l'ottico, *optician*) →
          —Da chi ti sei fatto (fatta) riparare gli occhiali?
          —**Me li** sono fatti riparare dall'ottico.

1. farsi accorciare (*shorten*) i pantaloni (il sarto, *tailor*)
2. farsi correggere i compiti (il mio amico italiano)
3. farsi fare la manicure (Kiki)
4. farsi tagliare i capelli (Jean-Pierre)
5. farsi rammendare (*mend*) il maglione (mia madre)

3. *Lasciare* + infinito

1. The construction **lasciare** + *infinitive* conveys the concept *to allow someone to do something* (*to let someone do something*). It follows the pattern of **fare** + *infinitive* with regard to

   a. placement of objects.

Lascio cucinare **mio figlio.**	*I let my son cook.*
Lascio cucinare i piatti semplici **a mio figlio** (**a lui**).	*I let my son [him] cook simple dishes.*

   b. placement of direct- and indirect-object pronouns.

Non **ve lo** lascio fare!	*I won't let you do it!*
Lascia stare il gatto; lascia**lo** stare!	*Leave the cat alone; leave him alone!*
Ma non vuoi lasciar**lo** stare?	*Won't you leave him alone?*

   c. agreement of the past participle.

Non **le** ho lasciat**o** vedere quei film; non **glieli** ho lasciat**i** vedere.	*I didn't let her see those films. I didn't let her see them.*

   d. suppression of reflexive pronouns.

Si divertirà alla festa.	*He'll have fun at the party.*
Lascia**lo** divert**ire** alla festa!	*Let him have fun at the party!*

2. **Permettere di** + *infinitive* (always used with indirect objects) is equivalent in meaning to **lasciare** + *infinitive*.

Non lascio fumare in casa mio marito.	*I don't let my husband smoke in the house.*
Non permetto a mio marito di fumare in casa.	
Non gli permetto di fumare in casa.	*I don't let him smoke in the house.*

Attenzione!   In everyday conversation, Italians frequently use **fare** instead of **lasciare**.

Ragazzi, fatemi entrare!	*Let me in, guys!*
È incredibile, i tuoi genitori ti fanno fare tutto quello che vuoi!	*It's incredible; your parents let you do anything you want!*

Un po' di pratica

A. Dei genitori simpatici. I signori de Mauro lasciano fare molte cose ai figli. Trasformate le seguenti frasi secondo l'esempio.

ESEMPIO: Potete guardare la TV. →
              Vi lasciamo guardare la TV.
              Ve la lasciamo guardare.

1. Puoi usare la moto.
2. Tua sorella può acquistare una macchina usata.
3. Potete invitare gli amici a cena.
4. Tuo fratello può usare la carta di credito.
5. Puoi metterti il rossetto per andare a scuola.
6. Potete noleggiare (*to rent*) due video.

B. Dei genitori autoritari. Trasformate le frasi secondo gli esempi.

ESEMPIO: Non lo lasciano uscire quasi mai. →
              Non gli permettono di uscire quasi mai.

1. Non li lasciano andare a Panama City.
2. Non lo lasciano iscrivere a lettere (*humanities*).
3. Non le lasciano bere alcolici.
4. Non gli lasciano usare la macchina.
5. Non la lasciano andare in vacanza con le amiche.

ESEMPIO: Non gli hanno permesso di ascoltare i CD →
              Non gli hanno lasciato ascoltare i CD.
              Non glieli hanno lasciati ascoltare.

6. Non gli hanno permesso di comprare la chitarra.
7. Non le hanno permesso di leggere romanzi rosa (*romance novels*).
8. Non le hanno permesso di portare la minigonna (*miniskirt*).
9. Non gli hanno permesso di parlare al telefono con gli amici.
10. Non le hanno permesso di mangiare al fast-food.

C. Interviste. Chiedete a un compagno/una compagna di classe se i genitori
gli/le lasciavano fare queste cose. Usate i pronomi quando possibile. Seguite
l'esempio.

ESEMPIO: fumare le sigarette →
              —I tuoi genitori ti lasciavano fumare le sigarette?
              —No, assolutamente, non me le lasciavano fumare!
              (Sì, me le lasciavano fumare dopo i 18 anni, ma solo una sigaretta
              dopo cena.) E i tuoi genitori?

1. comprare la moto   5. uscire con ragazzi (ragazze) a 14 anni
2. uscire tutte le sere   6. stare fuori tutta la notte
3. usare la carta di credito   7. vestirti come volevi
4. dormire fino a tardi

4. Verbi di percezione + infinito

1. Verbs of perception such as **ascoltare**, **sentire**, and **vedere** are often used with the infinitive.

Il bambino piange.	*The baby is crying.*
Non **senti piangere** il bambino?	*Don't you hear the baby crying?*

2. As is the case with the **fare** and **lasciare** + *infinitive* construction, pronoun objects precede conjugated forms of the verb of perception, but attach to the infinitive. The past participle of the verb of perception agrees with direct-object pronouns.

Non voglio sentir**vi** gridare!	*I don't want to hear you shouting!*
Pavarotti e Domingo mi piacciono molto, ma non **li** ho mai sentiti cantare dal vivo.	*I like Pavarotti and Domingo a great deal, but I've never heard them sing live.*

3. Reflexive pronouns, however, remain attached to the infinitive.

L'ho sentito lamentar**si** per delle ore.	*I listened to him complaining for hours.*

4. Verbs of perception can also be followed by **che** + or **mentre** + *indicative*.

Ho visto arrivare tua sorella.	
Ho visto tua sorella **che arrivava**.	*I saw your sister arriving.*
Mi piace guardarlo pattinare.	
Mi piace guardarlo **mentre pattina**.	*I like to watch him skating.*

5. When the infinitive has its own object, the structure is as follows: *verb of perception + object of that verb + infinitive + object of the infinitive.*

Ho visto **i ragazzi** mangiare **tutta quella roba**!	*I saw the kids eat all that stuff!*
Sentiamo **la vicina** suonare **il pianoforte**.	*We hear the neighbor play[ing] the piano.*

Un po' di pratica

A. Nel mio quartiere (*neighborhood*). Trasformate le frasi secondo l'esempio.

ESEMPIO: Vedo i bambini che giocano. → Vedo giocare i bambini.

1. Vedo le signore che escono a fare la spesa.
2. Guardo tanti tassì e autobus che passano.
3. Sento i tassisti che si arrabbiano e urlano.
4. Osservo i signori che corrono a prendere la metropolitana.
5. Ascolto i vecchi che parlano di politica.
6. Sento i giovani musicisti che provano (*practice*) gli strumenti.

B. Ancora una volta. Ora trasformate le frasi dell'esercizio A secondo l'esempio.

ESEMPIO: Vedo giocare i bambini. → Li vedo giocare.

C. Quattro chiacchiere. Completate le frasi con la forma adatta dei verbi elencati e i pronomi necessari.

Verbi: fare, guardare, lasciare, permettere, sentire, vedere

1. —Hai prestato il *walkman* a tuo fratello?
   —No, non _____ di usarlo. Mi rovina (*ruins*) sempre tutto.
2. —È partita Tiziana?
   —Non lo so, non _____ partire. Forse ha cambiato idea.
3. —Cos'avete fatto al mare?
   —Io niente, ho voluto riposarmi. _____ passare le barche e basta.
4. —Sono tornati i figli dei Colombo?
   —Ma non _____ urlare (*screaming*)?
5. —Avete imbiancato (*painted*) la cucina?
   —No, _____ imbiancare a mio fratello. È più bravo di noi.
6. —Dov'è Roberto? Non viene a lezione oggi?
   —(Io) _____ tornare al dormitorio di gran corsa (*in a big rush*). Avrà dimenticato di nuovo i compiti, poverino!

· ·

L'ITALIA DAL VIVO

L'orsetta salvata

Prima visione. Guardate attentamente il video la prima volta senza audio. Poi cercate di rispondere alle seguenti domande.

1. Di che cosa tratta il video?
2. Che tipo di animale è l'orsetta?
3. In quali luoghi si vede?
4. Dove è stata sistemata l'orsetta?
5. Il video ha un lieto fine?

Seconda visione. Leggete il **Vocabolario utile** e guardate il video ancora due volte. La prima volta guardate ed ascoltate solo le informazioni generali. La seconda volta leggete gli esercizi che seguono e cercate delle informazioni specifiche che vi servono per completarli.

VOCABOLARIO UTILE

l'avvenimento	*event*
la cattività	*captivity*
la falda	*slope*
la gabbia	*cage*
l'orsetta	*female bear cub*
il peso	*weight*
la razza	*breed*

balzare alle cronache	*to appear in the news*
crescere	*to grow*
essere in grado	*to be able, capable*
procurarsi	*to obtain*
scongiurare	*to avert*
autonomo	*independent*
a lieto fine	*with a happy ending*

Comprensione

A. Scegliete dalla colonna a destra la frase che meglio completa l'inizio di frase a sinistra.

L'orsetta di razza Balibal è stata liberata — un lieto fine.
Sulle falde dell'Etna c'è — difficoltà a procurarsi cibo.
Gli animali nati in cattività hanno — dai ragazzi della lega anti-vivisezione.
Molti film Hollywoodiani hanno — un parco naturale.

B. Rispondete alle seguenti domande.

1. Dove hanno scoperto l'orsetta i ragazzi della lega anti-vivisezione?
2. Da dove viene l'orsetta?
3. Dove hanno messo l'orsetta?
4. Dove si trova questo parco?
5. Dove trasferiranno l'orsetta?

Variazione

A. Dite quali dei seguenti animali sono in pericolo di essere estinti:

il bisonte   la tartaruga delle   il condor californiano
la balena   Galapagos   la zebra
l'elefante   il pipistrello   il delfino
il cane

B. *Dibattito.* Con un compagno/una compagna conducete un breve dibattito sui seguenti temi:

1. Le grandi industrie devono pagare i costi dell'inquinamento.
2. Solo gli individui possono salvare l'ambiente, attraverso la presa di coscienza e l'impegno personale.
3. La rapida entrata delle parole inglesi nell'italiano usato quotidianamente rappresenta l'inquinamento linguistico o il suo arricchimento?

C. Appartenete ad un gruppo che protegge i diritti degli animali. Avete appena scoperto un'orsetta maltrattata dai proprietari. Scrivete una breve lettera al direttore di un parco con gli animali selvatici, dicendogli che vi piacerebbe sistemare l'orsetta nel suo parco.

METTIAMOLO PER ISCRITTO!

Invenzioni linguistiche

1. Scrivete un breve racconto o dialogo in cui una lettera inglese—per esempio, la *y* o la *k*—scappa via (*runs away*) con una lettera italiana. Perché scappano via? Perché sono insoddisfatte? Come raffrontano (*do they compare*) i loro suoni e le loro funzioni? Siate creativi!

2. Immaginate un incontro tra un paio di «falsi amici»—tra le parole *pretend* e «pretendere» (*to demand, to expect*), *morbid* e «morbido» (*soft*), *factory* e «fattoria», *library* e «libreria», o tra un altro paio che trovate interessante. Fateli discutere le loro vite, gli ambienti che frequentano, i malintesi (*misunderstanding*) che devono affrontare.

CAPITOLO 11

Una fiaba per i tempi nostri

Le fiabe scatenano l'immaginazione, intrattengono ed istruiscono. Le piace leggere delle fiabe? Perché? Si ricorda qualche fiaba della sua infanzia? La racconti agli altri!

Contesto culturale

Quale concerto rock?   Ascoltate il dialogo almeno un paio di volte. Poi leggete le **Espressioni utili** ed interpretate le **Situazioni pratiche** insieme ad un compagno /una compagna.

Simona e Tiziano si sono appena incontrati alla stazione di Milano provenienti rispettivamente da Torino e da Venezia.

TIZIANO: Che bello rivederti! Ma come hai fatto a trovare i biglietti?

SIMONA: Semplice, erano in **prevendita** da Virgin qui a Milano.

TIZIANO: Ma se ho telefonato io qualche giorno fa ed erano tutti esauriti! Non c'era più niente **disponibile**!

SIMONA: Ne ho trovati due in **platea**. Ma adesso smetti di fare domande e **sbrighiamoci**. Non abbiamo molto tempo e io non conosco Milano molto bene.

TIZIANO: In platea! Avrai speso **un occhio della testa**! Beh, meglio che regalare soldi ai **bagarini** e poi almeno siamo vicini al **palco**.

SIMONA: Non **preoccuparti** dei soldi...! Il **vigile** mi ha detto che la **fermata** della **metropolitana** è al primo **semaforo** a sinistra.

TIZIANO: Guarda l'uscita proprio **di fianco all'edicola**!

SIMONA: Comunque se **ci perdiamo**, ho la **cartina**.

TIZIANO: Quante fermate ci sono?

SIMONA: Otto, ma è **l'ora di punta** e ci sono tanti treni. **Ci metteremo** solo un quarto d'ora.

TIZIANO: Credevo che il Teatro Lirico fosse in centro.

SIMONA: Infatti il Lirico è in centro, ma noi andiamo allo stadio di San Siro, che è un po' in **periferia**.

TIZIANO: Come lo stadio? De Gregori non suona allo stadio!

SIMONA: E cosa **c'entra** De Gregori? Questi sono gli U2.

TIZIANO: Cosa? Io non **tiro fuori** una lira per vedere gli U2. **Sono finiti**!

SIMONA: Come finiti! Dai, scendi che siamo arrivati!

TIZIANO: Non m'interessano gli U2! Si sono commercializzati.

SIMONA: Scendi! Questo è il mio regalo per il tuo compleanno e **a caval donato non si guarda in bocca**.

TIZIANO: Sì, ma che cavallo...!

SIMONA: Prendiamo questa **scorciatoia**—siamo un po' in ritardo.

TIZIANO: Purché non porti a San Siro!

SIMONA: Guarda, ho letto che c'è una **scenografia** incredibile: luci al laser e un arco fatto di specchi alto non so quanti metri che gira.

TIZIANO: Proprio quello che non mi piace. **Tutto fumo e niente arrosto**!

SIMONA: Ma dai, e poi c'è il chitarrista che è **bono**.

TIZIANO: Bono è il cantante, non il chitarrista.

SIMONA: Lo so, stupido! Intendevo bono nel senso di bello, attraente. Sai che non riconosco...

TIZIANO: Bono?

SIMONA: No, questa strada.

TIZIANO: **Per forza, gira** a destra, gira a sinistra... Ci siamo persi. Persi, a Milano, per vedere gli U2... anzi Bono, è **il massimo**!

SIMONA: Sei diventato vecchio, ti lamenti di tutto.
TIZIANO: Comunque... o nessuno va a vedere gli U2 o noi ci siamo, proprio persi.
SIMONA: Qualche **isolato** e ci siamo.
TIZIANO: Mi sa che dovrai **rinunciare** allo show di luci e fumo.
SIMONA: Magari incontriamo Bono che usa un'entrata secondaria.
TIZIANO: Entra dove se lo stadio non c'è? Se vuoi, **ti faccio** io Bono.
SIMONA: Beh, non mi dispiacerebbe. Però dovresti avere una chitarra.
TIZIANO: Bono non ha la chitarra, e comunque io non so né cantare né suonare.
SIMONA: Dai, cerchiamo lo stadio, i biglietti non ce li **rimborsano**. L'imitazione di Bono me la fai dopo.

ESPRESSIONI UTILI PER ACQUISTARE DEI BIGLIETTI PER UNO SPETTACOLO

la prevendita	*advance sale*
disponibile	*available*
la platea	*orchestra seats*
il bagarino	*scalper*
il palco	*stage*
la scenografia	*staging*
rimborsare	*to reimburse*

ESPRESSIONI UTILI PER GIRARE LA CITTÀ

il vigile	*patrolman*
la fermata	*stop (bus, subway)*
la metropolitana	*subway*
il semaforo	*traffic light*
di fianco a	*next to*
l'edicola	*newsstand*
perdersi	*to get lost*
la cartina	*map*
l'ora di punta	*rush hour*
la periferia	*outskirts*
la scorciatoia	*shortcut*
girare a destra/sinistra	*to turn right/left*
l'isolato	*city block*

ALTRE PAROLE

sbrigarsi	*to hurry up*
spendere/costare un occhio della testa	*to be very expensive*
preoccuparsi di	*to worry about*
mettersi	*to take (with amounts of time)*
entrarci (cosa c'entra)	*to have something to do with*
tirare fuori	*to lay out money*
essere finito	*to be finished*
bono	*cute, handsome (Roman)*
per forza	*obviously*
essere il massimo	*to be the greatest*

rinunciare	*to give up*
ti faccio...	*I am going to imitate...*

PROVERBI

A caval donato non si guarda in bocca.	*Don't look a gift horse in the mouth.*
tutto fumo e niente arrosto	*all show and no substance; all sizzle and no steak*

A. Combinando le espressioni con i luoghi, dite come si fa per andare:

1. dalla biblioteca al dipartimento di lingue.
2. dalla palestra al vostro appartamento.
3. dal vostro appartamento al centro città.
4. dal negozio di video all'apartamento del vostro migliore amico/a.
5. dall'ufficio postale alla «student union».

B. Completate le seguenti frasi con una delle parole utili per acquistare dei biglietti.

1. I posti in galleria sono esauriti. Ci sono rimasti solo quelli in _____.
2. I soli posti disponibili sono molto lontani dal _____.
3. Quando lo spettacolo è stato rimandato all'ultimo mamento, it teatro ha dovuto _____ gli spettatori.
4. Quelle persone sedute per terra sono in fila per la _____ dei biglietti dei REM.
5. I posti sono esauriti; dobbiamo solo sperare che ci siano i _____.

Situazioni pratiche

Con un compagno/una compagna, interpretate le seguenti situazioni, utilizzando delle espressioni elencate sopra.

1. Studente 1 dà una festa per la fine dell'anno scolastico e invita anche un professore/una professoressa molto simpatico/a, Studente 2. Studente 1 gli dà le istruzioni per arrivare a casa sua.
2. Studente 1 promette a Studente 2 di comprare dei biglietti per un concerto di un gruppo che gli piace. Poi Studente 2 capisce che stanno andando ad un altro concerto di qualcuno che ritiene non artisticamente valido. Come reagisce? Ci vanno lo stesso? Cosa dice se poi il concerto gli piace?

VOCABOLARIO TEMATICO

Sostantivi

il cappello hat
il cappotto overcoat
la chitarra guitar
il mago magician, wizard
la moneta coin

il palco stage
il pezzo piece (musical)
il rimmel mascara
il rossetto lipstick
la sciarpa scarf
lo spettacolo show
gli spiccioli small change

Verbi

accadere to happen
avvenire to take place, happen
avvicinarsi to approach, get close to
cedere to give up, hand over
   cedere il posto to give up one's place

eseguire to perform
fingere to pretend
mettersi (a) to begin (doing something)
proseguire to continue (on), carry on
rilassarsi to relax
rubare to steal
scivolare to slip, slide
smettere (di) to stop (doing something)
truccarsi to put on makeup

uccidere to kill
udire to hear

Aggettivi

fatato magic, bewitched
invidioso envious
malvagio wicked
scomparso disappeared
truccato made-up (with cosmetics)

Altre parole ed espressioni

alle spalle di (qualcuno) behind (someone's) back
dato che since, seeing as
di animo buono kind-hearted
Guai a... ! Heaven help... !
sottovoce in a whisper

A. Trovate la parola o l'espressione che sembra fuori luogo. Spiegate perché.

1. fingere, maschera, truccarsi, moneta
2. avvicinarsi, smettere, camminare, proseguire
3. malvagio, nascosto, di animo buono, invidioso
4. rossetto, eseguire, chitarra, pezzo, udire
5. uccidere, rubare, cedere, fare violenza

B. Completate le seguenti frasi con la parola o l'espressione più logica, secondo il contesto.

1. Lavori troppo, Monica, hai bisogno di _____!
2. Bambini, state attenti a non _____ sul ghiaccio (*ice*)! Potete cadere e farvi male!
3. Quanto è pettegola (*gossipy*) quella ragazza! Parla _____ di tutti gli amici.
4. _____ non puoi accompagnarmi allo spettacolo, inviterò un'altra amica.
5. Parlo _____ per non svegliare i bambini che dormono.

C. Trovate l'associazione logica tra le parole nelle due colonne.

1. _____ rimmel
2. _____ mago
3. _____ mettersi a
4. _____ palco
5. _____ spiccioli
6. _____ cappotto
7. _____ accadere

a. monete
b. spettacolo
c. avvenire
d. sciarpa e cappello
e. truccato
f. fatato
g. cominciare

PRELETTURA

Fairy tales, legends, and fables are a vital part of Italy's cultural heritage. Each region has its own treasury of stories, which number in the thousands. There are also innumerable variants of such classic fables as Cinderella, Snow White, and Seven with One Blow, which trace their origins to Italian folk legends of the oral dialect tradition.

Generations of Italian writers going back at least as far as Boccaccio have acknowledged their debt to popular folk tales. Indeed, some of Italy's major modern writers have collected and transcribed these stories, and contributed some original variants of their own. Stefano Benni, the author of this chapter's reading, owes a great debt to Italian fairy tales. A highly popular contemporary humorist, Benni writes fantasy and science-fiction novels, short stories, essays, and poems. In "La chitarra magica," he uses many typical devices of the fairy tale but with an unexpected contemporary twist.

Entriamo nel contesto!

A. Rispondete alle seguenti domande.

1. Chi sono di solito i protagonisti delle fiabe?
2. Potete citare quattro o cinque caratteristiche fondamentali delle fiabe?
3. Vi piacevano le fiabe quando eravate piccoli? Perché sì, o perché no?
4. Che cosa vi piace nelle fiabe? Che cosa non vi piace?
5. Conoscete una fiaba con un mago? Se sì, quale?
6. Come finiscono di solito le fiabe?
7. Secondo voi, una fiaba deve sempre avere un lieto fine (*happy ending*)? Citate una fiaba che potrebbe essere più interessante ed istruttiva se avesse (*it had*) una conclusione negativa.

B. Un'improvvisata. In gruppi di tre compagni/compagne, preparate ed eseguite davanti alla classe una scenetta basata sugli elementi sottoelencati.

Ecco la situazione!
Pietro, un giovane musicista, vuole racimolare (*scrape together*) un po' di soldi per le vacanze estive; quindi decide di suonare la chitarra in pubblico. Una buona fata (*fairy*), vedendo che Pietro è buono e generoso, gli regala una chitarra magica che suona meravigliosamente qualsiasi pezzo che il pubblico vuole sentire. La sua musica ha molto successo e il ragazzo comincia ad accumulare un sacco di soldi.

Entra in scena il personaggio malvagio!
A questo punto entra in scena un personaggio malvagio, invidioso del successo di Pietro. Ogni gruppo deve scegliersi il proprio personaggio malvagio e decidere in che modo cerchi di rovinare i programmi di Pietro.

Finisce bene o male?
Decidete chi vince alla fine: Pietro o le forze del male?

Personaggi:
1. Pietro
2. personaggio malvagio
3. personaggio di vostra scelta: complice (*accomplice*) del personaggio malvagio, nemico del personaggio malvagio, la buona fata... Decidete voi!

LETTURA

La chitarra magica

> Ogni ingiustizia ci offende, quando non ci procuri
> direttamente alcun profitto.
>
> —Luc de Vauvenargues

C'era un giovane musicista di nome Peter che suonava la chitarra agli angoli delle strade. Racimolava[1] così i soldi per proseguire gli studi al Conservatorio: voleva diventare una grande rock star. Ma i soldi non bastavano, perché faceva molto freddo e in strada c'erano pochi passanti.[2]

5   Un giorno, mentre Peter stava suonando «Crossroads» gli si avvicinò un vecchio con un mandolino.

—Potresti cedermi il tuo posto? È sopra un tombino[3] e ci fa più caldo.

—Certo— disse Peter che era di animo buono.

—Potresti per favore prestarmi la tua sciarpa? Ho tanto freddo.

10   —Certo— disse Peter che era di animo buono.

—Potresti darmi un po' di soldi? Oggi non c'è gente, ho raggranellato[4] pochi spiccioli e ho fame.

—Certo— disse Peter che eccetera. Aveva solo dieci monete nel cappello e le diede tutte al vecchio.

15   Allora avvenne un miracolo: il vecchio si trasformò in un omone[5] truccato con rimmel e rossetto, una lunga criniera arancione,[6] una palandrana di lamé e zeppe[7] alte dieci centimetri.

L'omone disse: —Io sono Lucifumándro, il mago degli effetti speciali. Dato che sei stato buono con me ti regalerò una chitarra

20   fatata. Suona da sola qualsiasi pezzo, basta che tu glielo ordini. Ma ricordati: essa può essere usata solo dai puri di cuore.[8] Guai al malvagio che la suonerà! Succederebbero cose orribili!

Ciò detto[9] si udì nell'aria un tremendo accordo di

25   mi settima[10] e il mago sparì. A terra restò una chitarra elettrica a forma di freccia, con la cassa di madreperla e le corde d'oro zecchino.[11] Peter la imbracciò[12] e disse:

—Suonami «Ehi Joe».

La chitarra si mise a eseguire il pezzo come

30   neanche Jimi Hendrix, e Peter non dovette far altro che fingere di suonarla. Si fermò moltissima gente e cominciarono a piovere soldini[13] nel cappello di Peter.

---

[1]He scraped together   [2]passersby   [3]steam vent, manhole cover   [4]scraped together   [5]large man   [6]criniera... orange mane   [7]una... a robe of metallic cloth and platform shoes   [8]puri... the pure of heart   [9]Ciò... No sooner had he spoken those words   [10]accordo... E7 chord   [11]a forma... in the form of an arrow, with a mother-of-pearl body and pure gold strings   [12]took it in his arms   [13]spiccioli

Quando Peter smise di suonare, gli si avvicinò un uomo con un cappotto di caimano.[14] Disse che era un manager discografico e avrebbe fatto di Peter una
35 rock star. Infatti tre mesi dopo Peter era primo in tutte le classifiche[15] americane italiane francesi e malgasce.[16] La sua chitarra a freccia era diventata un simbolo per milioni di giovani e la sua tecnica era invidiata da tutti i chitarristi.

Una notte, dopo uno spettacolo trionfale, Peter credendo di essere solo sul palco, disse alla chitarra di suonargli qualcosa per rilassarsi. La chitarra gli suonò
40 una ninna-nanna.[17] Ma nascosto tra le quinte[18] del teatro c'era il malvagio Black Martin, un chitarrista invidioso del suo successo. Egli scoprì così che la chitarra era magica. Scivolò alle spalle di Peter e gli infilò giù per il collo uno spinotto[19] a tremila volt, uccidendolo. Poi rubò la chitarra e la dipinse di rosso.

La sera dopo, gli artisti[20] erano riuniti in concerto per ricordare Peter prema-
45 turamente scomparso. Suonarono Prince, Ponce e Parmentier, Sting, Springsteen e Stronhaim. Poi salì sul palco il malvagio Black Martin.

Sottovoce ordinò alla chitarra:

—Suonami «Satisfaction».

Sapete cosa accadde?
50 La chitarra suonò meglio di tutti i Rolling Stones insieme. Così il malvagio Black Martin diventò una rock star e in breve[21] nessuno ricordò più il buon Peter.

Era una chitarra magica con un difetto di fabbricazione.[22]

—*da Stefano Benni*, Il bar sotto il mare

---

[14]*crocodile*   [15]*pop charts*   [16]*Madagascan*   [17]*lullaby*   [18]*wings*   [19]*gli... he slipped an electrical socket down the back of his shirt*   [20]*performers*   [21]*in... in poco tempo*   [22]*difetto... manufacturing defect*

Avete capito?

A. Abbinate le frasi a sinistra con quelle a destra per formare una sequenza logica, secondo il contesto della lettura.

1. _____ Peter è un musicista che suona nelle strade.

2. _____ Peter è di animo buono.

3. _____ La chitarra è magica e suona qualsiasi pezzo.

4. _____ Il manager ha detto che avrebbe fatto di Peter una rock star.

5. _____ Black Martin era un chitarrista malvagio.

6. _____ Invece di subire una punizione orribile, Black Martin divenne famoso.

a. Però può essere usata solo dai puri di cuore.

b. Uccide Peter con una scarica (*shock*) elettrica.

c. Si vede che la chitarra aveva un difetto di fabbricazione.

d. In questo modo racimola soldi per andare al Conservatorio.

e. Dopo pochi mesi i suoi dischi erano primi in tutte le classifiche del mondo.

f. Dà al vecchio tutto quello che chiede.

B. Completate il seguente dialogo tra Peter e il vecchio in base alla storia che avete letto.

VECCHIO: Ho tanto freddo, non potresti _____¹? Fa più caldo lì dove stai tu.
   PETER: Sì, certo.
VECCHIO: Non ho neanche un cappotto! Potresti prestarmi _____²?
   PETER: Va bene.
VECCHIO: Ho anche molta fame, potresti darmi _____³?
   PETER: Sì, certo.
VECCHIO: Vedo che tu sei _____,⁴ e ti voglio fare un regalo.
   PETER: Ma che tipo di regalo?
VECCHIO: Ecco, ti do questa _____.⁵ Vedi, io non sono veramente un povero vecchio; sono _____.⁶
   PETER: Questo è proprio uno splendido regalo, grazie mille.
VECCHIO: Bada però, che può essere usata soltanto da chi _____.⁷

C. Rispondete alle seguenti domande.

1. Perché suona la chitarra Peter?
2. Com'è Peter?
3. Chi è il vecchio veramente?
4. A chi obbedisce la chitarra?
5. Cosa succede quando Peter chiede alla chitarra di suonare «Ehi Joe»?
6. Chi è l'uomo con il cappotto di caimano?
7. Ha successo Peter con la sua chitarra?
8. Chi è Black Martin, e come fa a rubare la chitarra?
9. La chitarra obbedisce a Black Martin? Perché sì, o perché no?
10. Cosa succede poi a Black Martin?

D. Discussione. Rispondete alle seguenti domande.

1. Per quanto riguarda la trama (*plot*) ed i personaggi, per quali aspetti si può considerare «La chitarra magica» una fiaba tipica? Per quali aspetti è diversa dalle fiabe tradizionali?
2. «La chitarra magica» può essere classificata un' «anti-fiaba»? Perché sì, o perché no?
3. Come finisce questa fiaba? Bene? Male? Né bene né male? Secondo voi, ha una morale?

E ora a voi!

A. Il successo continua. Invece di incontrare il perfido Black Martin, Peter continua ad avere successo. Ritorna il vecchio, ma questa volta Peter lo tratta male ed il vecchio si vendica (*gets revenge*)! In gruppi di tre o quattro, spiegate come va a finire la storia.

B. Per ognuna delle seguenti professioni, pensate a una magia (*form of magic*) che potrebbe aiutare la persona a fare meglio il proprio lavoro.

ESEMPIO: parrucchiere →
      Ecco una magia che potrebbe essere utile ad un parrucchiere: uno specchio magico. Ogni volta che il parrucchiere finisce di tagliare e

lavare i capelli ad un/una cliente, lo/la fa guardare nello specchio.
Quando il/la cliente si guarda nello specchio magico, crede di
vedere la donna/l'uomo più bella/bello del mondo!

Professioni:

1. dentista
2. tennista
3. cuoco
4. tassista
5. attrice
6. professore d'italiano

STRUTTURE

1. Imperativo

The imperative is used for issuing orders and giving directions or advice. The following charts show the imperative forms of the regular and most common irregular verbs.

	guardare	**prendere**	**aprire**	**finire**
tu	guarda!	prendi!	apri!	finisci!
Lei	guardi!	prenda!	apra!	finisca!
noi	guardiamo!	prendiamo!	apriamo!	finiamo!
voi	guardate!	prendete!	aprite!	finite!
Loro	guardino!	prendano!	aprano!	finiscano!

essere	**avere**
sii	abbi
sia	abbia
siamo	abbiamo
siate	abbiate
siano	abbiano

andare	**dare**	**fare**	**stare**	**dire**
va'	da'	fa'	sta'	di'
vada	dia	faccia	stia	dica
andiamo	diamo	facciamo	stiamo	diciamo
andate	date	fate	state	dite
vadano	diano	facciano	stiano	dicano

Verbs that are irregular in the present indicative have similar irregularities in the imperative.*

	uscire	**venire†**	**sedersi**
tu	esci	vieni	siediti
Lei	esca	venga	si sieda
noi	usciamo	veniamo	sediamoci
voi	uscite	venite	sedetevi
Loro	escano	vengano	si siedano

1. The **noi** imperative form is expressed in English as *Let's + verb.*

   Non **restiamo** a casa!   *Let's not stay home!*
   Andiamo al mare!   *Let's go to the beach!*

2. The negative imperative of the **tu** form is **non** + *infinitive.* In all other persons, it is **non** + *affirmative form.*

   Paolo, **sta'** zitto   *Paolo, be quiet*
      e **non ridere**!   *and stop*
                                   laughing!

   Non telefonate   *Don't call after*
      dopo le dieci.   *10:00.*

3. Direct, indirect, and double object pronouns attach to the **tu, noi,** and **voi** affirmative imperative forms. The same is true of reflexive pronouns, **ci,** and **ne.**

   Prov**alo**!   *Try it!*
   Parlate**gli**!   *Speak to him!*
   Da**glielo**!   *Give it to her*
                                    [him]!

   Alz**ati**!   *Get up!*
   Andiamo**ci**!   *Let's go there!*
   Compr**ane**   *Buy two of*
      due!   *them!*

4. When pronouns, **ci,** or **ne** are attached to single-syllable imperative forms (**da', di', fa', sta', va'**), the initial consonant of the pronoun is doubled. The only exception is the pronoun **gli.**

   Fa**mmi** un favore!   *Do me a favor!*
      Fa**mmelo**!   *Do it for me!*
   Va**cci**!   *Go (there)!*

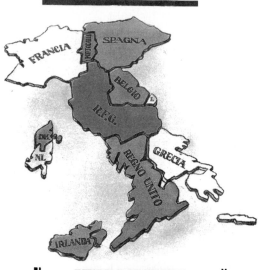

IL BEL PAESE.

PENSALO COME NON
HAI MAI FATTO:
SENZA PIÙ DENTRO,
SENZA PIÙ FUORI,
SENZA CONFINI,
PENSA SENZA FRONTIERE AL
1993. L'EUROPA: IL TUO NUOVO
BEL PAESE

---

*The imperative of **volere, sapere, tradurre, comporre,** and other irregular verbs is given in Appendix I.
†Like **venire: tenere (tieni, tenga,** etc.).

Vattene!	*Get out of here!*
Digli la verità!	*Tell him the truth!*

5. Pronouns, **ci**, and **ne** precede all **Lei** and **Loro** imperative forms. They may precede or follow the negative imperative **tu**, **noi**, and **voi** forms.

Si accomodi!	*Make yourself comfortable!*
Signore, non **si** disturbino!	*Ladies, please don't bother!*
Non dir**melo**! Non **me lo** dire!	*Don't say that to me!*

6. **Loro**, used as an indirect-object pronoun, follows *all* imperative forms and is never attached to the verb.

Regaliamo **loro** i biglietti per la partita!	*Let's give them tickets for the game!*

Attenzione!

- On public signs and in written instructions, recipes, and other kinds of directions, the infinitive often replaces the imperative.

È una medicina. **Usare** con cautela.	*This is a medicine. Use with caution.*
Lavare e **asciugare** accuratamente la frutta, poi **tagliare** a fettine piuttosto sottili...	*Wash and dry the fruit carefully, then cut into fairly thin slices...*

- In requests, the present indicative is often used for politeness and to avoid an imperious tone. The construction **potere** + *infinitive* can also be used in such cases.*

Mi **dà** una pasta, per favore?	*May I have a pastry, please?*
Può farmi vedere quella borsa?	*Can you show me that purse?*

Un po' di pratica

A. Comanda il re! Immaginate di essere il re in una fiaba. Date ordini a un cavaliere (*knight*) secondo l'esempio.

ESEMPIO: prendere la spada d'argento (*silver sword*) → Prendi la spada d'argento!

1. passare per la foresta incantata (*enchanted*)
2. cercare la via per attraversare le montagne nere
3. ubbidire agli ordini del principe
4. ascoltare quel che dice il mago Merlino
5. ripetere la parola d'ordine (*password*)
6. aprire la porta del castello
7. partire domani per la terra santa (*holy land*)
8. combattere i giganti

---

*The conditional (presented in Chapter 12) may also be used to express polite commands.

Ora date gli stessi ordini ai tre cavalieri più fedeli (*faithful*), secondo l'esempio.

ESEMPIO: prendere la spada d'argento → Prendete la spada d'argento!

B. Disaccordi (*Disagreements*) nella famiglia reale. In questa fiaba, il re e la regina spesso non vanno d'accordo. Alternandovi con un compagno/una compagna, fate le parti del re che dà gli ordini a un cavaliere, e della regina che lo contraddice. Seguite l'esempio.

ESEMPIO: stare sempre vicino al castello →
RE: Sta' sempre vicino al castello!
REGINA: No, non stare sempre vicino al castello!

1. dire le parole magiche
RE:
REGINA:

2. mettersi la spada d'argento
RE:
REGINA:

3. andare nella grotta incantata
RE:
REGINA:

4. credere a quel che dicono le fate (*fairies*)
RE:
REGINA:

5. fare la volontà (*bidding*) del mago
RE:
REGINA:

6. uscire dal castello a mezzanotte
RE:
REGINA:

7. riposarsi nel giardino incantato
RE:
REGINA:

8. venire al torneo (*tournament*)
RE:
REGINA:

Ora date gli stessi ordini e contrordini a un gruppo di cavalieri, secondo l'esempio.

ESEMPIO: stare sempre vicino al castello →
RE: State sempre vicino al castello!
REGINA: No, non state sempre vicino al castello!

C. Nello studio dell'avvocatessa. L'avvocatessa Manfredi dà tanto da fare al suo assistente. Fate la parte dell'avvocatessa e date ordini secondo l'esempio. Ripetete gli ordini con i pronomi quando possibile.

ESEMPIO: trovarmi quel numero di telefono →
Mi trovi quel numero di telefono!
Me lo trovi!

1. spedire questi fax **2.** prepararmi questa relazione (*report*) **3.** non battere le lettere adesso **4.** fare presto (*hurry up*) **5.** portarmi i giornali **6.** andare subito in biblioteca **7.** non perdere tempo **8.** dirmi chi ha telefonato

Ora date gli ordini a due assistenti.

ESEMPIO: Mi trovino quel numero di telefono! → Me lo trovino!

D. La vendetta di Cenerentola. C'era una volta una giovane, povera ma buona e bella, costretta (*forced*) a servire la cattiva matrigna (*stepmother*) e due sorellastre vanesie (*vain stepsisters*). Un giorno, però... Completate la scenetta, mettendo i seguenti verbi tra parentesi all'imperativo.

MATRIGNA: Cenerentola, (sbrigarsi)[1] a terminare le pulizie di casa perché poi devi andare a fare la spesa.

CENERENTOLA: Sì, ma devo lavare ancora due camicie e stirare la biancheria...

MATRIGNA: (Ubbidire)[2] e (non fare)[3] storie! (Non perdere)[4] tempo in chiacchiere! E mi raccomando—(rifare)[5] i letti e (spazzare, *to sweep*)[6] la camera.

CENERENTOLA: (tra sè [*to herself*]): Ah, se quel principe, così buono, così gentile, venisse (*would come*) a prendermi...

MATRIGNA: Pigrona, (fare)[7] presto! (Smetterla)[8] con queste fantasticherie!

CENERENTOLA: (tra sè): Ma che bisogno c'è di un principe? Sono forse un'imbecille?

SORELLASTRE: Cenerentola, Cenerentola, (pettinarci)[9] i capelli! (Farci)[10] la manicure! Non (farci)[11] aspettare!

CENERENTOLA: Sapete che vi dico? (Farlo)[12] da voi! Sono proprio stufa delle vostre lamentele. Ho deciso di fare l'imprenditrice (*entrepreneur*). Voglio mettere su bottega (*start a business*) e vivere per conto mio. E voi tre, (andare)[13] al diavolo se volete!

MATRIGNA: Caspita (*Good grief*)! Com'è cambiata!

E. Situazioni. Date almeno tre ordini o consigli per ognuna delle situazioni seguenti.

ESEMPIO: Il cane è salito di nuovo sul letto. →
Scendi subito! Non lo fare più! Ora va' fuori!

1. Sono le due di notte, e due vostri amici continuano a fare baccano (*an uproar*).
2. Volete fare qualcosa di bello con gli amici, ma loro si mettono di nuovo davanti alla TV.
3. Il parrucchiere sta per tagliarvi troppo i capelli.
4. Una vostra amica esita (*hesitates*) a parlarvi di una cosa che le sta a cuore (*means a lot to her*).
5. Il gatto si rifiuta di mangiare quello che gli avete dato.
6. Volete dare una mano a due vecchie signore che salgono sull'autobus con tanti pacchi.

2. Trapassato prossimo e remoto

1. The past perfect (also called the pluperfect) expresses an action that had already taken place before another past action or point in time: *they had forgotten; she had arrived.* It is formed with the imperfect of **avere** or **essere** plus the past participle of the verb.

VERBI CON **avere**	VERBI CON **essere**
avevo dimenticato	**ero** partito/a
avevi dimenticato	**eri** partito/a
aveva dimenticato	**era** partito/a

avevamo dimenticato	**eravamo** partiti/e
avevate dimenticato	**eravate** partiti/e
avevano dimenticato	**erano** partiti/e

Non l'ho salutata perché non **l'avevo riconosciuta.**

I didn't say hello to her because I hadn't recognized her.

Non gli **era** mai **piaciuta** la città.

He had never liked the city.

2. The **trapassato remoto** is formed with the past absolute of **avere** or **essere**, plus the past participle of the verb.

VERBI CON **avere**	VERBI CON **essere**
ebbi parlato	**fui** andato/a
avesti parlato	**fosti** andato/a
ebbe parlato	**fu** andato/a
avemmo parlato	**fummo** andati/e
aveste parlato	**foste** andati/e
ebbero parlato	**furono** andati/e

3. The **trapassato remoto** is used only in dependent clauses introduced by conjunctions of time such as (**non**) **appena** (*as soon as*), **come**, **dopo che**, **finiché** (**non**) (*until*), and **quando**. In such constructions, the verb of the main clause is in the **passato remoto**.

Appena **ebbe visto** Beatrice, Dante **cambiò** vita.

As soon as he had seen Beatrice, Dante changed his life.

Dopo che **furono partiti** dall'Inghilterra, i pellegrini **fondarano** la colonia di Plymouth.

After they had departed from England, the Pilgrims founded Plymouth colony.

4. The **trapassato remoto** is confined almost exclusively to literary and historical writing. It is not used in conversation. In contemporary written Italian, the **passato remoto** is normally used in its place.*

Appena la **vide**, si mise a piangere.

As soon as he had seen her, he began to cry.

Un po' di pratica

A. Persone efficienti. Completate le frasi secondo l'esempio. Usate i pronomi se possibile.

ESEMPIO: Non ho battuto la relazione (*typed the report*) oggi... (ieri) →
              ... perché l'avevo già battuta ieri.

---

*The **trapassato remoto** may also be replaced by the past infinitive (Chapter 13, Section 4) or the gerund (Chapter 15, Section 3).

1. Laura non è andata al mercato stamattina... (ieri mattina)
2. Gianpiero e Vittorio non hanno pulito la cucina questa volta... (l'altra volta)
3. Non ho messo la bici in cantina (*cellar*) venerdì... (giovedì)
4. Non ci siamo fermati in ufficio ieri... (l'altro ieri: *day before yesterday*)
5. Non sei andato dal dentista questo mese... (il mese scorso)
6. Franca e Donata non si sono telefonate domenica... (sabato)

B. Lee e Leone: rivali in amore. Leggete attentamente questo brano (*excerpt*) e mettete i verbi al trapassato prossimo.

> Anni fa il suo più caro amico si chiamava Leone, magro, grande criniera (*mane of hair*). Tutti e due (perdere) la testa per una ragazza di nome Lucia. All'inizio lei (preferire) Lee e il suo mistero. Poi (scegliere) Leone e la sua ancora più misteriosa allegria. Lee (odiare) Leone tutta una notte, e (pensare) come ucciderlo. La mattina (svegliarsi) felice per quell'amore. Questa era una delle ragioni per cui tutti (cominciare) a crederlo pazzo.

> —adattato da: Stefano Benni, *Comici spaventati guerrieri.*

C. Breve storia di Dante e Beatrice. Completate le frasi mettendo i verbi al passato remoto o al trapassato remoto.

ESEMPIO: Non appena Dante *ebbe visto* Beatrice, *se ne innamorò* perdutamente.

1. Dopo che la (conoscere), (cominciare) a scrivere poesie.
2. Un giorno, quando Beatrice (sentire) che Dante amava un'altra donna, gli (negare) il suo saluto (*greeting*).
3. Quella sera, finché non (finire) di scrivere le poesie, Dante non (addormentarsi).
4. Poiché lei (sposarsi) con un altro, Dante non (riuscire) mai a starle vicino.
5. Dopo che i due (morire), la fama del loro amore (crescere).

D. Confessioni. Con un compagno/una compagna o con diversi compagni, confessate quello che avevate già fatto a queste età. Siate sinceri!

ESEMPIO: a dieci anni →
—A dieci anni io (avevo già fumato una sigaretta)! E tu?
—Io a dieci anni (mi ero già innamorato un paio di volte)!

1. a due anni	**3.** a dieci anni	**5.** a sedici anni
2. a cinque anni	**4.** a tredici anni	**6.** a diciotto anni

3. Aggettivi e pronomi indefiniti

1. Indefinite adjectives and pronouns express an undefined quality or quantity. The following indefinite adjectives can refer to people or things. They are singular and invariable.

AGGETTIVI
ogni *(every)*
qualche *(some)**
qualunque, qualsiasi *(any, any sort of, whatever)*

Cerco di fare ginnastica **ogni** giorno.	*I try to work out every day.*
Qualche volta, però, preferisco dormire!	*Sometimes, though, I prefer to sleep!*
Qualsiasi persona intelligente può capire il loro problema.	*Any intelligent person can understand their problem.*

2. **Ogni** and **qualche** always precede the noun. **Qualunque** and **qualsiasi** can follow the noun if it is preceded by an indefinite article.

| Mettiti **una** camicia **qualunque**. | *Put any [kind of] shirt on.* |
| Non si tratta di **un** libro **qualsiasi**; è un capolavoro! | *We're not dealing with just any book; it's a masterpiece!* |

3. The following are the most commonly used indefinite pronouns.

PRONOMI
chiunque *(anyone, whoever, whomever)*
niente, nulla *(nothing)*†
ognuno/a *(each, everyone)*
uno/a *(one)*
qualcosa *(something)*†
qualcuno/a *(someone)*

Lo può vedere **chiunque**.	*Anyone can see it.*
Ognuno lo sa.	*Everyone knows it.*
Compramene **uno** simile.	*Buy me one like that.*
C'è **qualcosa** anche per me?	*Is there something for me too?*

---

*Remember that **qualche** is used only with nouns whose quantities can be counted: *qualche* **studente**, *qualche* **disco** (but *un po' di* **farina**, *della* **frutta**). **Qualche** is presented in detail in Chapter 7, Section 3 (**Il partitivo**).

†Remember that **qualcosa**, **niente**, and **nulla** can be followed by **di** + masculine singular adjective or **da** + infinitive (see Chapter 6, Section 4).

| qualcosa (niente, nulla) **di** bello | *something [nothing] nice* |
| qualcosa (niente, nulla) **da** fare | *something [nothing] to do* |

4. The following expressions can function as both adjectives and pronouns.

ADJECTIVES	PRONOUNS
alcuni/e (*some, a few*)	alcuni/e (*some, a few*)
altro/a/i/e (*other*)	altro (*something else, anything else*)
	altri/e (*others*)
certo/a/i/e (*certain, some*)	certi/e (*certain people, some people*)
ciascuno/a (*each*)	ciascuno/a (*each one*)
molto/a/i/e (*much, many, a lot of*)*	molto/a/i/e (*much, many, a lot*)
nessuno/a (*no, not... any*)	nessuno/a (*no one, nobody*)
parecchio/a (*quite a lot*)	parecchio/a (*quite a lot*)
parecchi, parecchie (*quite a few of*)	parecchi, parecchie (*quite a few*)
poco/a, pochi/e (*few, little*)*	poco/a, pochi/e (*few, little*)
tanto/a/i/e (*so much, so many*)*	tanto/a/i/e (*so much, so many*)
troppo/a/i/e (*too much, too many*)*	troppo/a/i/e (*too much, too many*)
tutto/a/i/e (*all, every, whole*)	tutto (*everything*)
	tutti/e (*everyone*)

Alcuni volevano restare, **altri** no.	*Some people wanted to stay, others didn't.*
Vuole **altro**? —No, grazie, basta così.	*Anything else?—No, thanks, that's all.*
A **certa** gente piace questa roba.	*Some people like this stuff.*
Certi si sono rifiutati di farlo.	*Certain people refused to do it.*
C'era **parecchia** gente dai Marino.	*There were quite a few people at the Marinos' house.*
Quanti ne avete? —**Parecchi.** (**Pochi.**) (**Nessuno.**)	*How many of them do you have? —Quite a few. [Few.] [None.]*

5. When used as adjectives, **ciascuno** and **nessuno** follow the same pattern as the indefinite article (Chapter 2): cias**cun** professore, cias**cuno** studente, cias**cuna** fiaba, nes**sun** dottore, nes**suno** psicologo, nes**sun'**avventura.

6. When used as an adjective, **tutto** requires the definite article.

tutto il mese	*the whole month*
tutto le volte	*every time*

Although the article is omitted in the idioms **tutt'e due** (*both*), **tutt'e tre** (*all three*), etc., it must be used when these expressions modify a noun.

tutt'e due **i** bambini	*both babies*
tutt'e quattro **le** macchine	*all four cars*

---

*Don't forget that, when **molto**, **poco**, **tanto**, and **troppo** function as adverbs, they are invariable.

È molto delusa.	*She's very disappointed.*
Sono troppo sicuri di sè.	*They're too sure of themselves.*

Un po' di pratica

A. Pensieri vari. Completate le frasi con una delle espressioni dalla lista che segue.

Espressioni: chiunque, niente, ogni, ognuno, qualche, qualcosa, qualcuno, qualunque, una

1. Franco cercava un appartamento da tre settimane ed era quasi disperato, ma oggi è riuscito a trovare _____ in centro, non troppo costoso.
2. A Barbara piace solo il jazz. Non le interessa un disco _____!
3. «_____ per sè e Dio per tutti». ("*Each [one] for himself and God for all.*")
4. Adriano è intelligente, spiritoso e gentilissimo. È _____ che non si dimentica!
5. Non abbiamo _____ da fare sabato sera. Ragazzi, avete _____ idea?
6. Non è un lavoro difficile. Lo può fare _____.
7. Gianna, c'è _____ che ti vuole al telefono. Gli dico di richiamare?
8. Quell'uomo mi dà sui (*gets on my*) nervi! _____ volta che lo vedo, dice tante stupidaggini (*so much nonsense*)!

B. Una fiabetta. Sostituite un pronome indefinito alle parole indicate. Fate tutti i cambiamenti necessari.

C'era una volta un re con un figlio unico che amava moltissimo.

ESEMPIO: Non solo il padre, ma *tutte le persone* volevano bene a quel principe. →
Non solo il padre, ma *tutti* volevano bene a quel principe.

1. *Nessuna persona* era capace di negargli qualcosa, compreso suo padre, il re.
2. Un giorno, però, il principe si ammalò. *Ogni persona* ebbe subito paura.
3. *Molti dottori e maghi* (*magicians*) dissero che il principe sarebbe morto di lì a poco (*soon*).
4. *Qualche persona* andò a dire al re che il principe amava la principessa Gelsomina, figlia del nemico del re.
5. «È vero», disse il principe. «Non voglio *altre cose*. Voglio solo Gelsomina in sposa».
6. Questo, però, era *qualche cosa* che il re considerava impensabile.
7. «Sono disposto a darti in sposa *qualunque ragazza* tu voglia», rispose il re, «ma quella, no».
8. Il principe continuava a piangere e sospirare, e diventava sempre più pallido. *Tutte le persone del reame* (*kingdom*) piansero insieme a lui.

Ora finite voi la fiaba. Siate creativi!

· ·

L'ITALIA DAL VIVO

Statua di bimbo seduto su un delfino

Prima visione. Guardate attentamente il video la prima volta senza audio. Poi cercate di rispondere alle domande.

1. Cosa si vede all'inizio del video?
2. Sa i nomi delle città antiche sepolte sotto la lava?
3. Come si chiamano le persone che lavorano sugli scavi?
4. Cosa è stato scoperto in uno degli scavi?
5. Dove si trovano gli scavi?

Seconda visione. Leggete il **Vocabolario utile** e guardate il video ancora due volte. La prima volta guardate ed ascoltate solo le informazioni generali. La seconda volta leggete gli esercizi che seguono e cercate delle informazioni specifiche che vi servono per completarli.

VOCABOLARIO UTILE

il bimbo	*child*
la condotta	*conduit*
il delfino	*dolphin*
la dimora	*dwelling*
l'eruzione	*eruption*
la fontana	*fountain*
il lapillo	*volcanic ash*
il marmo	*marble*
la raffinatezza	*refinement*
il reperto	*archeological find*
il ritrovamento	*discovery*
lo scavo	*excavation*
la sommità	*top*
seppellire	*to bury*
travolgere	*to overturn*
ben lavorato	*finely carved*
lungo	*along*

Comprensione

A. Abbinate i seguenti verbi con i sostantivi dal **Vocabolario utile.**

1. abitare _____
2. bere _____
3. scoprire _____
4. analizzare _____
5. arrivare (o essere situato) _____
6. seppellire _____
7. scolpire _____
8. cercare _____
9. nuotare _____
10. crescere _____

B. Segnate la parola o l'espressione giusta.

1. La città di Pompei si trova in
   a. Lombardia.
   b. Campagna.
   c. Sicilia.

2. L'eruzione che seppellì Pompei avvenne nel
   a. 79 dopo Cristo.
   b. 185 avanti Cristo.
   c. 1200 dopo Cristo.

3. Pompei fu sepolta dall'eruzione del
   a. Etna.
   b. Vesuvio.
   c. Monte Cervino.

4. La statua è lunga
   a. 25 cm.
   b. 35 cm.
   c. 55 cm.

5. La statua è fatta di
   a. avorio.
   b. granito.
   c. marmo.

6. La statuetta era probabilmente situata (*placed*)
   a. alla sommità di una fontana.
   b. nell'atrio di una villa.
   c. nel cortile di un palazzo.

Variazione

1. Descrivete una vostra visita in un luogo ricco di scoperte archeologiche o la visita ad un museo archeologico.
2. Scrivete l'elenco dei film o delle opere letterarie la cui trama è basata sulle ricerche di un tesoro nascosto o perduto.
3. **Attività di gruppo.** Assieme ad un compagno/una compagna, cercate di mettere insieme un itinerario di una gita archeologica.

METTIAMOLO PER ISCRITTO!

Un po' di fantasia

1. Raccontate una fiaba tradizionale, ma ambientatela (*set it*) al presente. Cercate di metterci un aspetto nuovo o di darle una svolta (*twist*) originale.
2. Raccontate una fiaba tradizionale con personaggi e ambientazione originali, ma con una conclusione nuova.
3. Quando eravate piccoli/piccole, vi piacevano le fiabe e i film (o i programmi televisivi) tratti dalle fiabe? Quali aspetti vi interessavano di più? Vi piacciono ancora? Nello stesso modo? Se no, spiegate perché.

CAPITOLO 12

Oltre il reale—quasi

Un quadro del pittore italiano Giorgio de Chirico. Quale atmosfera domina in questo quadro? Quale è il rapporto tra l'uomo moderno e l'arte? Quale è il vostro pittore/scultore americano preferito?

Contesto culturale

È solo una questione di stereotipi   Ascoltate il dialogo almeno un paio di volte.
Poi leggete le **Espressioni utili** ed interpretate le **Situazioni pratiche** insieme ad
un compagno/una compagna.

Alessandro e Luca si incontrano per andare insieme in vacanza in Sicilia.

ALESSANDRO: Ho già chiamato il radio taxi. Sarà qui fra poco.

LUCA: Allora, facciamo le cose **alla grande**—non prendiamo l'autobus!

ALESSANDRO: Si va in vacanza solo una volta all'anno. Sai, mi fa uno strano effetto venire in Sicilia.

LUCA: E perché?

ALESSANDRO: Beh, perché come molti settentrionali, sono stato in tutto il mondo ma non nel Sud d'Italia, e poi abbiamo un **sacco** di **pregiudizi** sul Sud.

LUCA: E tu ne hai?

ALESSANDRO: Spero di no, anche se **in fondo** pregiudizi ne abbiamo tutti.

LUCA: Anch'io. Quando sono arrivato qui, ero pieno di **preconcetti** sui settentrionali. Il primo **impatto** è stato **tremendo**: una di quelle giornate grigie milanesi, tutti mi sembravano **scontrosi**, **villani**, e niente **andava per il verso giusto**...

ALESSANDRO: E adesso ti sembrano diversi?

LUCA: No, ma capisco meglio cosa c'è dietro il loro modo di fare.

ALESSANDRO: Beh, allora li capisci meglio di me!

LUCA: Però **non mi va giù** questa storia di separare il Nord dal Sud.

ALESSANDRO: Non c'è niente di nuovo. È la solita storia di voler pagare meno tasse, di sentirsi vittime della politica di Roma...

LUCA: Sì, però in molti casi fanno dei discorsi anche offensivi.

ALESSANDRO: Certo, perché sono ignoranti. Ah, ecco il taxi!

TASSISTA: (*in modo scortese*) Quante valigie! C'è il **supplemento** per il **bagaglio**.

Luca guarda Alessandro un po' sorpreso.

ALESSANDRO: Certo, non c'è problema.

TASSISTA: E anche la **tariffa notturna**.

ALESSANDRO: Come notturna? E quella **diurna**?

TASSISTA: Dopo le 10 di sera **scatta** il supplemento.

ALESSANDRO: Va bene, va bene. Ci porti all'aereoporto, per favore.

LUCA: Vedi cosa intendo quando dico **scortesi**. Questo ci **tratta** come se non volessimo pagare.

ALESSANDRO: La **maleducazione** non conosce né il Nord né il Sud.

LUCA: Vero!

ALESSANDRO: Ormai viviamo di stereotipi, di **luoghi comuni**. Non pensiamo con la nostra testa; ci lasciamo guidare da quello che ci fanno vedere in TV.

LUCA: Certo, così i settentrionali pensano che i meridionali siano **fannulloni**, mafiosi, pensano solo a mangiare e a **fregare** i settentrionali.

ALESSANDRO: Io, onestamente credo che nel Nord ci sia un modo diverso di **concepire** la vita, ma non è né migliore né peggiore del modo di vedere la vita nel Sud. C'è a chi piace arrivare **puntuali**, preparare le cose in anticipo, fare piani nei più **minuziosi** dettagli e chi invece preferisce lasciare più all'improvvisazione.

LUCA: L'importante è fare le cose. Quello che conta sono i risultati.

ALESSANDRO: **Tieni d'occhio** il **tassametro** perché questo tassista è capace di fregarci anche se è del Nord.

LUCA: Se lo dici tu. Io **mi fido** dei tassisti.

ALESSANDRO: Guarda che qui a Milano molti di loro vorrebbero la separazione del Nord dal Sud.

LUCA: Lo sono a parole, per chiacchierare con i clienti, poi nei fatti no.

ALESSANDRO: Mah, io non **sottovaluterei** questi **movimenti separatisti**.

TASSISTA: Eccoci arrivati! Sono 35,000 lire.

LUCA: Ma il tassametro indica 28,000.

TASSISTA: 2,000 in più per il bagaglio, 2,000 per la notturna e 3,000 per la **tariffa extraurbana**.

ALESSANDRO: In Sicilia, spero, **ci sposteremo** con **l'asinello**. Abbiamo speso tutti i soldi per il tassì a Milano.

LUCA: Quale asinello? Ecco lo stereotipo del settentrionale che viene fuori...

ESPRESSIONI UTILI PER PRENDERE IL TAXI

il tassista	*extra charge*	scattare	*to register (on a meter)*
il supplemento	*taxi driver*		
il bagaglio	*luggage*	il tassametro	*taxi meter*
la tariffa notturna	*night rate*	la tariffa extraurbana	*rate outside city limits*
la tariffa diurna	*day rate*		

ALTRE PAROLE

il pregiudizio	*prejudice*	il fannullone	*good-for-nothing person, slacker*
in fondo	*fundamentally, basically*		
il preconcetto	*preconception*		
l'impatto	*impact*	concepire	*conceive of, perceive*
tremendo	*awful, terrifying*	puntuale	*punctual*
scontroso	*rude*	minuzioso	*detailed, minute*
villano	*rude*	tener d'occhio	*to keep an eye on*
scortese	*rude*	fidarsi di	*to trust*
trattare	*to treat*	sottovalutare	*to underestimate*
la maleducazione	*bad manners*	il movimento separatista	*independence movement*
il luogo comune	*cliché, commonplace saying*	spostarsi	*to move around*
		l'asinello	*little donkey*

ESPRESSIONI COLLOQUIALI

alla grande	*in style*	non mi va giù	*I can't stomach*
un sacco	*a lot, many*		*it, gag on it*
andare per il	*to go in the*		*(figuratively)*
verso giusto	*right*	fregare	*to cheat*
	direction		*(someone)*

1. Reagite alle seguenti espressioni con una delle espressioni utili.

   a. Gli italiani del Nord hanno dei _____ nei confronti degli italiani del Sud.

   b. Una persona è _____ quando si comporta male con un'altra.

   c. Quando i figli guardano la TV per ore senza mai muoversi, la mamma si lamenta che sono diventati _____.

   d. È un _____ che molti adolescenti sono _____.

   e. Avere dei _____ verso le altre persone non aiuta a capirle.

2. Dite con parole vostre in quale occasione si paga..

   a. la tariffa diurna.

   b. la tariffa notturna.

   c. la tariffa extraurbana.

   d. il supplemento bagaglio.

Situazioni pratiche

Reagite con un compagno/una compagna alle seguenti situazioni.

1. Un amico italiano, Studente 2, arriva all'aereoporto JFK di New York, ma purtroppo Studente 1 non ha tempo per andarlo a prendere. Studente 1 elenca tutti i suggerimenti e le indicazioni che gli darebbe per prendere un tassi dall'aereoporto a Manhattan.

2. Studente 1 esprime delle idee piene di luoghi comuni sugli italiani: «Gli italiani sono solo buoni a mangiare pasta, bere caffè, correre dietro alle donne,» ecc. Studente 2 ha un'opinione totalmente diversa. Come cerca di convincere l'amico che quello che dice non è vero?

VOCABOLARIO TEMATICO

Sostantivi

gli affari (*pl.*) business
l'autostrada freeway
il debito debt
il lato side
il mestiere job, trade
il padrone boss, owner

la paga salary
il palazzone apartment building
la periferia outskirts
la salute health
il segno sign
   è segno che it's a sign that
il tetto roof

Verbi

affacciarsi (a) to look or lean out (of)
guardarsi intorno to look around
mandare via to send away
mettere da parte to set aside, save up

ridere in faccia (a qualcuno) to laugh in someone's face
sentire parlare di to hear of

Aggettivi

gelato frozen
intero whole

Altre parole ed espressioni

per caso by chance
perfino even

A. In gruppi di due o tre, cercate delle parole nel **Vocabolario tematico** adatte a completare queste tre categorie. (Certe parole possono appartenere a più di una categoria.) Poi confrontate la vostra lista con quella di un altro gruppo.

Categorie: il mondo del lavoro; la grande città; l'alloggio

B. Date una definizione in italiano per le seguenti parole.

1. mestiere
2. affacciarsi
3. padrone
4. periferia
5. mettere da parte
6. paga

C. Completate le frasi seguenti con le parole adatte dal **Vocabolario tematico**, secondo il contesto.

1. La signora Vittorini esce in strada, _____, e il mondo le appare tutto bianco.
2. Il mio amico Salvatore abita a Palermo. Non ha mai visto la neve, ma ne _____ dagli amici del Nord d'Italia.
3.. Il signor Millepiedi dovrà fare un grosso _____ con la banca se vuole comprare scarpe per tutta la famiglia.
4. Millepiedi deve spendere quasi l' _____ _____ per i vestiti e le scarpe.
5. Ogni volta che mio fratello dice che vuole diventare una grande rock star, io gli _____!
6. Il professor Vanola è molto severo: se uno studente arriva tardi a lezione, lo _____!
7. Se Millepiedi non riesce a trovare i soldi per le scarpe, quest'inverno avrà sicuramente i piedi _____!
8. Voi non sapete, _____, di un posto di lavoro interessante per un mio amico? È un bravo ragazzo con molte capacità! Sa usare il computer; sa _____ leggere e parlare inglese!
9. Al _____ sinistro della strada c'è una piccola casa bianca, molto vecchia, con il _____ basso e la porta di legno (wood).
10. Se ti senti stanca, Susanna, è _____ che lavori troppo e dormi poco. Devi pensare alla _____!

PRELETTURA

Sometimes reality, especially when it is grim or shocking, can be represented most effectively by casting it in humorous, fantastic, or grotesque terms. Much imaginative art and literature uses this device. In the reading for this chapter, "La famiglia Millepiedi," contemporary writer Luigi Malerba depicts a situation all too familiar to southern Italian families during the past century. To present it in a startlingly new light, Malerba clothes the characters in a highly unconventional disguise. The result is an ironic fantasy calculated to emphasize the cruel and absurd nature of its underlying truth.

Entriamo nel contesto!

A. Immaginate come alcune persone potrebbero fare meglio il loro lavoro se avessero (*had*) l'aspetto di certi animali o insetti. Scegliete le qualità «animalesche» più utili ad ognuno dei seguenti mestieri, e spiegate la vostra scelta. (Un mestiere potrebbe trovare utili le qualità di uno, due o tre animali [o anche più] tra quelli elencati sotto!)

ESEMPIO: pilota/gufo (*owl*) →
            Un pilota con le qualità di un gufo potrebbe pilotare l'aereo di notte e vedere perfettamente anche senza l'uso del radar.

MESTIERI	ANIMALI
1. giardiniere	**a.** ape (*bee*)
2. buttafuori (*bouncer*)	**b.** elefante
3. architetto	**c.** millepiedi (*millipede*)
4. banchiere	**d.** giraffa
5. facchino (*porter*)	**e.** verme (*worm*)
6. pompiere (*fireman*)	**f.** scoiattolo (*squirrel*)
7. esploratore	**g.** gatto
8. maestra elementare	**h.** puzzola (*skunk*)
9. poliziotto	**i.** aquila (*eagle*)
10. giocatore di pallacanestro	**j.** cane

B. Immaginate di essere un meridionale disoccupato e quindi costretto a cercare lavoro in una grande città del Nord. I vostri figli sono abbastanza restii (*reluctant*) a trasferirsi al Nord ma sapete che i bambini possono essere convinti facilmente. Basta dire loro che sarebbero molto più felici al Nord. Parlategli delle belle cose che li aspettano (*are awaiting them*)!

ESEMPIO: città cosmopolita: A scuola avrete amici di molti paesi diversi. →
            Potremo andare a vedere film francesi, tedeschi, americani e di tutto il mondo! Ci saranno anche molti divertimenti e tante cose da fare...

1. vivere in un palazzone in periferia
2. lavoro regolare per papà, con un buono stipendio
3. migliori servizi (sanitari, di trasporto, scuola...)

LETTURA

La famiglia Millepiedi

Millepiedi era così disoccupato e così povero che cercava di convincere i figli a mangiare una sola volta al giorno.

—Guardate che mangiare troppo fa male alla salute, guardate che ci sono anche dei ricchi che mangiano solo una volta al giorno.

5　Ma i figli si lamentavano e piangevano per la fame. Così Millepiedi e la moglie decisero di trasferirsi dal Sud al Nord con i figli e tutta la loro roba, cioè niente, in cerca di lavoro.

Per non sbagliare, la famiglia Millepiedi si era incamminata[1] verso il Nord sulla grande Autostrada, i due genitori in testa,[2] i tre piccoli die-
10　tro.

Dopo un bel po' di strada[3] Millepiedi padre si era guardato intorno e aveva detto che secondo lui il Nord era già incominciato.

Ai lati dell'Autostrada si vedevano infatti dei palazzoni alti alti e, tirando su con il naso,[4] si sentiva odore di bruciato.[5]

15　Vide un tale[6] con la faccia da padrone[7] e gli domandò se per caso poteva dargli un lavoro. Ma questo gli rispose che lui aveva bisogno di braccianti,[8] cioè di gente che lavora con le braccia e non con i piedi.

—A giudicare dalla[9] risposta, se non siamo proprio al Nord ci manca poco,[10]
—disse Millepiedi alla moglie.

20　Camminarono sull'Autostrada ancora per parecchi giorni. Una sera che erano tutti molto stanchi e non ce la facevano più a muovere i piedi, trovarono un'automobile ferma con il muso[11] voltato verso il Nord. Vi salirono sopra e aspettarono che si mettesse in moto.[12]

Viaggiarono per una notte intera e la mattina dopo sbarcarono[13] in una città
25　molto grande dove si sentiva un fortissimo odore di bruciato e le case erano così alte che non si riusciva a vedere il tetto.

—Questa volta siamo veramente arrivati al Nord,—disse Millepiedi tirando su con il naso.

Verso sera Millepiedi vide un altro tale con la faccia da padrone e gli domandò
30　se poteva farlo lavorare.

—Ho bisogno di manovali,[14]—disse quello,—cioè di gente che lavora con le mani e non con i piedi.

Millepiedi allora incominciò a sfogliare[15] i giornali per orientarsi sul lavoro da cercare. I giornali parlavano di certi calciatori[16] che venivano pagati centinaia di
35　milioni per prendere a calci un pallone[17] con i piedi. Millepiedi pensò che quello

> **Millepiedi** (*mille piedi;* ant. *millepedi*), sm. Invar. Zool. Denominazione popolare con cui si designano le diverse specie di Miriapodi Chilognati, con corpo vermiforme, ricoperto di tegumento duro e lucente, fornito di numerose paia di zampette, comuni nei luoghi umidi, ombrosi e ricchi di detriti vegetali; centopiedi, centogambe.

[1]si... headed　[2]in... in front　[3]un... quite a ways　[4]tirando... sticking one's nose in the air　[5]di... burning　[6]un... a guy　[7]con... who looked like a boss　[8]day laborers　[9]A... Judging by　[10]ci... we don't have far to go　[11]nose　[12]che... for it to start up　[13]they landed　[14]laborers, unskilled workers　[15]to leaf through　[16]soccer players　[17]prendere... kick a soccer ball

era un lavoro adatto per lui. Se quei tali che avevano solo due piedi venivano pagati centinaia di milioni, lui che di piedi ne aveva mille lo avrebbero pagato parecchi miliardoni.[18]

—Ho trovato l'America!—disse Millepiedi.

40 Si presentò al comandante della squadra di calcio con due piedi in tasca e gli altri novecentonovantotto piedi bene in vista.[19] Gli risero in faccia e lo mandarono via dicendo che aveva troppi piedi.

Dopo molto cercare, Millepiedi finalmente trovò lavoro presso un artigiano[20] che dipingeva le mattonelle smaltate[21] per i bagni e le cucine e poi le vendeva ai
45 ricchi italiani e americani.

Millepiedi doveva camminare su un tampone di vernice[22] e poi sulle mattonelle bianche dove lasciava i segni dei suoi mille piedi come una bella decorazione. Su certe mattonelle doveva camminare in senso circolare,[23] altre le doveva semplicemente attraversare in diagonale secondo le istruzioni del padrone. Invece di scrivere dietro le
50 mattonelle «hand made», che vuol dire fatte a mano, questo fece scrivere «feet made», che vuol dire fatte con i piedi. Le vendite[24] aumentarono di quattro volte.[25]

Millepiedi si era sistemato con tutta la famiglia in una casetta nella periferia della grande città e con i soldi che guadagnava riuscivano a mangiare tre volte al giorno quasi tutti i giorni della settimana. Avrebbe voluto mettere da parte anche un po' di
55 soldi per mandare a scuola i tre piccoli Millepiedi, ma il padrone non voleva saperne[26] di aumentargli la paga. Si era perfino messo a piangere dicendo che gli affari gli andavano male e che il mestiere di padrone era pieno di rischi e di preoccupazioni.

Una mattina Millepiedi si affacciò alla finestra e vide che durante la notte i tetti e le strade erano diventati tutti bianchi. Capì subito che si trattava della neve e
60 andò a svegliare la moglie.

—È venuta giù la neve!

La moglie si affacciò alla finestra. Non aveva mai visto la neve, ma ne aveva sentito parlare.

—Si sa che d'inverno al Nord piove la neve, non c'è niente di strano.

65 La signora Millepiedi si stropicciò[27] gli occhi, si mise addosso una vestaglia[28] e scese sulla strada insieme al marito. Provarono a mettere i piedi nella neve e si accorsero che era molto fredda, quasi gelata. Allora si ricordarono che per camminare sulla neve ci volevano le scarpe.

Millepiedi si mise in tasca[29] i soldi dell'ultima paga e andò in un negozio a
70 comprare le scarpe per i figli che dovevano andare a scuola.

—Vorrei tremila scarpe,—disse Millepiedi dopo aver fatto un rapido conto: tre figli, mille piedi ciascuno e quindi mille scarpe per tre, che fa appunto[30] tremila.

Il padrone del negozio lo guardò in modo strano e poi disse che gli avrebbe venduto tutte le scarpe che voleva, purché pagasse.[31]

75 Per pagare tremila scarpe per i figli, Millepiedi dovette farsi prestare[32] i soldi dal padrone dove lavorava. I piccoli ebbero le loro scarpe per camminare sulla neve, ma per pagare il debito tutta la famiglia ricominciò a mangiare solo una volta al giorno come quando abitavano nel Sud e Millepiedi era povero e disoccupato.

—*Luigi Malerba, da* Storiette tascabili

---

[18]*countless billions (of lire)*   [19]*bene... in plain view*   [20]*presso... with a craftsman*   [21]*glazed tiles*   [22]*tampone... paint-pad*   [23]*in... in a circular direction*   [24]*sales*
[25]*di... fourfold*   [26]*non... would hear nothing of*   [27]*si... rubbed*   [28]*si... put on a bathrobe*   [29]*pocket*   [30]*exactly*   [31]*purché... as long as he paid*   [32]*farsi... borrow*

Avete capito?

A. In base alla lettura, sono vere o false le seguenti frasi? Spiegate le vostre scelte.

	V	F
1. I Millepiedi mangiano una volta al giorno.	_____	_____
2. La famiglia Millepiedi è contenta perché al Nord l'aria è pura.	_____	_____
3. I Millepiedi prendono un treno per andare al Nord.	_____	_____
4. Il Millepiedi trova lavoro come giocatore in una squadra di calcio.	_____	_____
5. Le vendite delle mattonelle vanno bene.	_____	_____
6. Il padrone non concede al Millepiedi un aumento di paga.	_____	_____
7. Il Millepiedi vuole comprare tante scarpe per sè.	_____	_____
8. Alla fine i Millepiedi vivono lo stesso come prima.	_____	_____

B. Rispondete alle seguenti domande.

1. Perché i Millepiedi si trasferiscono al Nord? Come ci vanno?
2. Perché Millepiedi padre pensa che il Nord sia già cominciato?
3. Perché nessuno vuole assumere (*hire*) il Millepiedi come bracciante o come manovale?
4. Quale idea viene un giorno al Millepiedi mentre sfoglia il giornale?
5. Che cosa fanno quelli della squadra di calcio quando si presenta il Millepiedi?
6. Che tipo di lavoro trova finalmente il Millepiedi? Il padrone è soddisfatto del suo lavoro?
7. Dove vanno ad abitare i Millepiedi? Sono contenti?
8. Perché Millepiedi padre vorrebbe mettere da parte un po' di soldi?
9. Che cosa trovano una mattina i Millepiedi? È una cosa nuova per loro?
10. Cosa vuol fare Millepiedi padre per i bambini, e cosa succede quando entra nel negozio?
11. Perché la vita della famiglia Millepiedi torna come prima (*goes back to the way it was before*)?

C. In base a quello che avete letto, dite a quale episodio (o a quali episodi) della storia associate le seguenti parole o espressioni.

1. «Ho trovato l'America!»
2. automobile
3. mangiare solo una volta al giorno
4. odore di bruciato
5. «feet made»
6. tremila scarpe

E ora a voi!

A. Immaginate di essere il Millepiedi in cerca di lavoro. Quali sono due o tre mestieri ideali per voi? Identificate anche alcuni mestieri che *non* sareste (*you wouldn't be*) in grado di fare.

B. **Una fine diversa.** Immaginate di finire la storia in modo diverso, secondo queste indicazioni. Il Millepiedi è stanco del suo lavoro con le mattonelle e trova lavoro come attore per spot pubblicitari. Per quali prodotti il Millepiedi potrebbe fare la pubblicità? Cosa fa la moglie? E i figli?

 STRUTTURE

I. Condizionale presente e passato

Condizionale presente

Forms

The conditional mood is formed by adding the conditional endings to the verb stem of the future tense*

provare → proverò → proverei
chiudere → chiuderò → chiuderei

The following chart shows the regular forms of the present conditional.

provare	chiudere	preferire
prover**ei**	chiuder**ei**	preferir**ei**
prover**esti**	chiuder**esti**	preferir**esti**
prover**ebbe**	chiuder**ebbe**	preferir**ebbe**
prover**emmo**	chiuder**emmo**	preferir**emmo**
prover**este**	chiuder**este**	preferir**este**
prover**ẹbbero**	chiuder**ẹbbero**	preferir**ẹbbero**

1. The same spelling changes that occur in future-tense forms of verbs ending in -**care**, -**gare**, -**ciare**, -**giare**, and -**sciare** occur in the present conditional.

cer**care** → cercherò → cercherei
pa**gare** → pagherò → pagherei
comin**ciare** → comincerò → comincerei
man**giare** → mangerò → mangerei
las**ciare** → lascerò → lascerei

2. Verbs with irregular stems in the future have identical stems in the conditional. These include:

essere → sa**rò** → sa**rei**
avere → av**rò** → av**rei**
volere → vor**rò** → vor**rei**

---

*The future tense is presented in Chapter 9.

Uses

1. The conditional expresses polite wishes and requests.

Vorrei un cappuccino e due cornetti.	*I'd like a cappuccino and two croissants.*
Mi **farebbe** questo piacere?	*Would you do me a favor?*

2. The conditional expresses a hypothetical situation. This usage often precedes a clause introduced by **ma**, **però**, or less frequently, **solo che**.*

Andremmo al cinema, **ma** non abbiamo soldi.	*We'd go to the movies, but we don't have any money.*
Prenderesti dei voti migliori, **solo che** non studi abbastanza.	*You'd get better grades, only you don't study enough.*

3. The conditional is used to express a prediction or rumor of uncertain validity. It is used frequently in media reports of unconfirmed events.

Dovrebbe essere un inverno molto mite.	*It should be a very mild winter.*
Secondo alcuni, il primo ministro **sarebbe** gravemente ammalato.	*Some allege that the prime minister is seriously ill.*

Attenzione!   Do not confuse the conditional mood with the past tenses. *Would* and *could* are frequently used in English to describe repeated or habitual actions in the past, and unwillingness or inability to do something.

Una volta al mese **chiamavamo** le nostre famiglie.	*Once a month we would [used to] call our families.*
Perché non **ha voluto** accompagnarci? —Voleva accompagnarci, ma non **ha potuto**.	*Why wouldn't he [didn't he want to] come with us? —He wanted to, but he couldn't [wasn't able to].*

Condizionale passato

The past conditional is formed with the present conditional of **avere** or **essere** plus the past participle of the verb.

VERBI CON **avere**	VERBI CON **essere**
pagare	**tornare**
avrei pagato	**sarei** tornato/a
avresti pagato	**saresti** tornato/a
avrebbe pagato	**sarebbe** tornato/a
avremmo pagato	**saremmo** tornati/e
avreste pagato	**sareste** tornati/e
avrẹbbero pagato	**sarẹbbero** tornati/e

---

*Another use of the conditional to convey the outcome of hypothetical situations is presented in Chapter 14, Section 1: **Periodo ipotetico con** *se*.

1. The past conditional is used to describe hypothetical situations, possibilities, theories, or rumors in the past.*

>   **Avrei chiuso** la finestra, **ma** faceva troppo caldo.
>
>   *I would have closed the window, but it was too hot.*
>
>   **Saremmo venuti** prima, **ma** abbiamo perso il treno.
>
>   *We would have come earlier, only we missed the train.*

2. The past conditional is often used to convey a future action following verbs of knowing, believing, or conveying information in the past. In these cases, the present conditional would be used in English. Take careful note of the difference between Italian and English in these examples.

>   Hanno detto (scritto, affermato, communicato, promesso, ecc.) che **sarebbero arrivati** lunedì.
>
>   *They said [wrote, affirmed, communicated, promised, etc.] that they would arrive on Monday.*
>
>   Eravamo sicuri che il senato **avrebbe accettato** la proposta.
>
>   *We were sure that the senate would accept the proposal.*

Un po' di pratica

A. In giro per la città. Mettete i verbi al condizionale presente per esprimere desideri e richieste.

ESEMPIO: Scusi, mi *saprebbe* dire dov'è la fermata dell'autobus numero 11?

1. Ragazzi, _____ (potere) farmi passare?
2. Signora, mi _____ (fare) vedere quei pantaloni?
3. Per favore, (io) _____ (volere) un caffè macchiato.
4. Signori, _____ (desiderare) sedersi qui?
5. Bambino, ti _____ (piacere) un palloncino (*balloon*)?
6. (Noi) _____ (preferire) biglietti di prima classe.
7. Scusi, mi _____ (passare) il sale, per favore?
8. (Lei) _____ (avere) per caso un fiammifero (*match*)?
9. (Tu) Mi _____ (dare) un passaggio?

Prendereste un treno che arriva tra 15 anni?

B. Le solite giustificazioni. Completate i dialoghi con la forma adatta del condizionale passato.

ESEMPIO: —Come mai non hai smesso di fumare?
            —*Avrei smesso,* ma ho passato un periodo molto stressante.

1. —Ragazzi, come mai rientrate così tardi?
    —_____ prima, ma siamo rimasti senza benzina.
2. —Perché Monica e Roberto hanno bevuto tanto ieri sera?
    —Hanno detto che non _____, ma gli amici hanno insistito.

---

*The use of the past conditional with the imperfect subjunctive is presented in Chapter 14, Section 1: **Periodo ipotetico con** *se.*

3. —Ebbene, signor Brown? Come mai non ha consegnato la relazione (*paper*)?

—L'_____ oggi, ma il cane l'ha mangiata.

4. —Perché Anna non è venuta alla festa?

—Ha detto che _____, solo che ha dovuto lavorare all'ultimo momento.

5. —Come mai non ti sei ricordato del nostro anniversario?

—Me ne _____, però mi sono confuso a causa dell'anno bisestile (*because of leap year*).

6. —Come mai si sono alzati dopo mezzogiorno?

—Hanno detto che _____ prima, ma la sveglia non è suonata (*the alarm clock didn't go off*).

C. Quello che Pasqualino promette... ma non fa. Pasqualino Passaguai non è la persona più affidabile (*trustworthy*) del mondo. Dite quello che ha detto che avrebbe fatto, e quello che ha fatto invece.

Pasqualino ha detto...

ESEMPIO: «Vi darò una mano in cucina». →
Pasqualino ha detto che ci avrebbe dato una mano in cucina; invece è rimasto tutto il giorno alla spiaggia.

1. «Vi presterò dieci dollari.»

2. «Tornerò a casa prima di mezzanotte.»

3. «Andrò a trovare la zia Augusta.»

4. «Non uscirò più con la tua ragazza.»

5. «Mi laureerò entro sei mesi.»

6. «Rispetterò il limite di velocità.»

D. Un po' di traduzione. Completate i dialoghi, traducendo le espressioni tra parentesi.

1. —Io pensavo che (*they would invite*) Giuliana.

—(*They supposedly forgot*), ma io non ci credo.

2. —Che cosa (*would you do*) con due mesi di vacanza?

—(*I'd start*) a scrivere il mio romanzo. E tu?

—Boh, io (*would try*) a mettere in ordine la casa.

3. —Roberto, (*I'd like*) usare la macchina. (*Would you lend it to me*)?

—Va bene, ma (*you should have*) dirmelo prima. (*I wouldn't have put it*) nel garage!

4. —Ed ora un servizio del nostro corrispondente internazionale.

—Secondo le ultime notizie, il Presidente (*allegedly left*) da Mosca senza avere ottenuto il consenso degli alleati alla sua proposta. Le stesse voci riferiscono che il Presidente (*apparently has*) l'intenzione di presentare un nuovo progetto alla prossima riunione, in marzo.

E. Un bel sogno. Immaginate di essere completamente liberi/libere, senza impegni e senza preoccupazioni economiche. Cosa fareste? Parlatene con un compagno/una compagna secondo l'esempio.

Chiedete a lui/a lei...

ESEMPIO: dove (vivere) →
—Dove vivresti?

—Io vivrei a Parigi. E tu?

1. con chi (vivere)
2. come (organizzare) le sue giornate
3. fino a che ora (dormire)
4. a quali progetti (dedicarsi)
5. (scrivere) agli amici e ai parenti, o (preferire) non essere in contatto con nessuno
6. (fare) spesso dei viaggi e dove
7. quali problemi personali (volere) risolvere in questo periodo
8. (tornare) a lavorare; se sì, dove

—Non male, ma con un leone sarebbe più eccitante...

2. Congiuntivo presente

The subjunctive mood expresses an event, act, or state not as an objective fact, but as it is perceived subjectively. The subjunctive is also used to describe situations that are contrary to fact or possible but not actual.

Forms

The charts on the next page show the regular forms of the present subjunctive.
All three singular forms are the same.

	imparare	ripetere	sentire	restituire
io, tu, lui/lei, Lei	impari	ripeta	senta	restituisca
noi	impariamo	ripetiamo	sentiamo	restituiamo
voi	impariate	ripetiate	sentiate	restituiate
loro, Loro	imparino	ripetano	sentano	restituiscano

1. Verbs ending in -**care** and -**gare** insert an **h** before subjunctive endings.

   man**care** → man**chi**; pa**gare** → pa**ghi**

2. Verbs ending in -**ciare, -giare, -sciare,** and -**gliare** drop the **i** before subjunctive endings.

   ba**ciare** → ba**ci**; man**giare** → man**gi**; la**sciare** → la**sci**; sba**gliare** → sba**gli**

3. Verbs ending in -**iare** retain the **i** from the stem in the singular and **loro** forms only if the **i** is stressed.

   sci**are** → sc**ii**, sci**amo**, sci**ate**, sc**iino**
   invi**are** → inv**ii**, invi**amo**, invi**ate**, inv**iino**
   ma
   studi**are** → stu**di**, studi**amo**, studi**ate**, stu**dino**

4. The subjunctive stems of the following common irregular verbs are identical to the stem of the **noi** form of the indicative.

avere (**abbia**mo)	essere (**sia**mo)
abbia*	sia*
abbiamo	siamo
abbiate	siate
ạbbiano	sịano

dare (**dia**mo)	fare (**faccia**mo)	sapere (**sappia**mo)	stare (**stia**mo)	volere (**voglia**mo)
dịa	faccia	sappia	stịa	voglia
diamo	facciamo	sappiamo	stiamo	vogliamo
diate	facciate	sappiate	stiate	vogliate
dịano	fạcciano	sạppiano	stịano	vọgliano

5. The present subjunctive forms of three common irregular verbs are as follows:

andare	**potere**	**piacere**
vada	possa	piaccia
andiamo	possiamo	
andiate	possiate	
vạdano	pọssano	pịacciano

The subjunctive conjugations of other common irregular verbs are listed in Appendix I.

Uses

1. The subjunctive is used primarily in dependent clauses introduced by **che**. The verb or expression in the independent clause determines whether the indicative or subjunctive is used in the dependent clause. **Che** + *subjunctive* is the equivalent of several different constructions in English, including dependent clauses introduced by *that* and infinitive phrases introduced by a noun or pronoun (as in the third example below). **Che** can never be omitted in Italian.

• Objective fact or certainty

Ti assicuro **che dicono** la verità.
I assure you [that] they're telling the truth.

• Opinion, uncertainty, desire, or emotion

Credo **che dicano** la verità.
I think [that] they're telling the truth.

*Remember that all three singular forms are the same.

Sappiamo **che parte** domani.
We know [that] he's leaving tomorrow.

Non siamo certi **che parta** domani.
We're not sure [that] he's leaving tomorrow.

Voglio **che escano** subito.
I want them to go out immediately.

2. Some verbs and expressions commonly used with the subjunctive are listed below.

VERBS INDICATING A COMMAND, PREFERENCE, OR WISH	
aspettare (aspettarsi) (*to expect*)	pregare
chiedere	pretendere (*to demand, expect*)
comandare	proibire
desiderare	proporre (*to propose*)
esigere (*to require*)	raccomandare
impedire (*to prevent*)	sperare
insistere	suggerire
ordinare	vietare (*to forbid*)
permettere	volere
preferire	

VERBS AND EXPRESSIONS INDICATING DOUBT, OPINION, OR UNCERTAINTY	
avere l'impressione	dubitare
non essere sicuri	immaginare
(non) credere	pensare
non sapere (se)	supporre

VERBS AND EXPRESSIONS INDICATING EMOTION	
avere paura	essere infelici
essere sorpresi	piacere
essere contenti	dispiacere
essere scontenti	temere
essere felici	

IMPERSONAL EXPRESSIONS	
(non) è bene	(non) è strano
(non) è difficile	è incredibile
(non) è giusto	è ora (*it's time, it's about time*)
(non) è importante	(non) bisogna

(non) è (im)possibile	(non) pare
(non) è (im)probabile	*(it seems / doesn't seem)*
(non) è (in)opportuno	(non) sembra
([im]*proper*)	peccato (*it's too bad; it's a shame*)
(non) è male	può darsi
(non) è meglio	*(it may be)*
(non) è necessario	può essere
(non) è preferibile	

3. The present subjunctive is used when the action of the dependent clause occurs at the same time or later than the action of the independent clause.

Sembra che **stia** bene. *It seems she's in good health.*
Mi aspetto che tu **arrivi** in *I expect you to show up in class by*
classe entro le dieci. *ten o'clock.*

4. When the subject of the main and dependent clauses is the same, **di** + *infinitive* is used instead of the subjunctive. (**Di** is omitted after **desiderare**, **preferire**, **volere**, and forms of **piacere**.)

SAME SUBJECT	DIFFERENT SUBJECTS
Sperano **di laurearsi** a giugno. *They hope to graduate in June.*	Sperano **che (lei) si laurei** a giugno. *They hope she graduates in June.*
Credo **di avere** ragione. *I think I'm right.*	Credo **che abbiano** ragione. *I think they're right.*
Vuoi **farlo** subito? *Do you want to do it right away?*	Vuoi **che lo faccia** subito? *Do you want me to do it right away?*

5. Following impersonal expressions, the infinitive is used if there is no expressed subject. Otherwise, **che** + *subjunctive* is used.

NO EXPRESSED SUBJECT	EXPRESSED SUBJECT
È meglio **dirglielo** personalmente. *It's better to tell him personally.*	È meglio **che glielo dicano** personalmente. *It's better for them to tell him personally.*
Bisogna **fare** presto. *It's necessary to [You/We have to] hurry up.*	Bisogna **che facciate** presto. *You have to hurry up.*

6. Certain verbs that express permission, command, or advice (such as **impedire**, **lasciare**,* **permettere**, **proibire**, **proporre**, **raccomandare**, **vietare**) can be followed by either **che** + *subjunctive* or **di** + *infinitive*. In the second construction, the subject of the infinitive is expressed as the indirect object of the main verb.

*****Lasciare** + *infinitive* is presented in Chapter 10, Section 3.

Permettono **che** lui **parli**.
Gli permettono **di parlare**.
(Permettono **a lui di parlare**.)   } *They allow him to speak.*

Ordina **che** io **esca**. }
Mi ordina **di uscire**. }   *He orders me to go out.*

7. In everyday speech, the future tense can sometimes substitute for the present subjunctive when the action in the dependent clause occurs later than the action in the main clause. After verbs of volition, command, or expectation, however, only the subjunctive can be used.

Credi che **farà** (**faccia**) bello domani?   *Do you think it's going to be nice tomorrow?*

Penso che **arriveranno** (**arrivino**) dopo le dieci.   *I think they'll be arriving after ten (o'clock).*

ma

Desidera che Lei **venga** a trovarla dopodomani.   *She wants you to come see her the day after tomorrow.*

Esigono che **rientriate** entro il 15 maggio.   *They require you to return before May 15.*

Un po' di pratica

A. Tante faccende. Fate osservazioni su quello che queste persone hanno in programma di fare oggi. Seguite l'esempio.

ESEMPIO: Laura risponde a un annuncio (*newspaper ad*) (è bene) →
È bene che risponda a un annuncio.

1. Io mi iscrivo a un corso di ginnastica aerobica. (è ora)
2. Le mie amiche cercano un nuovo appartamento. (è meglio)
3. Rita invia dei pacchi. (bisogna)
4. Tu restituisci i libri in biblioteca. (è necessario)
5. Il cugino Umberto comincia ad abituarsi alla vita di questa città. (pare)
6. Passiamo in banca a fare un versamento (*deposit*). (è possibile)
7. Marcello paga il conto della luce. (è importante)
8. Voi due siete in ufficio tutto il giorno. (è probabile)
9. Gianluca non ha niente da fare. (è bene)
10. Ti svegli molto presto domani mattina. (bisogna)

B. Quattro chiacchiere. Completate i dialoghi con la forma adatta dell'indicativo o del congiuntivo, secondo il contesto.

1. —Sai, ho saputo che Mauro _____ (avere) intenzione di lasciare la moglie. Ti pare possibile?!
—Cosa vuoi che (io) ti _____ (dire)? Mauro è sempre stato un egoista.
2. —Gilda, spero che i fiori ti _____ (piacere).
—Ma certo che mi _____ (piacere)! Sono bellissimi, e tu sei un tesoro.
3. —Roberto non è venuto. Sua moglie ha detto che _____ (stare) male oggi.
—Peccato che non ci _____ (essere)! Ci si diverte tanto con lui.
4. —Dottoressa, desidera che io _____ (chiamare) il marito della signora Zatti?

—Sì, è necessario che _____ (venire) al più presto. Sembra che il bambino _____ (stare) per nascere!

5. —Senti, è probabile che io _____ (assumere, *to hire*) quei giovani americani, ma non li conosco bene. Come sono?

    —Sono sicura che ti _____ (potere) fidare di (*depend on*) loro. Sono bravi e molto rispettosi.

6. —Ilaria non sa ancora niente di quello che è successo. Vuoi che (io) le _____ (scrivere)?

    —Certo, scrivile subito. È importante che lo _____ (sapere).

C. Una signora autoritaria. La signora Pieri è una persona piuttosto severa. Dite quello che permette (o non permette) ai membri della famiglia. Seguite l'esempio.

ESEMPIO: Non permette che il marito fumi in casa. →
          Non permette al marito di fumare in casa.
          Non gli permette di fumare in casa.

1. Permette che i figli ascoltino solo la musica classica.
2. Non permette che il gatto dorma sul divano.
3. Non lascia che la figlia si trucchi.
4. Proibisce che il cane entri in salotto.
5. Non lascia che i figli guardino la TV durante la settimana.
6. Vieta che il marito usi tanto sale (*salt*).

—Permettete che mi presenti? Il mio nome è...

D. Trasformazioni. Trasformate le frasi usando le espressioni tra parentesi. Seguite l'esempio.

ESEMPIO: Non bevi più. (è bene / ho saputo / sei contento) →
          È bene che tu non beva più.
          Ho saputo che non bevi più.
          Sei contento di non bere più.

1. Non posso venire al ricevimento. (è probabile / mi dispiace / sono certo)
2. Sapete qualcosa. (è evidente / siete convinti / è meglio)
3. Laura e Michele non escono più insieme. (Laura e Michele sono contenti / vedo / ho l'impressione)
4. Rimango altre due settimane. (vogliono / sono molto felice / è necessario)
5. Traduci un volume di saggi. (ti piacerebbe / è interessante / mi dicono)
6. Franco va a trovarla tutti i giorni. (Franco dice / ti assicuro / bisogna)

3. Congiunzioni

Conjunctions connect words, phrases, and clauses.

Decaf *or* regular?
She's *both* intelligent *and* exceptionally kind.
Although I don't agree with him, I respect his opinion.
Keep working *until* they return.

1. You are already familiar with such common Italian conjunctions as **appena**, **che**, **e**, **ma**, **mentre**, **o**, and **se**. Here is a representative list of other conjunctions frequently used in Italian.

anche se (*even if*)	nondimeno (*nevertheless, however, still*)
anzi (*on the contrary, indeed*)	
dal momento che (*as soon as, since*)	o... o (*either . . . or*)
dato che (*since, as*)	oppure (*ossia, ovvero*) (*or, that is*)
di conseguenza (*therefore, consequently*)	perche (*because, so that*)
	perciò (*for this reason, therefore*)
difatti, infatti (*in fact, as a matter of fact*)	però (*however*)
	poiche (*since, seeing that*)
dopo che (*after*)	pure (*still, yet*)
dunque (*therefore*)	quindi (*therefore, consequently*)
e... e (*both . . . and*)	siccome (*as, since*)
eppure (*and yet, nevertheless*)	tanto (*however, after all, in any case*)
giacché (*since*)	tuttavia (*still, nevertheless*)

Non mi dà fastidio; **anzi**, mi fa piacere!	*It doesn't bother me; in fact, I'm glad!*
È vero che Galileo disse «**Eppur** si muove»?	*Is it true that Galileo said, "And yet it (the earth) moves"?*
Siccome non pensavo di vederti, non ho portato il libro.	*Since I wasn't expecting to see you, I didn't bring the book.*
Non abbiamo finito; **tuttavia,** siamo riusciti a fare molto.	*We haven't finished; nevertheless, we've accomplished a great deal.*

2. These conjunctions are always followed by the subjunctive.

a meno che... non (*unless*)
affinché (perché,* in modo che) (*so that, in order that*)
benché (malgrado, sebbene, quantunque) (*although*)
prima che (*before*)
purché (a patto che, a condizione che) (*provided that*)
senza che (*without*)

Ve lo ripeto **perché** capiate.	*I'm repeating it so that you understand.*
Esce di casa **senza che** lo sappia nessuno.	*(S)he leaves the house without anyone knowing [it].*
Sebbene sia piuttosto esigente, è una persona gentilissima.	*Although he's rather exacting, he's a very kind person.*

---

*When **perché** means *because*, it takes the indicative.

3. **Non** must always follow **a meno che**. Although it cannot be omitted, it is not expressed in English.

Lo farò **a meno che** gli altri **non**
abbiano obiezioni.

*I'll do it unless the others tell me
otherwise.*

4. **Per**, **prima di**, and **senza** + *infinitive* are used when the subject of the main and dependent clauses is the same.

SAME SUBJECT	DIFFERENT SUBJECT
Lavoro **per** mangiare! *I work so I can [in order to] eat!*	Lavoro **perché** tu possa mangiare! *I work so you can eat!*
Telefonale **prima di** uscire. *Call her before you go out [before going out].*	Telefonale **prima che** esca. *Call her before she goes out.* Fallo **senza che** lui sappia niente.
Fallo **senza** dire niente. *Do it without saying anything.*	*Do it without his knowing anything.*

5. Many English expressions function as both prepositions and conjunctions. In Italian, equivalent expressions sometimes have different forms for the different functions.

because: **a causa di**, **perché**

Le lezioni sono annullate **a causa dello** sciopero.	*Classes are cancelled because of the strike.*
Le lezioni sono annullate **perché** c'è uno sciopero.	*Classes are cancelled because there's a strike.*

since (in time expressions): **da**, **da quando**

Aspettiamo **da** mezzogiorno.	*We've been waiting since noon.*
Aspettiamo **da quando** ha telefonato.	*We've been waiting since he called.*

until: **fino a**, **finché (non)**

Lavoriamo **fino alle** due.	*Let's work until 2:00.*
Lavoriamo **finché non** arrivano.	*Let's work until they get here.*

Un po' di pratica

A. **Pensieri vari.** Completate le frasi con le espressioni dalla lista che segue.

Espressioni: anche se, anzi, dato che, dopo che, dunque, fuorché, però, tanto

1. È un po' snob—non gli piace nessun tipo di vino _____ quello francese.
2. _____ vi siete già decisi, non c'è niente da discutere.
3. Stanca io? _____, sarei capace di continuare fino a mezzanotte.
4. _____ avevo letto il giornale, ho finito il caffè e me ne sono andata.
5. Non lo sgridare! _____. È un bambino e non capisce queste cose.
6. Non mi piace quello che ha detto, _____ devo dire che ha perfettamente ragione.

7. Non dare retta (*pay attention*) a quell'uomo, _____ sembra una persona seria.

8. Chi è il filosofo che disse «Penso, _____ esisto»?

B. Dialoghi-lampo. Completate i brevi dialoghi usando il congiuntivo, l'indicativo o l'infinito.

1. —Hai comprato il regalo per Giulia?
   —No, pensavo di comprarlo oggi, siccome _____ (avere) un po' di tempo libero.

2. —Quando andate in Italia?
   —Dopo che (noi) _____ (finire) gli studi.

3. —Ti sei messa gli orecchini?
   —No, me li voglio mettere prima di _____ (andare) alla festa.

4. —Ho paura che le lasagne non ti piacciano.
   —Anzi, mi _____ (piacere) enormemente!

5. —I genitori ti lasciano andare a Fort Lauderdale?
   —Sì, a condizione che gli _____ (telefonare) ogni sera.

6. —Com'è andato il viaggio?
   —Abbiamo perso l'aereo, le nostre valigie sono rimaste smarrite; tuttavia, _____ (divertirsi).

7. —Vai al mare?
   —Sì, ci vado sebbene _____ (fare) un po' fresco.

8. —Sabato mattina dobbiamo partire molto presto.
   —Va bene, ma cerchiamo di uscire senza _____ (svegliare) gli altri.

C. Biglietto a un collega. L'avvocatessa Di Lorenzo parte per un congresso (*conference*). Completate il biglietto che lascia a un collega mettendo i verbi all'indicativo o al congiuntivo, secondo il contesto.

Giulio—Ciao, scusami la fretta, ma dato che tu _____[1] (sapere) quanto ho da fare in questi giorni, capirai perché (io) _____[2] (scrivere) così di furia (*in a rush*)! Poiché (tu) _____[3] (fare) ricerche sul caso Morandi, ti lascio il mio materiale purché me li _____[4] (restituire) al mio ritorno. E mi raccomando, non farli vedere a Carlo—sebbene _____[5] (essere) molto bravo, gli piace troppo chiacchierare, anche se _____[6] (sembrare) così discreto. Due cose: non cercare di usare la stampante (*printer*) a meno che la signorina Fredi non ti _____[7] (dare) una mano, e non dimenticare di chiedere il rimborso delle spese (*reimbursement*) prima che il signor Muti _____[8] (andare) in vacanza. E siccome il mio assistente _____[9] (essere) allergico, ti prego di non fumare in ufficio. Buon lavoro, e ci vediamo tra un paio di settimane.

D. Convinzioni e abitudini. Completate le frasi secondo le vostre idee personali.

1. I genitori mi fanno fare l'università perché (*so that*)...
2. Io, però, leggo e studio per...
3. Sono per lo più (*for the most part*) una persona tranquilla; nondimeno...
4. Mi pettino e mi metto qualcosa di elegante prima di...
5. Preferisco vestirmi prima che...
6. In genere, faccio colazione dopo che...
7. Non esco mai di casa senza...

8. Delle volte, però, esco senza che...
9. Mi piace uscire con gli amici e divertirmi anche se...
10. Secondo me, è importante cercare di aiutare gli altri; perciò...

L'ITALIA DAL VIVO

Roberto Capucci—L'arte nella moda

Prima visione. Guardate attentamente il video la prima volta senza audio. Poi cercate di rispondere alle domande.

1. Quale sembra sia l'argomento del video?
2. Dove si svolge il filmato?
3. Come potreste descrivere i vestiti presentati?
4. Cosa rappresentano?
5. Che tipo di persone potrebbero indossare questi vestiti?

Seconda visione. Leggete il **Vocabolario utile** e guardate il video ancora due volte. La prima volta guardate ed ascoltate solo le informazioni generali. La seconda volta leggete l'esercizio che segue e cercate di completarlo.

VOCABOLARIO UTILE

la conchiglia	*shell*
il fiore	*flower*
la foglia	*leaf*
il frutto	*outcome, result*
il panneggio	*folds*
la pedana	*platform*
la strisciolina	*thin stripe*
la tagliatrice	*seamstress*
festeggiare	*to celebrate*
snodarsi	*to unwind*
barocco	*baroque*
cucito	*sewn*
magistrale	*skillful*
pieghettato	*pleated*

Comprensione

Mettete il numero di fronte ad ogni parola del **Vocabolario utile** nell'ordine che l'avete sentita.

Variazione

A. Vedrete certi abbigliamenti in «freeze-frames» senza audio. Cercate di descriverli usando il vocabolario che segue.

COLORI

azzurro	*royal blue*	turchese	*turquoise*
bordeaux	*wine*	viola	*purple*
celeste	*pale blue*		

DISEGNI DEL TESSUTO

damascato	*damask pattern*	scozzese	*plaid*
floreale	*flower pattern*	strisce	*stripes*
quadretti	*squares*		

TESSUTI

cotone	*cotton*	pizzo	*lace*
lana	*wool*	raso	*satin*
lino	*linen*	seta	*silk*
panno	*cloth*	velluto	*velvet*

B. La moda riflette la personalità? Con un gruppo di compagni, preparate una breve descrizione del vostro abbigliamento ideale. Non mettete il vostro nome sul foglio. Mischiate insieme tutte le descrizioni e tirate fuori una per una. Leggetela ad alta voce cercando di indovinare a chi appartiene.

C. Intervista sulla moda. Assieme ad un compagno/una compagna, conducete la seguente intervista.

	SÌ	NO	DIPENDE
1. È importante per te la moda?	____	____	____
2. Spendi molto per vestirti?	____	____	____
3. Ti piace guardare le vetrine dei negozi di abbigliamento?	____	____	____
4. Per comprare un vestito, preferisci andare con qualcuno o da solo/a?	____	____	____
5. Ti piace la moda italiana?	____	____	____
6. Quali caratteristiche fisiche ci vogliono per essere un indossatore / un'indossatrice?	____	____	____
7. Hai mai visto una sfilata di moda?	____	____	____
8. Tu faresti l'indossatrice/l'indossatore?	____	____	____
9. Ti fai da solo/a qualche capo di abbigliamento?	____	____	____

METTIAMOLO PER ISCRITTO!

Esperienze surreali

1. Raccontate un vostro sogno pieno di immagini surreali (oppure inventate un sogno!).
2. Scrivete un breve dialogo tra due (o più) animali (o tra altri che trovate particolarmente interessanti): un porcospino (*porcupine*), una coccinella (*ladybug*), un tricheco (*walrus*), un canguro, un gufo (*owl*), un cavalluccio marino (*sea horse*), un polpo (*octopus*), una medusa (*jellyfish*).
3. Descrivete il quadro che vedete alla prima pagina di questo capitolo. Che cosa vi è rappresentato? Come interpretate la «scena»? Come la trovate?

UNITÀ V
L'Italia in transizione

Donna in carriera italiana.
Quale mezzo di trasporto
usa? Cosa sta facendo?
Rappresenta uno stereotipo
della donna italiana? Perché?

CAPITOLO 13

La donna italiana oggi e domani

Fare la spesa giornaliera. Che tipo di negozio è questo? Cosa fanno le donne nella foto?

Contesto culturale

• •

Una mamma all'antica   Ascoltate il dialogo almeno un paio di volte. Poi leggete le **Espressioni utili** ed interpretate le **Situazioni pratiche** insieme ad un compagno/una compagna.

Le mamme italiane tradizionali sono molto apprensive anche per la salute degli altri.

MASSIMO: **Pronto**, Signora Mazzoni? Buon giorno. **C'è** Barbara, per favore?

SIGNORA MAZZONI: **Chi parla?**

MASSIMO: **Sono** Massimo, non mi riconosce?

SIGNORA MAZZONI: Massimo, cos'hai? Hai una voce strana.

MASSIMO: Ho un brutto **raffreddore**.

SIGNORA MAZZONI: Te l'avevo detto ieri sera che dovevi coprirti... Sei scappato via senza neanche cenare. Avevo preparato qualcosa anche per te!

MASSIMO: Non è niente... **Mi passa** Barbara?

SIGNORA MAZZONI: Fai presto a dire che non è niente. Hai le **febbre**?

MASSIMO: Non so, non **me la sono misurata**.

SIGNORA MAZZONI: Vai subito a letto. Hai **brividi**?

MASSIMO: No, ma mi sento **debole**. Ho **mal di testa** e **dolori** dappertutto.

SIGNORA MAZZONI: Almeno stai prendendo qualcosa?

MASSIMO: Sì, delle **pastiglie** per la gola...

SIGNORA MAZZONI: Allora, hai **mal di gola**! Magari hai anche la **tosse**!

MASSIMO: Non sto così male, signora. Non si preoccupi.

SIGNORA MAZZONI: I tuoi dove sono?

MASSIMO: Sono fuori per il fine settimana.

SIGNORA MAZZONI: Allora, vieni qui. Ti preparo il letto nella stanza degli ospiti. Almeno se stai male, non sei da solo.

MASSIMO: Non sto male. In un giorno mi passa tutto. Non si preoccupi, grazie. Posso parlare con Barbara adesso?

SIGNORA MAZZONI: No.

MASSIMO: Come no?

SIGNORA MAZZONI: Non c'è.

MASSIMO: Come non c'è?

SIGNORA MAZZONI: È uscita cinque minuti fa con Cristina.

MASSIMO: Ho provato prima, ma era sempre **occupato**. Avevamo un appuntamento per andare in discoteca.

SIGNORA MAZZONI: Strano, perche noi abbiamo **l'avviso di chiamata**. Barbara avrebbe dovuto sentire che la stavi chiamando. Non so dove sia andata. Vuoi **lasciare un messaggio**?

MASSIMO: Se rientra, le dica di chiamarmi qui a casa. Io adesso devo uscire, ma c'è la **segreteria** oppure le dica di provare al **telefonino**.

SIGNORA MAZZONI: Uscire? Secondo me, hai l'influenza. Mettiti a letto a sudare
un po'.

MASSIMO: Non si preoccupi, suderò in discoteca.

ESPRESSIONI UTILI PER USARE IL TELEFONO

pronto	*hello*
c'è... ?	*is . . . there?*
chi parla?	*who's calling?*
sono...	*this is . . .*
mi passa... ?	*may I speak to . . .?*
occupato	*busy*
l'avviso di chiamata	*call waiting*
lasciare un messaggio	*to leave a message*
la segreteria	*answering machine*
il telefonino	*cellular phone*

ESPRESSIONI UTILI IN CASO DI INFLUENZA

il raffreddore	*head cold*
la febbre	*fever*
misurarsi la febbre	*to take one's temperature*
i brividi	*shivers*
debole	*weak*
il mal di testa	*headache*
il dolore	*pain*
la pastiglia	*lozenge, pill*
il mal di gola	*sore throat*
la tosse	*cough*

Completate le seguenti frasi con le espressioni utili per usare il telefono.

1. Quando si risponde al telefono, si dice _____.
2. Se non si trova un telefono pubblico, si può usare il mio _____.
3. Se qualcuno non è in casa, si può _____.
4. Non riesco mai a telefonare a Maria. Provo da dieci minuti, ma il suo telefono è sempre _____.
5. Ho comprato una _____. Così quando qualcuno telefona e io non sono a casa, può lasciare un messaggio.
6. Quando si telefona ad un'amica e suo fratello risponde, gli si chiede «_____?»
7. Con _____ puoi sapere quando un'altra persona sta cercando di telefonarti.

Situazioni pratiche

Con un compagno/una compagna, interpretate le seguenti situazioni.

A. Studente 1 fa una telefonata a Studente 2 per invitarla/lo a cena. Prima Studente 1 deve vincere la sua resistenza e assicurarla/lo di pagare tutto. Poi devono decidere insieme in quale tipo di ristorante andare. (A Studente 2 non piacciono quasi tutte le cose che piacciono a Studente 1.)

B. Studente 1 immagina di essere il Massimo del dialogo precedente, che decide di telefonare al medico per dirgli come si sente. Dice quali sintomi ha e che cosa ha già preso. Il dottore, Studente 2, gli dirà di stare a casa, ma Massimo insiste perché deve assolutamente uscire con Barbara.

VOCABOLARIO TEMATICO

Sostantivi

l'asilo (nido) day-care center
l'aspirazione aspiration
la capacità ability, capability
la casalinga homemaker
la fantasia imagination
la fatica effort, difficulty
l'impegno commitment, involvement
l'orario schedule, timetable
l'ostacolo obstacle
la sensibilità sensitivity

Verbi

acquisire to acquire (conj. like *capire*)
affidare (a) to entrust
pesare sulle spalle (di) to rest on the shoulders (of), weigh heavily (on)
scontrarsi (con) to run up against

Aggettivi

geloso jealous
squilibrato unbalanced

Altre parole ed espressioni

a dispetto di despite
in funzione di on the basis of, depending on
per di più moreover, what's more
tuttora still

A. Completate con la parola o l'espressione adatta del **Vocabolario tematico**, secondo il contesto.

1. Non possiamo lasciare nostro figlio a casa da solo, lo dobbiamo _____ alla babysitter.
2. Le donne devono continuare a lottare (*struggle*) per _____ molti diritti (*rights*) fondamentali.
3. Molte madri che lavorano scelgono l'asilo principalmente _____ del prezzo e dei loro orari lavorativi.
4. Le donne vogliono gli stessi diritti degli uomini sul posto di lavoro; _____, molte chiedono un'organizzazione meno rigida degli orari lavorativi.
5. Il movimento femminista ha migliorato la posizione della donna nella società, ma ci sono _____ grossi problemi da affrontare.
6. L'_____ più grande alla vita professionale delle donne sono i figli.
7. Nella famiglia media, la maggior parte dei lavori di casa tuttora _____ della donna.
8. _____ delle fatiche di una doppia attività, molte madri preferiscono mantenere un lavoro fuori casa.
9. Le donne che desiderano avanzare nella loro professione spesso _____ con atteggiamenti ostili e con varie forme di pregiudizio.
10. Una donna con le stesse _____ di un uomo dovrebbe percepire (*earn*) lo stesso stipendio.

B. Associate a questi quattro tipi di donne le seguenti parole: asilo, orario fisso, fantasia in cucina, tempo libero, lavori domestici, pranzi veloci.

a. madre e casalinga   b. madre che lavora   c. professionista nubile
d. professionista sposata ma senza figli

C. Definite in italiano le seguenti espressioni.

1. un ragazzo geloso
2. una vita squilibrata

3. una brava casalinga
4. un impegno duro

PRELETTURA

This chapter's reading, "Stressata e contenta" (from the Italian weekly *Panorama*), explores the reactions of young Italian women who divide their time between home and children on the one hand and professional activities on the other. These women have broken with the traditional domestic role of full-time wife and mother. But what does this imply? Are they frustrated by the added demands on their time? Have they left motherhood behind? Do their husbands share the burden of the new strains on the household? How have personal and family relationships changed? You will learn how Italian women face some difficult decisions about balancing economic need with personal fulfillment.

Entriamo nel contesto!

Rispondete alle seguenti domande che riguardano il ruolo della donna negli Stati Uniti.

1. Nella famiglia americana, chi di solito fa i lavori domestici?
2. Credete che ci siano delle grandi differenze tra i lavori domestici svolti (*carried out*) dall'uomo e quelli svolti dalla donna? Spiegate la vostra opinione e date esempi concreti.
3. A chi viene affidato un bambino quando i genitori lavorano?
4. C'è tuttora una grande disparità tra uomo e donna nel mondo del lavoro? (Citate qualche esempio per giustificare la vostra opinione.)
5. Le donne hanno tanto tempo libero quanto gli uomini? Perché sì o perché no?
6. Elencate alcuni dei problemi più comuni per le donne che lavorano. Cosa si può fare per risolverli?
7. A vostro parere, se non fosse per problemi di tipo economico, le donne preferirebbero stare a casa?
8. Come definireste i ruoli tradizionali di marito e moglie? Credete che ci siano lati positivi di questi ruoli? Lati negativi? Spiegate.
9. Scegliete uno o più aggettivi per descrivere la donna moderna rispetto alla donna di alcune generazioni fa. (Esempi: soddisfatta, nevrotica, squilibrata, contenta.) Spiegate le vostre scelte.

LETTURA

Stressata e contenta

DONNE CHE LAVORANO/VERA LIBERAZIONE O DOPPIA SCHIAVITÙ?[1]

A casa dove sta da sempre. E in fabbrica,[2] in ufficio, in studio dove si è conquistata un posto. Troppo peso sulle spalle di lei? Sì e no.

CHI PULISCE, CHI CUCINA, CHI STA CON I FIGLI (ore per settimana)			
	DONNA CHE LAVORA	**CASALINGA**	**UOMO**
COPPIA SENZA FIGLI	27,2 ore	43,1 ore	6,4 ore
COPPIA CON UN FIGLIO	31,7	52,1	6,6
COPPIA CON DUE FIGLI	33,4	56	6,2

Quando entra nel mercato del lavoro, quando conquista, tuttora con fatica, l'autonomia economica, il fatidico[3] «posto», la donna degli anni novanta non torna indietro. Chi ha un lavoro (circa il 28 per
5 cento della popolazione femminile) se lo tiene stretto.[4] E invece chi il lavoro non ce l'ha (le più giovani: infatti gli esperti parlano di «inoccupazione» femminile più che disoccupazione) lo vuole disperatamente.
10 È una donna nuova, con nuove capacità, aspirazioni e sensibilità, quella che è oggi impiegata nell'amministrazione pubblica (circa il 37 per cento), nel terziario privato[5] (29%), nell'industria (23%), in agricoltura (9%). Una nuova figura sociale che non somiglia per niente alla propria madre e poco alla 15 sorella maggiore. Per di più affiancata[6] da un nuovo tipo d'uomo che non si mostra[7] geloso delle sue affermazioni[8] professionali e comincia a dividere gioie e noie[9] del lavoro domestico.

Certo, il lavoro a casa pesa ancora notevolmente 20 sulle spalle femminili ma non c'è vittimismo[10] fra le donne che si dividono fra casa e ufficio. E se si lamentano, non è per il doppio lavoro in sè ma per le condizioni in cui sono costrette[11] a farlo, cioè con dei servizi sociali inefficienti, strutture precarie[12] e 25 rigidità di orari. La donna italiana non è infatti disposta a rinunciare nè al posto di lavoro nè al tradizionale ruolo di moglie e madre. Secondo alcuni dati recenti su sei milioni e 400 mila donne che lavorano tra i 20 e i 59 anni ben[13] quattro milioni 30 sono quelle con figli. Un dato[14] che potrebbe essere letto anche in un altro modo: fra tutte le donne italiane che hanno figli, quasi la metà ha un lavoro. «E se la cavano[15]» benissimo, a dispetto degli ostacoli che incontrano in questa nuova fase» afferma Livia 35 Turco.[16] «Le donne hanno acquisitio un'identità più

---

[1]doppia... *double slavery* [2]*factory* [3]*famous, fateful* [4]se lo...*holds onto it tightly* [5]terziario... *private sector* [6]*supported, accompanied* [7]si... *appear*
[8]*successes* [9]gioie... *joys and frustrations* [10]*victimization* [11]*compelled* [12]*inadequate* [13]*a full* [14]*statistic* [15]*get along* [16]*member of the Secretariat of the Partito Democratico della Sinistra*

forte, che vive in modo meno squilibrato l'esperienza del lavoro in casa e fuori. Ma si scontrano con un'organizzazione rigida dei tempi di lavoro oltre che con una loro scansione[17] schizofrenica. Il grande problema è il tempo: le donne ne hanno fame. Non solo, o non tanto, in termini quantitativi ma qualitativi: ne chiedono un diverso utilizzo,[18] che consenta un intreccio[19] e non una rigida separazione, fra le molte dimensioni e le molte attività della donna d'oggi.»

Fantasia, organizzazione, pianificazione.[20] Sono queste le armi della madre che lavora. Da una recente ricerca, si scopre per esempio che le donne che lavorano programmano molto più delle casalinghe tempi e numero dei figli. In base alle possibilità economiche, alle energie psicologiche, alle concrete possibilità di allevarlo[21] bene, spiega la ricerca. Ma questa programmazione viene fatta anche in funzione della carriera. «Per anni ho escluso l'eventualità[22] di avere figli, la maternità mi pareva inconciliabile[23] con i ritmi, lo stress, l'impegno del mio lavoro» racconta Anna Rossi, medico all'Istituto dei Tumori di Milano. «Poi, all'avvicinarsi dei fatidici quarant'anni, mi sono resa conto che avevo bisogno

di riequilibrare la mia vita.» Così, tre anni fa è nata Giulia e un mese fa Lorenzo. «Una vita d'inferno, una fatica bestiale» ammette «e insieme una rinascita[24] a livello psicologico».

A chi affidare il bambino? È questo il primo problema che angoscia[25] la mamma che lavora fin dai primi mesi dell'attesa.[26] La qualità della o delle persone che si occuperanno del figlio, insieme con l'ambiente che lo ospiterà, sono per la mamma elementi più importanti del costo economico. L'asilo oggi non è più solo il posto dove si è obbligati a mettere i figli perchè si lavora. Ci si preoccupa che il bambino, spesso figlio unico, non cresca in solitudine, guardato da una baby-sitter o da una nonna anziana. Inoltre, le mamme non si devono più sentire colpevoli[27] di mandare i loro figli all'asilo: sembra dimostrato che i figli delle donne che lavorano nella scuola e nella vita se la cavano meglio degli altri.

—*Valeria Gandus,*
da «Stressata e contenta»,
Panorama

---

[17]*rhythm*   [18]*utilization*   [19]*consenta... allows for an interweaving*   [20]*planning*   [21]*raising (a child)*   [22]*ho... I rejected the possibility*   [23]*incompatible*   [24]*rebirth*
[25]*troubles*   [26]*wait (pregnancy)*   [27]*guilty*

Avete capito?

A. Vero o falso? Spiegate le vostre scelte.

	V	F
1. Molte donne italiane preferirebbero stare a casa invece di lavorare.	——	——
2. Mentre la donna italiana assume nuovi ruoli nella società, il ruolo dell'uomo italiano in famiglia è rimasto sostanzialmente immutato (*unchanged*).	——	——
3. Nonostante lavorino di più, le donne non si sentono vittimizzate.	——	——
4. Le donne, infatti, sono pienamente contente della loro doppia attività.	——	——
5. La maggior parte delle donne che lavorano hanno figli.	——	——
6. L'aspetto più problematico della vita della madre che lavora è la mancanza di tempo.	——	——

	V	F

7. Molte donne pensano che i figli siano inconciliabili con un lavoro fuori casa.

8. Quando si sceglie un asilo, il costo è il fattore più importante.   ____   ____

9. Si pensa che un bambino che frequenti l'asilo sia più equilibrato di un bambino che sta a casa con la nonna, soprattutto se è figlio unico.   ____   ____

B. Come discutereste le seguenti parole o espressioni in relazione all'articolo appena letto?

ESEMPIO: ruolo tradizionale →
Le donne italiane non hanno completamente rifiutato il ruolo tradizionale, ma...

1. donne frustrate
2. asili
3. famiglie numerose

4. bambini disadattati (*maladjusted*)
5. mariti gelosi
6. tempo libero

E ora a voi!

A. Guardate questa tabella e notate i motivi principali di insoddisfazione delle donne italiane in età diverse. Poi rispondete alle domande.

1. Vi sembra strano che la cattiva salute sia un principale motivo d'insoddisfazione sin dall'età di 20 anni?

2. Perché credete che la mancanza di tenerezza esista tra le giovanissime e le più anziane?

3. Come spiegate che l'insoddisfazione del reddito sia presente a tutte le età?

4. Secondo voi, perché le donne tra 20 e 24 si lamentano della mancanza di istruzione?

I MOTIVI D'INSODDISFAZIONE SECONDO L'ETÀ		
15/19 anni:	mancanza di indipendenza	44,3
	mancanza di tenerezza[a]	27,5
	reddito[b]	25,2
	mancanza di considerazione	21,4
20/24 anni:	mancanza di indipendenza	27,5
	reddito	26,8
	cattiva salute	19,0
	mancanza di istruzione	18,3
25/34 anni:	reddito	34,0
	abitazione	24,8
	cattiva salute	23,2
	mancanza di indipendenza	16,8
35/44 anni:	cattiva salute	20,4
	reddito	13,3
	mancanza di considerazione	9,3
45/54 anni:	cattiva salute	28,8
	reddito	27,9
	mancanza di considerazione	23,5
più di 55:	cattiva salute	42,9
	reddito	21,2
	abitazione	20,6
	mancanza di tenerezza	18,2

[a]*tenderness*
[b]*income*

STRUTTURE

1. Altri usi del congiuntivo

1. In addition to its uses described in Chapter 12—expression of feelings and opinions and description of contrary-to-fact situations—the subjunctive is used in relative clauses introduced by

   a. the following indefinite expressions:

chiunque (*whoever*)
comunque (*however*)
dovunque (*wherever*)
per quanto (*however, however much*)
qualunque (*adjective: whatever, whichever*)
qualunque cosa (*pronoun: whatever, whichever*)
qualsiasi (*adjective: whatever, whichever*)

   Chiunque te lo **chieda**, non dire nulla!
   Whoever asks, don't say anything!

   Comunque vadano le cose, io ti sto vicino.
   However things work out, I'll stick by you.

   Qualunque ristorante **scegliate**, per noi va bene.
   Whatever restaurant you choose, it's okay with us.

   Per quanto cerchi, non riesce a trovare un lavoro.
   However much he tries, he can't manage to find a job.

   b. **qualcosa**, **qualcuno**, and other expressions indicating people or things that are hypothetical or nonexistent.

   Ho trovato qualcosa che non costa troppo.
   I found something that doesn't cost too much. (actual)

   ma

   Vuole **qualcosa** che non **costi** troppo.
   She wants something that doesn't cost too much. (hypothetical)

   Qui c'è qualcuno che sa parlare francese.
   There's someone here who can speak French. (actual)

   ma

   Cercano **qualcuno** che **sappia** parlare francese.
   They're looking for someone who can speak French. (hypothetical)

   c. **il più** (*the most*), **il meno** (*the least*)* and similar expressions, including **il primo**, **il solo**, **l'unico**, and **l'ultimo**.

---

*These and other relative superlatives are presented in Chapter 14, Section 4 (**Superlativo**).

È il libro **più noioso** che ci **sia**.	*It's the most boring book there is [in existence].*
È la persona **meno egoista** che io **conosca**.	*She's the least selfish person I know.*
È la **sola** speranza che ci **rimanga**!	*It's the only hope remaining to us!*

d. a negative expression (**non... nessuno, non... niente/nulla, non c'è, non è che**).

Non vedo **nessuno** che **si diverta**.	*I don't see anyone having a good time.*
Non c'è **niente** che mi **interessi** qui.	*There's nothing that interests me here.*
Non c'è donna che gli **vada** a genio.	*There isn't a woman who suits him.*

2. The subjunctive is used to emphasize uncertainty in indirect questions after such verbs as **non capire, chiedere (chiedersi), domandare (domandarsi)**, and **non sapere**.

Non capisco cosa **succeda**.	*I don't understand what's going on.*
Mi domando se lui **abbia** veramente ragione.	*I wonder if he's really right.*
Non sappiamo dove **vadano**.	*We don't know where they're going.*

3. The subjunctive can be used in independent clauses to express
   a. a wish, blessing, or curse (sometimes introduced by **che**).

Che siate felici insieme!	*May you be happy together!*
Che Dio vi **benedica**!	*May God bless you!*
«**Vivan** le femmine,	*"Long live women,*
viva il buon vino!	*long live good wine!*
Sostegno e gloria d'umanità!»	*The sustenance and glory of humanity!"*

—*Mozart–Da Ponte*, Don Giovanni

b. an assumption, doubt, or speculation (introduced by **che**).

Che siano già a Roma?	*Could they be in Rome already?*
Che partano domani?	*Is it possible they're leaving tomorrow?*

c. an indirect command (sometimes introduced by **che**).

Lo **faccia** da sè!	*Let her do it by herself!*
Che entrino subito!	*Have them come in immediately!*

Un po' di pratica

A. Una signora all'antica. Completate con la forma adatta del congiuntivo.

Dovunque _____1 (andare) le sue figlie e i nipotini (*grandchildren*), la signora Morelli è contenta di accompagnarli. Quest'estate affittano una casa al mare, ma non è che _____2 (esserci) tutti. La figlia maggiore, madre di due bambine, è all'estero per affari; Claudia, l'avvocatessa, e suo marito sono separati, e nessuno capisce cosa _____³ (succedere) tra di loro. Per fortuna, c'è Rosaria, la figlia minore, l'unica che _____⁴ (rimanere) a casa con i bambini, l'unica che _____⁵ (fare) la casalinga come aveva fatto la madre.

La signora guarda i nipotini che corrono sulla spiaggia: comunque (loro) _____⁶ (comportarsi) (e a lei sembrano un po' viziati [*spoiled*]), li ama lo stesso. Lei non s'intromette (*interferes*) qualunque _____⁷ (essere) l'idea che le sue figlie hanno sull'educazione. La signora Morelli non capisce come _____⁸ (funzionare) queste famiglie moderne. Si chiede se le sue figlie _____⁹ (essere) più felici di lei quando era giovane.

«Ma Mamma», le dice Claudia, «sono io che non capisco come tu _____¹⁰ (potere) vivere così. Perché non trovi un hobby, magari (*perhaps*) un club? Non ti annoi sempre a stare con noi?» Per la signora, però, non c'è una cosa che _____¹¹ (avere) più valore della famiglia. Per quanto la sua vita _____¹² (sembrare) monotona, lei è contenta lo stesso.

B. Quattro chiacchiere. Ecco una serie di brevi dialoghi ambientati in luoghi diversi. Completate con la forma adatta dell'indicativo o del congiuntivo, secondo il contesto.

1. (Segretario e assistente, in uno studio legale):
   —L'avvocato Merli vuole un fax che _____ (funzionare) anche da segreteria telefonica (*answering machine*).
   —Allora, che lo _____ (comprare) lui! Io sono stufo dei suoi capricci.
2. (Claudia e Pia, compagne di appartamento):
   —Pia, c'è qualcuno al telefono che _____ (chiedere) di te.
   —Per favore, digli che _____ (aspettare) un momento! Sono appena uscita dalla doccia.
3. (Commesso e cliente, in un negozio d'abbigliamento):
   —Buon giorno. Desidera?
   —Buon giorno. Cerco dei pantaloni di lana (*wool*) che non _____ (costare) troppo.
   —Questi, signore. Sono economici e molto belli.
   —Non ho niente da portare con quelli. Ci sono altri colori?
   —Mi dispiace, signore, è l'ultimo paio che ci _____ (rimanere) di questo modello. Cerchiamo di trovarne un altro che _____ (andare) bene per Lei.

4. (Michele e Elizabetta, marito e moglie, in cucina):
   —Dimmi una cosa—c'è qualcuno che non _____ (essere) al corrente (*informed*) di tutto quello che faccio? Non dico più niente a tuo fratello.
   —Caro mio, qualunque cosa _____ (venire) a sapere quell'uomo, lo ripete a tutti. È un gran chiacchierone (*blabbermouth*).

5. (Massimo e Cristina, sposi novelli, e Padre Giovanni, fuori della chiesa):
   —Padre, grazie di averci sposato.
   —Figuratevi, ragazzi. E Dio vi _____ (accompagnare)!

6. (Maria de Robertis e Piero, suo figlio, davanti al portone di casa):
   —Io lavoro fino a tardi, ma qualcuno _____ (dovere) fare da mangiare stasera. Forse tuo padre può preparare un po' di spaghetti e un'insalata.
   —Per carità, papà è il peggior cuoco che io _____ (conoscere)! Non possiamo ordinare una pizza?

2. Congiuntivo passato

1. The past subjunctive is formed using the present subjunctive of **avere** or **essere** plus the past participle of the main verb.

VERBI CON **avere**		VERBI CON **essere**	
capire		**riuscire**	
che io	**ạbbia** capito	che io	**sia** riuscito/a
che tu	**ạbbia** capito	che tu	**sia** riuscito/a
che lui (lei, Lei)	**ạbbia** capito	che lui (lei, Lei)	**sia** riuscito/a
che noi	**abbiamo** capito	che noi	**siamo** riusciti/e
che voi	**abbiate** capito	che voi	**siate** riusciti/e
che loro (Loro)	**ạbbiano** capito	che loro (Loro)	**sịano** riusciti/e

È probabile che **abbiano** già **ripreso** il lavoro.   *It's likely that they've already gone back to work.*

Non credo che **sia rimasta** a casa con i figli.   *I don't think she stayed at home with the children.*

2. The past subjunctive is used when the action of the dependent clause takes place before the action of the main clause, and the main clause is in the present, future, or imperative. The past subjunctive is used with the same words and expressions that require the present subjunctive.

È possibile che ne **abbiano parlato** ieri (la settimana scorsa, ecc.).   *It's possible they spoke about it yesterday [last week, etc.].*

Penso che **sia uscita** a mezzogiorno.   *I think she went out at noon.*

Per quanto **abbia studiato**, non riuscirà a superare quell'esame.   *However much he studied, he won't manage to pass that test.*

Mi domando cosa **sia** veramente **successo**.   *I wonder what really happened.*

Un po' di pratica

A. La donna di ieri. Trasformate le seguenti frasi usando il congiuntivo passato e le espressioni indicate.

ESEMPIO: Molte donne hanno fatto tutti i lavori di casa. (è incredibile) →
È incredibile che abbiano fatto tutti i lavori di casa.

1. Poche si sono lamentate di questo lavoro. (sembra)
2. Molte, infatti, non hanno voluto lavorare fuori di casa. (è probabile)
3. Mia zia, però, ha cercato un lavoro quando l'ultimo dei tre figli ha incominciato la prima elementare. (mi sembra)
4. È riuscita ad avere grandi soddisfazioni nel mondo degli affari. (mi pare)
5. Mio zio si è occupato molto dei figli. (è bene)
6. Non si è mai sentito sminuito (*overshadowed*) dal successo della moglie. (penso)
7. Gli altri parenti hanno trovato strana questa loro sistemazione. (ho l'impressione)
8. Loro due, però, se la sono cavata bene. (pare)

B. Nuovi ruoli. Usate le espressioni indicate per esprimere le vostre opinioni.

Espressioni: credo, (non) è bene, (non) è male, è possibile, (non) mi dispiace, (non) mi pare

ESEMPIO: La famiglia tradizionale è sparita. →
Non mi pare (Mi dispiace, È possibile) che la famiglia tradizionale sia sparita.

1. Le donne hanno fatto male ad esigere gli stessi diritti degli uomini.
2. Molte donne in carriera hanno escluso la possibilità di avere figli.
3. Negli ultimi anni la disparità tra uomo e donna nel mondo del lavoro è diminuita.
4. Molti ragazzi sono cresciuti disadattati (*maladjusted*) e indisciplinati perché la madre lavora fuori di casa.
5. I figli sono diventati più indipendenti.
6. In genere, il padre di oggi ha assunto un ruolo attivo nell'educazione dei figli.
7. Per lo più, le coppie non hanno risolto il problema del lavoro di casa e dei vari impegni familiari.

C. Supposizioni. In gruppi di due o tre, esprimete le vostre reazioni alle ultime novità che vi vengono raccontate. Seguite l'esempio.

ESEMPIO: Laura e Massimo non si vedono più. →
Che abbiano litigato? Che lui sia uscito di nuovo con quell'altra ragazza? Che lei si sia stufata delle sue bugie?

1. Roberta non è venuta alla festa sabato sera.
2. Mauro, un vostro compagno di camera, esce di casa tutte le notti all'una e torna un'ora dopo.
3. Il professor Mazzoni non si fa vivo (*hasn't shown up*) da un paio di settimane.
4. Franca e Piero, due vostri amici, si guardano e ridono continuamente.
5. Pasqualino Passaguai è diventato di colpo (*suddenly*) serio e studioso.

D. Donne moderne. Con un compagno/una compagna preparate una scenetta di due o tre minuti su una delle situazioni seguenti. (Le studentesse prenderanno a volte i ruoli maschili, e gli studenti a volte i ruoli femminili.) Ogni coppia presenterà la sua scenetta davanti alla classe, che poi discuterà insieme i vari problemi. Usate il congiuntivo passato dove possibile.

ESEMPIO: Matilde e Roberto Neri, due giovani professionisti. Roberto si lamenta perché Matilde non ha fatto il bucato (*laundry*), e lui parte il giorno dopo per un viaggio d'affari. →
—Matilde, mi dispiace molto che tu non abbia lavato le mie camice. Parto domani! Cosa devo fare?
—Ma è possibile che tu non abbia capito la mia situazione? Lavoro anch'io fino alle nove, alle dieci. Non capisco perché tu abbia aspettato fino all'ultimo momento.

1. L'avvocatessa Piazza e la signora de Marchis, la sua assistente. La signora de Marchis non può lavorare fino a tardi come prima perché adesso si occupa del vecchio padre. L'avvocatessa è dispiaciuta (*displeased*).
2. Mario e Floria Monetti, una giovane coppia. Discutono su chi debba accompagnare la figlia all'asilo la settimana prossima.

3. Congiuntivo imperfetto e trapassato

Congiuntivo imperfetto

1. The imperfect subjunctive is formed by adding the imperfect subjunctive endings to the verb stem.

	sperare	ricevere	partire	capire
che io	sper**assi**	rice**vessi**	part**issi**	cap**issi**
che tu	sper**assi**	rice**vessi**	part**issi**	cap**issi**
che lui (lei, Lei)	sper**asse**	rice**vesse**	part**isse**	cap**isse**
che noi	sper**ạssimo**	rice**vẹssimo**	part**ịssimo**	cap**ịssimo**
che voi	sper**aste**	rice**veste**	part**iste**	cap**iste**
che loro (Loro)	sper**ạssero**	rice**vẹssero**	part**ịssero**	cap**ịssero**

2. **Avere** is regular in the imperfect subjunctive; **essere**, **dare**, and **stare** are irregular.

	essere	**dare**	**stare**
che io	fossi	dessi	stessi
che tu	fossi	dessi	stessi
che lui (lei, Lei)	fosse	desse	stesse
che noi	fọssimo	dẹssimo	stẹssimo
che voi	foste	deste	steste
che loro (Loro)	fọssero	dẹssero	stẹssero

3. Verbs that use the Latin or archaic Italian stem to form the **imperfetto** use the same stem in the imperfect subjunctive.

> bere→ **bev**evo → **bev**essi
> fare → **fac**evo → **fac**essi
> tradurre → **traduc**evo → **traduc**essi
> dire → **dic**evo → **dic**essi

4. The imperfect subjunctive is used when the verb in the main clause is in any past tense or any form of the conditional, and the action of the dependent clause takes place at the same time or after the action of the main clause. It follows the same words and expressions that require the present subjunctive.

Avevamo l'impressione che **vi annoiaste**.	*We had the impression that you were bored.*
Vorrei che Paoletto **stesse** zitto ogni tanto!	*I wish Paoletto would shut up once in a while!*
Gliel'ho detto perché non ci **fossero** più equivoci.	*I told them so that there wouldn't be any more misunderstandings.*
Sebbene **fosse** ricca, non si dava delle arie.	*Although she was rich, she didn't put on airs.*

5. The imperfect subjunctive is used to express regrets, or desires that are unattainable or unlikely to be fulfilled. Such sentences are usually introduced by **almeno**, **magari**, or **se**.

Almeno **facesse** bello!	*If only it were nice out!*
Magari **potessi** andare!	*If only I could go!*
Se tu **sapessi**!	*If you only knew!*

Congiuntivo trapassato

1. The past perfect subjunctive is formed using the imperfect subjunctive of **avere** or **essere** plus the past participle of the main verb.

	VERBI CON **avere**	VERBI CON **essere**
	vedere	**partire**
che io	**avessi** veduto	**fossi** partito/a
che tu	**avessi** veduto	**fossi** partito/a
che lui (lei, Lei)	**avesse** veduto	**fosse** partito/a
che noi	**avẹssimo** veduto	**fọssimo** partiti/e
che voi	**aveste** veduto	**foste** partiti/e
che loro (Loro)	**avẹssero** veduto	**fọssero** partiti/e

2. The past perfect subjunctive is used when the verb in the main clause is in any past tense or any form of the conditional, and the action of the dependent clause takes place before that of the main clause. It follows the same words and expressions that require the present subjunctive.

> Credevo che **fossero** già **partiti**.
> *I though they had already left.*
> Era la musica più bella che io **avessi** mai **sentito**.
> *It was the most beautiful music I had ever heard.*
> Vorrei che me l'**aveste detto** prima.
> *I wish you had told me earlier.*

3. The imperfect subjunctive or past perfect subjunctive is always used after the expression **come se** (*as if*), regardless of the tense in the main clause.

> Si comporta **come se fosse** un pezzo grosso.
> *He acts as if he were a big shot.*
> Tutto continuava **come se** non **fosse successo** niente.
> *Everything went on as if nothing had happened.*

4. Like the imperfect subjunctive, the past perfect subjunctive is used to express regrets or desires that are unlikely to be fulfilled.

> **Avessero seguito** i tuoi consigli!
> *If only they had followed your advice!*
> Magari **fossi arrivato** un'ora prima!
> *If only I had arrived an hour earlier!*

Un po' di pratica

A. Una famiglia moderna. La signora Guarini vorrebbe che gli altri componenti della famiglia facessero di più per aiutarla. Fate la sua parte e seguite l'esempio.

ESEMPIO: lavare i piatti (il marito) → Vorrei che lavasse i piatti.

1. pulire la camera (i figli)
2. passare l'aspirapolvere (*to vacuum*) (tu)
3. venire a prendermi in ufficio (Ornella)
4. telefonare al pediatra (il marito)
5. mettersi d'accordo (voi ragazzi)

6. uscire a comprare il pane (Roberto)
7. lasciarmi la macchina (il marito)

B. Un matrimonio all'antica. Mettete le frasi al passato, secondo l'esempio.

ESEMPIO: Il signor Ferri preferisce che la moglie stia sempre a casa. →
               Il signor Ferri preferiva che la moglie stesse sempre a casa.

1. Non vuole che la moglie vada a lavorare fuori.
2. La signora Ferri, da parte sua, non esige che il marito le dia una mano in cucina o che l'aiuti con i lavori di casa.
3. Secondo lei, è meglio che la donna faccia queste cose.
4. La signora Ferri è contenta che il marito mangi, beva e guardi la TV quando torna a casa dal lavoro.
5. Lei pensa di frequentare un corso serale, ma ha paura che il marito si opponga a questo suo progetto.
6. Teme che lui le dica, «È inutile sprecare il tempo con queste sciocchezze!»
7. Non è che lui sia un tiranno (*tyrant*), ma insiste che le sue esigenze siano rispettate.
8. Gli fa piacere, infatti, che la moglie si distragga e che si diverta un po'.

C. Già fatto? Franca de Barberis, manager e madre, cerca di organizzare un po' la famiglia. Trasformate le frasi secondo gli esempi.

ESEMPI: Hai fatto il bucato? (tu) →
               No, credevo che l'avessi fatto tu.

               Avete apparecchiato la tavola? (Laura) →
               No, credevamo che l'avesse apparecchiata Laura.

1. Hai stirato (*ironed*) i vestiti? (tu)
2. Siete andati al mercato? (papà)
3. Avete pulito la cucina? (Laura)
4. Ti sei fermata dal droghiere (*grocer*)? (tu)
5. Siete passati a prendere la macchina? (Eugenio)
6. Hai ordinato la pizza? (gli altri)

D. I desideri di Pasqualino. Povero Pasqualino Passaguai! Fate la sua parte e esprimete i suoi desideri. Seguite l'esempio.

ESEMPIO: essere più bello (io) → Magari fossi più bello!

1. avere una ragazza (io)
2. comprarmi la macchina (i genitori)
3. non bocciarmi (*flunk me*) (la professoressa)
4. essere più comprensivi (gli amici)
5. vincere la lotteria (io)
6. non sgridarmi più (papà)

E. Ricordi dell'infanzia e dell'adolescenza. Completate le frasi secondo le vostre opinioni e i vostri ricordi.

1. Quando ero piccolo/a, mi sembrava che...
2. Quando frequentavo le elementari temevo che...

3. Al liceo avevo l'impressione che...
4. A 16 anni mi pareva che tutti mi guardassero come se...
5. Quando sono arrivato/a all'università, ero sorpreso/a che...
6. La prima volta che ho abitato con un compagno / una compagna, mi dispiaceva che...

L'ITALIA DAL VIVO
Sfilata dedicata alle grandi della moda

Prima visione. Guardate attentamente il video la prima volta senza audio. Poi cercate di rispondere alle seguenti domande.

1. Come sono vestite le modelle nel video?
2. Quali colori prevalgono nel filmato?
3. Potreste descrivere il pubblico presente?
4. Le modelle italiane sono diverse da quelle americane o simili a loro? Spiegate!
5. Quali vestiti ed accessori dominano nel filmato?

Seconda visione. Leggete il **Vocabolario utile** e guardate il video ancora due volte. La prima volta guardate ed ascoltate solo le informazioni generali. La seconda volta leggete gli esercizi che seguono e cercate delle informazioni specifiche che vi servono per completarli.

VOCABOLARIO UTILE

la linea	*line, style*
la passerella	*runway*
il pigiama palazzo	*lounging pajamas*
il prêt-à-porter	*ready-to-wear clothes*
lo schema	*outline, plan*
la sfilata	*fashion show*
essere sulla breccia	*to be at the top, on the cutting edge*
proporre	*to propose*
signorile	*refined, classy*
al di fuori di	*outside of, beyond*

Comprensione

A. Sottolineate le parole nel **Vocabolario utile** che avete sentito e riconosciuto.

B. Scegliete la risposta giusta.

1. Come si chiama la persona che quarant'anni fa inventò la moda italiana?
   a. Giorgini
   b. Dorini
   c. Mila Schon
2. Che stile hanno i vestiti di Mila Schon?
   a. sono molto geometrici
   b. hanno una linea semplice e signorile
   c. sono pratici e sportivi
3. Che cosa ha inventato Irene Galitzine?
   a. il prêt-à-porter
   b. il pigiama palazzo
   c. profumi ed accessori
4. Di quale paese è?
   a. Grecia
   b. Ungheria
   c. Russia
5. Che tipo di linee si propongono in questa sfilata?
   a. linee nuove e rivoluzionarie
   b. soluzioni d'eleganza al di fuori di ogni schema
   c. vestiti *casual* e sportivi

Variazione

A. Descrivete oralmente come è presentata la donna oggi nelle riviste di moda.

B. Attività di gruppo. Assieme ad un compagno/una compagna, scrivete l'elenco dei vestiti ed accessori che i giovani d'oggi portano.

 METTIAMOLO PER ISCRITTO!

La famiglia verso il ventunesimo secolo

1. Vostra madre è (era) una madre lavoratrice o una madre tradizionale? Esprimete la vostra opinione sui vantaggi, e anche sugli svantaggi, del ruolo che vostra madre ha scelto.
2. Immaginate la vostra futura famiglia. Avete intenzione di sposarvi? Quanti figli volete? Come pensate di trovare un equilibrio tra famiglia e carriera?
3. In questi anni di grandi cambiamenti, che significato ha per voi il concetto di «famiglia»? Come pensate fosse la famiglia «tradizionale» del passato? Su che cosa si basava? Come sarà, a vostro parere, la famiglia del ventunesimo secolo?

CAPITOLO 14

Italia: Società multietnica?

Cosa pensano gli italiani della loro società—c'è solo una nazione o tante identità regionali e multietniche?

CONTESTO CULTURALE
Che burocrazia!

LETTURA
Rischio razzismo

STRUTTURE
1. Periodo ipotetico con *se*
2. Concordanza dei tempi nel congiuntivo
3. Comparativo
4. Superlativo

L'ITALIA DAL VIVO
I cento anni della pizza Margherita

METTIAMOLO PER ISCRITTO!
Per combattere il razzismo

Contesto culturale

Che burocrazia!   Ascoltate il dialogo almeno un paio di volte. Poi leggete le **Espressioni utili** ed interpretate le **Situazioni pratiche** insieme ad un compagno / una compagna.

Ibrahim è in coda da qualche ora negli uffici del comune. Poi arriva il suo amico Abdul.

IBRAHIM: Ciao, Abdul, anche tu qui al **Comune**?

ABDUL: Ma guarda che coda per i **certificati**.

IBRAHIM: Ma perché sei qui?

ABDUL: Mi serve uno **stato di famiglia** e un **certificato di residenza**.

IBRAHIM: Perché?

ABDUL: Mi sposo.

IBRAHIM: No! Congratulazioni!!! Allora, hai la residenza qui?

ABDUL: Sì, **mi sono messo in regola**.

IBRAHIM: Ma la **cittadinanza**?

ABDUL: No, ho ancora quella marocchina.

IBRAHIM: E con chi ti sposi?

ABDUL: Con Alessia, un'italiana.

IBRAHIM: Ah, allora diventi cittadino italiano.

ABDUL: Non ho ancora deciso, ma non credo, troppa burocrazia, **carte bollate**, **colloqui**, **marche da bollo**... no, a me basta Alessia e il **permesso di lavoro**.

IBRAHIM: Io sono qui solo per la **carta d'identità**. **È scaduta** e devo **richiedere il rinnovo**.

ABDUL: Guarda, **tocca a te**!

IMPIEGATO: Prego.

IBRAHIM: Ah, devo rinnovare la carta d'identità.

IMPIEGATO: Ha quella vecchia e tre **foto tessera**?

IBRAHIM: Ne ho due.

IMPIEGATO: Ce ne vogliono tre. E il **modulo** l'ha **riempito**?

IBRAHIM: No, dove lo prendo?

IMPIEGATO: Eccolo. Torni con le foto e vada a quello **sportello**. È lì che fanno le carte d'identità.

IBRAHIM: Va bene... Spero di risolvere tutto in mattinata... Ora ti lascio...

ABDUL: Te l'avevo detto che la burocrazia italiana è incredibile.

IBRAHIM: Beh, succede dovunque. Il lavoro come va?

ABDUL: Sono **disoccupato** da due mesi.

IBRAHIM: Ma non eri **impiegato** in quella **ditta** di elettrodomestici?

ABDUL: Mi hanno **licenziato**. Ora sono iscritto alle liste disoccupati, ma non è ancora successo niente.

IBRAHIM: Io avevo trovato un buon posto in una ditta di computer. Volevano il mio diploma, e l'ho richiesto da due mesi ma non mi è ancora arrivato.

ABDUL: Hai ragione, la burocrazia non conosce confini.

ESPRESSIONI UTILI PER ANDARE AL COMUNE

il Comune *City Hall*	tocca a te *it's your turn*
il certificato *document*	la foto tessera *wallet-sized photo*
mettere in regola *to put in order*	il modulo *form, document to be filled out*
la cittadinanza *citizenship*	riempire *to fill out (a form)*
il colloquio *interview*	lo sportello *window, counter*
la marca da bollo *seal, stamp*	disoccupato *unemployed*
scaduta *expired*	l'impiegato *employee*
richiedere il rinnovo *apply for renewal*	la ditta *firm, company*
	licenziato *fired*

ESPRESSIONI UTILI PER DISCUTERE I DOCUMENTI UFFICIALI

lo stato di famiglia	documento che stabilisce quante persone sono in una famiglia e il rapporto che esiste fra loro
il certificato di residenza	documento che stabilisce dove abita una persona
la carta bollata	documento per fare domande ufficiali alle autorità
il permesso di lavoro	autorizzazione ad accettare offerte di impiego
la carta d'identità	documento che stabilisce chi sia una persona

Completate le seguenti frasi usando le espressioni utili.

1. Questo _____ mi confonde. Non riesco a riempirlo.
2. Loro _____ il permesso di lavoro ieri. Ora possono stare altri 3 mesi.
3. Che fila che c'è per _____ i certificati!
4. Non capisco come si faccia a _____ questo modulo, è complicatissimo.
5. La ditta dove lavoravo era in crisi e improvvisamente _____ 50 persone.

Situazioni pratiche

A. Dovete partire con un amico per andare in Italia e all'ultimo momento vi siete accorti che il passaporto è scaduto da un mese. Descrivete gli inconvenienti che vi possono succedere mentre andate all'ufficio passaporti e trovate una fila enorme, un impiegato poco cooperativo che si lamenta che le vostre foto non sono regolari e che ci vuole una settimana per ottenere il passaporto mentre voi dovete partire il giorno dopo.

B. Entrate in un ufficio postale italiano per comprare dei francobolli per spedire delle lettere negli Stati Uniti. Vedete due o tre file lunghissime. Fa molto caldo, la gente sta litigando in coda perché sono tutti stanchi di fare la fila. Non sapete dove andare, non sapete quanto costa il francobollo per gli Stati Uniti e avete solo soldi americani e la carta di credito. Immaginate i dialoghi fra voi e la gente a cui chiedete le informazioni necessarie.

VOCABOLARIO TEMATICO

Sostantivi

l'**ansia** anxiety
l'**atteggiamento** attitude
il **concorso** competitive examination
   (for college admission, jobs, etc.)
la **diffidenza** mistrust, distrust
il **diritto** right
l'**extracomunitario** person from outside the European Community
il **legame** connection, bond
l'**ostilità** hostility
il **posto** job

la **razza** race
il **razzismo** racism

Verbi

avvertire to warn
fare fatica (a fare qualcosa) to have
   a hard time (doing something)
prevedere to foresee
reagire to react
temere to fear
togliere (*p.p.* **tolto**) to remove, take
   away

Aggettivi

amaro bitter
disponibile open-minded, available
istruito educated
massiccio massive
multirazziale multiracial
netto clear, distinct

Altre parole ed espressioni

poiché since, because

A. Create delle frasi usando le seguenti combinazioni di parole.

1. legame / diffidenza / razzismo
2. ansie / ostilità / fare fatica
3. immigrazione / massiccio / multirazziale
4. atteggiamento / disponibile / razze
5. società / istruito / diritto

B. Abbinate le espressioni a sinistra con quelle a destra per formare frasi logiche.

1. _____ Il nuovo governo prevede
2. _____ Molti extracomunitari fanno fatica a
3. _____ Ho fatto dei concorsi
4. _____ I due fidanzati non si sono più parlati
5. _____ Molti italiani temono
6. _____ Ti ho avvertito
7. _____ Molti europei hanno reagito in modo razzista
8. _____ Poiché l'immigrazione sicuramente aumenterà,

a. di quel pericolo.
b. per alcuni posti d'insegnamento.
c. agli immigrati extracomunitari.
d. possiamo aspettarci sempre più atti di razzismo.
e. trovare lavoro in Italia.
f. una riduzione del deficit per l'anno prossimo.
g. che gli immigrati gli tolgano i posti di lavoro.
h. dopo l'amara conclusione della loro relazione.

PRELETTURA

Only in recent years have large numbers of immigrants from countries outside the European Community begun to settle permanently in Italy, bringing radical changes to the familiar social landscape. This chapter's reading, "Rischio razzismo," is the result of a thousand interviews with young Italians from 15 to 24 years old about their attitudes to the new immigrants. The poll examined whether young Italians' improved economic status, higher level of education, and abundant foreign travel opportunities have made them more tolerant and open to working and personal relationships with immigrants of other racial groups.

The article explores the degree to which young people formulate opinions on the basis of first-hand experience, and questions the depth of opinions derived from indirect sources such as the media. Do these young people really understand racism? Can their tolerance withstand the strains of economic instability and competition for scarce jobs? The attitudes and ideals of today's youth will surely be challenged as massive waves of immigration to Italy continue into the next century.

Entriamo nel contesto!

A. Siete o non siete d'accordo con le seguenti affermazioni sul razzismo? Cambiate le affermazioni con cui non siete d'accordo in modo che corrispondano alle vostre idee. Poi spiegate i motivi delle vostre opinioni.

> ESEMPIO: Le persone istruite sono più aperte e disponibili verso (*toward*) le persone di razze diverse.
> —Non sono d'accordo! La tolleranza delle differenze etniche e razziali nasce nelle famiglie e nella comunità, non a scuola.

1. Il razzismo è più diffuso tra le persone che hanno più di 50 anni. I giovani tendono ad essere più tolleranti.
2. È facile condannare il razzismo, ma è molto più difficile dimostrare tolleranza con le azioni.
3. La ragione principale del razzismo è l'insicurezza economica.
4. Il razzismo fa parte della natura umana.
5. La società multirazziale americana tende ad essere meno razzista di una società relativamente omogenea come quella italiana.
6. È necessario vivere in una società multirazziale per scoprire se uno è razzista o no.
7. È facile dare una definizione del razzismo.

B. Parlate di alcuni dei seguenti gruppi di immigrati negli Stati Uniti. Perché e quando sono arrivati? Ci sono stati degli episodi di discriminazione o di sfruttamento nei loro confronti? Quali di questi gruppi sono riusciti ad integrarsi meglio nella società americana? Perché, secondo voi?

1. gli irlandesi
2. i messicani
3. i russi
4. gli italiani
5. i cinesi
6. altri...

LETTURA

SONDAGGI La Doxa ha intervistato per *L'Espresso* mille giovani fra i 15 e i 24 anni sul tema dei rapporti con gli immigrati. Con quali risultati?

Rischio razzismo

*L*a generazione degli anni '90, quella cresciuta con le immagini colorate multi-razziali di Benetton e con in tasca un biglietto d'aereo per lontane destinazioni, è la generazione più istruita, più ricca e più cosmopolita nella storia del nostro Paese. Eppure, a sondare[1] con attenzione le loro opinioni, si scopre una verità
5 amara: per alcuni di questi giovani l'antirazzismo e la solidarietà sono solo parole nei testi[2] delle loro canzoni preferite.

Un sondaggio che la Doxa[3] ha svolto[4] per l'*Espresso* su un campione[5] rappre-sentativo di mille giovani italiani di età compresa fra i 15 e 24 anni mostra come il mondo giovanile sta reagendo alla grande ondata[6] immigratoria che ha investito[7]
10 il nostro Paese dalla metà degli anni '80. Tra i ragazzi intervistati per telefono solo una esigua[8] minoranza ha manifestato una netta[9] ostilità verso gli immigrati extra-comunitari, ma «una percentuale ben più consistente», spiega Ennio Salamon, consigliere delegato della Doxa, «ha rivelato una sorta di intolleranza latente».

Nessun allarmismo, nessuna facile predica.[10] Solo la costatazione[11] che, anche
15 tra i giovani, c'è una fascia più esposta al rischio[12] di razzismo. Oltretutto—ed è un clamoroso[13] risultato del sondaggio—solo una minoranza dei giovani italiani ha già rapporti diretti con gli immigrati: l'81 per cento ha, infatti, dichiarato che nel suo quartiere o Comune di residenza ce ne sono «pochi o nessuno»; l'83 per cento non ha compagni di studio o di lavoro di altre razze. Il che significa almeno
20 tre cose. Primo: i messaggi allarmistici che descrivono un'Italia quasi assediata[14] dagli stranieri risultano molto ridimensionati.[15] Secondo: ciò significa che la mag-gioranza dei giovani italiani ha, per ora, una percezione indiretta del problema e spesso mediata dalla televisione e dai giornali. Terzo: poichè tutti gli esperti preve-dono nuovi, massicci arrivi, c'è da domandarsi come reagiranno i tanti giovani che
25 oggi, appena sfiorati[16] dal problema, si mostrano aperti e disponibili.

Ai mille giovani del sondaggio è stato chiesto se temono la concorrenza[17] degli stranieri sul mercato del lavoro. «Sì, ci toglieranno molti o alcuni posti», ha risposto più del 75 per cento degli intervistati (naturalmente i più preoccupati sono i giovani meridionali in cerca di prima occupazione). «Bisogna dare prece-
30 denza[18] a noi nelle offerte di lavoro»; «Ho letto l'annuncio di un concorso per 5 mila posti destinato a extracomunitari, nei concorsi per noi offrono solo 40, 50 posti»: sono alcuni dei molti sfoghi[19] raccolti dalla Doxa. Ansia, incertezza per un

---

[1] *probing* [2] *texts, lyrics* [3] *Italian polling agency* [4] *undertaken* [5] *sample, cross-section* [6] *surge* [7] *invaded* [8] *small, slight* [9] *distinct, sharp* [10] *facile... facile sermon* [11] *observa-tion* [12] *fascia... group that runs a greater risk* [13] *provocative* [14] *under siege* [15] *risultano... are a gross exaggeration* [16] *appena... barely touched* [17] *competition* [18] *prece-dence, preference* [19] *emotional responses*

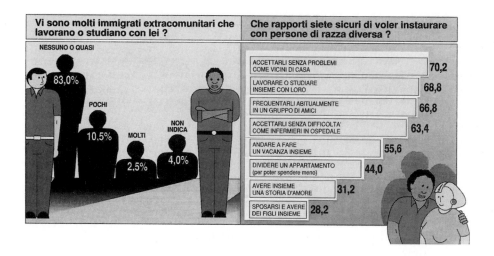

futuro tutto da costruire.[20] Avverte il sociologo Luigi Manconi: «L'intolleranza razziale ha spesso un forte legame con gli stati d'insicurezza». Come a dire[21] che il
35 diritto al lavoro è l'argomento dove il rischio razzismo si fa più forte.

Nonostante ben il 70 per cento dei giovani si dichiari di non avere problemi ad accettare gli immigrati come vicini di casa e il 68% ad averli come compagni di studio o di lavoro, c'è sempre un quarto del campione che è tendenzialmente[22] negativo. Diffidenze, paure latenti, poca propensione[23] a vivere rapporti con etnie di-
40 verse come occasione d'arricchimento.[24] Giovani che viaggiano molto («Sono stata in Indonesia e ho avuto una impressione ottima», ha detto una studentessa) ma che, davanti all'arrivo degli stranieri, tendono a chiudersi in un atteggiamento difensivo. E così tra due mondi che fanno fatica a comunicare, la minima scintilla[25] rischia di provocare un incendio.[26]

—Chiara Beria di Argentine,
da «Rischio razzismo»

---

[20]tutto... not yet begun   [21]That is to say   [22]potentially   [23]inclination   [24]occasione... opportunity for enrichment   [25]spark   [26]inferno

Avete capito?

A. Secondo l'articolo «Rischio razzismo», quali delle seguenti affermazioni sono vere, quali false? Spiegate le vostre scelte.

	V	F
1. Le canzoni popolari tra i giovani sono indice (*are indicative*) di una vera e propria tolleranza delle razze diverse.	___	___
2. C'è una contraddizione tra i testi delle canzoni popolari, che parlano di antirazzismo e di solidarietà, e i veri sentimenti di alcuni dei giovani che li cantano.	___	___

	V	F

3. Solo una piccola minoranza dei giovani ha avuto
contatti diretti con razze diverse. _____ _____

4. Se aumenta l'immigrazione, è probabile che i giovani
saranno meno tolleranti di adesso. _____ _____

5. Gli atteggiamenti dei giovani verso le altre razze sono
basati su conoscenze concrete ed esperienze personali. _____ _____

6. La concorrenza sul mercato del lavoro è una delle
ragioni principali dell'intolleranza razziale. _____ _____

7. I nuovi immigrati potrebbero togliere molti posti di
lavoro ai giovani italiani. _____ _____

8. Il governo dovrebbe creare dei lavori per gli immigrati
per evitare il formarsi di gruppi razzisti. _____ _____

B. Scegliete le risposte adatte in base alla lettura.

1. Qual è l'atteggiamento predominante tra i giovani italiani per quanto
riguarda la nuova immigrazione in Italia?
a. una sincera disponibilità
b. una netta ostilità
c. un'intolleranza latente

2. Qual è l'idea principale di questo articolo?
a. I giovani italiani sono razzisti.
b. I giovani italiani sono potenzialmente razzisti.
c. Grazie all'istruzione e alle opportunità di viaggio, i giovani italiani non
sono razzisti.

3. Quale delle seguenti parole meglio descrive il tono di questo articolo?
a. pessimistico   **b.** ottimistico   **c.** di avvertimento

C. Spiegate il significato dei seguenti termini nel contesto dell'articolo.

1. concorrenza di lavoro   **4.** ostilità netta
2. extracomunitario   **5.** generazione cosmopolita
3. intolleranza latente

E ora a voi!

Spesso gli immigrati arrivano in Italia senza soldi. Hanno anche molti altri problemi: dalla mancanza di servizi sociali alla difficoltà d'ambientamento culturale e
linguistico.

Guardate l'elenco di parole che segue. In base a quello che avete letto sugli
extracomunitari in Italia, e in base a quello che sapete delle esperienze dei nuovi
immigrati negli Stati Uniti, descrivete i tipi di problemi che associate ad ogni
parola.

ESEMPIO: scuola →
I nuovi immigrati hanno difficoltà a trovare scuole per i loro figli.
Non conoscono bene il sistema scolastico; le scuole sono troppo af-
follate; spesso i bambini non parlano la lingua usata nelle scuole.

Poi, a volte incontrano atteggiamenti razzisti o ostili fra gli altri studenti e anche fra i maestri!

1. salute   3. lavoro   5. amicizia
2. alloggio   4. denaro   6. amore e/o matrimonio

STRUTTURE

1. Periodo ipotetico con *se*

A hypothetical construction has two parts: a dependent clause, introduced by *se*, which conveys a supposition or hypothesis; and a main or independent clause which indicates the consequences of the hypothesis. The order of the two clauses is not fixed.

There are three kinds of hypothetical constructions. The first indicates events or conditions that are actual or very likely:

Se andrò in centro, passerò da zia Giulia.	*If I go downtown [which is very likely], I'll stop by Aunt Giulia's.*

The second indicates possibility:

Cercherei un appartamento più grande se mi offrissero quel lavoro.	*I would look for a bigger apartment if they offered me that job [and they might or might not].*

The third indicates conditions that are improbable or impossible:

Se tu avessi detto la verità, ora non saresti nei guai.	*If you had told the truth [but you didn't], you wouldn't be in trouble now.*

The tenses and moods that can be used in each type of hypothetical construction are presented in the tables and examples that follow.

1. Actual or likely

se CLAUSE		INDEPENDENT CLAUSE
se +	present indicative future past indicative	present indicative future past indicative imperative

In this construction, the events in the **se** clause are presented as certain or likely.

Se **fa** freddo, **resto** a casa.	*If it's cold [and it probably will be], I'm staying home.*
Se studierete, non **avrete** problemi.	*If you study [and it's likely that you do], you won't have any problems.*
Se **si sentiva** male, **doveva** stare a letto.	*If he felt ill [and he did], he should have stayed in bed.*
Fa' uscire il cane se non **può** stare zitto!	*Let the dog out if he can't keep quiet [and he can't]!*

Attenzione!   Remember that when both clauses convey a future action, **se** + *future* must be used. (In English, *if* + *present* is used.)*

Se **verrai**, **potrai** conoscere i miei zii.	*If you come, you'll be able to meet my aunt and uncle.*

But if the **se** clause conveys a present action and the main clause a future action, a mixed construction is possible.

Se **facciamo** presto, **potremo vedere** lo spettacolo delle 19,00.	*If we hurry [now], we'll be able to see the 7:00 show [later tonight].*

2.   Possible or imaginary

se CLAUSE	INDEPENDENT CLAUSE
se + imperfect subjunctive	{ present conditional { past conditional

In this kind of construction, the situation in the **se** clause is uncertain or imaginary.

Se mi **accompagnassi**, **potremmo** discutere dei nostri progetti.	*If you came with me [and you might or might not], we could discuss our plans.*
Non l'**avrebbe trattata** male se non **fosse** uno scemo.	*He wouldn't have treated her badly if he weren't an idiot! [but he is].*
Se io **fossi** in te, lo **comprerei**.	*If I were you, I'd buy it.*

3.   No longer possible

se CLAUSE	INDEPENDENT CLAUSE
se + past perfect subjunctive	{ present conditional { past conditional

---

*For more on the future and future perfect in clauses introduced by **se**, **(non) appena**, **finché**, and **quando**, see Chapter 9.

In this construction, the situation in the **se** clause is contrary to facts that have already occurred.

Se **avessi preso** il treno delle 5,00, ora **sarei** a Roma.	*If I had taken the 5:00 train [but I didn't], I would be in Rome by now.*
Se tu mi **avessi accompagnato, avremmo potuto** discutere dei nostri progetti.	*If you had come with me [but you didn't], we could have discussed our plans.*

Attenzione!   In English, *if* clauses sometimes contain conditional forms. In Italian, the conditional can appear only in the main clause, *never* in the **se** clause of a hypothetical sentence.

Se **telefonasse, saremmo** meno preoccupati.	*If he would call [were to call, called], we would be less worried.*

Un po' di pratica

A. Le vostre abitudini. Dite quello che fate o quello che fareste in queste situazioni. Usate il periodo ipotetico con **se**, secondo gli esempi.

ESEMPI: (fare) bel tempo / (fare) jogging intorno al lago →
Se fa bel tempo, faccio jogging intorno al lago.

(trovarsi) al verde (*broke*) / (chiedere) dei soldi al mio compagno di camera →
Se mi troverò al verde, chiederò dei soldi al mio compagno di camera.

1. non (avere) voglia di fare da mangiare / (comprare) una pizza surgelata (*frozen*)
2. (alzarsi) di buon'ora / (partire) con il treno delle sette e mezzo
3. (piovere) / (stare) a casa a guardare i video
4. (esserci) dei saldi (*sales*) in centro / (passare) tutto il weekend a fare compere
5. (invitare) gli amici a cena / (fare) la pasta ai funghi (*mushrooms*)
6. nessuno (essere) libero sabato sera / (leggere) un bel romanzo o (pulire) la mia camera

B. Quattro chiacchiere. Completate i dialoghi con la forma adatta dei verbi tra parentesi.

1. —Se (tu) _____ (andare) in centro, passa da Giacomo e ricordagli (*remind him*) che c'è una riunione giovedì sera.
   —Non ti preoccupare. Se ha detto che sarebbe venuto, _____ (venire). È molto serio.
2. —Ah, se (noi) _____ (studiare) prima, ora non dovremmo passare la notte in bianco (*pull an all-nighter*).
   —E se fossimo davvero intelligenti, non _____ mai _____ (iscriversi) a un corso di matematica!
3. —Se non eri d'accordo, perché non _____ (dire) qualcosa?
   —Boh, l'avrei fatto se non _____ (esserci) tanta gente.

4. —Quale università _____ (frequentare) Silvia se Harvard non le darà una borsa di studio?

—Non lo so. Se solo _____ (chiedere) un prestito dalla banca, forse le _____ (dare).

5. —Se vieni in macchina, non _____ (dimenticare) di riportarmi gli sci.

—Va bene. Lo farò se _____ (potere).

C. Contro il razzismo. Completate le frasi con la forma adatta dei verbi tra parentesi.

ESEMPIO: Se le persone <u>conoscono</u> (conoscere) gente di etnie diverse, sono in genere più tolleranti.

1. E se la gente fa lo sforzo (*effort*) di mettersi al posto degli immigrati, _____ (riuscire) molte volte a capire cosa vuol dire discriminare.

2. Io mi iscriverò il semestre prossimo se l'università _____ (offrire) un corso sui gruppi etnici d'America.

3. In molte università americane, se uno non _____ (seguire) uno di questi corsi, non può laurearsi.

4. Se la gente _____ (prendere) l'abitudine di riflettere sul modo di dire le cose, potrebbe evitare tanti problemi.

5. Se i miei amici avessero discusso con calma quel malinteso (*misunderstanding*), forse non _____ (venire) alle mani (*to blows*).

6. Se (noi) _____ (cercare) di capire le cause del razzismo, potremmo riuscire a trovare dei modi per risolvere questo problema.

D. Ipotesi personali. Completate le frasi in modo logico.

ESEMPIO: Farei ginnastica ogni giorno se...
→ non fossi sempre stanco!

1. Se andassi più spesso a piedi...
2. Se fossi più aperto/a...
3. Sarei più disinvolto/a (*uninhibited*) se...
4. Se riuscissi ad addormentarmi prima di mezzanotte...
5. Non avrei scelto di vivere con il mio compagno / la mia compagna di camera se...
6. Se potessi cambiare casa...

Gli atteggiamenti nei confronti dell'amico tossicodipendente nei risultati del sondaggio della Fgci milanese. La grande maggioranza degli intervistati interverrebbe in qualche modo.

Se scoprissi che un tuo amico si droga, cosa faresti?

- Cercherei di convincerlo a smettere 36,2 %
- Vorrei aiutarlo, ma non saprei come farlo 24,1 %
- Gli consiglierei di andare in comunità 20,3 %
- Parlerei con i suoi genitori, parenti, fidanzato/a 8,3 %
- Lo spingerei a rivolgersi ad un medico 6,0 %
- Non farei nulla, lo considero un suo problema personale 2,2 %
- Romperei l'amicizia 2,8 %

E. Sondaggio. Guardate questa tabella e poi fate voi lo stesso sondaggio fra i compagni/le compagne di classe. Alla fine, paragonate i risultati con quelli dei giovani intervistati nel sondaggio italiano.

Adesso inventate alcune altre domande, con cinque o sei risposte possibili, per farne un sondaggio.

ESEMPIO: Cosa faresti se scoprissi che un tuo amico copia (**copiare** = *to cheat*) agli esami?

☐ Lo direi al professore/alla professoressa.

☐ Gli parlerei delle conseguenze se continua a copiare.

☐ ...

2. Concordanza dei tempi nel congiuntivo

In a sentence requiring the subjunctive, the tense of the dependent verb is determined by the tense of the main verb and the relationship in time between the events or conditions in the two clauses.

The following tables and examples summarize the sequence of tenses and moods.

1. Main-clause verb in the present, future, or imperative

MAIN CLAUSE	ACTION OF DEPENDENT CLAUSE		
present indicative	concurrent	→	present subjunctive
future	future	→	present subjunctive
imperative	past	→	past subjunctive

Credo che **venga**.	*I think she is coming* [*will come*].
Credo che ci **sia venuta** ieri.	*I think she came yesterday.*
Qualunque cosa **faccia**, lo tratteranno bene.	*Whatever he does, they'll treat him well.*
Qualunque cosa **abbia fatto**, lo tratteranno bene.	*Whatever he did, they'll treat him well.*
Sii contenta che **partano** domani!*	*Be glad they're leaving tomorrow!*
Sii contenta che **siano partiti** ieri!*	*Be glad they left yesterday!*

There is one important exception to this pattern. When the dependent clause conveys a habitual action or ongoing condition in the past, the imperfect or past perfect subjunctive can be used.

È probabile che i Medici **ammazzassero** spesso i loro nemici.	*It's likely that the Medicis often killed their enemies.*
Sembra che **fosse stato** molto felice in Francia.	*It seems he had been very happy in France.*

2. Main-clause verb in a past tense or the present or past conditional

MAIN CLAUSE	ACTION OF DEPENDENT CLAUSE		
any past tense	concurrent	→	imperfect subjunctive
present conditional	future	→	imperfect subjunctive
past conditional	past	→	past perfect subjunctive

---

*These constructions are used more in writing than in speaking. The indicative is increasingly used in spoken Italian.

Pensavo che **venisse**.	*I thought she was coming [would come].*
Pensavo che **fosse venuta**.	*I thought she had come.*
Ha studiato musica sebbene i genitori **fossero** contrari.	*She studied music although her parents were against it.*
Ha studiato musica sebbene **fossero stati** contrari.	*She studied music although they had been against it.*
Vorrei che **fosse** più aperto nelle sue opinioni.	*I wish he were [would be] more open-minded.*
Vorrei che **fosse stato** più disposto ad accettare le opinioni degli altri.	*I wish he had been more willing to accept the opinions of others.*
Sarebbe stato meglio se non **aveste detto** niente.	*It would have been better if you had said nothing.*

Attenzione! Remember that the past conditional can also be used to convey a future action following verbs of believing in the past.*

Non credevo che **sarebbe diventato** (**diventasse**) così aggressivo.	*I didn't think he would become so aggressive.*

Un po' di pratica

A. Quattro chiacchiere. Completate i dialoghi con la forma adatta dei verbi tra parentesi.

1. —Speriamo che Massimo _____ (cambiare) idea e che _____ (decidere) di iscriversi all'università.
   —Mah, è inutile che (voi) gliene _____ (parlare). È un testardo (*stubborn person*).

2. —Vorrei che (tu) non _____ (dire) niente a Franco di quel che abbiamo discusso. Ora va in giro e lo ripete a tutti.
   —Lo so. Gliene ho parlato affinché _____ (capire) la situazione, ma avrei fatto meglio a stare zitto.

3. —Come mai non vedo Lara da tanto tempo? Credevo che _____ (volere) restare un po' da queste parti (*around here*).
   —Mi pare che _____ (partire) ieri. Un suo amico le ha offerto un passaggio (*ride*).

4. —Lucia ha detto che (tu) _____ (andare) al mercato. Cos'è successo? Ti sei dimenticato di nuovo?
   —No, credevo che ci _____ (andare) tu!

5. —Ho due biglietti per il concerto di Sting. Credi che Antonio mi _____ (accompagnare)?
   —Sting gli piace tanto. Dubito che _____ (dire) di no!

6. —Dove sono i Duranti? Credevo che _____ (avere) intenzione di venire.
   —È meglio che non _____ (venire)! Sono insopportabili.

*The use of the past conditional in place of the subjunctive is discussed in Chapter 12.

B. Rischio razzismo. Trasformate le frasi seguenti usando le espressioni tra parentesi. Fate tutti i cambiamenti necessari.

ESEMPIO: Molti giovani hanno rapporti diretti con gli extracomunitari.
(non sembra / avrei pensato / il sondaggio ha negato) →
Non sembra che molti giovani abbiano rapporti diretti...
Avrei pensato che molti giovani avessero rapporti diretti...
Il sondaggio ha negato che molti giovani avessero rapporti diretti...

1. Esiste un'intolleranza latente. (era probabile / sono sorpreso/a / ci dispiace)
2. I giovani sono aperti e disponibili. (mi fa piacere / sarebbe bene / il sociologo dubita)
3. L'Italia era una società piuttosto omogenea. (molti erano contenti / ho l'impressione / avrei pensato)
4. Il razzismo non era un problema prima degli anni ottanta. (può darsi / non sono sicuro / molti credono)
5. Gli extracomunitari tolgono posti di lavoro agli italiani. (molti hanno temuto / alcuni negano / molta gente concluderà)

C. A chi tocca? Mauro e Giovanna fanno parte di un gruppo che organizza una manifestazione contro il razzismo. Sono bravi, ma molto disorganizzati! Alternandovi con un compagno/una compagna, create brevi dialoghi secondo l'esempio.

ESEMPIO: bisogna / tu / restare in ufficio oggi (Franco) →
—Bisogna che tu resti in ufficio oggi.
—No, bisogna che Franco resti in ufficio!

1. era necessario / tu / telefonare alla senatrice Pesenti (Silvia)
2. voglio / tu / scrivere il comunicato stampa (*press release*) (Silvia)
3. pensavo / tu e Franco / montare la tribuna (*put up the platform*) (gli altri)
4. preferisco / gli altri / occuparsi dei microfoni (tu)
5. bisognava / tu e Silvia / distribuire i volantini (*flyers*) (gli altri)
6. volevo / Silvia / dirigere il corteo (*protest march*) (tu)

D. La vita durante la guerra. Completate questo brano mettendo i verbi ai tempi e modi adatti. (Il brano è raccontato al passato.)

Noi _____¹ (pensare) che la guerra _____² (rovesciare) e _____³ (capovolgere, *to turn upside-down*) la vita di tutti. Invece per anni molta gente _____⁴ (rimanere) indisturbata nella sua casa, continuando a fare quello che _____ sempre _____⁵ (fare). Quando ormai ciascuno _____⁶ (pensare) che in fondo _____⁷ (cavarsela) con poco e non _____⁸ (esserci) sconvolgimenti (*disturbances*), né case distrutte, né fughe o persecuzioni, di colpo _____⁹ (esplodere) le bombe e mine dovunque e le case _____¹⁰ (crollare) e le strade _____¹¹ (essere) piene di rovine, di soldati e di profughi. E non _____¹² (esserci) uno che _____¹³ (potere) far finta di niente, chiudere gli occhi e tapparsi (*plug*) le orecchie e cacciare (*stick*) la testa sotto il cuscino. In Italia _____¹⁴ (essere) così la guerra.

—*Natalia Ginzburg,* Lessico famigliare

E. Speranze e timori. Completate le frasi in modo logico.

ESEMPIO: Vorrei che i giovani d'oggi... →
 fossero più tolleranti (cercassero di conoscere
 e di frequentare i nuovi immigrati, non
 temessero l'arrivo degli stranieri, ecc.).

1. In una società multirazziale è necessario che...
2. Preferirei che i leader politici...
3. Tra pochi anni tutti penseranno che...
4. Prima pensavo che il razzismo...
5. Ora credo che la causa principale del razzismo...
6. Ho paura che la società americana...
7. Non avrei pensato che gli italiani...
8. Temo che l'intolleranza...

3. Comparativo

There are two main kinds of comparatives in Italian: comparatives of equality (**uguaglianza**) and of inequality (**disuguaglianza**). The second category, in turn, includes two levels of comparison: superiority (**maggioranza**) and inferiority (**minoranza**).

Nuovi arrivi nella società italiana. Si trovano tante lingue e etnie diverse nelle scuole italiane d'oggi.

The comparative of equality

1. (**Così**)... **come** and (**tanto**)... **quanto** are used to express equality with adjectives and adverbs. **Così** and **tanto** are often omitted. When used, **così** or **tanto** precedes the adjective or adverb; **come** or **quanto** follows the adjective or adverb.

   La mia macchina è (**così**) vecchia
    come quella di Bob.

   My car is as old as Bob's.

   Mio marito fa da mangiare (**tanto**)
    spesso **quanto** me.

   My husband cooks as often as I do.

2. Personal pronouns used with **come** or **quanto** are disjunctive.*

   È bravo **come** te.

   He's as good as you are.

   Lavora **quanto** loro.

   She works as much as they do.

3. To compare verbs, use (**tanto**) **quanto**. When both are used, **tanto** is followed directly by **quanto**.

   Hanno speso (**tanto**) **quanto** noi.

   They spent as much as we did.

---

*See Chapter 8, Section 1 on disjunctive pronouns.

4. The expression **tanto... quanto** is also used when comparing nouns. **Tanto** precedes and **quanto** follows the noun they modify. Both agree with the noun in gender and number.

Mi serve **tanto** zucchero **quanta** farina.

I need as much sugar as flour.

Abbiamo ricevuto **tanti** biglietti **quanti** ne abbiamo spediti.

We got as many cards as we sent out.

The comparative of inequality

Più (meno)... di and **più (meno)... che** are used to express inequality.

1. **Di** is used

   • before nouns.

   Stefano è **più** lunatico **di** Luisa.
   Il golf è **meno** faticoso **del** pallacanestro.

   Stefano is moodier than Luisa.
   Golf is less tiring than basketball.

   • before pronouns. (Remember that disjunctive pronouns follow prepositions.)

   Il tuo Walkman è **più** piccolo **del** mio.
   Grazia passa **meno** tempo **di** me in biblioteca.
   Questo abito è **più** elegante **di** quello.

   Your Walkman is smaller than mine.
   Grazia spends less time in the library than I [do].
   This suit is more elegant than that one.

   • before numbers.

   Costa **più di** cento dollari.
   Meno di venti persone sono venute alla conferenza.

   It costs more than $100.
   Fewer than twenty people came to the lecture.

2. **Che** is used

   • before infinitives.

   Secondo me, è **più** difficile pattinare **che** sciare.

   In my opinion, skating is more difficult that skiing.

   • before prepositions.

   Ci sono **più** librerie a Cambridge **che** a Berkeley.

   There are more bookstores in Cambridge than in Berkeley.

   • to compare two qualities of the same person or thing.

   È **più** volenteroso **che** intelligente.

   He's more hard-working than intelligent.

   • in direct comparisons of two nouns.

   Ho **meno** cassette **che** compact disc.

   I have fewer cassettes than CDs.

3. **Di più** and **di meno** directly follow the verb when there is no second term of comparison.

> Devi applicarti **di più**.　　　*You must apply yourself more.*
> Ha detto che avrebbe speso **di meno**.　*He said he would spend less.*

4. *Than* before a conjugated verb is expressed as **di quel(lo) che** + *indicative* or **più (meno)... di quanto** + *indicative or subjunctive.*

> Quel ragazzo è **più** furbo　　*That boy is more shrewd than you*
> **...di quel che** credi.　　　*think.*
> **...di quanto** credi (tu creda).
> Hanno fatto **meno**　　　　*They did less than I thought.*
> **...di quel che** immaginavo.
> **...di quanto** immaginavo (io immaginassi).

Un po' di pratica

A. Due gemelli. Pino e Nino sono due gemelli uguali in tutto. Parlatene usando il comparativo di uguaglianza.

ESEMPIO:　avere amici → Pino ha tanti amici quanti ne ha Nino.

1. avere un appartamento comodo
2. vestirsi bene
3. guadagnare
4. essere robusto
5. uscire spesso
6. scherzare e ridere
7. avere un carattere dolce
8. essere estroverso

B. Qual è la vostra opinione? Paragonate le seguenti persone e cose secondo la vostra opinione personale. Usate le espressioni indicate e aggiungetene altre, se volete.

ESEMPIO:　vivere in città, vivere in campagna: interessante, salubre, difficile... →
　　　　　Secondo me, vivere in città è più interessante (meno salubre, più difficile, meno noioso) che vivere in campagna.

1. la bici, la macchina: economico, pratico, comodo (*convenient*)...
2. andare a piedi, andare in autobus: dannoso all'ambiente, veloce, piacevole...
3. Bill Clinton, Al Gore: intelligente, popolare, arrogante...
4. Glenn Close, Michelle Pfeiffer: bravo, interessante, affascinante (*charming*)...
5. leggere un libro, guardare la TV: rilassante, faticoso, stimolante...
6. i giovani d'oggi, i giovani di dieci anni fa: consumista, impegnato, arrivista (*careerist*)...

C. Quattro chiacchiere. Completate i dialoghi con le espressioni adatte.

1. —Ho letto l'ultimo libro di Toni Morrison e mi è piaciuto molto. Tutti dicevano che era molto _____ difficile _____ altri.
   —Infatti, anch'io l'ho trovato molto _____ complicato _____ mi avevano detto.

2. —Ecco, signora, non c'è un foulard (*scarf*) _____ bello _____ questo. Glielo incarto? (*Shall I wrap it for you?*)
   —Grazie, no. Cercavo qualcosa che costasse un po' _____.

3. —Sono proprio depressa. Ho ricevuto di nuovo un voto _____ bello _____ mi aspettassi. Cosa dovrei fare?
   —Dovresti studiare _____. Te lo dico sempre!

4. —Conosci Paolo, quel ragazzo di Mantova? Non ho mai visto una persona simpatica _____ lui.
   —Mi piace, ma è una persona _____ affascinante _____ onesta.

5. —Mi dispiace, Laura, di non averti aiutato la settimana scorsa. Avrei dovuto fare _____. Ti chiedo scusa!
   —Mah, non sono veramente arrabbiata. Sono _____ delusa (*disappointed*) _____ altro.

6. —Sai, mi sono iscritto a un corso di T'ai Chi. Niki mi ha detto che è rilassante _____ lo yoga.
   —Attento, però—è molto _____ arduo _____ tu possa immaginare.

7. —Ho sentito dire che c'era un sacco di gente alla riunione, _____ vi aspettavate.
   —È vero, _____ cento persone si sono presentate. Siamo rimasti molto sorpresi.

Hai visto mai più testi professionali che professioni?

4. Superlativo

The absolute superlative

The absolute superlative (**il superlativo assoluto**), expressed in English as, for example, *very expensive, extremely difficult, quite easily*, can be formed several ways in Italian.

1. most simply, by modifying an adjective or adverb with **molto**, **estremamente**, **assai** (*rather, very, much*), **bene** (*rather, very*), **notevolmente**, **particolarmente**, or other adverbs

È una persona **molto** esigente.	*She's a very demanding person.*
È un concetto **estremamente** difficile.	*It's an extremely difficult concept.*
Sei **assai** pigro!	*You're rather lazy!*
Ha fatto **ben** poco.*	*He did very little.*

_____

*Note that **bene** usually drops its final **e** when it precedes an adjective or another adverb.

2. with adjectives, by dropping the final vowel of the masculine plural form and attaching the suffix -issimo/a/i/e

interessante	→	interessanti	→	interessantissimo/a/i/e
antico	→	antichi	→	antichissimo/a/i/e
simpatico	→	simpatici	→	simpaticissimo/a/i/e

Abbiamo visto una mostra **interessantissima**.	*We saw a very [an extremely, a really] interesting exhibition.*
Sono delle rovine **antichissime**.	*These are very ancient ruins.*
Sono dei ragazzi **gentilissimi**.	*They're really nice kids.*

3. with simple adverbs, by dropping the final vowel and adding -issimo. (Exception: **poco** → **pochissimo**). In the case of adverbs ending in -**mente**, by adding -**mente** to the feminine form of the superlative adjective*

molto	→	moltissimo
tardi	→	tardissimo
rapidamente	→	rapidissimamente

Mi piace **moltissimo**.	*I like it a great deal.*
Sono arrivati **tardissimo**; erano già verso le due.	*They got here very late; it was already two o'clock.*
È un tipo nervoso; parla sempre **rapidissimamente**.	*He's the nervous type; he always speaks extremely fast.*

4. by repeating an adjective or adverb or using certain stock phrases

«Zitti zitti, piano piano non facciamo confusione; per la scala del balcone presto andiamo via di qua!»	*"Very quiet, very carefully, let's not make a mess; with the ladder on the balcony let's get out of here fast!"*

—*Rossini-Sterbini,* Il barbiere di Siviglia

Quell'articolo è **pieno zeppo** d'errori.	*That article is chock full of mistakes.*
Aspettiamo fino a domani—ora sono **stanca morta**.	*Let's wait until tomorrow—right now I'm dead tired.*

Other stock phrases: **caldo bollente** (*boiling hot*), **freddo pungente** (*bitterly cold*), **innamorato cotto** (*madly in love*), **nuovo di zecca** (**nuovo fiammante**) (*brand-new*), **ricco sfondato** (*filthy rich*), **ubriaco fradicio** (*dead drunk*)

5. less frequently, by adding a prefix to an adjective

essere **arcistufi** (*to be totally fed up*), l'olio d'oliva **extra**vergine, lo zucchero **sopraf**fino (*ultra-fine*), della carne **stra**cotta (*overcooked*), una bevanda **super**alcolica (*strong drink*), uno stile **ultra**moderno

---

*See Chapter 9 on the form and placement of adverbs.

The relative superlative

1. The relative superlative (**il superlativo relativo**) designates something or someone as the ultimate (*the most expensive, the longest*) compared to others in the same category. The relative superlative can modify adjectives or adverbs. To form the relative superlative of adjectives, place the definite article and **più** or **meno** before the comparative form. Note the use of **di** in its simple or articulated form (and, less frequently, of **tra**) where *in* or *of* would appear in English.

I quadri di van Gogh sono **i più** ambiti **del** mondo.	*Van Gogh's paintings are the most sought-after in the world.*
È **la meno** egoista **di** tutte.	*She's the least selfish one of all.*
L'*Otello* è **la più** apprezzata **tra** le opere di Verdi.	*Otello is the most admired of Verdi's operas.*

2. The definite article is not repeated when the superlative follows the word it modifies.

È **il** bar **più popolare** del quartiere.	*It's the most popular café in the neighborhood.*
È **la** mensa **meno affollata** del campus.	*It's the least crowded cafeteria on campus.*

3. The definite article is generally not used with the superlative of adverbs unless the adverb is modified with **possibile.**

Tra tutti i candidati, Martelli ha parlato **più** chiaramente.	*Among all the candidates, Martelli spoke the most clearly.*
L'abbiamo fatto **il più** rapidamente **possibile.**	*We did it as quickly as possible.*

4. The relative superlative is often followed by the subjunctive.

È la persona più gentile che io **conosca.**	*She's the nicest person I know.*
Sono le ricette meno complicate che si **possano** trovare.	*They're the least complicated recipes you [one] can find.*
Era il bambino più bello che io **avessi** mai **visto.**	*He was the most beautiful baby I had ever seen.*

Un po' di pratica

A. Lamentele studentesche. Enumerate le difficoltà che affrontate come studenti universitari, usando una forma del superlativo assoluto.

ESEMPIO: I nostri corsi sono *difficili.* →
          I nostri corsi sono difficilissimi (molto difficili, assai difficili, particolarmente difficili, ecc.).

1. Le classi sono *affollate.*
2. I nostri professori sono sempre *impegnati* (*busy, unavailable.*).

3. Il programma di studi è *duro*.
4. Le tasse d'iscrizione sono *alte*.
5. Il nostro orario è *lungo*.
6. Il laboratorio linguistico è *buio* e *deprimente*.
7. Gli appartamenti in questa città sono *costosi*.
8. I posti per parcheggiare sono *scarsi*.

B. Come sono? Completate le frasi in modo logico, usando una delle espressioni indicate.

Espressioni: arcistufo, caldo bollente, innamorato cotto, ricco sfondato, strapieno, stanco morto, superveloce, ubriaco fradicio

1. I biglietti per il concerto erano esauriti da mesi; lo stadio era _____ di gente.
2. Il signor Perot si può permettere (*can afford*) una campagna elettorale «populista» perché è _____.
3. Quella minestra è _____ —state attenti a non bruciatevi la bocca!
4. Quando l'ho visto, Mauro aveva già bevuto tre birre e qualche bicchierino (*shot*) di liquore. Era _____.
5. Quasi tutti i paesi moderni hanno i treni _____.
6. Mio marito pretende (*demands*) molto da me ma è un pigrone (*lazybones*) che non mi dà mai una mano. Sono _____ di lui e delle sue lamentele!
7. Oggi Renata è andata a lezione, ha lavorato, ha fatto delle ricerche in biblioteca, e ha corso quattro miglia. Sarà _____!
8. Franco non fa altro che parlare di quella ragazza che ha conosciuto a New York. Poverino—è _____!

C. Quattro chiacchiere. Completate i dialoghi traducendo le espressioni tra parentesi.

1. —Per favore, Claudio, mi batta questo fax e me lo dia da firmare (*as soon as possible*).
   —Va bene, signora. Ora sono (*extremely busy*) ma lo farò prima di mezzogiorno.
2. —Sul serio, *Il nome della rosa* è (*the most interesting book*) che io abbia letto.
   —Ma è (*really long*)! Ed io preferisco i fumetti (*comics*).
3. —A che ora vuole tornare da Chicago, dottor Lazzi?
   —(*As late as possible.*) Ho tanto da fare e devo assolutamente finire tutto prima di tornare.
4. —Quell'uomo è (*the craziest person*) (*crazy* = **pazzo**) che io conosca!
   —Hai ragione, è un po' strano, ma è veramente (*very kind*).
5. —Come va la vita?
   —(*Very poorly!*) Oggi mi ha fermato un poliziotto e mi ha fatto una multa (*gave me a ticket*).
   —E scommetto che andavi (*really fast*) (*fast* = **veloce**), come al solito.
6. —Come hai trovato i miei amici di Londra? Non sono (*really nice*)?
   —Lo sono tutti, ma Patricia mi ha trattato (*the most kindly of all*). È proprio carina!

D. Nuovi arrivati. Alternandovi con un compagno/una compagna, fate la parte di uno studente appena arrivato in questa città. Fate delle domande e rispondete secondo l'esempio.

> ESEMPIO: negozio / elegante / città (+) →
> —Qual è il negozio più elegante della città?
> —Secondo me, Armani A/X è il negozio più elegante della città.

1. libreria / interessante / città (+)
2. club / snob / campus (–)
3. bar / economico / quartiere (+)
4. edificio / vecchio / campus (–)
5. professore o professoressa / famoso / università (+)
6. discoteca / popolare / città (+)
7. giornale / noto / città (+)
8. ristorante / costoso / quartiere (–)

L'ITALIA DAL VIVO
I cento anni della pizza Margherita

Prima visione. Guardate attentamente il video la prima volta senza audio. Poi cercate di rispondere alle seguenti domande.

1. Cosa si vede sulle strade di Napoli?
2. Come è vestita la ragazza nella carrozza?
3. Chi rappresenta?
4. Quale cibo è presentato nel video?
5. È presente anche la TV?

Seconda visione. Leggete il **Vocabolario utile** e guardate il video ancora due volte. La prima volta guardate ed ascoltate solo le informazioni generali. La seconda volta leggete gli esercizi che seguono e cercate delle informazioni specifiche che vi servono per completarli.

VOCABOLARIO UTILE

l'assaggio	*taste*
l'atteggiamento	*attitude, pose*
la carrozza	*carriage*
il convegno	*symposium*
la corte	*court*
il corteo	*parade*
la reggia	*royal palace*
la regina	*queen*
la ricorrenza	*anniversary*
la sovrana	*sovereign* (f.), *queen*
lo stemma	*coat of arms, crest*

essere al passo coi tempi	*to keep up with the times*
fare man bassa	*to sweep away*
raggiungere	*to reach*
scivolare	*to slip, slide*
inesorabile	*unstoppable*
lieve	*light, trifling*
sovrana	*royal, queenly*
tedesco	*German*
a volontà	*at will*
per così dire	*so to speak*

Comprensione

A. Completate le frasi usando le espressioni dal **Vocabolario utile**.

1. _____ e _____ significano la stessa cosa.
2. La regina viaggiava in _____.
3. Ogni anno a Pasqua c'è un grande _____ sulla *Fifth Avenue*.
4. Versailles era la _____ più famosa d'Europa nei secoli XVI e XVII.
5. Con un solo _____ mi sono convinto: questa pizza è squisita.
6. L'università ha organizzato un importante _____ sulla letteratura moderna italiana.
7. Lo zio Bruno non è mai _____; parla dei film di due o tre anni fa.
8. Il tuo _____ non mi piace affatto!

B. Vero o falso?

V   F

____ ____ 1. La ragazza che assaggia la pizza all'inizio del filmato è la principessa Margherita.

____ ____ 2. Questo festival si svolge a Torino.

____ ____ 3. Si festeggiano i cento anni della pizza Margherita.

____ ____ 4. I due pizzaioli che presentarono la pizza alla regina si chiamavano Sacco e Vanzetti.

____ ____ 5. Dopo aver assaggiato la pizza la regina disse, Sovrana!

C. Qual è la risposta giusta?

1. Il festival è stato indetto (*sponsored*) dalla
   a. regione.
   b. provincia.
   c. comune.

2. Al convegno hanno partecipato
   a. i pizzaioli.
   b. cuochi.
   c. professori.

3. Il corteo in maschera è andato
   a. alla pizzeria dei discendenti di Esposito e Brandi.
   b. all'università di Napoli.
   c. al palazzo comunale.

Variazione

A. Attività di gruppo. Gli ingredienti della pizza Margherita sono: mozzarella fresca, pomodori freschi tagliati a pezzetti, basilico e l'olio di oliva. Dalla lista che segue, scegliete gli ingredienti della vostra pizza preferita.

_____ olive	_____ peperoni	_____ ananas
_____ acciughe	_____ salsicce	_____ funghi
_____ cipolle	_____ formaggio	_____ sugo di pomodoro
_____ aglio	_____ pomodori freschi	_____ altro

B. La seguente lista contiene i nomi di verdure e ortaggi. Cercate di abbinarli ai modi della loro preparazione e l'uso.

piselli   carote   patate   lattuga   melanzane

1. Si possono mangiare crude, cotte a vapore, o bollite con un po' di burro. _____

2. Si mangia come l'insalata, con olio ed aceto. _____
3. Se ne fa un piatto molto popolare italiano, cotto al forno con formaggio parmigiano e sugo al pomodoro. _____
4. Se ne comprano spesso congelati e, in genere, si servono bolliti con un po' di burro. _____
5. Sono estremamente popolari e versatili! Il più spesso vengono servite fritte o preparate a puré. _____

•
METTIAMOLO PER ISCRITTO!

Per combattere il razzismo

1. Secondo voi, la vostra generazione è più o meno tollerante di quella dei vostri genitori? Credete che il problema del razzismo sia diminuito o cresciuto tra i vostri coetanei? Perché? Spiegate le vostre opinioni in merito (*on the subject*).
2. Descrivete un'occasione in cui siete stati testimoni (*witnesses*) di episodi di razzismo o avete vissuto di persona (*experienced directly*) il razzismo negli Stati Uniti. Prima di questa esperienza, credevate che il razzismo fosse un fenomeno molto diffuso (*widespread*)? Spiegate come quest'episodio ha cambiato le vostre idee o il vostro comportamento.
3. Immaginate di essere insegnanti in un liceo e di dover creare un programma di studi sul razzismo. Come insegnereste ai vostri studenti a riconoscere, capire e combattere il razzismo? Elencate cinque o sei problemi principali e spiegatene l'importanza.

un GIORNO, tra BIANCHI e NERI non ci SARÀ più ALCUNA DIFFERENZA!

ALLEGRA

CAPITOLO 15

I problemi del nuovo benessere*

Un negozio italiano di lusso. Pensate che la moda americana abbia influenzato quell'italiana? Che cosa hanno preso gli italiani dal modo di vestirsi degli americani?

CONTESTO CULTURALE
La maledetta stampante

LETTURA
Siamo ricchi, sani e inquinatori

STRUTTURE
1. Comparativi e superlativi irregolari
2. Infinito
3. Participio presente e passato
4. Gerundio e tempi progressivi
5. Suffissi

L'ITALIA DAL VIVO
Turismo a Taormina

METTIAMOLO PER ISCRITTO!
La società agiata

___
*affluence

Contesto culturale

La maledetta stampante   Ascoltate il dialogo almeno un paio di volte. Poi leggete le **Espressioni utili** ed interpretate le **Situazioni pratiche** insieme ad un compagno/una compagna.

Flavia e Francesco sono studenti all'Università di Roma.

FLAVIA: Devo assolutamente **stampare** la prima versione del primo capitolo della mia tesi entro oggi.

FRANCESCO: E io **cosa ci posso fare?**

FLAVIA: Il mio computer è **rotto.** Stavo **battendo** le ultime **righe** del capitolo quando **si è spento** tutto.

FRANCESCO: Per forza, hai un computer che **non vale niente.**

FLAVIA: Beh, lascia stare. Mi aiuti o no?

FRANCESCO: Sì, però devi aspettare un attimo. Sto cambiando la **cartuccia** della stampante—devo stampare qualcosa anch'io... Ecco fatto!!

Dopo un attimo.

FLAVIA: Come mai non succede niente?

FRANCESCO: Maledetta **stampante**, perché non stampa? Hai controllato i **cavi?**

FLAVIA: Forse è solo **inceppata**—usi sempre della carta **scadente.**

FRANCESCO: Adesso, se si è rotta, come faccio a stampare il mio **saggio?**

FLAVIA: E già. E il mio capitolo della tesi che è ancora sul **dischetto?** Non so nemmeno se il tuo computer lo legge.

FRANCESCO: Non ti preoccupare. Il mio computer legge pure i sassi.

FLAVIA: Cosa è successo? Perché lo schermo è diventato nero? Prova a **riaccenderlo!**

FRANCESCO: No, non è il **salva schermo**—basta toccare un qualsiasi **tasto** della **tastiera** e ritorna come prima. Ecco... Che sciocco! Non avevo ancora dato l'ordine di stampare il documento.

FLAVIA: Ma lo sai usare il computer?

FRANCESCO: Smettila e dammi il tuo dischetto.

FLAVIA: Ecco.

FRANCESCO: Quale documento apro?

FLAVIA: Apri quello con scritto 'Capitolo I' e fai l'**anteprima di stampa.**

FRANCESCO: Vengono 15 pagine.

FLAVIA: Accidenti, deve essere almeno di 20 pagine.

FRANCESCO: Cambiamo il **carattere**, proviamone uno più grande... con questo carattere, arriviamo a 16 pagine.

FLAVIA: Prova a usare una **spaziatura** maggiore.

FRANCESCO: **Non serve,** non arrivi a 20 pagine. È meglio che tu ti sieda alla tastiera e cerchi un po' d'ispirazione.

ESPRESSIONI UTILI PER USARE IL COMPUTER

stampare	*to print*	le righe	*lines*
rotto	*broken*	si è spento	*turned off, died*
battendo	*typing*	la cartuccia	*cartridge*

la stampante *printer*	il salvaschermo *screen saver*
i cavi *cords, cables*	il tasto *key*
inceppata *stuck*	la tastiera *keyboard*
scadente *of poor quality*	l'anteprima di *print preview*
il saggio *essay, paper*	stampa
il dischetto *diskette*	il carattere *font*
riaccenderlo *to restart, turn*	la spaziatura *spacing*
on again	

ALTRE ESPRESSIONI UTILI

cosa ci posso fare?	*what can I do about it?*
non vale niente	*it's worth nothing*
non serve	*it doesn't do any good*

A. Completate i seguenti mini-dialoghi riempendo la parte mancante in modo logico, secondo il contesto.

DIALOGO 1

A: Perché vuoi usare la mia stampante?
B: _____
A: Ma non so se il mio computer legga il tuo dischetto.
B: _____

DIALOGO 2

A. Non trovo le vocali con gli accenti sulla tastiera del tuo computer!
B: _____
A: Allora, come faccio a battere à, è, ì, ò, ù? [Usate la parola *l'apostrofo.*]
B: _____

DIALOGO 3

A: Lo schermo è diventato buio! Forse il computer è rotto...
B: _____
A: Oh, il documento non si legge affatto con quel carattere?
B: _____

B. Abbinate ogni parola della colonna a sinistra con una della colonna a destra.

cartuccia	acceso
spaziatura	tesi
spento	stampante
saggio	rotta
funzionante	righe

Situazioni pratiche

1. È domenica sera e per lunedì Studente 1 deve consegnare un saggio. Però il suo computer si rompe. Studente 2 offre il suo computer, che è diverso, non ha gli accenti, non ha lo stesso programma e altre difficoltà del genere.
2. Studente 1 chiede a Studente 2 di insegnarle a usare il computer. Quali sono le operazioni di base che Studente 2 insegna? Poi Studente 1 vuole mandare

un messaggio con la posta elettronica (*e-mail*) a sua madre. Studente 2 gli/le insegna come fare.

VOCABOLARIO TEMATICO

Sostantivi

l'analfabeta (*m.* or *f.*) illiterate person
la criminalità crime (in general)
il danno damage
il dato fact, statistic
il delitto crime (specific)
l'esigenza need
la giustizia justice, legal system
l'ingresso entrance
il Mezzogiorno southern Italy

il miglioramento improvement
la nascita birth
la rapina robbery
la sanità health care
lo svago diversion, leisure activity

Verbi

comportare to result in
concedersi to allow oneself
convivere to live together

negarsi to deny oneself
trascorrere to spend (time)

Aggettivi

progredito progressive, advanced
sano healthy

Altre parole ed espressioni

di pari passo at the same rate
tutto sommato all things considered

A. Abbinate le parole a sinistra con i loro contrari a destra.

1. _____ ingresso	**a.**	Settentrione
2. _____ miglioramento	**b.**	nascita
3. _____ sano	**c.**	concedersi
4. _____ analfabeta	**d.**	lavoro
5. _____ progredito	**e.**	peggioramento
6. _____ negarsi	**f.**	persona istruita
7. _____ morte	**g.**	uscita
8. _____ Mezzogiorno	**h.**	criminalità
9. _____ svago	**i.**	malato
10. _____ convivere	**j.**	sottosviluppato
11. _____ ordine civico	**k.**	separarsi

B. Completate le seguenti frasi con una parola del **Vocabolario tematico**.

1. Il professor Merli ha certi difetti, ma _____, è un bravo insegnante.
2. Il benessere di un paese cresce _____ con l'economia.
3. Le automobili creano _____ inestimabili all'ambiente.
4. Abbiamo un'ipotesi, ma ci occorrono tanti _____ per sostenerla.
5. Le _____ di uno studente universitario sono i soldi, la tranquillità per studiare e il tempo libero per uscire con gli amici.
6. L'aumento incontrollato della popolazione in alcune città _____ dei gravi disagi per tutti, soprattutto per quanto riguarda il traffico.
7. In Italia la diffamazione (*slander*) delle autorità politiche è considerato un _____.
8. Nei tribunali italiani, sono i giudici invece della giuria (*jury*) che amministrano la _____.
9. Senza un sistema nazionale di _____ pubblica, alcuni malati non ricevono le cure necessarie.
10. Le banche hanno dei sistemi di sicurezza per prevenire le _____.

PRELETTURA

This chapter's reading, "Siamo ricchi, sani e inquinatori," summarizes a recent study of some important social changes that have taken place as a result of Italy's new prosperity. The unprecedented growth of the economy during the 1980s and 1990s has transformed many traditional aspects of Italian culture and society. Affluence allows a freedom of choice that affects every sphere of life: family patterns, career and consumer choices, urban development, the environment, leisure activities, health, and education.

It may be too early to assess the full impact of the new affluence on these and other aspects of Italian society. It is clear, however, that in Italy (as in the United States during the economic boom of the 1950s and 1960s), greater wealth gives rise to grave problems along with its benefits. "Siamo ricchi, sani e inquinatori" is interesting not only for what it teaches about Italy but also for the comparisons it invites us to make between contemporary Italian society and our own.

Entriamo nel contesto!

A. Con tre o quattro compagni, completate la tabella per parlare dei lati positivi e negativi dei seguenti aspetti del benessere negli Stati Uniti.

ASPETTO DEL BENESSERE	LATI POSITIVI	LATI NEGATIVI
urbanizzazione	_____	_____
diminuzione delle nascite	_____	_____
libertà nei rapporti personali	_____	_____
espansione delle abitazioni private	_____	_____
aumento delle auto private	_____	_____
più beni di lusso	_____	_____

B. Rispondete alle seguenti domande.

1. Identificate tre o quattro problemi gravi che esistono nelle grandi città americane e che sono causati dal benessere economico.
2. Credete che l'istituzione del matrimonio sia oggigiorno (*nowadays*) gravemente minacciata? Perché sì o perché no? Con che cosa si sostituisce?
3. In che cosa consiste «la crisi della famiglia» negli Stati Uniti?
4. Credete che gli americani siano più o meno istruiti rispetto ad una o due generazioni fa? Perché sì o perché no?
5. A vostro parere, quali attività culturali sono in aumento negli Stati Uniti, e quali suscitano sempre meno (*arouse less and less*) interesse? Perché?
6. Un'economia in espansione significa necessariamente maggiore benessere per tutti gli americani? Spiegate.

• •

LETTURA

Nell'ultima indagine dell'Istat una radiografia[1] della vita sociale degli italiani all'inizio degli Anni '90

Siamo ricchi, sani e inquinatori

Meno figli e matrimoni, aumentano le spese per la casa e i divertimenti

Si lavora di più e non si bada[2] molto al denaro «investito» per cultura e vacanze - Nell'89 le nascite hanno superato i decessi[3] - Molto alta la scolarità[4] - Duecentomila nuovi occupati all'anno - Fumatori in estinzione - Danni ecologici dalle troppe automobili

Gli italiano vivono più a lungo, sono sempre meno propensi[5] a sposarsi e a procreare e, anche se ultimamente hanno riscoperto i vantaggi delle città medio-piccole, preferiscono risiedere[6] nei grossi
5 centri metropolitani contribuendo così al degrado dell'ambiente.

Sono più sani, più istruiti, più produttivi e, avendo migliorato le proprie condizioni socio-economiche, possono abitare in begli appartamenti di
10 loro proprietà o presi in affitto. Lavorano di più e quindi possono concedersi numerosi svaghi ricreativi: leggono, vanno a teatro o ai concerti e non si negano piacevoli vacanze.

Lo dice l'Istat[7] che nel volume *Sintesi della vita
15 sociale italiana*, presentato ieri, ha messo a fuoco[8] i principali fenomeni della vita sociale italiana analizzandone i diversi aspetti: territorio e insediamenti,[9] popolazione, famiglia, abitazione, istruzione, lavoro, sanità, cultura, tempo libero e giustizia.
20 Ne esce un quadro tutto sommato positivo anche se caratterizzato dalla consueta[10] discrepanza tra le condizioni di vita del Mezzogiorno e quelle del Centro e del Nord.

Il fenomeno dell'inurbamento,[11] molto intenso
25 fino alla fine degli anni '70, ha comportato l'aumento delle auto private (sono oltre 5 milioni con una media[12] di «circa un' automobile ogni due abitanti») e notevoli danni all'ambiente.

Se il Centro-Nord dispone di[13] strutture produttive, residenziali e infrastrutturali in linea con i paesi più progrediti, le regioni meridionali presentano un grado di ruralità non riscontrabile altrove.[14]

In Italia si sta assistendo[15] alla diminuzione delle nascite. La popolazione, soprattutto femminile, ha un'età media più alta e se si mettono al mondo[16] meno bambini è perché molte donne adesso lavorano e non vogliono quindi rinunciare alle loro aspirazioni professionali per dedicarsi alla famiglia.

Mentre sono in aumento i divorzi, si sente in minor misura[17] l'esigenza di sposarsi: se lo si fa è col rito civile[18] e sono molti coloro[19] che al vincolo[20] matrimoniale preferiscono unioni più «sportive» convivendo o restando *single*.

Diminuiscono i nuclei familiari, prosegue invece a ritmo sostenuto[21] l'espansione della proprietà di abitazioni. Dal 55,8 per cento di famiglie che vivono in una propria casa nel '73, si è passati al 71,5 per cento nell'88: questo è successo non solo per il generale miglioramento delle condizioni socio-economiche ma anche perché si considera la casa un bene rifugio[22] anti-inflazione.

Gli italiani sono anche più istruiti: nell'anno accademico '88–'89 quasi tre milioni di studenti in più rispetto agli anni passati si sono iscritti alle secondarie superiori mentre il numero degli universitari è aumentato di ben un milione e duecentomila

---

[1]*x-ray*   [2]*pay attention to*   [3]*deaths*   [4]*school enrollment*   [5]*sempre... less and less inclined*   [6]*reside*   [7]*national research and polling agency*   [8]*ha... brought into focus*   [9]*settlements*   [10]*solita*   [11]*urbanization*   [12]*average*   [13]*dispone... has at its disposal*   [14]*riscontrabile... verifiable elsewhere*   [15]*witnessing*   [16]*si... are being brought into the world*   [17]*in... to a lesser extent*   [18]*rito... civil ceremony*   [19]*quelli*   [20]*ties, knot*   [21]*a ritmo... at a steady pace*   [22]*bene... secure investment*

matricole.[23] Se gli analfabeti sono una categoria ormai sempre più ristretta,[24] le scuole superiori e quelle materne registrano un maggior numero di 60 scolari, tenendo conto ovviamente del fatto che ci sono meno bambini.

Per quanto riguarda la scuola dell'obbligo, l'Istat ha rilevato un tasso di scolarità pressoché[25] totale.

Di pari passo anche il lavoro è in fase espansiva 65 con un incremento di 200 mila unità[26] all'anno di nuovi occupati. Questa crescita è spiegabile in parte con l'ingresso delle donne nel mondo della produttività: su 3 milioni 780 mila persone che hanno cominciato a lavorare tra il '72 e l'88, il 78 per cento 70 sono donne.

Sulla base dei risultati delle ultime indagini effettuate, gli italiani godono di buona salute (i dati si riferiscono soprattutto agli ultracinquantenni[27] e, delle nove malattie prese in considerazione 75 dall'indagine, l'unica che ha fatto registrare un modesto aumento è il diabete.

Si fuma meno: dall'80 all'87 gli ex viziosi del tabacco[28] sono saliti da 5 a 9 ogni cento persone.

I fruitori[29] della cultura e degli spettacoli sono in 80 aumento un po' in tutti i settori. Noi italiani leggiamo di più (specie[30] libri di narrativa, quotidiani nazionali e settimanali televisivi) e spendiamo volentieri qualche decina di migliaia di lire per trascorrere divertendoci il tempo libero.

Nell'87 per andare a teatro, a ballare, ad as- 85 coltare musica o alle mostre, abbiamo speso 61.613 lire a testa nel Centro-Nord, contro le 27.332 lire spese nel Mezzogiorno.

A lasciarci disinteressati[31] è invece il cinema per il quale si registra fin dai primi anni settanta un calo[32] 90 di spettatori, incassi e punti di proiezione.

Infine, la giustizia. L'Istat conferma che il servizio prestato dagli organi giudiziari[33] appare insufficiente a soddisfare il bisogno della collettività.[34]

La criminalità ha un tasso di crescita annua di 0,8 95 per cento (ma nell'87 si è registrata un'improvvisa recrudescenza[35]). Diminuiscono i delitti contro persone, famiglia e moralità pubblica ma aumentano rapine, estorsioni e sequestri di persona.[36]

Per quanto riguarda la popolazione carceraria[37] 100 l'unica novità è che la presenza degli stranieri (10 per cento) è sempre più consistente.

—*Margherita De Bac, Il Corriere della Sera*

---

[23]*registered students*   [24]*smaller and smaller*   [25]*rilevato... found an enrollment nearly*   [26]*units (measures of adult employment)*   [27]*people over fifty years old*
[28]*ex... reformed smokers*   [29]*consumers*   [30]*specialmente*   [31]*uninterested*   [32]*decrease*   [33]*judicial*   [34]*community*   [35]*improvvisa... sudden increase*
[36]*sequestri... kidnapping*   [37]*prison*

Avete capito?

A. Scegliete la risposta giusta.

1. Gli italiani preferiscono vivere...
   a. in città medio-piccole.   b. in piccoli paesi.   c. in grandi città.
2. Lo sviluppo dell'economia e delle infrastrutture è più avanzato...
   a. nel Settentrione.   b. nel Mezzogiorno.   c. nel Centro-Nord.
3. Le nascite...
   a. aumentano.   b. rimangono stabili.   c. diminuiscono.
4. Rispetto agli anni passati, le donne si dedicano più...
   a. alle aspirazioni professionali.   b. alla famiglia.   c. ai mariti.
5. Un'alternativa al matrimonio è...
   a. vivere da soli.   b. vivere con i genitori.   c. divorziare.
6. C'è un netto aumento d'iscrizioni...
   a. all'università   b. nelle scuole secondarie superiori.   c. in tutte le scuole.

7. Tra le persone che cominciano a lavorare, la maggioranza sono...
   a. uomini.   **b.** donne.   **c.** extracomunitari.
8. Un'attività culturale in particolare aumento negli ultimi anni è...
   a. la lettura.   **b.** i concerti.   **c.** tutti i settori tranne il cinema.
9. Un'aspetto della criminalità in aumento è...
   a. i delitti contro persone.   **b.** i delitti contro la famiglia.   **c.** le rapine.
10. Tutto sommato, il quadro della società è...
   a. positivo.   **b.** negativo.   **c.** positivo e negativo.

B. Spiegate il significato e l'importanza dei seguenti termini nel contesto dell'articolo.

1. unioni «sportive»
2. svaghi ricreativi
3. nuovi occupati
4. degrado dell'ambiente
5. inurbamento contro ruralità
6. organi giudiziari

E ora a voi!

A. Osservate il grafico e rispondete alle seguenti domande.

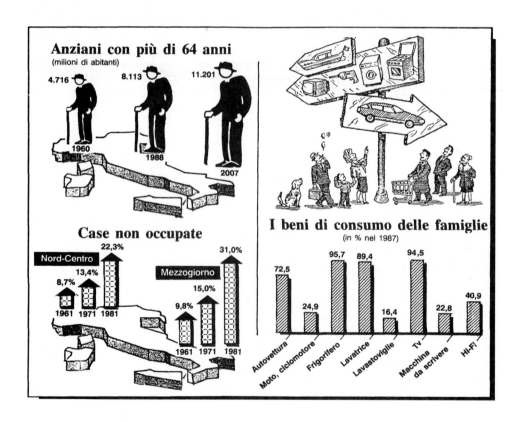

1. Tra il 1960 e il 1988, di quanti milioni sono aumentati gli anziani con più di 64 anni? Nel futuro, l'aumento sarà più rapido o meno rapido?
2. In quale parte dell'Italia c'erano più case disabitate nel 1981?
3. Qual è il bene di consumo più comune nelle famiglie italiane? E il meno comune?
4. Gli italiani comprano più frigoriferi o più televisori?

B. Sondaggio. Con i vostri compagni, conducete un'indagine sulle caratteristiche della famiglia media negli Stati Uniti. Poi, calcolate e commentate i risultati.

1. Quante persone ci sono nella tua famiglia immediata?
   a. 2–4
   b. 5–6
   c. 7 o più
2. Quante automobili avete?
   a. 0–
   b. 1–2
   c. 2–3
3. Dove abita la tua famiglia?
   a. in città
   b. in un piccolo paese
   c. nei sobborghi
4. Quanti stipendi ci sono nella tua famiglia?
   a. 1
   b. 2–3
   c. più di 4
5. Qual è (era) lo stato civile dei tuoi genitori?
   a. sposati   c. vedovo/vedova
   b. divorziati   d. altro
6. I tuoi genitori sono (erano) proprietari o inquilini (*renters*)?
   a. proprietari
   b. inquilini
7. Qual è (era) il livello d'istruzione di tuo padre?
   a. 0–12 anni di scuola   c. M.A.
   b. B.A.   d. Ph.D.
8. Qual è (era) il livello d'istruzione di tua madre?
   a. 0–12 anni di scuola   c. M.A.
   b. B.A.   d. Ph.D.
9. Quali sono (erano) le preferenze culturali e ricreative dei tuoi genitori? (Sceglietene 3)
   a. teatro o concerti   e. ballo
   b. cinema   f. lettura
   c. sport   g. hobby
   d. TV   h. musica

STRUTTURE

1. Comparativi e superlativi irregolari

Adjectives

1. A few common adjectives have both regular and irregular comparative and superlative forms.

	ABSOLUTE SUPERLATIVE	COMPARATIVE	RELATIVE SUPERLATIVE
buono	buonissimo ottimo *very good*	più buono migliore *better*	il più buono il migliore *the best*
cattivo	cattivissimo pessimo *very bad*	più cattivo peggiore *worse*	il più cattivo il peggiore *the worst*
grande	grandissimo massimo *very big*	più grande maggiore *bigger*	il più grande il maggiore *the biggest*
piccolo	piccolissimo minimo *very small*	più piccolo minore *smaller*	il più piccolo il minore *the smallest*
alto	altissimo supremo, sommo *very high*	più alto superiore *higher*	il più alto il superiore *the highest*
basso	bassissimo infimo *very low*	più basso inferiore *lower*	il più basso l'inferiore *the lowest*

2. There are no hard-and-fast rules for choosing between the regular and irregular forms. Generally speaking, the regular forms denote material qualities and the irregular forms have more abstract or figurative meanings.

Il bambino **è piccolissimo**; non ha ancora un mese.	*The baby is tiny; he's not even a month old.*
È una questione di **minima** importanza.	*It's an issue of very little importance.*
Preferisco i sandali con i tacchi **più alti**.	*I prefer the sandals with higher heels.*
Si crede **superiore** a certe cose.	*He thinks he's above certain things.*

3. When applied to people, **più buono** and **più cattivo** are used to describe character, while **migliore** and **peggiore** are used to evaluate skills or competence.

Franca è la persona **più buona** che io conosca.	*Franca is the finest person I know.*
È anche la manager **migliore** della ditta.	*She's also the best [most capable] manager in the firm.*

4. **Maggiore** and **minore** are used to express *older* and *younger.*

La mia sorella **maggiore** si chiama Giulia; Nina è la **minore** delle mie sorelle.	*My oldest sister's name is Giulia; Nina is my youngest sister.*

5. **Massimo** and **minimo** are frequently used with the definite article as relative superlatives.

Secondo molti, Petrarca è il **massimo** poeta italiano.	*Many think that Petrarca is the greatest Italian poet.*
Mi dispiace, non ho la **minima** idea.	*I'm sorry, I haven't the slightest idea.*

Adverbs

1. A few common adverbs have irregular comparative and superlative forms.

	ABSOLUTE SUPERLATIVE	COMPARATIVE	RELATIVE SUPERLATIVE
bene	benissimo ottimamente *very well*	meglio *better*	(il) meglio *the best*
male	malissimo pessimamente *very poorly*	peggio *worse*	(il) peggio *the worst*
molto	moltissimo *very much*	(di) più *more*	(il) più *the most*
poco	pochissimo *very little*	(di) meno *less*	(il) meno *the least*

2. The definite article is generally not used with the relative superlative unless the adverb is modified with **possible.**

Hanno fatto **meno** di tutti.	*They did the least of all.*
È un pigrone; cerca sempre di fare **il meno possibile.**	*He's really lazy; he always tries to do as little as possible.*

3. **Di più** and **di meno** are used directly following a verb when no second term of comparison appears.

> Mi esercito **più** di te. — *I practice more than you [do].*
> Dovresti esercitarti **di più.** — *You should practice more.*

4. **Sempre più (sempre di più)** means *more and more*; **sempre meno (sempre di meno)** means *less and less*. Both sets of expressions are used directly after verbs, but **sempre di più** and **sempre di meno** are not followed by an adjective or noun.

> Alcuni americani diventano **sempre più** ricchi. — *Some Americans are becoming more and more wealthy.*
> L'americano medio, però, guadagna **sempre di meno.** — *The average American, though, earns less and less.*

5. A few additional expressions: **più... più** (*the more . . . the more*), **meno... meno** (*the less . . . the less*), **più (meno)... meglio** (*the more [less] . . . the better*).

> «Quanto è bella, quanto è cara! **Più** la vedo e **più** mi piace.» — *"How beautiful she, how dear! The more I see her, the more I like her."*
>
> —*Donizetti-Romani*, L'elisir d'amore
>
> **Più** piove, **meglio** è. — *The more it rains, the better.*
> **Meno** siamo, **meglio** è. — *The fewer we are, the better.*

6. **Meglio** and **peggio** are often used as masculine nouns meaning *the best (thing), the worst (thing)*.

> Ah, dimenticavo di dirvi **il meglio.** — *Oh, I was forgetting to tell you the best thing.*
> **Il peggio** è passato. — *The worst is over.*

Un po' di pratica

A. Dialoghi-lampo. Completate gli scambi con la forma adatta di **meglio, il/la migliore, peggio** o **il/la peggiore.**

1. —Com'è andato l'esame?
   —_____ di quanto mi aspettassi, purtroppo!
2. —Hai un nuovo lettore (*player*) per i compact disc?
   —Sì, è molto _____ di quello vecchio.
3. —C'è qualcosa di bello sul giornale?
   —Sì, quest'anno hanno scelto Sharon Stone come l'attrice _____ vestita. È sempre così elegante.
4. —Ti è piaciuto il concerto?
   —Non me ne parlare! Quel pianista è terribile; di fatto è _____ che io abbia mai sentito.
5. —È molto brava quella tua collega?
   —No, ma crede di lavorare _____ di me.
6. —Come sta Giacomo? Sempre (*Still*) malato?

SEA RAY. IL MEGLIO DELLA VITA.

—La moglie mi ha detto che sta _____ di ieri, poverino.

7. —I Rossi ti hanno parlato in quel modo?

Che maleducati (*boors*)!

—Aspetta—non hai ancora sentito _____!

8. —Come hai trovato la torta della pasticceria «Il fornaio»?

—_____ che io abbia mai assaggiato (*tasted*).

Ti consiglio di andarci al più presto.

B. Due brave ragazze. Stefania e Sara sono due sorelle simpatiche, belle e dotate (*gifted*). Stefania è molto brava, ma Sara è più brava ancora. Trasformate le frasi secondo l'esempio.

ESEMPI: Stefania canta bene. → Sara canta meglio.

Stefania è una buona pianista. → Sara è una pianista migliore.

1. Stefania ha un gran talento.
2. Stefania si esercita (*practices*) molto.
3. Stefania è alta.
4. Stefania guarda poco la TV.
5. Stefania è una buona tennista.
6. Stefania gioca bene a tennis.
7. Stefania ha vinto una grande coppa (*trophy*).
8. Stefania è una buona ragazza.

C. Valutazioni. Alternandovi con un compagno/una compagna, indicate la vostra approvazione (o disapprovazione) per le seguenti cose o persone.

ESEMPIO: come giocare/Michael Jordan (bene) →

—Come gioca Michael Jordan?

—Gioca **benissimo**! Gioca **meglio** di tutti!

1. come essere / Danny De Vito (basso)
2. quanto guadagnare / Donald Trump (molto)
3. come essere / gli orologi Rolex (buono)
4. come cantare / Roseanne Arnold (male)
5. come essere / Shaquille O'Neal (alto)
6. quanto studiare / Bart Simpson (poco)
7. come essere / i Munchkins (piccolo)
8. come ballare / Gregory Hines (bene)
9. come essere / i Cardassians di *Star Trek* (cattivo)
10. come essere / le balene (*whales*) (grande)

La tranquillità è un ottimo investimento

IMIREND
FONDO D'INVESTIMENTO OBBLIGAZIONARIO

Patrimonio

2.150 MILIARDI

Rendimento medio annuo dal 1984	Rendimento nel 1990
12,70% netto	**11,68%** netto

D. La nuova prosperità. Completate il paragrafo traducendo le espressioni in parentesi.

Gli italiani all'inizio degli anni '90 godono di un (*excellent*)[1] tenore di vita. È vero che lavorano (*a great deal*),[2] ma (*the more*)[3] lavorano, (*the more*)[4] guadagnano, e possono quindi concedersi belle vacanze e piacevoli divertimenti. Sono anche più sani: gli italiani (soprattutto le italiane) hanno un'età media (*higher*)[5] che prima. Le famiglie italiane, però, diventano (*smaller and smaller*)[6]: il tasso delle nascite è (*lower*)[7] di quello

degli anni '70, e il divorzio si rivela un fenomeno (*ever more common*).[8]
Dal lato intellettuale, il tasso di scolarità (*school attendance*) in Italia è
(*very high*),[9] pressochè totale. Il numero di analfabeti è (*very small*),[10]
mentre il numero degli universitari diventa (*larger and larger*).[11] La nuova
prosperità non ha comportato solo benessere, però: la mania degli italiani
per le auto ha provocato (*greater*)[12] danni all'ambiente. E cosa promette il
futuro? Si vedrà...

E. Conversazione a ruota libera. Chiedete a un compagno/una compagna
informazioni su varie persone ed esperienze, ed anche su sé stesso.

ESEMPIO: il/la maggiore della sua famiglia →
—Chi è il maggiore della tua famiglia?
—(La maggiore della mia famiglia è mia sorella Patrizia.) E della
tua famiglia?
—(Sono figlio unico!)

1. il/la minore della sua famiglia
2. il nome del suo migliore amico/della sua migliore amica
3. il suo peggior vizio (*vice*)
4. la sua qualità migliore
5. la miglior festa a cui è stato/a mai invitato/a
6. il peggior film che ha visto recentemente
7. il luogo dove ha trascorso (*passed*) la migliore vacanza
8. il luogo dove ha trascorso il peggiore weekend di quest'anno o di quello
passato

2. Infinito

There are two forms of the infinitive: present (**l'infinito presente**) and past (**l'in-finito passato**). The past infinitive consists of **avere** or **essere** (minus the final -**e**
in most cases) plus the past participle of the verb.

	VERBI CON **avere**	VERBI CON **essere**
infinito presente	**cantare**	**partire**
infinito passato	**aver** cant**ato**	**esser** part**ito/a/i/e**
	(*to have sung*)	(*to have departed*)

1. Object and reflexive pronouns, **ci,** and **ne** can attach to the present infinitive.

Ho intenzione di **dirglielo.**	*I plan to tell him.*
È importante **pensarci.**	*It's important to think about it.*
Preferisce non **parlarne.**	*S(he) prefers not to talk about it.*
Come riesci ad **alzarti** così presto?	*How do you manage to get up so early?*

2. Object and reflexive pronouns, **ci,** and **ne** attach to **avere** or **essere** with the past
infinitive. When a past infinitive is formed with **essere,** the past participle agrees

with the subject in gender and number. When conjugated with **avere,** the past participle agrees with the direct-object pronoun in gender and number.

Credo di **averne parlato** a sufficienza.	*I think I've said enough about it.*
Si pente di **essere venuta.**	*She regrets having come.*
Sei sicuro di **averli invitati?**	*Are you sure you invited them?*

Use of the present infinitive

1. The present infinitive is used
   a. directly following modal verbs and verbs expressing preference.

Vuoi **aspettare?**—No, preferisco **partire** subito.	*Do you want to wait?—No, I prefer to leave right away.*

   b. in place of **che** + *subjunctive* when the subject of the main and dependent clauses is the same.

Non vedo l'ora che partano.	*I can't wait until they leave.*
Non vedo l'ora **di partire.**	*I can't wait to [until I] leave.*

   c. with the prepositions **per, prima di,** and **senza** (in place of **perché, prima che,** and **senza che** + *subjunctive*) when the subject of the main and dependent clauses is the same.

Telefonami prima che partano.	*Call me before they leave.*
Telefonami prima di **partire.**	*Call me before you leave.*

   d. following impersonal expressions, when there is no expressed subject.

Bisogna **fare** presto!	*We/You have to hurry!*

2. The infinitive can serve as the subject of a sentence, with or without the masculine singular definite article. In English, the gerund (the *-ing* form) is used.

Il fumare è dannoso alla salute.	*Smoking is hazardous to your health.*
Vederli gli fa tanto piacere.	*Seeing them makes him so happy.*

Use of the past infinitive

1. The past infinitive is used to convey an action that occurred before the action of the main verb when the subjects of the two verbs are the same.

Non credo di **aver esagerato.**	*I don't think I exaggerated.*
Siete contenti di **esserci andati?**	*Are you glad you went (there)?*

2. The past infinitive is used after **dopo** and after the verb **ringraziare** + **di (per).**

Dopo **essermi alzata,** ho fatto uscire il cane.	*After I got [getting] up, I let the dog out.*
La ringrazio **di (per) essere venuta** e **di (per) aver partecipato** al convegno.	*Thank you for coming and for taking part in the symposium.*

Prepositions before dependent infinitives

1. Most verbs require **a** or **di** before a dependent infinitive. Many verbs of motion (**andare, fermarsi, venire,** etc.) take **a**; many idioms with **avere** (**avere bisogno, avere il piacere, avere intenzione,** etc.) take **di.** A more complete list appears in Appendix II.

È passata **a** salutarci.	*She stopped by to say hello to us.*
Siete riusciti **a** trovarlo?	*Did you manage to find him?*
Mi ha convinto **ad** andare avanti.	*He convinced me to keep going.*
Ho paura **di** aver sbagliato.	*I'm afraid I made a mistake.*
Ha promesso **di** iscriversi.	*He promised he would sign up.*
Spero **di** aver fatto bene.	*I hope I've done well.*

2. Some common verbs have different idiomatic meanings when used with different prepositions.

cominciare **a** + *infinitive*	*to start doing something*
cominciare **con** + *article* + *infinitive*	*to begin by doing something*
finire **di** + *infinitive*	*to stop doing something*
finire **per** + *infinitive* (finire **con** + *article* + *infinitive*)	*to end up doing something*

Avete cominciato **a** pranzare?	*Have you started eating lunch?*
Cominciamo **col** pranzare.	*Let's begin by having lunch.*
Hai finito **di** lamentarti?	*Are you through complaining?*
Finirà **per (col)** rovinarsi la salute.	*He'll end up ruining his health.*

3. Nouns are usually followed by **di** + *infinitive.*

Non è il momento **di** parlare.	*This isn't the time to talk.*
Il suo modo **di** vestire attira l'attenzione di tutti.	*His way of dressing gets everyone's attention.*

4. Many adjectives require a preposition before a dependent infinitive. See Appendix IV for a more complete list.

adjective + **a** + *infinitive*	*adjective* + **di** + *infinitive*
abituato **a** (*accustomed to*)	capace **di** (*capable of*)
attento **a** (*careful to, attentive to*)	incapace **di** (*incapable of*)
	contento (felice) **di** (*happy to*)
disposto **a** (*willing to*)	stanco **di** (*tired of*)
pronto **a** (*ready to*)	triste **di** (*sad to*)

Sono abituata **a** vivere da sola.	*I'm accustomed to living alone.*
Siete pronti **a** partire?	*Are you ready to go?*

È incapace **di** decidersi.	*He's incapable of making up his mind.*
Sono stanco **di** lavorare tanto.	*I'm tired of working so much.*

5. Other adjectives require **da** + *infinitive*. These include **bello, brutto, buono, facile, difficile,** and **orrrible.**

Non è molto difficile **da** fare.	*It's not very hard to do.*
È facile **da** dire.	*It's easy to say.*

6. **A, con, da, in,** and **su** elide with the masculine singular article before an infinitive; **tra** does not.

Al cessare della musica, tutti rimasero zitti.	*When the music stopped, everyone remained silent.*
Col passare del tempo, si rassegnava alla perdita.	*As time passed, he became resigned to his loss.*
«**Tra il** dire e **il** fare c'è di mezzo il mare.»	*Easier said than done. [lit., Between saying and doing lies the sea.]*

Un po' di pratica

A. Sostituzioni. Sostituite l'infinito alle espressioni indicate.

ESEMPIO: I genitori non gli hanno dato la possibilità *della scelta*. →
I genitori non gli hanno dato la possibilità *di scegliere*.

1. *Il viaggio* mi piace moltissimo.
2. Invece *dello studio,* dovresti dedicarti ad attività più rilassanti.
3. Purtroppo, tanti hanno perso l'abitudine *della lettura*.
4. *Il nuoto* fa molto bene a quelli che soffrono di mal di schiena (*back pain*).
5. *L'amore per* il prossimo è uno dei precetti (*precepts*) fondamentali di molte religioni.
6. Prima *del ritorno* si sono organizzati molto bene.
7. Gli dispiace *il pensiero* che Silvia se la cavi benissimo senza di lui.

B. Una letterina. Ginevra e un'amica hanno litigato. Leggete la lettera di Mariarosa, sostituendo l'infinito passato alle espressioni indicate.

ESEMPIO: Credevo di *fare* bene dicendoti quelle cose. →
Credevo di aver fatto bene dicendoti quelle cose.

1. Non pensavo di *offenderti*.
2. Credo di *dire* delle cose ingiuste.
3. Inoltre, non avrei dovuto parlar male dei tuoi amici senza *conoscerli*.
4. Penso di *essere* proprio antipatica.
5. Non sono contenta di *comportarmi* in quel modo con te.
6. Ho fatto male a *prendermela* così.
7. Mi dispiace di *andarmene* in quella maniera.
8. Ammetto di *farti* male dicendoti ciò, ma spero che tu possa perdonarmi.

C. Conversazione. Fate delle domande e rispondete usando le espressioni indicate.

ESEMPIO: abituato/alzarsi presto →
—Sei abituata ad alzarti presto?
—No, non sono affatto abituata ad alzarmi presto!
(Sì, sono abituata ad alzarmi prima delle sei.) E tu?

1. sempre disposto / aiutare gli amici
2. che cosa / incapace / fare
3. che cosa / stanco / fare
4. che cosa / sempre felice / fare
5. pronto / dare / il prossimo esame
6. primo / svegliarsi / a casa tua

D. Famiglie moderne. Completate le frasi con la preposizione o la preposizione articolata se necessaria.

ESEMPIO: Mio marito mi ha convinto *ad* assumere la babysitter.

1. Molte donne riescono _____ fare carriera e _____ allevare i figli senza grandi problemi.
2. La mamma ci ha ringraziato _____ averla aiutata con i lavori di casa e ha promesso _____ portarci a vedere un film questo weekend.
3. Ho intenzione _____ iscrivere mia figlia all'asilo al più presto.
4. Sebbene mia madre non abbia voluto _____ lavorare fuori casa quando noi eravamo piccoli, ha continuato _____ scrivere e _____ pubblicare articoli.
5. La signora Michelis ha deciso _____ riprendere il lavoro perché altrimenti lei e il marito non potevano sbarcare il lunario (*make ends meet*).
6. Ho paura che quella mia collega finisca _____ esaurirsi; l'altra notte ha finito _____ lavorare dopo mezzanotte.
7. Una mia amica ha preferito _____ stare a casa mentre i figli erano piccoli.
8. Ci siamo decisi _____ assumere la babysitter.
9. Prima di tornare a casa, mio marito si ferma _____ prendere nostro figlio e va _____ fare un po' di spesa.
10. La mia vicina di casa mi fa il favore _____ badare a mio figlio quando sono in ufficio fino a tardi.
11. La scrittrice ha cominciato _____ dire che le madri-professioniste, anche più delle altre, non devono _____ sempre cercare _____ essere perfezioniste.

3. Participio presente e passato

The present participle

The present participle is formed by adding the endings **-ante** or **-ente** to the verb stem. The following chart shows present-participle forms of regular verbs.

volare	crędere	divertire	costituire
vol**ante**	cred**ente**	divert**ente**	costitu**ente**

1. The present participle is used most frequently as an adjective or a noun.

> È stata una risposta **sorprendente.**
> **I rappresentanti** dei lavoratori e della ditta si sono incontrati ieri.
>
> *It was a surprising answer.*
> *The representatives of the workers and of the firm met yesterday.*

2. Less frequently, it can substitute for a relative clause.

> Gli extracomunitari **residenti** (che risiedono) in Italia affrontano molte difficoltà.
>
> *Immigrants residing (who reside) in Italy face many difficulties.*

The past participle*

volare	credere	divertire	costituire
vol**ato**	cred**uto**	divert**ito**	costitu**ito**

1. As you know, the past participle is used primarily to form compound tenses (the **passato prossimo, futuro anteriore,** etc.) and the passive voice. The past participle can also function as an adjective. In this case, it agrees in gender and number with the noun it modifies.

> Scrive favole di principesse **rapite** e castelli **incantati.**
> È un ragazzo **educato,** sempre rispettoso e cortese.
>
> *He/She writes tales of abducted princesses and enchanted castles.*
> *He's a well-brought-up young man, always respectful and courteous.*

2. Many past participles also serve as nouns.

> I **nati** soto il segno del Leone sono affascinanti e orgogliosi.
> Passiamo dalle parole ai **fatti.**
>
> *People born under the sign of Leo are charming and proud.*
> *Let's pass from words to deeds.*

3. The past participle can be used on its own in dependent clauses to express an action completed before that of the main clause. Used this way, the past participle of transitive verbs agrees in gender and number with the direct object: the past participle of intransitive verbs agrees with the implied subject.

> **Scritta la tesi,** andrà in Africa per un paio di mesi.
>
> *Having written his/her thesis, he/she will go to Africa for a couple of months.*
>
> **Partiti** in gran fretta, hanno dimenticato di avvertire gli altri.
>
> *Having left in a great hurry, they forgot to warn the others.*

---

*Irregular past participles are listed in Chapter 5, Section 1 (**Passato prossimo**) and in Appendix I.

4. Object and reflexive pronouns attach to the past participle.

Alzatasi per uscire, salutò la compagnia.	*Having gotten up to leave, he/she said good-bye to the company.*
Piantato**lo**, è andata a Parigi a fare la cantante.	*Having left him, she went to Paris to become a singer.*

5. **Appena** and **una volta** can precede the past participle.

Appena arrivato, è andato a dormire.	*As soon as he arrived, he went to sleep.*
Una volta presa una decisione, è proprio risoluta.	*Once she's made a decision, she's absolutely determined.*

6. The past participle can also be used with its own subject in the absolute construction (**la costruzione assoluta**). As always, the participle agrees with its subject in gender and number.

Cresciuta la figlia, si sono trasferiti in un appartamento.	*Since [Once] their daughter was grown, they moved to an apartment.*

Un po' di pratica

A. Sinonimi. Scegliendo dalla seguente lista, trovate un'espressione equivalente.

Espressioni: un abitante, affascinante, un amante, un cantante, un detto (*saying*), una difesa, un dirigente, divertente, interessante, un laureato, gli scritti

ESEMPIO: chi ha finito l'università → un laureato

1. chi abita in uno spazio geografico determinato
2. piacevole, spassoso (*amusing*), scherzoso
3. un professionista di canto
4. le varie opere letterarie di uno scrittore o di una scrittrice
5. bellissimo, attraente, incantevole (*enchanting*)
6. chi ha un rapporto d'amore con una persona
7. chi dirige una ditta; un (una) manager
8. un motto, un'affermazione
9. una protezione, un aiuto
10. stimolante, degno (*worthy*) d'attenzione

B. Dialoghi-lampo. Completate gli scambi con la forma adatta delle espressioni seguenti.

Espressioni: passante, perdente, rappresentante, rimanente, sorridente, stressante, vincente

1. —Hai l'aria stanca oggi.
   —Lo so. Sto passando (*I'm going through*) un periodo molto _____.

2. —Come hai trovato quella panetteria (*bakery*)?
   —Me l'aveva indicato un _____.
3. —Perché fai il clown?
   —Per vedere tutti quei visi (*faces*) _____!
4. —Cos'avete fatto dopo la partita?
   —Noi della squadra (*team*) _____ siamo andate a festeggiare e, dato che siamo brave ragazze, abbiamo invitato anche quelle della squadra _____.
5. —Mirella, hai corretto tutti gli esami?
   —No, ne ho corretti dieci, i _____ li farò domani.
6. —Quale candidato hanno scelto per il comitato? Quel senatore del Texas?
   —No, perché i deputati _____ il New England erano contrari.

C. Pensieri vari. Completate le frasi con uno dei participi passati dalla lista che segue.

Partecipi: compreso (*including*), disoccupato, entrata, iscritto, malato, passato, previsto, risultato

1. Fa il medico, ma lavora in laboratorio; non cura i _____.
2. Hanno partecipato circa 500 persone, ben più del _____.
3. Si sapranno i _____ dell'indagine fra un paio di settimane.
4. Tutti hanno applaudito all' _____ dell'attrice principale.
5. Nel _____, poche donne lavoravano fuori di casa.
6. Hanno dovuto annullare il corso perché gli _____ erano troppo pochi.
7. Ci hanno invitati tutti, _____ i bambini.
8. Sebbene l'economia sia in espansione, il problema dei _____ non è diminuito.

D. Dopo il boom. Trasformate le frasi usando il participio passato.

ESEMPIO: *Poiché sono cresciuti con tutti gli agi* (*comforts*)*, i giovani d'oggi sono piuttosto viziati* (*spoiled*). →
   Cresciuti con tutti gli agi, i giovani d'oggi sono piuttosto viziati.

1. *Dopo aver acquistato tante auto,* gli italiani cominciano a preoccuparsi dell'ambiente.
2. *Poiché hanno smesso di fumare,* godono di buona salute.
3. *Ora che si sono affermate come professioniste,* molte donne preferiscono non dedicarsi alla famiglia.
4. *Anche se hanno riscoperto i vantaggi delle città medio-piccole,* molti italiani preferiscono lo stesso vivere nelle grandi città.
5. *Poiché si sono comprati la casa,* tanti credono di avere un «bene rifugio» anti-inflazione.
6. *Dato che hanno migliorato le proprie condizioni economiche,* molti si possono concedere svaghi come vacanze, teatro e concerti.

4. Gerundio e tempi progressivi

Gerunds

The Italian gerund corresponds to the present participle in English.

Vedendo i palloncini e i regali, è rimasta molto sorpresa.	*Seeing the balloons and the presents, she was very surprised.*
Non **avendo letto** la proposta del presidente, non la potrei criticare.	*Not having read the president's plan, I couldn't comment on it.*

Forms

1. There are two gerunds: present (or simple) (*walking, running*), and past (or compound) (*having walked, having run*). The gerund is invariable. The following charts show the two forms in Italian.

GERUNDIO PRESENTE (SEMPLICE)		
parl**are**	sc**e**ndere	part**ire**, fin**ire**
parl**ando**	scend**endo**	part**endo**, fin**endo**

GERUNDIO PASSATO (COMPOSTO)	
VERBI CON **avere**	VERBI CON **essere**
avendo parl**ato**	**essendo** partit**o/a/i/e**

2. Verbs that use their original Latin or archaic Italian stem to form the imperfect use the same stem to form the gerund.

bere → **beve**vo → **beve**ndo
dire → **dice**vo → **dice**ndo
fare → **face**vo → **face**ndo
tradurre → **traduce**vo → **traduce**ndo

Uses

1. The gerund usually replaces a subordinate clause expressing cause, manner, means, or time. The present gerund conveys an action or condition simultaneous in time with that of the main clause; the past gerund conveys an action or condition prior to that of the main clause. In English, these constructions are introduced by expressions such as *while, since, as, when,* or *by.*

Dormendo (mentre dormivo) ho fatto un brutto sogno.	*While sleeping, I had a bad dream.*
Non **avendo letto** l'articolo, non ho potuto prendere parte alla discussione.	*Not having read the article, I couldn't take part in the discussion.*

Arrivando, abbiamo notato il gran disordine.

Upon arriving, we noticed the big mess.

Volendo, lo potresti fare facilmente.

Willing to, you could do it easily.

Eliminando molti cibi grassi, sono riusciti a dimagrire.

By eliminating many fatty foods, they managed to lose weight.

2. In these constructions, the gerund must have the same subject as the main clause.

SAME SUBJECT	DIFFERENT SUBJECTS
Ho visto tua sorella **tornando** a casa.	Ho visto tua sorella **che (mentre) tornava** a casa.
While [I was] going home, I saw your sister.	*I saw your sister [while she was] going home.*
Uscendo dal mercato ho incontrato il signor Zatti.	Ho incontrato il signor Zatti **che (mentre) usciva** dal mercato.
While [I was] leaving the market, I met Mr. Zatti.	*I met Mr. Zatti [while he was] leaving the market.*

3. If the past gerund is formed with **essere,** the past participle agrees with the subject in gender and number.

Essendo partiti in fretta, hanno dimenticato i pacchi.

Having left in a hurry, they forgot their packages.

4. Reflexive and object pronouns, **ci,** and **ne** are attached to the present gerund (and to **avendo** or **essendo** in the past gerund). When direct-object pronouns are used with the past gerund, the past participle agrees with the object in gender and number.

Sentendomi male, sono rimasta a letto tutto il giorno.

Since I felt ill, I stayed in bed all day.

Parlandogli, mi sono accorto che non mi ascoltava.

While speaking to him, I realized he wasn't listening.

Andandoci ogni giorno, abbiamo imparato i nomi delle strade.

By going there every day, we learned the names of the streets.

Essendoci rimasta a lungo, sono diventata piuttosto esperta.

Since I had stayed there a long time, I became quite an expert.

5. The construction **pur** + *gerund* can substitute for **benché (sebbene)** + *subjunctive.*

Pur essendo ricco (Benché sia ricco), non è felice.

Though he's rich, he's not happy.

Attenzione!   The English gerund often functions as a noun. In Italian, the gerund cannot function this way; the infinitive, however, can function as a noun.

Andare in aereo lo spaventa.

Flying terrifies him.

A me, invece, piace moltissimo **andare in aereo**.

I, however, really enjoy flying.

The progressive tenses

I TEMPI PROGRESSIVI		
	Presente	*Imperfetto**
io	**sto** leggendo	**stavo** leggendo
tu	**stai** leggendo	**stavi** leggendo
lui, lei, Lei	**sta** leggendo	**stava** leggendo
noi	**stiamo** leggendo	**stavamo** leggendo
voi	**state** leggendo	**stavate** leggendo
loro, Loro	**stanno** leggendo	**stavano** leggendo

1. The gerund can be used with the present or imperfect of **stare** to form the progressive tenses: **sto mangiando,** *I am (in the process of) eating;* **stavo dormendo,** *I was (in the process of) sleeping.* In Italian, these are emphatic forms; they are used (much less frequently than in English) to stress that an action is or was *in progress.*

Ragazzi, cosa **state facendo**?	*Guys, what are you doing [right now]?*
Stavo fantasticando quando il telefono è suonato.	*I was daydreaming when the phone rang.*

2. Pronouns, **ci,** and **ne** can either attach to the gerund or precede **stare.**

Ci stiamo pensando. (Stiamo pensando**ci.**)	*We're thinking about it.*
È entrata mentre **mi** stava abbracciando (stava abbracciando**mi**).	*She came in while he was embracing me.*

Un po' di pratica

A. In dormitorio. Sono le undici di sera. Dite quello che le seguenti persone stanno facendo in questo momento.

ESEMPIO: Anna (stirare i vestiti) → Sta stirando i vestiti.

1. io (chiacchierare al telefono)
2. Roberto (finire una traduzione)
3. voi due (guardare il telegiornale)
4. Piero ed io (discutere i programmi per il weekend)
5. tu (lavarsi)
6. i miei compagni di camera (aiutarsi con i compiti)

— Carlo! Stiamo esagerando!

AUTO A PASSO D'UOMO

---

*The progressive tenses can also be used in the subjunctive.

Mi pare che **stia** dormendo.	*I think he's sleeping.*
Credevo che **stesse** dormendo.	*I thought he was sleeping.*

Ora ripetete l'esercizio dicendo quello che stavano facendo alle undici ieri sera.

ESEMPIO: Anna (stirare i vestiti) → Stava stirando i vestiti.

B. Una giornata verde. Sostituite una costruzione con il gerundio (con o senza **pur**, secondo il contesto) alle espressioni indicate.

ESEMPI: *Mentre mi vestivo*, ho deciso di andare a piedi all'università. →
Vestendomi, ho deciso di andare a piedi all'università.
Sebbene avessi freddo, non ho portato il paltò (*overcoat*). →
Pur avendo freddo, non ho portato il paltò.

1. *Benché fossi un po' stanca*, non ho voluto usare la macchina.
2. Ho visto la mia amica Donata *mentre camminavo in via Verdi*.
3. *Quando mi sono fermata* all'angolo, ho depositato le pile scariche (*dead batteries*) nel recipiente.
4. Prima, non avrei fatto tanto fatica, *perché non sapevo* che le pile sono tossiche (*toxic*).
5. *Poiché siamo vegetariane*, Donata ed io non andiamo mai nei ristoranti dove servono sopratutto carne.
6. *Col cercare*, sono riuscita a trovare quaderni di carta riciclata.
7. *Sebbene ne avessi voglia*, mi sono rifiutata di comprare i salatini in confezioni (*snacks in packages*) di plastica.
8. *Se vuole*, uno riesce a «vivere verde» senza gravi difficoltà.

C. Ricchi, sani e inquinatori. Mario e Maria sono dei grandi consumatori. Ecco una serie di cose che hanno fatto nel corso di una loro giornata tipica. Parlatene secondo l'esempio.

ESEMPIO: *Quando avevano finito le bibite*, hanno lasciato le lattine (*cans*) per terra. →
Avendo finito le bitite, hanno lasciato le lattine per terra.

1. *Dato che si erano alzati tardi*, sono andati al lavoro in due macchine.
2. *Usciti in fretta*, hanno lasciato le luci accese.
3. *Dopo aver usato i contentori di plastica una volta*, li gettano via (*throw them away*) invece di riciclarli.
4. Sono andati a comprare nuove scarpe da ginnastica *benché quelle vecchie non fossero consumate* (worn out).
5. *Poiché non ci avevano pensato prima*, hanno dimenticato di portare con sè le pile da depositare.
6. Sono andati al mercato in motorino *sebbene avessero appena comprato la bici*.
7. *Dato che erano partiti senza i sacchetti* (bags) *di plastica*, hanno dovuto prenderne altri al mercato.

8. *Se avessero fatto uno sforzo,* non avrebbero provocato tanti danni all'ambiente.

D. Conversazione a ruota libera. Chiedete a un compagno/una compagna...

ESEMPI: cosa (fare) alle undici ieri sera →
—Cosa stavi facendo alle undici ieri sera?
—(Stavo guardando «Cheers». E tu?)
—(Stavo litigando con la mia ragazza, purtroppo!)

in che modo (conoscere) persone nuove →
—In che modo conosci persone nuove?
—(Conosco persone nuove iscrivendomi in palestra.) E tu?
—(Conosco persone nuove organizzando grandi feste a casa dei miei genitori.)

5. Suffissi

Adjectives, adverbs, and nouns (including proper names) can be modified using suffixes to convey particular shades of meaning.

dolce → dolc**iastro** (*overly sweet*); male → mal**uccio**
(*rather poorly*); una ragazza → una ragazz**ina**
(*a little girl*); Carlo → Carl**etto** (*little Carlo, dear Carlo*)

Suffixes are common in Italian, but they are also very idiomatic—not all words can be modified with all suffixes, and many suffixes require changes in the spelling or gender of the root word.

There are four main categories of suffixes in Italian indicating, respectively, smallness (**diminutivi**), affection (**vezzeggiativi**), largeness (**accrescitivi**), and negative qualities (**peggiorativi**). These general guidelines will help you to recognize modified expressions.

1. The following are the most common suffixes denoting smallness or affection.

-ino/a/i/e*	bene	ben**ino**	*pretty well, nicely*
-etto/a/i/e	un giro	un gir**etto**	*a little stroll*
-ello/a/i/e	un vino	un vin**ello**	*a light wine*
-uccio/a (-ucci/e)	timido	timid**uccio**	*endearingly shy*
-icello/a/i/e	un vento	un vent**icello**	*a pleasant breeze*
-icino/a/i/e	un lume	un lum**icino**	*a small lamp*
-olino/a/i/e	una radio	una rad**iolina**	*a portable radio*
-(u)olo/a/i/e	un figlio	un figl**iuolo**	*a good boy, nice kid*

———

*Some feminine words become masculine when modified with **-ino:**
la finestra → il finestrino; la stanza → lo stanzino
Words ending in **-one** or **-ona** add **-c** before **-ino/a:**
una poltrona → una poltroncina; un sapone (*soap*) → un saponcino

2. The suffix -**one** (-**ona, -oni, -one**) indicates largeness.*

dei libri	→	dei lib**roni** (*big books, tomes*)
un affare (*business deal, bargain*)	→	un affar**one** (*a terrific deal*)
bene	→	ben**one** (*really well*)

3. The suffixes -**occio** (-**occia, -occi, -occe**) and -**otto/a/i/e** also indicate largeness, often in an affectionate or playful manner.

bello	→	bell**occio** (*really cute*)
grasso	→	grass**occio** (*nice and chubby*)
un giovane	→	un giovan**otto** (*a fine young fellow*)

4. The most common suffixes denoting negative qualities are -**accio** (-**accia, -acci, -acce**), -**astro/a/i/e**, and -**iciạttolo/a/i/e**.

una giornata	→	una giornat**accia** (*an awful day*)
un poeta	→	un poet**astro** (*a hack poet*)
un uomo	→	un om**iciạttolo** (*a shrimp*)

Attenzione!   Many words that appear to end in a suffix are in fact unrelated to their apparent root expression.

un caso (*case, affair*)	un casino (*mess*)
un matto (*crazy person*)	un mattone (*brick*)
un tacco (*heel*)	un tacchino (*turkey*) [un tacchetto = *small heel*]

Some words modified by suffixes take on specialized meanings.

la carta	→	il cartone (*cardboard*)
il padre	→	il padrino (*godfather*)
la scarpa	→	lo scarpone (*hiking or skiing boot*)

Un po' di pratica

A. Torniamo alle radici. Date la forma originale delle seguenti parole.

ESEMPIO: un lavoraccio → un lavoro

1. una casetta	**6.** un poetastro
2. un giovanotto	**7.** un nebbione
3. una giornataccia	**8.** maluccio
4. un venticello	**9.** piccolino
5. un giochetto	**10.** cattivaccio

B. Definizioni. Ora date una definizione delle espressioni dell'esercizio A.

ESEMPIO: un lavoraccio → un lavoro pesante, difficile o noioso

---

*Many feminine nouns become masculine when modified with -**one**:

la nebbia → il nebbione (*dense fog*); una palla → un pallone (*soccer ball*); una porta → un portone (*main entrance*)

C. Dialoghi-lampo. Completate gli scambi con le espressioni dalla lista che segue.

Espressioni: affarone, benino, giretto, grassoccio, pigrone, scarponi, tempaccio, timiduccio

1. —È bello il bambino di Chiara?
   —Bellissimo! È sano, _____, e sorride sempre.
2. —Facciamo una gita in montagna?
   —Va bene. Va' a prendere gli _____ mentre io faccio da mangiare.
3. —Andiamo a fare jogging!
   —Oggi sono un po' stanco. Facciamo invece un bel _____ intorno al lago e basta.
4. —Che stivali stupendi! E li hai pagati pochissimo.
   —Lo so. È stato un _____!
5. —Cos'hai fatto lo scorso weekend?
   —Niente. Ho dormito e basta. Sono stato proprio un _____.
6. —Franco ha invitato Linda alla festa?
   —Mah, quel _____ non ha ancora avuto il coraggio!
7. —Come sono eleganti i signori Rossi! E hanno una nuova Mercedes.
   —Ovviamente se la cavano _____.
8. —Povero me! Sto male da tre giorni. Che raffreddore!
   —Te l'avevo detto—non avresti dovuto uscire con quel _____.

L'ITALIA DAL VIVO

Turismo a Taormina

Prima visione. Guardate attentamente il video la prima volta senza audio. Poi cercate di rispondere alle seguenti domande.

1. Che tipo di programma sembra che sia nel video?
2. In quale stagione è stato girato il filmato?
3. Si vedono molti turisti?
4. Dove è situata Taormina?
5. Quali bellezze naturali si vedono nel video?

Seconda visione. Leggete il **Vocabolario utile** e guardate il video ancora due volte. La prima volta guardate ed ascoltate le informazioni generali. La seconda volta leggete gli esercizi che seguono e cercate delle informazioni specifiche che vi servono per completarli.

VOCABOLARIO UTILE

la fascia	*sector, category*
l'influsso	*influx*
il lusso	*luxury*

il potenziamento	*strengthening*
il pregio	*value, worth*
la previsione	*prediction*
la rassegna	*review, festival*
la ripresa	*renewal, revival*
alimentare	*to nourish, promote, increase*
entrare nel vivo	*to reach the apex*

Comprensione

A. Abbinate la colonna a sinistra con la colonna a destra secondo il loro significato.

influsso	spettacolo
alimentare	prezzi alti, alta qualità
lusso	classe
rassegna	arrivo
fascia	ammontare del numero

B. Ascoltate attentamente l'intervista al direttore dell'ufficio turistico di Taormina e rispondete alle seguenti domande.

1. Di quanta percentuale è aumentato il numero di turisti stranieri a Taormina?
    a. 3%
    b. 29%
    c. 10%
2. Di dove è la maggior parte di questi turisti?
    a. Stati Uniti
    b. Medio Oriente
    c. paesi europei
3. Su che tipo di turismo punta il direttore dell'Ufficio Turismo?
    a. turisti delle classi medio-alte
    b. turisti tedeschi
    c. turismo culturale
4. Oltre al mare ed al sole, che cosa ci vuole per attirare questo tipo di turismo?
    a. casino
    b. grandi magazzini
    c. rassegne e attrazioni culturali
5. Quali iniziative hanno contribuito ad attirare un maggior numero di turisti?
    a. teatro, cinema, balletto, ecc.
    b. gare sportive
    c. aumento di voli *charter* dai paesi esteri

Variazione

A. Scrivete una cartolina da Taormina a un amico/un'amica.

B. Attività di gruppo. Assieme ad un compagno/una compagna, scrivete l'itinerario di una vostra vacanza ideale.

METTIAMOLO PER ISCRITTO!

La società agiata*

1. Secondo voi, come se la cavano gli americani rispetto agli italiani durante gli anni '90? Basate le vostre opinioni sulla lettura di questo capitolo, su altre fonti di informazione (riviste, giornali, trasmissioni) e sulle vostre esperienze personali. Credete che ci siano notevoli differenze tra il tenore di vita degli italiani e quello degli americani? Se sì, quali?

2. Come definireste voi «la prosperità»? Secondo voi, la prosperità descritta nella lettura di questo capitolo è un bene (*good thing*) puro e semplice, o comporta anche danni e compromessi? Date esempi concreti e spiegate la vostra opinione in base alle vostre osservazioni personali della società americana contemporanea.

3. Chiedete ai vostri genitori (o a una persona di quella generazione) e a qualche vostro coetaneo la loro definizione di «prosperità». Riassumetene i cinque o sei punti principali. Ci sono differenze tra le risposte delle due generazioni? Quali sono, e come le spieghereste?

---

*affluent

APPENDICI

I. Coniugazione dei verbi

II. Usi idiomatici delle preposizioni

I. CONIUGAZIONE DEI VERBI

A. Coniugazione del verbo avere

INFINITO
presente: avere
passato: aver(e) avuto

PARTICIPIO
presente: avente (*raro*)
passato: avuto

GERUNDIO
presente: avendo
passato: avendo avuto

INDICATIVO

PRESENTE	IMPERFETTO	PASSATO REMOTO	FUTURO
ho	avevo	ebbi	avrò
hai	avevi	avesti	avrai
ha	aveva	ebbe	avrà
abbiamo	avevamo	avemmo	avremo
avete	avevate	aveste	avrete
hanno	avevano	ebbero	avranno

PASSATO PROSSIMO	TRAPASSATO	TRAPASSATO REMOTO	FUTURO ANTERIORE
ho	avevo	ebbi	avrò
hai	avevi	avesti	avrai
ha (avuto)	aveva (avuto)	ebbe (avuto)	avrà (avuto)
abbiamo	avevamo	avemmo	avremo
avete	avevate	aveste	avrete
hanno	avevano	ebbero	avranno

CONDIZIONALE

PRESENTE	PASSATO
avrei	avrei
avresti	avresti
avrebbe	avrebbe (avuto)
avremmo	avremmo
avreste	avreste
avrebbero	avrebbero

CONGIUNTIVO

PRESENTE	IMPERFETTO	PASSATO	TRAPASSATO
abbia	avessi	abbia	avessi
abbia	avessi	abbia	avessi
abbia	avesse	abbia (avuto)	avesse (avuto)
abbiamo	avessimo	abbiamo	avessimo
abbiate	aveste	abbiate	aveste
abbiano	avessero	abbiano	avessero

IMPERATIVO

—
abbi (non avere)
abbia
abbiamo
abbiate
abbiano

B. Coniugazione del verbo essere

INFINITO
presente: essere
passato: esser(e) stato/a/i/e

PARTICIPIO
presente: ——
passato: stato/a/i/e

GERUNDIO
presente: essendo
passato: essendo stato/a/i/e

INDICATIVO

PRESENTE	IMPERFETTO	PASSATO REMOTO	FUTURO
sono	ero	fui	sarò
sei	eri	fosti	sarai
è	era	fu	sarà
siamo	eravamo	fummo	saremo
siete	eravate	foste	sarete
sono	erano	furono	saranno

PASSATO PROSSIMO	TRAPASSATO	TRAPASSATO REMOTO	FUTURO ANTERIORE
sono	ero	fui	sarò
sei (stato/a)	eri (stato/a)	fosti (stato/a)	sarai (stato/a)
è	era	fu	sarà
siamo	eravamo	fummo	saremo
siete (stati/e)	eravate (stati/e)	foste (stati/e)	sarete (stati/e)
sono	erano	furono	saranno

CONDIZIONALE

PRESENTE	PASSATO
sarei	sarei
saresti	saresti (stato/a)
sarebbe	sarebbe
saremmo	saremmo
sareste	sareste (stati/e)
sarebbero	sarebbero

CONGIUNTIVO

PRESENTE	IMPERFETTO	PASSATO	TRAPASSATO
sia	fossi	sia	fossi
sia	fossi	sia (stato/a)	fossi (stato/a)
sia	fosse	sia	fosse
siamo	fossimo	siamo	fossimo
siate	foste	siate (stati/e)	foste (stati/e)
siano	fossero	siano	fossero

IMPERATIVO

——
sii (non essere)
sia
siamo
siate
siano

C. Variations in spelling and pronunciation of conjugated verbs

1. Verbs ending in -**care** and -**gare** require an **h** in the **tu** and **noi** forms to maintain the hard sound of **c** and **g**: **dimenticare** → **dimentich**i, **dimentich**iamo; **litigare** → **litigh**i, **litigh**iamo.

2. Verbs ending in -**gere,** like **leggere, distruggere** (*to destroy*), and **dipingere** (*to paint*), follow a regular spelling pattern. However, they have a hard **g** sound in the first-person singular and third-person plural form: **leggo, leggono.** All other present-tense forms use the soft **g** sound: **leggi, leggete.**

3. Verbs ending in -**ciare** and -**giare** keep the soft **c** and **g** sound throughout: **cominciare** → **comincio, cominci, comincia.**

4. When verbs end in -**iare** and the **i** of the ending is stressed, the **tu** form requires an extra **i: inviare** → **invii.** When the **i** of the ending is not stressed, no doubling occurs: **studiare** → **studi.**

D. Verbi regolari

I. Coniugazione dei verbi in -are: imparare

INFINITO
presente: imparare
passato: aver(e) imparato

PARTICIPIO
presente: parlante
passato: parlato

GERUNDIO
semplice: parlando
composto: avendo parlato

INDICATIVO

PRESENTE	IMPERFETTO	PASSATO REMOTO	FUTURO
imparo	imparavo	imparai	imparerò
impari	imparavi	imparasti	imparerai
impara	imparava	imparò	imparerà
impariamo	imparavamo	imparammo	impareremo
imparate	imparavate	imparaste	imparerete
imparano	imparavano	impararono	impareranno

PASSATO PROSSIMO		TRAPASSATO		TRAPASSATO REMOTO		FUTURO ANTERIORE	
ho		avevo		ebbi		avrò	
hai		avevi		avesti		avrai	
ha	imparato	aveva	imparato	ebbe	imparato	avrà	imparato
abbiamo		avevamo		avemmo		avremo	
avete		avevate		aveste		avrete	
hanno		avevano		ebbero		avranno	

CONDIZIONALE

PRESENTE	PASSATO	
imparerei	avrei	
impareresti	avresti	
imparerebbe	avrebbe	imparato
impareremmo	avremmo	
imparereste	avreste	
imparerebbero	avrebbero	

CONGIUNTIVO

PRESENTE	IMPERFETTO
impari	imparassi
impari	imparassi
impari	imparasse
impariamo	imparassimo
impariate	imparaste
imparino	imparassero

PASSATO		TRAPASSATO	
abbia		avessi	
abbia		avessi	
abbia	imparato	avesse	imparato
abbiamo		avessimo	
abbiate		aveste	
abbiano		avessero	

IMPERATIVO

—
impara (non imparare)
impari
impariamo
imparate
imparino

2. Coniugazione dei verbi in -ere: vendere

INFINITO
presente: vendere
passato: aver(e) venduto

PARTICIPIO
presente: vendente
passato: venduto

GERUNDIO
semplice: vendendo
composto: avendo venduto

INDICATIVO

PRESENTE	IMPERFETTO	PASSATO REMOTO	FUTURO
vendo	vendevo	vendei (vendetti)	venderò
vendi	vendevi	vendesti	venderai
vende	vendeva	vendé (vendette)	venderà
vendiamo	vendevamo	vendemmo	venderemo
vendete	vendevate	vendeste	venderete
vendono	vendevano	venderono (vendettero)	venderanno

PASSATO PROSSIMO		TRAPASSATO		TRAPASSATO REMOTO		FUTURO ANTERIORE	
ho		avevo		ebbi		avrò	
hai		avevi		avesti		avrai	
ha	venduto	aveva	venduto	ebbe	venduto	avrà	venduto
abbiamo		avevamo		avemmo		avremo	
avete		avevate		aveste		avrete	
hanno		avevano		ebbero		avranno	

CONDIZIONALE

PRESENTE	PASSATO	
venderei	avrei	
venderesti	avresti	
venderebbe	avrebbe	venduto
venderemmo	avremmo	
vendereste	avreste	
venderebbero	avrebbero	

CONGIUNTIVO

PRESENTE	IMPERFETTO
venda	vendessi
venda	vendessi
venda	vendesse
vendiamo	vendessimo
vendiate	vendeste
vendano	vendessero

PASSATO		TRAPASSATO	
abbia		avessi	
abbia		avessi	
abbia	venduto	avesse	venduto
abbiamo		avessimo	
abbiate		aveste	
abbiano		avessero	

IMPERATIVO

—
vendi (non vendere)
venda
vendiamo
vendete
vendano

3. Coniugazione dei verbi in –ire: sentire

INFINITO
presente: sentire
passato: aver(e) sentito

PARTICIPIO
presente: sentente
passato: sentito

GERUNDIO
semplice: sentendo
composto: avendo sentito

INDICATIVO

PRESENTE	IMPERFETTO	PASSATO REMOTO	FUTURO
sento	sentivo	sentii	sentirò
senti	sentivi	sentisti	sentirai
sente	sentiva	sentì	sentirà
sentiamo	sentivamo	sentimmo	sentiremo
sentite	sentivate	sentiste	sentirete
sentono	sentivano	sentirono	sentiranno

PASSATO PROSSIMO		TRAPASSATO		TRAPASSATO REMOTO		FUTURO ANTERIORE	
ho		avevo		ebbi		avrò	
hai		avevi		avesti		avrai	
ha	sentito	aveva	sentito	ebbe	sentito	avrà	sentito
abbiamo		avevamo		avemmo		avremo	
avete		avevate		aveste		avrete	
hanno		avevano		ebbero		avranno	

CONGIUNTIVO

PRESENTE	IMPERFETTO
senta	sentissi
senta	sentissi
senta	sentisse
sentiamo	sentissimo
sentiate	sentiste
sentano	sentissero

PASSATO		TRAPASSATO	
abbia		avessi	
abbia		avessi	
abbia	sentito	avesse	sentito
abbiamo		avessimo	
abbiate		aveste	
abbiano		avessero	

CONDIZIONALE

PRESENTE	PASSATO	
sentirei	avrei	
sentiresti	avresti	
sentirebbe	avrebbe	sentito
sentiremmo	avremmo	
sentireste	avreste	
sentirebbero	avrebbero	

IMPERATIVO

—
senti (non sentire)
senta
sentiamo
sentite
sentano

---

4. Coniugazione dei verbi in –ire: restituire (isc)

INFINITO
presente: restituire
passato: aver(e) restituito

PARTICIPIO
presente: restituente
passato: restituito

GERUNDIO
semplice: restituendo
composto: avendo restituito

INDICATIVO

PRESENTE	IMPERFETTO	PASSATO REMOTO	FUTURO
restituisco	restituivo	restituii	restituirò
restituisci	restituivi	restituisti	restituirai
restituisce	restituiva	restituì	restituirà
restituiamo	restituivamo	restituimmo	restituiremo
restituite	restituivate	restituiste	restituirete
restituiscono	restituivano	restituirono	restituiranno

PASSATO PROSSIMO		TRAPASSATO		TRAPASSATO REMOTO		FUTURO ANTERIORE	
ho		avevo		ebbi		avrò	
hai		avevi		avesti		avrai	
ha	restituito	aveva	restituito	ebbe	restituito	avrà	restituito
abbiamo		avevamo		avemmo		avremo	
avete		avevate		aveste		avrete	
hanno		avevano		ebbero		avranno	

CONGIUNTIVO

PRESENTE	IMPERFETTO
restituisca	restituissi
restituisca	restituissi
restituisca	restituisse
restituiamo	restituissimo
restituiate	restituiste
restituiscano	restituissero

PASSATO		TRAPASSATO	
abbia		avessi	
abbia		avessi	
abbia	restituito	avesse	restituito
abbiamo		avessimo	
abbiate		aveste	
abbiano		avessero	

CONDIZIONALE

PRESENTE	PASSATO	
restituirei	avrei	
restituiresti	avresti	
restituirebbe	avrebbe	restituito
restituiremmo	avremmo	
restituireste	avreste	
restituirebbero	avrebbero	

IMPERATIVO

—
restituisci (non restituire)
restituisca
restituiamo
restituite
restituiscano

E. Verbi irregolari

The following verbs are irregular only in the indicated form(s).

accadere   *to happen* (see **cadere**)

accendere   *to light* (see **prendere**)

accludere   *to enclose* (see **chiudere**)

accogliere   *to welcome* (see **cogliere**)

accorgersi   *to notice*
PASSATO REMOTO: mi accorsi, ti accorgesti, si accorse, ci accorgemmo, vi accorgeste, si accorsero
PARTICIPIO PASSATO: accorto

aggiungere   *to add* (see **assumere**)

andare   *to go*
INDICATIVO PRESENTE: vado, vai, va, andiamo, andate, vanno
CONGIUNTIVO PRESENTE: vada, vada, vada, andiamo, andiate, vadano
IMPERATIVO: va' (vai), vada, andiamo, andate, vadano
FUTURO: andrò, andrai, andrà, andremo, andrete, andranno
CONDIZIONALE: andrei, andresti, andrebbe, andremmo, andreste, andrebbero

apparire   *to appear*
INDICATIVO PRESENTE: appaio, appari, appare, appariamo, apparite, appaiono (*o* apparisco, apparisci, ecc.)
CONGIUNTIVO PRESENTE: appaia, appaia, appaia, appariamo, appariate, appaiano
IMPERATIVO: appari, appaia, appariamo, apparite, appaiano
PASSATO REMOTO: apparvi (apparsi) (apparii), apparisti, apparve, apparimmo, appariste, apparvero
PARTICIPIO PASSATO: apparso

appendere   *to hang* (*on the wall*) (see **prendere**)

aprire   *to open*
PASSATO REMOTO: apersi (aprii), apristi, aperse, aprimmo, apriste, apersero
PARTICIPIO PASSATO: aperto

assistere   *to assist*
PARTICIPIO PASSATO: assistito

assumere   *to hire*
PASSATO REMOTO: assunsi, assumesti, assunse, assumemmo, assumeste, assunsero
PARTICIPIO PASSATO: assunto

attendere   *to wait* (see **prendere**)

attrarre   *to attract* (see **trarre**)

avvenire   *to happen* (see **venire**)

bere   *to drink*
FUTURO: berrò, berrai, berrà, berremo, berrete, berranno
CONDIZIONALE: berrei, berresti, berrebbe, berremmo, berreste, berrebbero
PASSATO REMOTO: bevvi, bevesti, bevve, bevemmo, beveste, bevvero

The archaic stem **bev-** is used in all other forms with regular **-ere** endings.

cadere   *to fall*
FUTURO: cadrò, cadrai, cadrà, cadremo, cadrete, cadranno
CONDIZIONALE: cadrei, cadresti, cadrebbe, cadremmo, cadreste, cadrebbero
PASSATO REMOTO: caddi, cadesti, cadde, cademmo, cadeste, caddero

chiedere   *to ask*
PASSATO REMOTO: chiesi, chiedesti, chiese, chiedemmo, chiedeste, chiesero
PARTICIPIO PASSATO: chiesto

chiudere   *to close*
PASSATO REMOTO: chiusi, chiudesti, chiuse, chiudemmo, chiudeste, chiusero
PARTICIPIO PASSATO: chiuso

cogliere   *to pick* (*flowers, etc.*)
INDICATIVO PRESENTE: colgo, cogli, coglie, cogliamo, cogliete, colgono
CONGIUNTIVO PRESENTE: colga, colga, colga, cogliamo, cogliate, colgano
IMPERATIVO: cogli, colga, cogliamo, cogliate, colgano
PASSATO REMOTO: colsi, cogliesti, colse, cogliemmo, coglieste, colsero
PARTICIPIO PASSATO: colto

commuovere   *to touch the emotions, to affect* (see **muovere**)

comparire   *to appear* (see **apparire**)

compire (**compiere**)   *to complete*
INDICATIVO PRESENTE: compio, compi, compie, compiamo, compite, compiono
CONGIUNTIVO PRESENTE: compia, compia, compia, compiamo, compiate, compiano
IMPERATIVO: compi, compia, compiamo, compite, compiano
PARTICIPIO PASSATO: compiuto
GERUNDIO: compiendo

comporre   *to compose* (see **porre**)

comprendere   *to understand* (see **prendere**)

concludere   *to conclude* (see **chiudere**)

condurre   *to conduct* (see **tradurre**)

confondere   *to confuse* (see **chiudere**)

conoscere   *to know; to be acquainted with*
PASSATO REMOTO: conobbi, conoscesti, conobbe, conoscemmo, conosceste, conobbero
PARTICIPIO PASSATO: conosciuto

contenere   *to contain* (see **tenere**)

convincere   *to convince* (see **dipingere**)

coprire   *to cover*
PARTICIPIO PASSATO: coperto

correggere   *to correct* (see **leggere**)

correre   *to run*
PASSATO REMOTO: corsi, corresti, corse, corremmo, correste, corsero
PARTICIPIO PASSATO: corso

crescere *to grow*
  PASSATO REMOTO: crebbi, crescesti, crebbe, crescemmo, cresceste, crebbero
  PARTICIPIO PASSATO: cresciuto

cuocere *to cook*
  INDICATIVO PRESENTE: cuocio, cuoci, cuoce, cociamo, cocete, cuociono
  CONGIUNTIVO PRESENTE: cuocia, cuocia, cuocia, cociamo, cociate, cuociano
  PASSATO REMOTO: cossi, cocesti, cosse, cocemmo, coceste, cossero
  PARTICIPIO PASSATO: cotto

dare *to give*
  INDICATIVO PRESENTE: do, dai, dà, diamo, date, danno
  CONGIUNTIVO PRESENTE: dia, dia, dia, diamo, diate, diano
  IMPERATIVO: da' (dai), dia, diamo, date, diano
  CONGIUNTIVO IMPERFETTO: dessi, dessi, desse, dessimo, deste, dessero
  FUTURO: darò, darai, darà, daremo, darete, daranno
  CONDIZIONALE: darei, daresti, darebbe, daremmo, dareste, darebbero
  PASSATO REMOTO: diedi (detti), desti, diede (dette), demmo, deste, diedero (dettero)

decidere *to decide*
  PASSATO REMOTO: decisi, decidesti, decise, decidemmo, decideste, decisero
  PARTICIPIO PASSATO: deciso

dedurre *to deduce* (see **tradurre**)

deporre *to put down; to depose* (see **porre**)

difendere *to defend* (see **prendere**)

dipendere *to depend* (see **prendere**)

dipingere *to paint*
  PASSATO REMOTO: dipinsi, dipingesti, dipinse, dipingemmo, dipingeste, dipinsero
  PARTICIPIO PASSATO: dipinto

dire *to say*
  INDICATIVO PRESENTE: dico, dici, dice, diciamo, dite, dicono
  CONGIUNTIVO PRESENTE: dica, dica, dica, diciamo, diciate, dicano
  IMPERATIVO: di', dica, diciamo, dite, dicano
  FUTURO: dirò, dirai, dirà, diremo, direte, diranno
  CONDIZIONALE: direi, diresti, direbbe, diremmo, direste, direbbero
  PASSATO REMOTO: dissi, dicesti, disse, dicemmo, diceste, dissero
  PARTICIPIO PASSATO: detto

The archaic stem **dic-** is used in all other forms with regular -**ere** endings.

discutere *to discuss*
  PASSATO REMOTO: discussi, discutesti, discusse, discutemmo, discuteste, discussero
  PARTICIPIO PASSATO: discusso

dispiacere *to be displeasing* (see **piacere**)

disporre *to dispose* (see **porre**)

distinguere *to distinguish* (see **dipingere**)

distrarre *to distract* (see **trarre**)

distruggere *to destroy*
PASSATO REMOTO: distrussi, distruggesti, distrusse, distruggemmo, distruggeste, distrussero
PARTICIPIO PASSATO: distrutto

divenire *to become* (see **venire**)

dividere *to divide, to share*
PASSATO REMOTO: divisi, dividesti, divise, dividemmo, divideste, divisero
PARTICIPIO PASSATO: diviso

dovere *to have to; to owe*
INDICATIVO PRESENTE: devo (debbo), devi, deve, dobbiamo, dovete, devono (debbono)
CONGIUNTIVO PRESENTE: debba, debba, debba, dobbiamo, dobbiate, debbano
FUTURO: dovrò, dovrai, dovrà, dovremo, dovrete, dovranno
CONDIZIONALE: dovrei, dovresti, dovrebbe, dovremmo, dovreste, dovrebbero

eleggere *to elect* (see **leggere**)

esigere *to demand, to require*
PARTICIPIO PASSATO: esatto

esistere *to exist*
PARTICIPIO PASSATO: esistito

esplodere *to explode*
PASSATO REMOTO: esplosi, esplodesti, esplose, esplodemmo, esplodeste, esplosero
PARTICIPIO PASSATO: esploso

esporre *to expose* (see **porre**)

esprimere *to express*
PASSATO REMOTO: espressi, esprimesti, espresse, esprimemmo, esprimeste, espressero
PARTICIPIO PASSATO: espresso

estrarre *to extract* (see **trarre**)

evadere *to escape*
PASSATO REMOTO: evasi, evadesti, evase, evademmo, evadeste, evasero
PARTICIPIO PASSATO: evaso

fare *to do, to make*
INDICATIVO PRESENTE: faccio, fai, fa, facciamo, fate, fanno
CONGIUNTIVO PRESENTE: faccia, faccia, faccia, facciamo, facciate, facciano
IMPERATIVO: fa' (fai), facciamo, fate, facciano
IMPERFETTO: facevo, facevi, faceva, facevamo, facevate, facevano
CONGIUNTIVO IMPERFETTO: facessi, facessi, facesse, facessimo, faceste, facessero
FUTURO: farò, farai, farà, faremo, farete, faranno
CONDIZIONALE: farei, faresti, farebbe, faremmo, fareste, farebbero
PASSATO REMOTO: feci, facesti, fece, facemmo, faceste, fecero
PARTICIPIO PASSATO: fatto
GERUNDIO: facendo

fingere *to pretend* (see **dipingere**)

giungere *to arrive* (see **assumere**)

godere   *to enjoy*
FUTURO: godrò, godrai, godrà, godremo, godrete, godranno
CONDIZIONALE: godrei, godresti, godrebbe, godremmo, godreste, godrebbero

illudersi   *to delude oneself* (see **chiudere**)

imporre   *to impose* (see **porre**)

indurre   *to induce, to lead* (see **tradurre**)

insistere   *to insist* (see **esistere**)

interrompere   *to interrupt* (see **rompere**)

intervenire   *to intervene* (see **venire**)

introdurre   *to introduce* (see **tradurre**)

iscriversi   *to sign up* (see **scrivere**)

leggere   *to read*
PASSATO REMOTO: lessi, leggesti, lesse, leggemmo, leggeste, lessero
PARTICIPIO PASSATO: letto

mantenere   *to maintain* (see **tenere**)

mettere   *to put, to place*
PASSATO REMOTO: misi, mettesti, mise, mettemmo, metteste, misero
PARTICIPIO PASSATO: messo

mordere   *to bite*
PASSATO REMOTO: morsi, mordesti, morse, mordemmo, mordeste, morsero
PARTICIPIO PASSATO: morso

morire   *to die*
INDICATIVO PRESENTE: muoio, muori, muore, moriamo, morite, muoiono
CONGIUNTIVO PRESENTE: muoia, muoia, muoia, moriamo, moriate, muoiano
IMPERATIVO: muori, muoia, moriamo, morite, muoiano
PARTICIPIO PASSATO: morto

muovere   *to move*
PASSATO REMOTO: mossi, muovesti, mosse, muovemmo, muoveste, mossero
PARTICIPIO PASSATO: mosso

nascere   *to be born*
PASSATO REMOTO: nacqui, nascesti, nacque, nascemmo, nasceste, nacquero
PARTICIPIO PASSATO: nato

nascondere   *to hide*
PASSATO REMOTO: nascosi, nascondesti, nascose, nascondemmo, nascondeste, nascosero
PARTICIPIO PASSATO: nascosto

occorrere   *to be necessary* (see **correre**)

offendere   *to offend* (see **prendere**)

offrire   *to offer*
PARTICIPIO PASSATO: offerto

omettere   *to omit* (see **mettere**)

opporre   *to oppose* (see **porre**)

parere   *to appear*
　　INDICATIVO PRESENTE: paio, pari, pare, paiamo, parete, paiono
　　CONGIUNTIVO PRESENTE: paia, paia, paia, paiamo (pariamo), paiate, paiano
　　IMPERATIVO: pari, paia, paiamo, parete, paiano
　　FUTURO: parrò, parrai, parrà, parremo, parrete, parranno
　　CONDIZIONALE: parrei, parresti, parrebbe, parremmo, parreste, parrebbero
　　PASSATO REMOTO: parvi, paresti, parve, paremmo, pareste, parvero
　　PARTICIPIO PASSATO: parso

perdere   *to lose*
　　PASSATO REMOTO: persi (perdei) (perdetti), perdesti, perse, perdemmo, perdeste, persero
　　PARTICIPIO PASSATO: perso (perduto)

permettere   *to permit* (see **mettere**)

persuadere   *to persuade*
　　PASSATO REMOTO: persuasi, persuadesti, persuase, persuademmo, persuadeste, persuasero
　　PARTICIPIO PASSATO: persuaso

piacere   *to be pleasing*
　　INDICATIVO PRESENTE: piaccio, piaci, piace, piacciamo, piacete, piacciono
　　CONGIUNTIVO PRESENTE: piaccia, piaccia, piaccia, piacciamo, piacciate, piacciano
　　IMPERATIVO: piaci, piaccia, piacciamo, piacete, piacciano
　　PASSATO REMOTO: piacqui, piacesti, piacque, piacemmo, piaceste, piacquero
　　PARTICIPIO PASSATO: piaciuto

piangere   *to cry*
　　PASSATO REMOTO: piansi, piangesti, pianse, piangemmo, piangeste, piansero
　　PARTICIPIO PASSATO: pianto

piovere   *to rain*
　　PASSATO REMOTO: piovve

porgere   *to hand*
　　PASSATO REMOTO: porsi, porgesti, porse, porgemmo, porgeste, porsero
　　PARTICIPIO PASSATO: porto

porre   *to place*
　　INDICATIVO PRESENTE: pongo, poni, pone, poniamo, ponete, pongono
　　CONGIUNTIVO PRESENTE: ponga, ponga, ponga, poniamo, poniate, pongano
　　CONGIUNTIVO IMPERFETTO: ponessi, ponessi, ponesse, ponessimo, poneste, ponessero
　　IMPERATIVO: poni, ponga, poniamo, ponete, pongano
　　PASSATO REMOTO: posi, ponesti, pose, ponemmo, poneste, posero
　　PARTICIPIO PASSATO: posto
　　GERUNDIO: ponendo

posporre   *to postpone; to place after* (see **porre**)

possedere   *to possess* (see **sedersi**)

potere   *to be able to*
INDICATIVO PRESENTE: posso, puoi, può, possiamo, potete, possono
CONGIUNTIVO PRESENTE: possa, possa, possa, possiamo, possiate, possano
FUTURO: potrò, potrai, potrà, potremo, potrete, potranno
CONDIZIONALE: potrei, potresti, potrebbe, potremmo, potreste, potrebbero

prendere   *to take*
PASSATO REMOTO: presi, prendesti, prese, prendemmo, prendeste, presero
PARTICIPIO PASSATO: preso

presumere   *to presume* (see **assumere**)

prevedere   *to foresee* (see **vedere**)

produrre   *to produce* (see **tradurre**)

promettere   *to promise* (see **mettere**)

promuovere   *to promote* (see **muovere**)

proporre   *to propose* (see **porre**)

proteggere   *to protect* (see **leggere**)

pungere   *to sting* (see **assumere**)

raggiungere   *to reach; to achieve* (see **assumere**)

reggere   *to support; to govern* (see **leggere**)

rendere   *to render; to give back* (see **prendere**)

resistere   *to resist* (see **esistere**)

richiedere   *to ask for again; to require* (see **chiedere**)

ridere   *to laugh* (see **dividere**)

ridurre   *to reduce* (see **tradurre**)

riempire   *to fill; to fill out* (*a form*)
INDICATIVO PRESENTE: riempio, riempi, riempie, riempiamo, riempite, riempiono
CONGIUNTIVO PRESENTE: riempia, riempia, riempia, riempiamo, riempiate, riempiano
IMPERATIVO: riempi, riempia, riempiamo, riempite, riempiano

rimanere   *to remain*
INDICATIVO PRESENTE: rimango, rimani, rimane, rimaniamo, rimanete, rimangono
CONGIUNTIVO PRESENTE: rimanga, rimanga, rimanga, rimaniamo, rimaniate, rimangano
IMPERATIVO: rimani, rimanga, rimaniamo, rimanete, rimangano
FUTURO: rimarrò, rimarrai, rimarrà, rimarremo, rimarrete, rimarranno
CONDIZIONALE: rimarrei, rimarresti, rimarrebbe, rimarremmo, rimarreste, rimarrebbero
PASSATO REMOTO: rimasi, rimanesti, rimase, rimanemmo, rimaneste, rimasero
PARTICIPIO PASSATO: rimasto

riprendere   *to resume* (see **prendere**)

risolvere   *to resolve*
PASSATO REMOTO: risolsi (risolvei) (risolvetti), risolvesti, risolse, risolvemmo, risolveste, risolsero
PARTICIPIO PASSATO: risolto

rispondere   *to answer* (see **nascondere**)

riuscire   *to succeed, to manage to* (see **uscire**)

rompere   *to break*
PASSATO REMOTO: ruppi, rompesti, ruppe, rompemmo, rompeste, ruppero
PARTICIPIO PASSATO: rotto

salire   *to go up; to get into* (*a vehicle*)
INDICATIVO PRESENTE: salgo, sali, sale, saliamo, salite, salgono
CONGIUNTIVO PRESENTE: salga, salga, salga, saliamo, saliate, salgano
IMPERATIVO: sali, salga, saliamo, salite, salgano

sapere   *to know* (*facts*); *to know how* (*to do something*)
INDICATIVO PRESENTE: so, sai, sa, sappiamo, sapete, sanno
CONGIUNTIVO PRESENTE: sappia, sappia, sappia, sappiamo, sappiate, sappiano
IMPERATIVO: sappi, sappia, sappiamo, sapete, sappiano
FUTURO: saprò, saprai, saprà, sapremo, saprete, sapranno
CONDIZIONALE: saprei, sapresti, saprebbe, sapremmo, sapreste, saprebbero
PASSATO REMOTO: seppi, sapesti, seppe, sapemmo, sapeste, seppero

scegliere   *to choose*
INDICATIVO PRESENTE: scelgo, scegli, sceglie, scegliamo, scegliete, scelgono
CONGIUNTIVO PRESENTE: scelga, scelga, scelga, scegliamo, scegliate, scelgano
IMPERATIVO: scegli, scelga, scegliamo, scegliete, scelgano
PASSATO REMOTO: scelsi, scegliesti, scelse, scegliemmo, sceglieste, scelsero
PARTICIPIO PASSATO: scelto

scendere   *to go down; to get off* (*a vehicle*) (see **prendere**)

sciogliere   *to dissolve* (see **cogliere**)

scommettere   *to bet* (see **mettere**)

scomparire   *to disappear* (see **apparire**)

scomporsi   *to lose one's composure* (see **porre**)

scoprire   *to discover* (see **offrire**)

scrivere   *to write*
PASSATO REMOTO: scrissi, scrivesti, scrisse, scrivemmo, scriveste, scrissero
PARTICIPIO PASSATO: scritto

scuotere   *to shake, to stir up* (see **muovere**)

sedersi   *to sit down*
INDICATIVO PRESENTE: mi siedo (seggo), ti siedi, si siede, ci sediamo, vi sedete, si siedono (seggono)
CONGIUNTIVO PRESENTE: mi sieda (segga), ti sieda (segga), si sieda (segga), ci sediamo, vi sediate, si siedano (seggano)
IMPERATIVO: siediti, si sieda (segga), sediamoci, sedetevi, si siedano (seggano)

sedurre   *to seduce* (see **tradurre**)

smettere   *to quit* (see **mettere**)

soffrire   *to suffer* (see **offrire**)

sorgere   *to rise* (see **porgere**)

sorprendere   *to surprise* (see **prendere**)

sorridere   *to smile* (see **dividere**)

sospendere   *to suspend* (see **prendere**)

sostenere   *to support, to maintain* (see **tenere**)

spegnere   *to extinguish, to turn off*
   PASSATO REMOTO: spensi, spegnesti, spense, spegnemmo, spegneste, spensero
   PARTICIPIO PASSATO: spento

spendere   *to spend* (*money*) (see **prendere**)

spingere   *to push* (see **dipingere**)

stare   *to be; to stay*
   INDICATIVO PRESENTE: sto, stai, sta, stiamo, state, stanno
   CONGIUNTIVO PRESENTE: stia, stia, stia, stiamo, stiate, stiano
   IMPERATIVO: sta' (stai), stia, stiamo, state, stiano
   CONGIUNTIVO IMPERFETTO: stessi, stessi, stesse, stessimo, steste, stessero
   FUTURO: starò, starai, starà, staremo, starete, staranno
   CONDIZIONALE: starei, staresti, starebbe, staremmo, stareste, starebbero
   PASSATO REMOTO: stetti, stesti, stette, stemmo, steste, stettero

stendere   *to stretch out* (see **prendere**)

succedere   *to happen* (see **esprimere**)

supporre   *to suppose* (see **porre**)

svolgere   *to carry out, to develop* (see **risolvere**)

tacere   *to be silent*
   INDICATIVO PRESENTE: taccio, taci, tace, taciamo, tacete, tacciono
   CONGIUNTIVO PRESENTE: taccia, taccia, taccia, tacciamo, tacciate, tacciano
   IMPERATIVO: taci, taccia, taciamo, tacete, tacciano
   PASSATO REMOTO: tacqui, tacesti, tacque, tacemmo, taceste, tacquero
   PARTICIPIO PASSATO: taciuto

tendere   *to hold out* (see **prendere**)

tenere   *to keep*
   INDICATIVO PRESENTE: tengo, tieni, tiene, teniamo, tenete, tengono
   CONGIUNTIVO PRESENTE: tenga, tenga, tenga, teniamo, teniate, tengano
   IMPERATIVO: tieni, tenga, teniamo, tenete, tengano
   FUTURO: terrò, terrai, terrà, terremo, terrete, terranno
   CONDIZIONALE: terrei, terresti, terrebbe, terremmo, terreste, terrebbero
   PASSATO REMOTO: tenni, tenesti, tenne, tenemmo, teneste, tennero

togliere   *to remove* (see **cogliere**)

tradurre   *to translate*
   FUTURO: tradurrò, tradurrai, tradurrà, tradurremo, tradurrete, tradurranno
   CONDIZIONALE: tradurrei, tradurresti, tradurrebbe, tradurremmo, tradurreste, tradur-
     rebbero

PASSATO REMOTO: tradussi, traducesti, tradusse, traducemmo, traduceste, tradussero
PARTICIPIO PASSATO: tradotto

The archaic stem **traduc-** is used in all other cases with regular **-ere** endings.

trarre   *to pull*
INDICATIVO PRESENTE: traggo, trai, trae, traiamo, traete, traggono
CONGIUNTIVO PRESENTE: tragga, tragga, tragga, traiamo, traiate, traggano
IMPERATIVO: trai, tragga, traiamo, traete, traggano
IMPERFETTO: traevo, traevi, traeva, traevamo, traevate, traevano
CONGIUNTIVO IMPERFETTO: traessi, traessi, traesse, traessimo, traeste, traessero
FUTURO: trarrò, trarrai, trarrà, trarremo, trarreste, trarranno
CONDIZIONALE: trarrei, trarresti, trarrebbe, trarremmo, trarreste, trarrebbero
PASSATO REMOTO: trassi, traesti, trasse, traemmo, traeste, trassero
PARTICIPIO PASSATO: tratto
GERUNDIO: traendo

trascorrere   *to spend* (*time*) (see **correre**)

trattenere   *to hold back* (see **tenere**)

uccidere   *to kill* (see **dividere**)

udire   *to hear*
INDICATIVO PRESENTE: odo, odi, ode, udiamo, udite, odono
CONGIUNTIVO PRESENTE: oda, oda, oda, udiamo, udiate, odano
IMPERATIVO: odi, oda, udiamo, udite, odano

uscire   *to go out, to exit*
INDICATIVO PRESENTE: esco, esci, esce, usciamo, uscite, escono
CONGIUNTIVO PRESENTE: esca, esca, esca, usciamo, usciate, escano
IMPERATIVO: esci, esca, usciamo, uscite, escano

vedere   *to see*
FUTURO: vedrò, vedrai, vedrà, vedremo, vedrete, vedranno
CONDIZIONALE: vedrei, vedresti, vedrebbe, vedremmo, vedreste, vedrebbero
PASSATO REMOTO: vidi, vedesti, vide, vedemmo, vedeste, videro
PARTICIPIO PASSATO: visto (veduto)

venire   *to come*
INDICATIVO PRESENTE: vengo, vieni, viene, veniamo, venite, vengono
CONGIUNTIVO PRESENTE: venga, venga, venga, veniamo, veniate, vengano
IMPERATIVO: vieni, venga, veniamo, venite, vengano
FUTURO: verrò, verrai, verrà, verremo, verrete, verranno
CONDIZIONALE: verrei, verresti, verrebbe, verremmo, verreste, verrebbero
PASSATO REMOTO: venni, venisti, venne, venimmo, veniste, vennero
PARTICIPIO PASSATO: venuto

vincere   *to win* (see **dipingere**)

vivere   *to live*
FUTURO: vivrò, vivrai, vivrà, vivremo, vivrete, vivranno
CONDIZIONALE: vivrei, vivresti, vivrebbe, vivremmo, vivreste, vivrebbero
PASSATO REMOTO: vissi, vivesti, visse, vivemmo, viveste, vissero
PARTICIPIO PASSATO: vissuto

volere   *to want*
    INDICATIVO PRESENTE: voglio, vuoi, vuole, vogliamo, volete, vogliono
    CONGIUNTIVO PRESENTE: voglia, voglia, voglia, vogliamo, vogliate, vogliano
    IMPERATIVO: vogli, voglia, vogliamo, vogliate, vogliano
    FUTURO: vorrò, vorrai, vorrà, vorremo, vorrete, vorranno
    CONDIZIONALE: vorrei, vorresti, vorrebbe, vorremmo, vorreste, vorrebbero
    PASSATO REMOTO: volli, volesti, volle, volemmo, voleste, vollero

F. Verbi coniugati con *essere* nei tempi composti

In addition to the verbs listed below, all verbs used reflexively, reciprocally, or with impersonal constructions with **si** are conjugated with **essere** in compound tenses.

accadere	*to happen*	importare	*to matter*
andare	*to go*	ingrassare	*to gain weight*
arrivare	*to arrive*	mancare	*to be lacking*
arrossire	*to blush*	morire	*to die*
avvenire	*to happen*	nascere	*to be born*
bastare	*to be sufficient*	parere	*to seem*
bisognare	*to be necessary*	partire (ripartire)	*to leave*
cadere	*to fall*	passare†	*to stop by*
cambiare*	*to change*	piacere	*to be pleasing*
campare	*to live, get along*	restare	*to stay, remain*
capitare	*to happen*	ricorrere	*to resort; to have recourse*
cominciare*	*to begin*	rimanere	*to stay, remain*
comparire	*to appear, show up*	risultare	*to result, turn out (to be)*
costare	*to cost*	ritornare (tornare)	*to return*
crepare	*to kick the bucket; to burst*	riuscire	*to succeed*
crescere	*to grow*	salire*	*to get in; to go up*
dimagrire	*to lose weight*	saltare*	*to jump*
diminuire	*to diminish*	scappare	*to dash off; to run away*
dipendere	*to depend (on)*	scattare	*to go off*
dispiacere	*to be displeasing*	scendere*	*to get off; to go down*
diventare (divenire)	*to become*	scivolare	*to slip; to slide*
durare	*to last*	scomparire	*to disappear; to pass away*
entrare	*to enter*	scoppiare	*to burst; to explode*
esistere	*to exist*	sembrare	*to seem*
esplodere	*to explode*	servire‡	*to be useful*
essere	*to be*	sparire	*to vanish*
evadere	*to escape*	sprizzare	*to sprinkle; to squirt*
finire*	*to finish, end*	stare	*to be; to stay*
fuggire	*to run away*	succedere	*to happen*
giungere	*to arrive; to reach*	uscire	*to exit, go out*
guarire	*to get well, recover*	venire	*to come*
impazzire	*to go insane*		

---

*conjugated with **avere** when used with a direct object
†conjugated with **avere** when the meaning is *to spend* (*time*), *to pass*
‡conjugated with **avere** when the meaning is *to serve*

II. USI IDIOMATICI DELLE PREPOSIZIONI

A. Usi idiomatici delle preposizioni con i verbi e le espressioni verbali

1. Verbi seguiti da **a** + infinito

In addition to the expressions listed below, most verbs of motion (**andare, correre, fermarsi, passare, venire**) are followed by **a** + *infinitive*.

abituarsi a	*to get used to*
affrettarsi a	*to hasten, hurry up*
aiutare a	*to help*
cominciare (incominciare) a	*to start*
condannare a	*to condemn*
continuare a	*to continue*
convincere a	*to convince*
costringere a	*to oblige, compel*
decidersi a	*to make up one's mind*
divertirsi a	*to have fun*
fare meglio a	*to be better off*
fare presto a	*to (do something) quickly*
imparare a	*to learn (how)*
incorraggiare a	*to encourage*
insegnare a	*to teach*
invitare a	*to invite*
mandare a	*to send*
mettersi a	*to begin; to set about*
obbligare a	*to force; to oblige*
pensare a	*to think about*
persuadere a	*to persuade*
preparare a	*to prepare*
provare a	*to try*
rinunciare a	*to give up*
riprendere a	*to resume*
riuscire a	*to succeed, manage to*
sbrigarsi a	*to hurry*
servire a	*to be of use*
tornare a	*to start (doing something) again*
volerci a (per)	*to take, to require (used impersonally)*

2. Verbi seguiti da **di** + infinito

accettare di	*to accept*
accorgersi di	*to notice*
ammettere di	*to admit*
aspettare di	*to wait*
aspettarsi di	*to expect*
augurare di	*to wish*
augurarsi di	*to hope*
avere bisogno di	*to need*

avere il diritto di	*to have the right*
avere fretta di	*to be in a hurry*
avere l'impressione di	*to have the impression*
avere intenzione di	*to plan, intend to*
avere paura di	*to be afraid*
avere il piacere di	*to have the pleasure*
avere ragione di	*to be right*
avere tempo di	*to have time*
avere vergogna di	*to be ashamed*
avere voglia di	*to feel like*
cercare di	*to try*
cessare di	*to stop*
chiedere di	*to ask*
comandare di	*to command*
confessare di	*to confess*
consigliare di	*to advise*
contare di	*to intend to; to count on*
credere di	*to believe*
decidere di	*to decide*
dimenticare (dimenticarsi) di	*to forget*
dire di	*to say*
dispiacere di	*to be sorry (used with indirect objects)*
domandare di	*to ask*
dubitare di	*to doubt*
essere in grado di	*to be in a position to*
fantasticare di	*to (day)dream about*
fare a meno di	*to do without*
fare segno di	*to motion*
fingere di	*to pretend*
finire di	*to stop*
illudersi di	*to delude oneself*
impedire di	*to prevent*
infischiarsi di	*not to care about*
lamentarsi di	*to complain about*
meravigliarsi di	*to be surprised at*
minacciare di	*to threaten*
offrire di	*to offer*
ordinare di	*to order*
pensare di	*to plan, intend to*
pentirsi di	*to regret, repent*
permettere di	*to permit*
pregare di	*to beg*
preoccuparsi di	*to worry about*
proibire di	*to prohibit*
promettere di	*to promise*
proporre di	*to propose, suggest*
rendersi conto di	*to realize*
ricordare (ricordarsi) di	*to remember*
rifiutare (rifiutarsi) di	*to refuse, decline*
ringraziare di	*to thank (used with past infinitive)*
sapere di	*to know about*
sentirsela di	*to feel up to*

sforzarsi di	*to strive; to do one's best*
smettere di	*to quit*
sognare (sognarsi) di	*to dream about*
sperare di	*to hope*
stancarsi di	*to grow tired of*
suggerire di	*to suggest*
temere di	*to fear*
tentare di	*to attempt*
non vedere l'ora di	*not to be able to wait; to look forward to*
vergognarsi di	*to be ashamed of*
vietare di	*to forbid*

3. Verbi seguiti da altre preposizioni + infinito

CON

cominciare con	*to begin by*
finire con	*to end up by*

DA

guardarsi da	*to take care (not to do something); to refrain from*

PER

finire per	*to end up*
ringraziare per	*to thank for (used with past infinitive)*
stare per	*to be about to*

4. Verbi seguiti direttamente dall'infinito

In addition to the verbs listed below, most verbs of perception (**ascoltare, guardare, osservare, sentire, vedere,** etc.) and impersonal expressions (**basta, bisogna, è bene, è opportuno,** etc.) are followed directly by the infinitive.

amare	*to love*
desiderare	*to wish*
dovere	*to have to*
fare	*to make; to allow*
gradire	*to appreciate*
lasciare	*to allow*
osare	*to dare*
parere	*to seem*
piacere	*to be pleasing*
potere	*to be able*
preferire	*to prefer*
sapere	*to know how*
sembrare	*to seem*
volere	*to want*

5. Verbi seguiti da preposizione + nome o pronome

A

abituarsi a	*to get used to*
appoggiarsi a	*to lean on*
(as)somigliare a	*to resemble, look like*
credere a	*to believe in*

nascondere a	*to hide from*
partecipare a	*to participate in, take part in*
pensare a	*to think about/of*
rubare a	*to steal from*

CON

essere gentile con	*to be kind to*
congratularsi con qualcuno per qualcosa	*to congratulate someone on something*

DI

accorgersi di	*to notice*
chiedere di	*to ask for (a person)*
dimenticarsi di	*to forget; to overlook*
essere carico di	*to be loaded with*
essere contento (soddisfatto) di	*to be pleased with*
essere coperto di	*to be covered with*
fare a meno di	*to do without*
fidarsi di	*to trust*
innamorarsi di	*to fall in love with*
intendersi di	*to be (an) expert in; to understand*
interessarsi di (a)	*to be interested in*
lamentarsi di	*to complain about*
meravigliarsi di	*to be surprised at*
occuparsi di	*to take care of, see to*
piangere di (per)	*to cry with (for)*
rendersi conto di	*to realize*
ricordarsi di	*to remember*
ridere di	*to laugh at*
riempire di	*to fill with*
ringraziare di (per)	*to thank for*
saltare di (per)	*to jump with (for)*
soffrire di	*to suffer from*
trattare di	*to deal with*
vergognarsi di	*to be ashamed of*
vivere di	*to live on*

DA

dipendere da	*to depend on*
guardarsi da	*to beware of*

IN

consistere in	*to consist of*
essere bravo in	*to be good at*
sperare in	*to hope for*

B. Usi idiomatici delle preposizioni con gli aggettivi

1. Aggettivi seguiti da **a** + infinito

abituato a	*accustomed, used to*
attento a	*careful, attentive*
disposto a	*willing*
pronto a	*ready*

2. Aggettivi seguiti da **di** + infinito

ansioso di	*anxious*
capace (incapace) di	*capable (incapable)*
contento (scontento) di	*happy (unhappy)*
curioso di	*curious*
felice (lieto) di	*happy*
sicuro di	*sure, certain*
soddisfatto di	*satisfied*
stanco di	*tired*
triste di	*sad*

3. Aggettivi seguiti da **da** + infinito

bello da	*good, fine*
brutto da	*bad, ugly*
buono da	*good*
cattivo da	*bad*
difficile da	*difficult*
eccellente da	*excellent*
facile da	*easy*
orribile da	*horrible*

C. Altri usi idiomatici delle preposizioni

Here is a brief overview of some other common idiomatic uses of the prepositions **a, di, per, su,** and **da.**

A. **a**

1. to indicate a distinguishing detail or feature of something

una camicia **a fiori**	*a flowered shirt*
un quaderno **a quadretti**	*a graph-paper notebook*
una barca **a motore**	*a motorboat*

2. to signify *by* when used in the sense of *made by hand* or *made by machine*

un abito fatto **a** mano	*a handmade suit*
un ricamo fatto **a** macchina	*a machine-made [piece of] embroidery*

3. with **da** in indications of distance

a cinquanta chilometri **da** Roma	*fifty kilometers from Rome*
a due passi **dall'**albergo	*a few steps [a stone's throw] from the hotel*

4. in the articulated form (**a** + definite article), in expressions such as "three times a month" or "a dollar a pound"

Andate spesso al cinema? —Di solito una o due volte **al** mese.
Quanto costa il caffè? —8.000 lire **al** chilo.*

---

*1 chilo = approximately 2.10 pounds

5. in the articulated form, in the following miscellaneous expressions

alla radio	*on the radio*
al telefono	*on the phone*
alla televisione	*on television*

B. **di**

1. to indicate the material or contents of something

una camicia **di** seta	*a silk shirt*
un braccialetto **d'**oro	*a gold bracelet*
un barattolo **di** marmellata	*a jar of jam*
un libro **di** storia	*a history book*

2. with **qualcosa, niente,** or **nulla** followed by an adjective, in expressions where English would use no pronoun at all

Ho comprato qualcosa **di** bello!	*I bought something great* (lit., *beautiful*)!
Non abbiamo fatto niente **di** nuovo.	*We didn't do anything new.*
C'è qualcosa **d'**interessante alla TV?	*Is there anything interesting on TV?*

3. to signify *from* in reference to hometown or city of origin

Di dove sei?—Sono **di** Milano.	*Where are you from?—I'm from Milan.*

4. in the articulated form, to express *from* with reference to an American state

Di dove sono Bob e Carol?—**Del** Massachussetts.
Di dove siete tu ed i tuoi genitori?
—Io sono **dell'**Arkansas, ma i miei genitori sono **della** Louisiana.

C. **per**

1. in many expressions in which English uses two nouns to express purpose or destination (animal hospital = hospital for animals; cough syrup = syrup for coughs)

il cibo **per** i cani	*dog food*
un corso **per** addestramento	*a training course*

2. to mean *in, along,* or *through*

I due amici s'incontrano **per** strada.	*The two friends meet in the street.*
Passano **per** l'Austria prima di arrivare in Svizzera.	*They pass through Austria before arriving in Switzerland.*

3. in expressions in which English would use *by*, in the sense of *by air* or *by sea*

La lettera è arrivata **per** via aerea.	*The letter arrived by airmail.*
Ho spedito il pacco **per** mare.	*I sent the parcel by sea.*

4. in the phrase meaning *on the ground* or *on the floor*

Quel bambino lascia sempre i vestiti **per** terra.	*That child always leaves his clothes on the floor.*

D. **Su** (articulated forms)

1. to indicate topics

un libro **sull'**arte etrusca	*a book on Etruscan art*
un saggio **sulla** poesia moderna	*an essay on modern poetry*

2. to convey approximation

una signora **sulla** quarantina (cinquantina, sessantina)	*a lady about forty [fifty, sixty] years old*
sulle diecimila lire	*about 10,000 lire*

3. to refer to the contents of printed matter (most commonly a newspaper or magazine)

L'ho visto **sul** giornale.	*I saw it in the paper.*
Hai letto qualcosa di bello **sull'**ultimo numero dell'*Espresso*?	*Did you read something good in the latest issue of Espresso?*

E. **da**

1. between two nouns, to indicate the specific use or purpose of the first one

un vestito **da** donna	*a woman's dress*
le scarpe **da** ballo	*dancing shoes*
una camera **da** letto	*a bedroom*

2. with **qualcosa**, **niente**, or **nulla** followed by an infinitive

Non c'è mai niente **da** mangiare in questa casa!	*There's never anything to eat in this house!*
C'è qualcosa **da** vedere alla televisione?	*Is there anything (to see) on television?*

3. in the articulated form, to mean *to,* when referring to a professional office or service establishment

La zia Maria sta male; deve andare **dal** dottore.	*Aunt Maria is ill; she has to go to the doctor.*
La macchina non funziona; portiamola **dal** meccanico.	*The car isn't working; let's take it to the mechanic.*

4. before names of people (alone or in the articulated form) when talking about visiting

Andiamo **da** Roberto stasera?	*Are we going to Roberto's tonight?*
Chi è invitato alla festa **dai** Cornaro?	*Who's invited to the party at the Cornaros' house?*

5. before adjectives like **piccolo** and **grande** to mean *as,* in expressions denoting periods of a person's life

Da grande, Paoletto vuole fare l'astronauta.	*As a grownup [When he grows up], Paoletto wants to be an astronaut.*
Da piccole, io e mia sorella eravamo molto vivaci.	*As children, my sister and I were very lively.*
Da giovane, lo zio Luigi era sempre occupato; ora **da** vecchio, invece, non trova più niente da fare.	*As a young man, Uncle Luigi was always busy; now, as an old man, on the other hand, he can't find [doesn't find] anything to do.*

6. in the articulated form, to specify physical characteristics

un giovane **dagli** occhi azzurri	*a young man with blue eyes*
la signora **dai** capelli neri	*the lady with black hair*

VOCABOLARIO

This vocabulary contains contextual meanings of most of the Italian words and expressions used in this book. Active vocabulary from the **Vocabolario tematico** sections is indicated by the number of the chapter in which the word first appears. Exact cognates do not appear.

The gender of nouns is indicated by the definite article or, with nouns beginning with a vowel and ending in -**e,** by the abbreviations *m.* or *f.* Adjectives are listed by their masculine form. An asterisk (*) preceding a verb indicates that the verb requires **essere** in compound tenses; the dagger (†) indicates that the verb usually takes **essere** in compound tenses unless followed by a direct object, in which case it takes **avere.** The (**isc**) following a third conjugation (-**ire**) verb means that the verb is conjugated with -**isc**- in the present indicative, present subjunctive, and imperative.

In Italian words of two or more syllables, the stress generally falls on the next-to-last syllable. Exceptions to this rule are indicated in the **Vocabolario tematico** lists at the beginning of each chapter of this text.

ABBREVIATIONS

adj.	adjective	*inv.*	invariable
adv.	adverb	*m.*	masculine
conj.	conjunction	*n.*	noun
f.	feminine	*p.p.*	**passato prossimo**
Frn.	French	*p.r.*	**passato remoto**
inf.	infinitive	*pl.*	plural
interj.	interjection	*prep.*	preposition
		sing.	singular

A

abbandonare to abandon; to leave (2)
abbassare to lower, turn down
abbasso down with
abbastanza enough; rather, fairly
l'abbigliamento clothing
abbinare to combine; to match
l'abbonamento subscription
abbonarsi to take out a subscription
abbondante abundant, plentiful
abbondare to abound
abbracciare to hug
l'abbraccio hug
abitabile liveable (5)
l'abitante (*m. or f.*) inhabitant, resident
abitare to live, reside
l'abitazione (*f.*) house, dwelling
l'abito outfit; suit; dress
abitualmente usually

abituarsi (**a** + *n. or inf.*) to get used (to)
abituato a used to, in the habit of
l'abitudinario creature of habit
l'abitudine (*f.*) habit, custom (1)
abusivo abusive
l'abuso abuse
l'acca (the letter) H (10); **valere un'acca** to be worthless (10)
l'accademia academy, school
*****accadere** (*p.r.* **accaddi**) to happen (11)
accanto (*adv.*) nearby; **accanto a** (*prep.*) near; beside
accelerare to accelerate
accendere (*p.p.* **acceso;** *p.r.* **accesi**) to light; to turn on
l'accento accent
accentuatamente markedly, noticeably
acceso turned on
l'accesso access

l'accessorio accessory
accettare (**di** + *inf.*) to accept (3)
accidenti! damn!
l'acciuga anchovy
accogliere (*p.p.* **accolto;** *p.r.* **accolsi**) to welcome, accommodate (4)
accomodarsi to make oneself comfortable
accompagnare to accompany
accontentare to satisfy; **accountentarsi di** to be satisfied with (9)
accorciare to shorten
l'accordo agreement (3); chord; **andare d'accordo** to get along; **d'accordo** OK; **essere d'accordo** to be in agreement; **mettersi d'accordo** to come to an agreement
accorgersi (*p.p.* **accorto;** *p.r.* **accorsi**) to realize (1); **accorgersi di** to notice
accrescitivo augmentative

accumulare to accumulate
accuratamente carefully
accusato accused
l'aceto vinegar
acido acid; **la pioggia acida** acid rain
l'acqua water; **l'acqua dolce** fresh water
acquisire (isc) to acquire (13)
acquistare to acquire; to buy, purchase
l'acquisto purchase
l'acrobata (*m. or f.*) acrobat
acustico acoustic; auditory
adagio slowly; gently
adatto suitable
addormentarsi to fall asleep
addosso on one's back; **mettersi addosso** to put on (*clothing*)
adeguato adequate, suitable
aderire (isc) to join
adesso now
l'adolescenza adolescence
adoperare to use
adorare to adore
adottare to adopt
l'Adriatico Adriatic Ocean
l'adulto adult
l'aereo airplane; **andare in aereo** to go by plane; **in aereo** by plane; **per via aerea** by air mail
l'aereoporto airport
l'afa mugginess; **c'è afa** it's muggy
affacciarsi (a) to look or lean out (of) (12)
l'affare (*m.*) business; **affare fatto!** done!, it's a deal!; **gli affari** (*pl.*) business (12); **per affari** on business; **l'affarone** (*m.*) deal, bargain
affascinante fascinating, charming (1)
affatto at all, in the least; **nient'affatto** not at all
affermare to affirm; **affermarsi** to attain success, become popular (8)
l'affermazione (*f.*) affirmation, statement, assertion
affidabile reliable
affidare (a) to entrust (13)
affiggere (*p.p.* **affisso**; *p.r.* **affissi**) to affix, post
affinché in order that, so that
affittare to rent, let; **affittasi** for rent
l'affitto rent; **prendere in affitto** to rent
affliggere to afflict
l'afflusso influx; flow
affollato crowded (2)
affrettarsi to hurry
affrontare to face (1); to confront
afoso humid, muggy (4)
l'agenda pocket diary
l'aggettivo adjective

aggiungere (*p.p.* **aggiunto**; *p.r.* **aggiunsi**) to add
aggravare to increase; to make worse
aggressivo aggressive
agiato wealthy, well-off
l'agio ease, comfort; **gli agi** comforts
l'aglio garlic
l'agosto August
l'agraria agricultural science
agricolo agricultural
l'agricoltura agriculture
aiutare (a + *inf.*) to help, assist
l'aiuto help, assistance (3); **d'aiuto** helpful
l'ala (*pl.* **le ali**) wing (10)
albanese (*adj.*) Albanian person
l'albanese (*m. or f.*) Albanian person
l'albergo hotel
l'albero tree
l'alcolico (*pl.* **gli alcolici**) alcoholic drink
alcuni/e some, a few; some people
alcuno no, not any
l'alfabeto alphabet
l'alga seaweed
l'alienazione (*f.*) alienation
alimentare to contribute to; to nourish, promote, increase
allacciare to lace up (shoes)
l'allagamento flood, flooding (5)
l'allarme (*m.*) alarm; **lanciare l'allarme** to sound the alarm
l'allarmismo alarmism
allarmistico alarmist
alleato allied
l'alleato/l'alleata ally
l'allegria cheerfulness
allegro cheerful
allergico allergic
allevare to bring up (a child)
l'alloggio housing (1)
allontanare to distance from; **allontanarsi (da)** to move away (from) (8)
allora then, so
almeno at least
le Alpi the Alps
alpino alpine
altamente highly, greatly, remarkably
l'alterazione (*f.*) alteration, change
alternare to alternate; **alternarsi** to alternate, happen by turns
l'alternativa alternative
alternativo (*adj.*) alternative
l'altezza height; greatness
alto tall, high; **ad alta voce** aloud
altrimenti otherwise
altro other, different; **gli altri** others, other people; **l'altro ieri** the day before yesterday; **senz'altro** of course

altrove elsewhere, somewhere else
l'alunno/l'alunna student
alzare to raise; **alzarsi** to get up
l'amante (*m. or f.*) lover
amare to love
amaro bitter (14)
l'ambasciatore/l'ambasciatrice ambassador
ambientale environmental; **la scienza ambientale** environmental science (2)
ambientalista environmental
l'ambientalista (*m. or f.*) environmentalist
l'ambientamento orientation
l'ambientazione (*f.*) setting
l'ambiente (*m.*) environment; surroundings, milieu
ambito sought after
ambulante strolling
l'amicizia friendship
l'amico/l'amica (*pl.* **gli amici / le amiche**) friend
ammalato sick
ammazzare to kill
ammesso admitted
ammettere (*p.p.* **ammesso**; *p.r.* **ammisi**) to admit
amministrare to administer
amministrativo administrative
l'amministrazione (*f.*) administration
ammirare to admire
l'ammissione (*f.*) admission, entrance; **l'esame** (*m.*) **d'ammissione** entrance exam
ammonire (isc) to admonish, warn
ammontare to total
l'amore (*m.*) love
anacronistico anachronistic, old-fashioned
l'analfabeta (*m. or f.*) illiterate person (15)
l'analfabetismo illiteracy (9)
analizzare to analyze
l'ananas (*m. inv.*) pineapple
***andare** (*a + inf.*) to go; **andare a cavallo** to ride a horse; **andare a genio a qualcuno** to appeal to someone, be to one's liking; **andare a letto** to go to bed; **andare a piedi** to go on foot; **andare avanti** to go ahead; **andare d'accordo** to get along; **andare in aereo (in autobus, in bici)** to go by plane (bus, bike); **andare in campeggio** to go camping; **andare in centro** to go downtown; **andare in giro** to go around, drive around; **andare in montagna** to go to the mountains; **andare in onda** to be broadcast; **andare in palestra** to go to the gym; **andare in pensione** to retire; **andare in vacanza**

to go on vacation; **andare via** to go away; **andarsene** to leave, go away

l'andata going, outward journey; **andata e ritorno** round-trip

l'andazzo (bad) habit, practice

l'anello ring; link

l'anglismo English term

anglosassone Anglo-Saxon

l'angolo corner

angosciare to anguish; to worry

l'anidride (*f.*) **carbonica** carbon dioxide (6)

animalesco bestial

animarsi to come alive, wake up

animato animated; **i cartoni animati** cartoons

l'animazione (*f.*) animation; liveliness

l'animo mind; **di animo buono** kind-hearted (11)

l'anniversario anniversary

l'anno year; **l'anno scorso** last year

annodare to knot, tie a knot

annoiarsi to become bored

annuale annual

annullare to cancel

l'annunciatore/l'annunciatrice newscaster

l'annuncio announcement; **l'annuncio pubblicitario** advertisement

annuo yearly

l'ansia anxiety (14)

l'antenna antenna

l'anteprima preview

anteriore former

l'anticamera entrance, hall

l'anticastrista opponent of Fidel Castro

anticipare to anticipate

l'anticipo advance; **in anticipo** early

antico ancient; **all'antica** old-fashioned

l'antipasto hors d'oeuvre, appetizer

antipatico unpleasant; **essere antipatico** to be disagreeable

l'antirazzismo antiracism

l'antropologo/l'antropologa anthropologist

anzi in fact, actually (10)

anziano elderly, old

gli anziani (*pl.*) elderly people

anziché rather than

apatico apathetic, indifferent

l'ape (*f.*) bee

aperto open; **all'aperto** outdoors (10)

l'apocalisse (*f.*) Apocalypse

l'apostrofo apostrophe

apparecchiare to set the table

l'apparecchiatura equipment

apparentemente apparently (9)

l'apparenza appearance

*****apparire** (*p.p.* **apparso;** *p.r.* **apparvi**) to appear

l'appartamento apartment

†**appartenere** (*p.r.* **appartenni**) to be part of, belong (1)

l'appello appeal; administration of an exam

appena barely, just (5)

appendere (*p.p.* **appeso;** *p.r.* **appesi**) to hang

l'appendice (*f.*) appendix

l'appetito appetite; **buon'appetito** enjoy your meal

appiccicoso sticky, tacky

applaudire (**isc**) to applaud

applicarsi to apply oneself (to)

appoggiare to support

apposito special

apposta on purpose

apprensivo apprehensive, uneasy

apprezzare to appreciate (2)

approfondito deep

appropriato appropriate

approvare to approve

l'approvazione (*f.*) approval

l'appuntamento appointment; **darsi un appuntamento** to arrange to meet someone; **fissare un appuntamento** to make an appointment

appunto precisely, exactly

l'appunto note

aprire (*p.p.* **aperto**) to open

l'aquila eagle

l'arancia orange

l'aranciata orangeade

arancione (*inv.*) bright orange

l'archeologo/l'archeologa archeologist

l'architetto architect

architettonico architectonic (pertaining to the structural principles of architecture)

l'arco arch

arduo hard, difficult

l'area area, land

l'argento silver; **gli argenti** silver jewelry, accessories

l'argomento subject; argument

l'aria air; **avere l'aria** to appear, seem; **l'aria condizionata** air conditioning (4)

aristocratico aristocratic

l'aristocrazia aristocracy

l'arlecchino harlequin

l'arma (*pl.* **le armi**) arm, weapon

l'armadio wardrobe

arrabbiarsi to get angry (10)

arrabbiato angry

arredare to furnish

arrestato arrested

l'arricchimento enrichment

*****arrivare** to arrive

arrivederLa good-bye

l'arrivista (*m. or f.*) social climber

l'arrivo arrival

arrogante arrogant

arrosto roasted

l'arte (*f.*) art; **le belle arti** fine arts

articolato linked with an article

l'articolo article; item

l'artificio artifice; **i fuochi d'artificio** fireworks

l'artigianato craftsmanship

l'artigiano/l'artigiana craftsman

l'artista (*m. or f.*) artist, entertainer

arzigogolare to let one's mind wander; to muse, daydream

l'ascensore (*m.*) elevator

asciugare to dry

ascoltare to listen

l'asilo nursery school (13); **l'asilo (nido)** day-care center (13)

aspettare to wait (for); **aspettarsi** to expect

l'aspetto aspect, appearance

l'aspirapolvere (*m.*) vacuum cleaner

l'aspirazione (*f.*) aspiration (13)

l'aspirina aspirin

aspro rough, harsh

assaggiare to taste, try

assai much; enough

l'assassino/l'assassina murderer

assediato beseiged

l'assegno check

assente absent

l'assenza absence

assicurare to assure

le assicurazioni (*pl.*) insurance

assieme together (1)

l'assistente (*m. or f.*) assistant; junior faculty member

l'assistenza aid, assistance

assistere to help

l'asso ace; **piantare in asso** to abandon, "leave in the lurch" (10)

associare to associate; to join

l'associazione (*f.*) association

assoluto absolute

assomigliare (**a**) to resemble, look like (4)

assorbire to absorb

assumere (*p.p.* **assunto;** *p.r.* **assunsi**) to take on, adopt, assume (5); to hire

assurdo absurd

l'astemio teetotaler

l'asterisco asterisk

astratto abstract

l'atmosfera atmosphere

atroce atrocious, terrible

l'atteggiamento attitude (14); pose
attendere to wait for
attentamente carefully, attentively
attento attentive; stare attento to be careful
l'attenzione (f.) attention; fare attenzione to pay attention
l'attesa wait; in attesa di awaiting
l'attimo moment
attirare to attract (7)
l'attivista (m. or f.) activist
l'attività activity
attivo active
l'atto act
l'attore / l'attrice actor/actress
attorno around; about
attrare (p.p. attratto; p.r. attrassi) to attract
attraversare to cross
attraverso through, across
l'attrazione (f.) attraction; appeal
l'attrezzatura equipment
attuale present-day, current (5)
l'attualità (sing.) current events
attuare to carry out
augurare to wish
l'aula classroom
aumentare to raise, increase
l'aumento increase, rise
l'autarchia self-sufficiency (9)
l'autista (m. or f.) chauffeur, driver
l'autobus bus
l'automobile (f.) (l'auto, pl. le auto) car
automobilistico motor
l'autonomia autonomy
autonomo autonomous, independent
l'autore (m.) author
l'autorità authority
autoritario authoritative
l'autorizzazione (f.) authorization
l'autostop (m.) hitchhiking (10); fare l'autostop to hitchhike (10)
l'autostrada freeway (12)
l'autovettura motorcar
l'autunno autumn, fall
avanti forward; andare avanti to go on, go ahead
†avanzare to advance
avanzato advanced
avere (p.r. ebbi) to have; avercela con to be angry at, bear a grudge against; avere bisogno (di) to need; avere fame to be hungry; avere freddo to be cold; avere l'aria to appear; seem; avere luogo to take place; avere paura to be frightened; avere pazienza to be patient; avere ragione to be right; avere sete to be thirsty; avere sonno to be sleepy; avere (la) voglia di to feel like

l'avorio ivory
l'avvenimento event
*avvenire (p.r. avvenni) to take place, happen (11)
l'avvento advent
l'avventura adventure
avventuroso adventurous
avverbiale adverbial
l'avverbio adverb
l'avvertimento warning
avvertire to warn (14); to notify (9, 14)
avvicinarsi to approach, get close to (11)
l'avviso notice; l'avviso di chiamata call waiting
l'avvocato/l'avvocatessa lawyer
l'azione (f.) action, activity
azzurro blue

B

il babbo dad
il baccalà dried, salted cod
il baccano noise, clamor
la bacchetta chopstick
baciare to kiss
il bacio kiss; il bacino little kiss
badare (a) to pay attention (to)
il bagaglio baggage, luggage
il bagnante (m. or f.) swimmer, bather
bagnato wet
il bagno bath; bathroom; bathtub; fare il bagno to take a bath; il costume da bagno swimsuit
il balcone balcony
la balena whale
la balia: in balia di at the mercy of
ballare to dance
il ballo dancing
balneare pertaining to swimming
*balzare to jump, leap; balzare alle cronache to appear in the news
il bambino / la bambina child
la banca bank; in banca in/to the bank
la bancarella booth, stand
bancario banking
il banchiere banker
il banco desk
la banconota banknote, bill
la banda band; gang
la bandiera flag
il bando: al bando banished
il bar (inv.) café
la baracca hut
la barba beard; che barba! what a bore!; farsi la barba to shave
il barbiere barber
la barca boat; in barca by boat; la barca a vela sailboat

barocco baroque
il barone baron
basato (su) based (on)
la base basis; a base di based on; in base a on the grounds of
il basilico basil
basso low, short
basta enough; basta così that's enough
bastardo illegitimate
*bastare to suffice, last, be enough
la battaglia battle
battere to type; battersi to fight
la battuta witty remark
beato Lei! (te!) lucky you!
la beffa practical joke; jest
la bellezza beauty
bellico warlike
bello beautiful, fine; fare bello / fare bel tempo to be nice weather; belloccio cute; le belle arti fine arts
benché although
bene (adv.) well; ben at least; quite; ben lavorato finely carved; ben poco very little; ben presto quickly; volere bene to care for
il bene good; i beni goods, property; benino nicely, pretty well; benone great, very well indeed
benedetto blessed
benedire (p.p. benedetto; p.r. benedissi) to bless
il beneficio benefit
il benessere well-being, welfare
la benzina gasoline (6)
bere (p.p. bevuto; p.r. bevvi) to drink; berci sopra to drink to (celebrate) something
la bestia beast
bestiale bestial, brutish
la bevanda drink, beverage
la biancheria laundry; linen
bianco white; passare la notte in bianco to spend a sleepless night
la bibita drink
la biblioteca library
il bicchiere glass
la bicicletta (la bici) bicycle, bike
biculturale bicultural
biennale biennial, two-year
il bigliettaio / la bigliettaia ticket collector
la biglietteria ticket office
il biglietto ticket
il bimbo / la bimba child
il binario track, line; platform
biodegradabile biodegradable
la biologia biology
la birra beer

la **birreria** beer house, brewery

*__bisognare__ to be necessary; **bisogna** one
  must (1)

il **bisogno** need; **avere bisogno (di)** to need

il **bisonte** bison

la **bistecca** steak

bloccare to block

bloccato blocked, stuck (3)

il **blouson** (*inv.*) lumber jacket

blu (*inv.*) blue

la **blusa** blouse

la **bobina** reel (*film*)

la **bocca** mouth; **in bocca al lupo!** good
  luck!

il **boccale** jug; mug

bocciare to flunk

boh *expression of uncertainty*

bollato stamped; **la carta bollata** officially
  stamped paper

bollente boiling (4)

bollito boiled

bollo stamp; **la marca da bollo** revenue
  stamp

bolognese from the city of Bologna

la **bomba** bomb

il **bombardamento** bombing

il **bonaccione** / la **bonacciona** good-
  natured, easygoing person

bordo: a bordo di on board (*a ship*)

borghese bourgeois, upper middle-class (8)

la **borsa** purse; **la borsa di studio** scholarship

la **bottega** shop

la **bottiglia** bottle

la **bozza** draft, sketch, rough copy

il **braccialetto** bracelet

il/la **bracciante** day laborer

il **braccio** (*pl.* le **braccia**) arm

il **brano** passage, selection

bravo good; clever, skillful

la **breccia** breach; **essere sulla breccia** to
  be at the top

breve short, brief; **in breve** in short

brevemente briefly

brillante shining

il **brindisi** (*inv.*) toast (*to one's health*)

il **brivido** shiver

†**bruciare** to burn

bruciato: l'odore (*m.*) **di bruciato** smell
  of burning

brunetto brunette

brutto ugly; **fare brutto tempo** to be bad
  weather; **fare una brutta figura** to present oneself poorly

il **bucato** laundry; **fare il bucato** to do the
  washing

il **buco** hole

il **bue** (*pl.* i **buoi**) ox

buffo funny

la **bugia** lie

il **bugiardo** / la **bugiarda** liar

buio dark

buono good; **buon appetito** enjoy your
  meal; **di animo buono** kind-hearted
  (11); **di buon cuore** kind-hearted (10);
  di buon'ora early

la **burocrazia** bureaucracy

il **burro** butter

il **buttafuori** (*inv.*) bouncer (*bar,
  nightclub*)

buttare to throw; **buttare via** to throw
  away (9)

C

il **cabotaggio** coasting trade

la **caccia** hunt, hunting (10)

cacciare to put, stick

*__cadere__ to fall (10)

il **caffè** (*inv.*) coffee; café

il **caffellatte** (*inv.*) coffee with milk

il **caimano** cayman

il **calciatore** soccer player

il **calcio** soccer; **prendere a calci** to kick

calcolare to calculate

il **calcolo** calculation; (*pl.*) figures

caldo hot

il **calendario** calendar

la **calma** calm, peacefulness

il **calo** drop, fall

la **calza** stocking; **il calzino** sock

il **cambiamento** change

cambiare to change, alter; **cambiare casa**
  to move; **cambiare idea** to change
  one's mind; **cambiarsi (i vestiti)** to
  change (*one's clothes*)

la **camera** room; **il compagno** / la **compagna di camera** roommate

il **cameriere** / la **cameriera** waiter/wait-
  ress

la **camicia** shirt

il **camion** (*inv.*) truck

camminare to walk

la **campagna** country

il **campanile** bell tower

il **campeggio** camping ground; **andare in
  campeggio** to go camping

il **campione** champion; sample

il **campo** field

il **canale** channel (7)

cancellare to cancel

il **candidato** / la **candidata** candidate

la **candidatura** candidature

il **cane** dog

il **canguro** kangaroo

il **canone** TV licence fee

il/la **cantante** singer

cantare to sing

la **cantina** cellar

la **canzone** song

capace capable (3)

la **capacità** ability, capability (13)

i **capelli** (*pl.*) hair

capire (**isc**) to understand

la **capitale** capital city

il **capitolo** chapter

il **capo** head; chief, boss

il **capolavoro** masterpiece

il **capolinea** terminus, end of the line

il **capoluogo** capital of a region (1)

il **capostazione** stationmaster

capovolgere (*p.p.* **capovolto**; *p.r.* **capo-
  volsi**) to turn upside down

il **cappello** hat (11)

il **cappotto** overcoat (11)

il **cappuccetto** hood

il **cappuccino** coffee with frothy steamed
  milk

il **capriccio** caprice, whim

la **caraffa** carafe (*of wine*)

la **caramella** candy

il **carattere** character

caratteristico characteristic

caratterizzare to be characteristic of,
  characterize

carbonico: l'anidride (*f.*) **carbonica** carbon dioxide

carcerario (*adj.*) pertaining to prison

cardinale (*adj.*) cardinal (*numbers*)

il **carico** burden, load

la **carità** charity; **per carità** for goodness'
  sake

la **carne** meat

il **Carnevale** Carnival (*Mardi Gras*) (5)

il **carnivoro** flesh-eating animal, carnivore

caro dear; expensive; **carino** pretty, lovely

il **carosello** merry-go-round

la **carota** carrot

la **carriera** career; **fare una carriera** to
  make a career

la **carrozza** carriage

la **carta** card; **la carta bollata** officially
  stamped paper; **la carta d'identità** ID
  card (9)

la **cartella** briefcase; folder

il **cartello** sign; poster

la **cartina** map

la **cartolina** postcard

il **cartone** cardboard; **i cartoni animati**
  cartoons

la **cartuccia** cartridge

la **casa: cambiare casa** to move; **la casa
  editrice** publishing house; **uscire di
  casa** to leave the house

la **casalinga** homemaker (13)

*cascare to fall; to drop
la casetta small house
il casinò (*inv.*) casino
il caso case; chance; event; per caso by chance (12); il casino mess
caspita! (*interj.*) good grief!
la cassa case; box office
la casseruola pot (10)
la cassetta cassette
il cassiere / la cassiera cashier
il castello castle
le catacombe (*pl.*) catacombs
la categoria category
la catena chain
la cattività captivity
cattivo naughty, bad; wicked; cattivaccio naughty
catturare to capture
la causa cause, reason; a causa di because of
causare to cause
la cautela caution
la cavalcata parade (*on horseback*)
il cavaliere knight
il cavallo horse; andare a cavallo to ride a horse
il cavalluccio marino sea horse
cavare to take out; cavarsela to get by, manage
la caviglia ankle
il cavo cable
cedere to give up, hand over (11); cedere il posto to give up one's place
celebrare to celebrate
celeste light blue
la cena supper
Cenerentola Cinderella
centesimo hundredth
il centimetro centimeter
il centinaio (*pl.* le centinaia): un centinaio di about a hundred
cento one hundred; per cento per cent
il centopiedi (*inv.*) centipede
centrale central
il centro center, middle; al centro di in the middle of; andare in centro to go downtown
la cerca search; in cerca di looking for
cercare to look for; cercare (di + *inf.*) to try to
la cerimonia ceremony
certamente certainly
il certificato document, certificate
certo certain, sure; of course
cessare to cease
il cestino basket
il cherubino cherub
chiacchierare to talk, chat

le chiacchiere (*pl.*) chats; fare quattro chiacchiere to have a chat
il/la chiacchierone chatterbox, gossip
chiamare to call
chiaramente clearly
chiarire (isc) to make clear, clarify (9)
chiaro clear
la chiave key; in chiave nostalgica nostalgically; in chiave triste sadly
chicchessia anyone, anybody
il chicchirichì (*inv.*) cock-a-doodle-doo; fare i chicchirichì to crow like a rooster
chiedere (*p.p.* chiesto; *p.r.* chiesi) to ask, ask for; chiedere scusa to apologize; chiedersi to wonder
la chiesa church
il chilo kilo
il chilometro kilometer
il chilowattora (*inv.*) kilowatt
la chimica chemistry
chimico chemical
il chiodo nail (10); piantare un chiodo nel muro to drive a nail into the wall
il chiosco stand, kiosk
il chirurgo surgeon
chissà who knows
la chitarra guitar (11)
il/la chitarrista guitarist
chiudere (*p.p.* chiuso; *p.r.* chiusi) to close; chiudersi to retire (*into oneself*), close up
chiunque anyone, whoever, whomever
chiuso closed
ciascuno each, each one
cibernetico cybernetic
il cibo food
il ciclomotore motorbike; moped
il cielo sky
il cinema (il cinematografo) (*inv.*) movie theater
cimentarsi to test oneself
la cinematografia cinematography
cinematografico cinematographic
la cinepresa movie camera
cinese (*adj.*) Chinese
il/la cinese Chinese person
il cinghiale wild boar
cinico cynical
la cintura belt
ciò that; that is; (ciò) nonostante in spite of that (8)
il cioccolatino chocolate candy
cioè that is (1)
la cipolla onion
circa about, approximately (4)
circolare (*adj.*) circular
circolare to circle; to move on

la circolazione circulation; mettere in circolazione to put into circulation
la circonvallazione beltway
circostante surrounding
citare to cite, quote
la citazione quotation
la città city, town
la cittadinanza citizenship
il cittadino / la cittadina citizen
civico civic
civile civil
la civiltà civilization
il clacson (*inv.*) car horn
clamoroso loud
clandestinamente secretly
clandestino secret, illegal (3)
la classe class
classico classical
i classici (*pl.*) the Classics
la classifica classification
classificato classified
il/la cliente client, customer
il clima climate
la coalizione coalition
la coccinella ladybug
il cocomero watermelon
la coda line; stare in coda to stand in line
il coetaneo contemporary
cogliere (*p.p.* colto; *p.r.* colsi) to pick
coinvolgere (*p.p.* coinvolto; *p.r.* coinvolsi) to involve (*people in an initiative, program, etc.*) (6)
coinvolto involved
la colazione breakfast; lunch; fare colazione to have breakfast/lunch
la collana necklace; collanina chain
il/la collega colleague
il collegamento connection; il volo di collegamento connecting flight
collegare to connect, join
la collettività collectivity
collettivo collective
la collezione collection
la collina hill
il collo neck
il colloquio interview; conference
coloniale colonial
la colonna column
colorato colored
il colore color
coloro those (*people*)
la colpa fault
colpevole guilty
il colpo blow; di colpo suddenly (10)
coltivato cultivated
colui he; that man
il comandante commander
comandare to command

combattere to fight
combinare to combine; to match
combinato combined; arranged
la combinazione combination
il combustibile fuel; **i combustibili fossili** fossel fuels
la combustione combustion
comico funny, comical
cominciare to start, begin
il comitato committee
la commedia comedy, play
il commediografo / la commediografa playwright
commentare to comment on
il commento comment, remark
commerciale commercial
il/la commerciante dealer
il commercio commerce, trade; **in commercio** on the market (6)
il commesso / la commessa clerk
commettere (*p.p.* **commesso;** *p.r.* **commisi**) to commit
comodo comfortable
il compagno / la compagna companion; **il compagno / la compagna di camera** roommate
la compagnia company
il comparativo comparative
la comparsa appearance
compensare to compensate
il compenso reward; **in compenso** in return, on the other hand (10)
la compera purchase; **fare le compere** to do the shopping
il compito homework
compiuto completed, carried out (9)
il compleanno birthday
il complemento complement; **il complemento diretto** direct object
complessivo (*adj.*) total (6)
il complesso complex
completamente completely
completare to complete
completo complete, whole
complicato complicated
il/la complice accomplice
il componente member
comporre (*p.p.* **composto;** *p.r.* **composi**) to compose, make up; to constitute, form
il comportamento behavior
comportare to result in (15); **comportarsi** to behave; to act
comprare to buy
comprendere (*p.p.* **compreso;** *p.r.* **compresi**) to include; to understand
la comprensione comprehension
comprensivo comprehensive; understanding

compreso including
il compromesso compromise
compromettere (*p.p.* **compromesso;** *p.r.* **compromisi**) to compromise
comunale (*adj.*) municipal, town
comune (*adj.*) common
il comune city
comunemente commonly, usually
comunicare to communicate
la comunicazione communication
comunista (*adj., inv.*) communist
la comunità community
comunque however; anyway (3)
concedere to grant, concede, allow; **concedersi** to allow oneself (15)
concentrarsi (**su**) to concentrate (on) (9)
la concentrazione concentration
concepito conceived
il concerto concert
la concessione concession
il concetto concept
la conchiglia shell
conciliabile reconcilable
conciliarsi to reconcile
concludere (*p.p.* **concluso;** *p.r.* **conclusi**) to conclude
la conclusione conclusion
la concordanza agreement
la concorrenza competition (7)
il concorso contest; competitive examination (*for college admission, jobs, etc.*) (14)
concreto concrete
condannare to condemn
il condizionale conditional (*verb tense*)
la condizione condition; **a condizione che** on condition that
il condotto conduit
condurre (*p.p.* **condotto;** *p.r.* **condussi**) to conduct; to lead, drive
il conduttore / la conduttrice TV or radio show host
la conferenza conference; lecture
conferito given
confermare to confirm
confessare to confess
la confessione confession
la confezione packaging
la confidenza confidence; **in confidenza** confidentially
il confine boundary, border (1)
confondere (*p.p.* **confuso;** *p.r.* **confusi**) to confuse
confrontare to compare; **confrontarsi** (**con**) to confront
il confronto comparison; **a confronto** (**con**) in comparison (with)
la confusione confusion

confuso confused
congelato frozen
il congiuntivo subjunctive (*mood*)
la congiunzione conjunction
il congresso congress
coniugare to conjugate
coniugato conjugated
la coniugazione conjugation
il/la connazionale countryman/countrywoman
la conoscenza knowledge
conoscere (*p.p.* **conosciuto;** *p.r.* **conobbi**) to know; to meet
la conquista conquest; triumph
conquistare to conquer; to defeat, win
consacrato consecrated
la consegna delivery
consegnare to hand in
conseguente resulting, following
la conseguenza consequence; **di conseguenza** consequently (7)
conseguito achieved
il consenso consent
consentire to allow (6)
conservare to conserve, keep
conservato preserved (9)
il conservatorio conservatory
considerare to consider
la considerazione consideration; **prendere in considerazione** to take into consideration
consigliare (**di** + *inf.*) to advise
il consigliere / la consigliera town councilor
il consiglio advice
consistente substantial
consistere to consist
la consonante consonant
la constatazione ascertainment
consueto usual, customary
consultare to consult
consumare to consume
consumato worn out; used up
il consumatore / la consumatrice consumer
il consumismo consumerism
il/la consumista consumer
il consumo consumption; use; wear
la contaminazione contamination
contante: i soldi contanti cash
contare (**su**) to count (on)
il contatto contact; **essere in contatto** to be in contact; **mettersi in contatto** to contact
contemporaneo contemporary
contenere (*p.r.* **contenni**) to contain
il contenitore container
contento happy

il **contenuto** content (7)
il **contesto** context
continuamente continually
continuare (a + *inf.*) to continue
continuo continuous
il **conto** bill, check; **in fin dei conti** in the end; **per conto suo** by himself/herself; **rendersi conto (di)** to realize, become aware (of) (4); **tenere conto (di)** to take into account
contraddire (*p.p.* **contraddetto;** *p.r.* **contraddissi**) to contradict
la **contradizione** contradiction
contrapporsi (a) (*p.p.* **contrapposto;** *p.r.* **contrapposi**) to contrast (with) (8)
la **contrapposizione** antithesis
il **contrario** opposite
contrastante contrasting
il **contrasto** constrast
contribuire (isc) to contribute (3)
il **contributo** contribution
contro against
controbattere to counter; to refute
controllare to control
il **controllo** control
il **controllore** ticket inspector (*train*)
il **contrordine** counter-order
controverso controversial
il **convegno** meeting
convenire (*p.r.* **convenni**) to suit
la **conversazione** conversation
convincere (*p.p.* **convinto;** *p.r.* **convinsi**) to convince
convinto convinced
la **convinzione** belief, conviction
*****convivere** (*p.p.* **convissuto;** *p.r.* **convissi**) to live together (15)
il **coperchio** cover, lid
coperto covered; cloudy
la **copia** copy
copiare to copy
il **copione** script
la **coppa** cup
coprire (di) (*p.p.* **coperto**) to cover
coraggio courage
la **corda** string (10)
coreano Korean
il **cornetto** croissant
il **corpo** body
correggere (*p.p.* **corretto;** *p.r.* **corressi**) to correct
corrente: essere al corrente to be well-informed
correre (*p.p.* **corso;** *p.r.* **corsi**) to run
la **correttezza** correctness, propriety
corretto correct
il **corriere** courier
il/la **corrispondente** correspondent

corrispondere (*p.p.* **corrisposto;** *p.r.* **corrisposi**) to correspond
la **corruzione** corruption
la **corsa** race; **di gran corsa** at full speed
il **corso** course; main street; **frequentare i corsi** to attend class; **seguire un corso** to take a class
la **corte** court
il **corteo** procession
cortese courteous
la **cortesia** kindness, courtesy
il **cortile** courtyard
corto short
il **cortometraggio** short subject (*cinema*)
la **cosa** thing
la **coscienza** conscience
così so; thus; like this
cosiddetto so-called
cosmopolita cosmopolitan
la **costa** coast
*****costare** to cost; **costare un occhio della testa** to cost an arm and a leg
costiero (*adj.*) coast
costituire (isc) to set up, establish
il **costo** cost, expense
costoso expensive
costretto forced (3)
costringere (*p.p.* **costretto;** *p.r.* **costrinsi**) to force, compel
costruire (isc) to build, construct
costruito built
la **costruzione** construction
la **costumanza** usage
il **costume** custom, habit; **il costume da bagno** swimsuit
il **cotone** cotton
cotto cooked; **innamorato cotto** madly in love
la **cottura** cooking
la **crapula** overeating
la **cravatta** tie
creare to create (3)
creativo creative
il **creatore / la creatrice** creator
credere (a) to think, believe (in)
il **credito** credit
crescente growing, increasing
*****crescere** (*p.p.* **cresciuto;** *p.r.* **crebbi**) to grow, increase
la **crescita** growth (1)
criminale (*adj.*) criminal
la **criminalità** crime (*in general*) (15)
la **criniera** mane (*of hair*)
la **crisi** (*inv.*) crisis; **mettere in crisi** to threaten, put in a critical position (5)
cristallo crystal
cristiano Christian

il **Cristo** Christ; **avanti Cristo** before Christ; **dopo Cristo** after Christ
la **critica** criticism
criticare to criticize
il **critico** critic, reviewer
*****crollare** to collapse (10)
la **cronaca** chronicle; **balzare alle cronache** to appear in the news
la **cronologia** chronology
cronologico chronological
la **crudeltà** cruelty
crudo raw
cubano Cuban
il **cucchiaio** spoon
la **cucina** kitchen
cucinare to cook
cucire to sew
il **cugino / la cugina** cousin
cui whom, which, that
culinario culinary
la **cultura** culture
culturale cultural (7)
cuocere (*p.p.* **cotto;** *p.r.* **cossi**) to cook
il **cuoco / la cuoca** cook
il **cuore** heart; **di buon cuore** kind-hearted (10); **stare a cuore a qualcuno** to be important to someone
la **cura** care; cure; **a cura di** edited by; **prendere gran cura di** to take care of, treat
curare to cure; to treat; **curarsi** to cure, take care of oneself
la **curiosità** curiosity
curioso odd, strange (9)
il **cuscino** pillow

D

damascato damask (*pattern*)
danneggiare to harm (6)
il **danno** damage (6, 15); harm (6)
dannoso harmful (6)
dappertutto everywhere
dare (*p.p.* **dato;** *p.r.* **diedi**) to give; **dare del Lei** to use the **Lei** form; **dare del tu** to use the **tu** form; **dare fastidio** to bother; **dare in sposa** to wed; **dare per scontato** to take for granted; **dare retta a** to pay attention to; **dare sui nervi (a qualcuno)** to get on one's nerves; **dare un esame** to take an exam (2); **dare un passaggio** to give a ride; **dare una mano** to help, give a helping hand; **dare un'occhiata** to have a look; **darsi da fare** to get busy; **darsi un appuntamento** to arrange an appointment; **può darsi** perhaps
la **data** date
il **dato** fact, statistic (15)

dato che since, seeing as (11)
davanti in front; **davanti a** (*prep.*) in front of
davvero really; indeed
il debito debt (12)
la decadenza decadence, decline
il decennio decade (9)
decente decent
il decesso death
decidere (**di** + *inf.*) (*p.p.* **deciso;** *p.r.* **decisi**) to decide; **decidersi** (**a** + *inf.*) to make up one's mind
il decimo tenth
la decina ten, about ten
la decisione decision
la decorazione decoration
il decreto decree
dedicarsi to devote oneself
definire (**isc**) to define; **definirsi** to label oneself
definitivamente definitely
definito defined
la definizione definition
degradante degrading
degradato demoted
la degradazione degradation
il degrado decay (5)
il delegato / la delegata delegate
il delfino dolphin
delicato delicate
il delitto crime (*specific*) (15)
delizioso delightful
deludere (*p.p.* **deluso;** *p.r.* **delusi**) to disappoint
la delusione disappointment
deluso disappointed
democratico democratic
la democrazia democracy
il denaro money
la denominazione denomination
il dente tooth
il/la dentista dentist
dentro inside
la denuncia indictment
denunciare to denounce
depositare to deposit; to leave (*something*)
depresso depressed
deprimente depressing
il deputato / la deputata deputy
derivare da to derive from
descrivere (*p.p.* **descritto;** *p.r.* **descrissi**) to describe
la descrizione description
deserto (*adj.*) deserted
il deserto desert
desiderare to desire, wish
il desiderio desire, wish
desideroso desirous
destinato destined

la destinazione destination
il destino destiny
la destra right; **a destra** on/to the right
detentivo: la pena detentiva prison sentence
il deterioramento deterioration
deteriorare to deteriorate
deteriorato deteriorated
determinare to determine
determinativo definite (*article*)
detestare to detest
il detrito debris; silt
il dettaglio detail
il dettato dictation
il diabete (*sing.*) diabetes
diagonale diagonal; **in diagonale** diagonally
il dialetto dialect
il dialogo dialogue
il diario diary
il diavolo devil
il dibattito debate
il dicembre December
dichiarato declared
dichiararsi (**isc**) to come out against
la dichiarazione declaration
dieci ten
la dieta diet; **essere a dieta** to be on a diet
dietro behind
difatti in fact
difendere (*p.p.* **difeso;** *p.r.* **difesi**) to defend
difensivo defensive
la difesa defense
il difetto fault, defect
la diffamazione slander
la differenza difference
differire (**isc**) to differ
difficile difficult; improbable
difficilmente with difficulty
la difficoltà difficulty
la diffidenza mistrust, distrust (14)
diffondere (*p.p.* **diffuso;** *p.r.* **diffusi**) to circulate, spread; **diffondersi** to spread
la diffusione circulation
diffuso widespread
diligente diligent
la diligenza diligence
diluviare to pour down
il diluvio flood, deluge
dimagrante slimming
*dimagrire (**isc**) to lose weight, become thinner
dimenticare (**dimenticarsi**) (**di** + *inf.*) to forget
diminuire (**isc**) to diminish
il diminutivo diminutive
la diminuzione decreasing, diminishing

le dimissioni (*pl.*): **dare le dimissioni** to hand in one's resignation
la dimora dwelling
dimostrare to show; to prove
dimostrativo demonstrative (*pronoun*)
dimostrato proven
la dinamica (*sing.*) dynamics
la dinastia dynasty
il dinosauro dinosour
i dintorni (*pl.*) surrounding areas
il dio (*pl.* **gli dei**) god
il dipartimento department
dipendere (*p.p.* **dipeso;** *p.r.* **dipesi**) (**da**) to depend (on)
dipingere (*p.p.* **dipinto;** *p.r.* **dipinsi**) to paint
dipinto painted
dire (*p.p.* **detto;** *p.r.* **dissi**) to say, tell; **volere dire** to mean
direttivo managerial, executive
diretto direct; **il complemento diretto** direct object
il direttore / la direttrice director
il/la dirigente executive
dirigere (*p.p.* **diretto;** *p.r.* **diressi**) to direct
il diritto right (14)
dirotto torrential; **piovere a dirotto** to pour, rain cats and dogs
disabitato uninhabited
il disaccordo disagreement; **trovarsi in disaccordo** to disagree
disadattato maladjusted
il disagio discomfort; hardship (2)
la disapprovazione disapproval
il disastro disaster
il dischetto diskette
la disciplina subject of study (2)
il disco record
discografico pertaining to a record company
il discorso speech; **fare un discorso** to make a speech
la discoteca discotheque, disco
la discrepanza discrepancy
discreto discrete
la discriminazione discrimination
la discussione discussion
discutere (*p.p.* **discusso;** *p.r.* **discussi**) to discuss, argue; **discutere la tesi** to defend one's thesis
discutibile questionable (9)
disegnato designed
il disegno drawing
il disgraziato / la disgraziata unfortunate person
la disgregazione disintegration
disgustoso disgusting, nauseating (10)
il disinquinamento pollution cleanup

disinquinare to free from pollution
disinteressato disinterested
disinvolto casual, free and easy
disoccupato unemployed
la disoccupazione unemployment (3)
disordinato messy
il disordine disorder, mess
disorganizzato disorganized
il disorientamento disorientation
la disparità disparity, inequality, difference
disperato desperate
la disperazione desperation
il dispetto spite; **a dispetto di** despite (13)
***dispiacere** (*p.p.* dispiaciuto; *p.r.* dispiacque) to be sorry; to mind
disponibile open-minded; available (14)
la disponibilità availability
disporre (*p.p.* disposto; *p.r.* disposi) (**di**) to dispose (of)
la disposizione arrangement, disposition; **a disposizione di** at one's disposal
disposto willing
dissolversi (*p.p.* dissolto; *p.r.* dissolsi) to disperse; to dissolve
la distanza distance
distinguere (*p.p.* distinto; *p.r.* distinsi) to distinguish
la distinzione distinction
distrarre (*p.p.* distratto; *p.r.* distrassi) to distract
distratto: in modo distratto distractedly
distribuire (**isc**) to distribute
la distribuzione distribution
distruggere (*p.p.* distrutto; *p.r.* distrussi) to destroy
distrutto destroyed
la distruzione destruction
disturbare to bother
la disuguaglianza inequality
il dito (*pl.* le dita) finger
la ditta company, firm (1)
la dittadura dictatorship
diurno (*adj.*) day
il divano couch, sofa
***divenire** (*p.p.* divenuto; *p.r.* divenni) to become
***diventare** to become
la diversità diversity
diverso different, diverse (1)
divertente fun
il divertimento pleasure, pastime
divertirsi to have a good time
dividere (*p.p.* diviso; *p.r.* divisi) to divide (1)
il divieto prohibition
diviso divided
divorare to devour
divorziare to divorce

divorziato divorced
il divorzio divorce
il dizionario dictionary
la doccia shower; **fare la doccia** to take a shower
il/la docente university lecturer (2)
il documentario documentary (7)
il documento document
la dogana (*sing.*) customs
dolce (*adj.*) sweet; mild; **l'acqua dolce** fresh water; **dolciastro** sickly sweet
il dolce dessert
il dollaro dollar
il dolore pain
doloroso painful
la domanda question; **fare una domanda** to ask a question
domandare to ask; **domandare scusa** to apologize; **domandarsi** to wonder
domani tomorrow
domattina tomorrow morning
la domenica Sunday
domestico domestic
dominare to dominate
dominio dominion
Don Father (*religious*)
donare to give (*as a present*)
la donna woman
dopo after; **il dopodomani** (*inv.*) the day after tomorrow; **il dopoguerra** (*inv.*) period following World War II (8)
doppiato dubbed
il doppio double; **il doppio senso** double meaning
dormire to sleep; **chi dorme non piglia pesci** the early bird gets the worm
il dormitorio dormitory
dotato gifted
il dottore / la dottoressa doctor
dovere (*p.p.* dovuto; *p.r.* dovei *or* dovetti) to have to; must
dovunque wherever
il dramma drama
la droga drug
drogarsi to take drugs
il droghiere / la droghiera grocer
dubitare to doubt
due: tutti e due both
dunque well then, therefore
il duomo cathedral
durante during
†**durare** to last (7)
duro hard; difficult (2); **fare il duro** to be a bully

E
ebbene (*interj.*) well
eccentrico eccentric

eccessivo excessive
eccetera (**ecc.**) et cetera (etc.)
eccetto except
eccezionale exceptional
l'eccezione (*f.*) exception
eccitante exciting
ecco here is, here are
l'eclissi (*f. inv.*) eclipse
l'ecologia ecology
ecologico ecological
l'ecologo/l'ecologa ecologist
l'economia economy
economico economical
l'ecosistema (*m.*) ecosystem
l'edicola newspaper stand, kiosk
l'edificio building
l'editore/l'editrice editor; **la casa editrice** publishing house
l'edizione (*f.*) edition
educativo educational (7)
educato polite
l'educazione (*f.*) upbringing
l'effetto effect; **l'effetto serra** greenhouse effect (6)
effettuato carried out
efficace efficient
l'efficacia efficiency; **con efficacia** effectively (6)
efficiente efficient
egoista selfish, egoistic
l'elefante (*m.*) elephant
elegante elegant
l'eleganza elegance
eleggere (*p.p.* eletto; *p.r.* elessi) to elect
elementare elementary
le elementari (*pl.*) elementary school (2)
l'elemento element
elencare to list
l'elenco list
eletto elected
elettorale electoral
l'elettricista (*m.*) electrician
l'elettricità electricity
elettrico electric; **la scarica elettrica** electric charge
l'elettrodinamica (*sing.*) electrodynamics
l'elettrodomestico appliance (6)
elettronico electronic; **la posta elettronica** e-mail
elevato elevated, high
l'elezione (*f.*) election
l'elicottero helicopter
l'elisir (*m. inv.*) elixir
l'elogio praise
l'emarginazione (*f.*) social ostracism, "second-class citizenship" (8)
l'emergenza emergency
emerito emeritus

emesso emitted (6)
*emigrare to emigrate
l'emigrato / l'emigrata emigrant
l'emissione (f.) emission (6)
energetico giving energy, energetic
l'energia energy
l'enfasi (f. inv.) emphasis
ennesimo umpteenth
enorme enormous
l'ente (m.) agency (of the government)
*entrare to come in, enter; entrare nel
   vivo to get to the heart
entro within
entusiasta enthusiastic
enumerare to enumerate
l'epidemia epidemic
l'episodio episode
l'epoca period of time
eppure yet, nevertheless (1)
equilibrato balanced
l'equilibrio balance
l'équipe (m., Frn.) team
l'equivalente (m.) equivalent
equivoco ambiguous
erotico erotic
l'errore (m.) error, mistake; l'errore ortografico spelling mistake
l'eruzione (f.) eruption
esagerato exaggerated
l'esame (m.) exam; dare un esame to take
   an exam (2); l'esame d'ammissione
   entrance exam; l'esame di maturità
   exit examination (taken after five years
   of high school); sostenere gli esami to
   take exams (2); superare l'esame to
   pass an exam (2)
esatto exact
esaurire (isc) to exhaust, deplete; esaurirsi
   to wear oneself out
escludere (p.p. escluso; p.r. esclusi) to
   exclude
esclusivamente exclusively
eseguire (isc) to perform (11)
l'esempio example
l'esercitazione (f.) practice, drill
l'esercizio exercise
esigente demanding
l'esigenza demand; need (15)
esigere to demand, insist on
esiguo small; slight
esistente existing
*esistere (p.p. esistito; p.r. esistei or es-
   istetti) to exist
esitare to hesitate
l'esodo exodus
l'espansione (f.) expansion
espansivo expansive

l'esperienza experience
l'esperimento experiment
esperto (adj.) expert
l'esperto/l'esperta expert
esplicito explicit
esplodere (p.p. esploso; p.r. esplosi) to
   explode
l'esploratore/l'esploratrice explorer
esporre (p.p. esposto; p.r. esposi) to
   expose
l'esposizione (f.) exposition
esposto exposed
l'espressione (f.) expression
espresso expressed
esprimere (p.p. espresso; p.r. espressi) to
   express
*essere (p.p. stato; p.r. fui) to be; c'era una
   volta once upon a time; essere a dieta
   to be on a diet; essere al corrente to be
   well-informed; essere al passo to keep
   up; essere al verde to be broke; essere
   in contatto to in contact; essere in
   grado (di) to be able (in a position) to (6);
   essere in viaggio to be traveling; essere
   sul punto (di) to be on the verge (of);
   essere sulla breccia to be at the top
l'est (m.) east
l'estate (f.) summer; d'estate in the summer; in estate in the summer
estendersi (p.p. esteso; p.r. estesi) to ex-
   tend oneself; to stretch
l'estensione (f.) extension
estero foreign; all'estero abroad (10)
estinto extinct
l'estinzione (f.) extinction
estivo (adj.) summer; il periodo estivo
   summertime
l'estorsione (f.) extortion
estrarre (p.p. estratto; p.r. estrassi) to
   extract
l'estrazione (f.) extraction
estremo extreme
estroverso (adj.) extrovert
l'età age
l'etnia ethnic group
etnico ethnic
etrusco Etruscan
l'ettaro hectare (= 10,000 m²)
europeo European
l'evasione (f.) escape, escapism (8)
l'evento event
l'eventualità eventuality
evidente evident
l'evidenza evidence
evitare to avoid
evolversi (p.p. evoluto; p.r. evolvetti or
   evolvei) to evolve, develop

l'expo exposition
l'extracomunitario person from outside
   the European Community (14)
extraurbano extraurban
extravergine extra virgin (olive oil)

F

il fabbisogno (sing.) requirements, needs
la fabbrica factory
la fabbricazione manufacture
la faccenda household chore; matter
il facchino porter
la faccia face; ridere in faccia (a
   qualcuno) to laugh in someone's face
   (12)
facile easy
la facoltà university department (2)
la falda slope (mountain)
falso false
la fama reputation
la fame hunger; avere fame to be hungry
la famiglia family
familiare familiar; domestic
famoso famous
il fannullone good-for-nothing person,
   slacker
la fantascienza science fiction
la fantasia imagination (13)
fantasioso fanciful
fantasticare to daydream
il fantastico imaginary world
fare (p.p. fatto; p.r. feci) to do, make; far
   finta (di + inf.) to pretend; fare a
   meno di to do without; fare attenzione
   to pay attention; fare bello / fare bel
   tempo to be nice weather; fare brutto
   tempo to be bad weather; fare colazione to have breakfast/lunch; fare
   da mangiare to make something to eat;
   fare fatica (a fare qualcosa) to have a
   hard time (doing something) (14); fare
   freddo to be cold (weather); fare i chicchirichì to crow like a rooster; fare il
   bagno to take a bath; fare il bucato to
   do the washing; fare il duro to be a
   bully; fare il footing to go jogging; fare
   la doccia to take a shower; fare la fila to
   line up, form a line; fare la spesa to go
   grocery shopping; fare l'autostop to
   hitchhike; fare le compere to do the
   shopping; fare le vacanze to go on vacation; fare lo scocciatore to be a nuisance; fare lo sconto to give a discount;
   fare l'università to attend a university;
   fare parte di to be a part of; fare paura
   to frighten; fare pena to feel sorry (for
   someone); fare piacere a to give plea-

sure, please; **fare presto** (+ *inf.*) to hurry; **fare quattro chiacchiere** to have a chat; **fare ricerche** to do research; **fare sciopero** to go on strike; **fare un brutto sogno** to have a bad dream; **fare un discorso** to make a speech; **fare un giro** to take a tour; **fare un paragone** to compare; **fare un piacere** to do a favor; **fare un picnic** to have a picnic; **fare un regalo** to give a gift; **fare un sacrificio** to make a sacrifice; **fare un viaggio** to take a trip; **fare una brutta figura** to present oneself poorly; **fare una carriera** to make a career; **fare una domanda** to ask a question; **fare una gita** to take a short trip; **fare una multa** to levy a fine; **fare una passeggiata** to take a walk; **fare un'intervista** to conduct an interview; **fare vedere a** to show; **farsi la barba** to shave; **farsi male** to hurt oneself; **farsi regali** to exchange gifts; **mi fa schifo** it makes me sick

il farfallino bow tie
la farina flour
la farmacia pharmacy
la fascia wrapper; band; **la fascia serale** evening hours
il fascismo fascism
la fase phase; **in fase** in a stage
il fastidio nuisance, bother; **dare fastidio** to bother
la fata fairy
fatale fatal
fatato magic, bewitched (11)
la fatica effort, difficulty (13); **fare fatica (a fare qualcosa)** to have a hard time (*doing something*) (14)
faticoso tiring, exhausting
fatidico prophetic; fateful
il fatto fact; matter
il fattore factor
la fattoria farm
la favola fable, fairy tale
favoloso fabulous
il favore favor; **per favore** please
favorevole favorable
favorire (isc) to favor
il fazzoletto handkerchief
il febbraio February
la febbre fever
il federalismo federalism
felice happy
la felicità happiness
la felpa sweatshirt
la femmina woman; female
femminile (*adj.*) female
femminista feminist

il fenomeno phenomenon
le ferie (*pl.*) vacation, holidays (4)
fermarsi to stop
la fermata stop
il ferragosto mid-August national holiday (August 15)
il ferro iron; **di ferro** tough, strong-willed
la ferrovia railway
ferroviario (*adj.*) train, railroad
il fertilizzante fertilizer
la festa party; holiday
il/la festeggiante partygoer
festeggiare to celebrate
festivo festive; **i giorni festivi** public holidays
la fettina thin slice
la fiaba fairy tale; **la fiabetta** short fairy tale
fiammante flaming (*color*); **nuovo fiammante** brand-new
il fiammifero match
il fianco side; **di fianco** at the side
il/la ficcanaso busybody
il fidanzato / la fidanzata boyfriend/girlfriend; **i fidanzati** engaged couple
fidarsi (di) to trust
la fiera fair
il fifone / la fifona coward, "chicken"
il figlio / la figlia son/daughter; **il figlio unico / la figlia unica** only son/daughter
il figliuolo son, boy
la figura face; figure; **fare una brutta figura** to present oneself poorly
figurarsi to imagine
la fila line (*of people*); **fare la fila** to line up, form a line
il filamento filament
il film di prima visione first-run movie
filmare to film
la filosofia philosophy
il filosofo / la filosofa philosopher
il fin: in fin dei conti in the end
finale final
finalmente finally, at last
finanziare to finance
finché (non) till, until
il fine purpose; **a lieto fine** with a happy ending
la fine end
la finestra window; **il finestrino** car window
fingere (*p.p.* **finto;** *p.r.* **finsi**) to pretend (11)
finire (isc) to finish
fino a (*prep.*) up to, until (4); as far as

finora until now
la finta pretense; **far finta (di** + *inf.*) to pretend (to)
la finzione pretense
il fiocco bow
il fioraio / la fioraia florist
il fiore flower
il fiorentino / la fiorentina Florentine person
firmare to sign
il fischio whistle
la fisica (*sing.*) physics
fisico physical
la fisionomia physiognomy
fissare to establish; **fissare un appuntamento** to make an appointment
fisso fixed; regular; **l'orario fisso** set schedule
il fiume river
floreale (*adj.*) flower pattern
fluorescente fluorescent
la foglia leaf
il foglio sheet (*of paper*)
la folla crowd
fondamentale fundamental
il fondamento foundation
fondare to found
il fondatore / la fondatrice founder
fondere (*p.p.* **fuso;** *p.r.* **fusi**) to melt, blend
il fondo background; end; **in fondo (a)** at the end (of)
fonetico phonetic
la fontana fountain
la fonte fountain; source; spring
footing: fare il footing to go jogging
la foresta forest
il forestierismo foreign word or phase
forestiero foreign
la forma form
il formaggio cheese
formare to form, shape; **formarsi** to acquire professional experience and knowledge (8)
il fornaio baker
fornire (isc) to provide (9)
fornito supplied, provided
la fornitura surplus; supply
forse perhaps, maybe
forte strong
la fortuna fortune; **per fortuna** by chance
la forza strength
il forzato convict; prisoner condemned to hard labor
la foschia haze; **c'è foschia** it is hazy
fossile (*adj.*) fossil; **i combustibili fossili** fossil fuels

fotocopiare to photocopy
fotografare to photograph
la fotografia (**la foto**) photo; **la foto tessera** wallet-sized photo
il fotografo / la fotografa photographer
fotovoltaico photovoltaic
il foulard (*Frn.,inv.*) scarf
fra (*prep.*) between; in; **fra poco** shortly
fradicio: ubriaco fradicio dead drunk
la fragola strawberrry
francamente frankly
francese French
la franchezza frankness, honesty
il francobollo stamp
la frase sentence
il fratello brother; **il fratellino** little brother
frattempo: nel frattempo in the meantime (7)
la frazione fraction
la freccia arrow
freddo cold; **avere freddo** to be cold; **fare freddo** to be cold (*weather*)
frequentare to attend (2); **frequentare i corsi** to attend class
frequentato attended
frequente frequent
il fresco cool temperatures (4)
fresco (*adj.*) cool
la fretta haste, hurry; **avere fretta** to be in a hurry; **in fretta** in a hurry
il frigorifero (**il frigo**) refrigerator
la frittata omelette
fritto fried
frizzante sparkling
fronte: di fronte a opposite, in front of
il fronte front
la fronte forehead
la frontiera border, frontier
fruibile usable, accessible
il fruitore / la fruitrice user, beneficiary
frustrato frustrated
la frutta fruit
il frutto outcome, result
la fuga escape (10); **in fuga** fleeing, on the run (10)
***fuggire** to flee, run away
il fulmine thunderbolt
fumare to smoke
il fumatore / la fumatrice smoker
il fumetto comic strip; **i fumetti** comics
il fungo mushroom
funzionare to work, function
la funzione function; **in funzione di** on the basis of, depending on (13)
il fuoco fire; **i fuochi d'artificio** fireworks; **mettere a fuoco** to set on fire
fuorché except, but, save

fuori out, outside; **fuori di** (*prep.*) outside; **fuori strada** in the wrong direction
furbo shrewd, sly
la furia haste; **di furia** in haste
futuro (*adj.*) future
il futuro future

G

la gabbia cage
galla: tenersi a galla to keep on top of things
galleggiare to float
il gallo rooster (10)
la gamba leg
il gamberetto shrimp
la gara competition, contest
garantire (**isc**) to guarantee (5)
il gatto cat
il gattopardo leopard
la gazzetta newspaper
†gelare to freeze
la gelateria ice-cream store
il gelato ice cream
gelato frozen (12)
il gelo intense cold (*frost*)
geloso jealous (13)
il gemello / la gemella twin
generale (*adj.*) general
la generazione generation
il genere genre, type (8); **in genere** generally
generoso generous
la genialità cleverness
il genio genius; **andare a genio a qualcuno** to appeal to someone, be to one's liking
il genitore / la genitrice parent
il gennaio January
la gente people
gentile nice, kind
la geografia geography
geografico geographic
il gerundio gerund
la gestione management
gestito managed
gettare to throw; **gettare via** to throw away
il gettone token, chip
ghiacciato frozen, iced
il ghiaccio ice
la ghiandola gland
la ghigliottina guillotine
già already, yet; sure
la giacca jacket, short coat
il giallo thriller, detective story
giallo yellow
il Giappone Japan
giapponese (*adj.*) Japanese

il giardiniere / la giardiniera gardener
il giardino garden
il gigante giant
la ginnastica (*sing.*) gymnastics; **le scarpe da ginnastica** sneakers
il ginocchio (*pl.* **le ginocchia**) knee; **in ginocchio** on one's knees
giocare to play; **giocare a** to play (*a game, sport*)
il giocatore / la giocatrice player
il giochetto child's game
il gioco game; **il gioco a premi** game show (7); **il giochino** small game
il giocoliere juggler
la gioia joy
il giornale newspaper
il/la giornalista journalist
giornalmente daily
la giornata day; **la giornataccia** bad day
il giorno day; **i giorni festivi** public holidays
giovane (*adj.*) young
il/la giovane young person
giovanile youthful; early
il giovanotto young man
il giovedì Thursday
la giovinezza youth
la giraffa giraffe
girare to direct (*a film*) (8); to turn around; to visit
il giro tour; **andare in giro** to go around, drive around; **fare un giro** to take a tour; **prendere in giro** to kid, be kidding; **il giretto** short tour
la gita short trip; **fare una gita** to take a short trip
il giubbotto jacket
giudicare to judge (9)
giudiziario judiciary
il giudizio judgment
il giugno June
***giungere** (*p.p.* **giunto**; *p.r.* **giunsi**) to arrive
la giunta regionale regional council
giurare to swear, promise
la giuria jury
la giurisprudenza jurisprudence
giustificare to justify
la giustificazione justification
la giustizia justice, legal system (15)
giusto right, correct
globale global
la gloria glory
godersi to enjoy; **godersela** to have a good time
la gola throat; **mal di gola** sore throat
il golfo gulf
goloso gluttonous

la **gomma** tire; **su gomma** on wheels

la **gonna** skirt

il **governo** government

gradire (isc) to wish

il **grado** level; degree; **essere in grado** (**di**) to be able (in a position) to (6)

il **grafico** graph

la **grammatica** grammar

grammaticale grammatical

la **granatina** crushed-ice drink

grande big, great; **il grande magazzino** department store (4); **di gran corsa** at full speed; **in gran parte** for the most part; **prendere gran cura di** to take care of, treat

la **grandezza** size (1)

†**grandinare** to hail

la **grandine** hail

il **granito** granite

grasso fat; **grassoccio** plump, chubby

gratis (inv.) free (of charge)

il **grattacielo** skyscraper

gratuito free (of charge)

grave serious

la **grazia** grace; thanks; **grazie mille** many thanks

greco (pl. **greci**) Greek

gridare to shout

grigio grey

la **griglia** grill; **alla griglia** on the grill, grilled

grosso big

grossolano coarse, rough

la **grotta** grotto

la **gru** (inv.) crane

il **gruppo** group

guadagnare to earn

il **guadagno** (sing.) earnings

il **guaio** trouble, difficulty; **guai** (a... !) heaven help . . . ! (11); **mettersi nei guai** to get into trouble

il **guanto** glove

guardare to look at; **guardarsi intorno** to look around (12)

la **guardia** guard

guasto broken down

la **guerra** war; **il dopoguerra** period following World War II; **la seconda guerra mondiale** Second World War

il **guerriero** warrior

il **gufo** owl

guidare to drive

il **gusto** taste

I

l'**idea** idea; **cambiare idea** to change one's mind

ideale ideal

l'**idealismo** idealism

identificare to identify

l'**identità** identity; **la carta d'identità** ID card (9)

idiomatico idiomatic

idrico hydric, water

l'**idroscalo** seaplane airport

ieri yesterday

l'**ignoranza** ignorance

illegale illegal

illuminato enlightened

l'**illuminazione** (f.) lighting, illumination

l'**illusione** (f.) illusion

illustrare to illustrate, show

imbarazzante embarrassing

l'**imbecille** (m. or f.) imbecile

†**imbiancare** to whiten, whitewash

imbracciare to aim

imbrogliato tricked

imbucare to mail

imitare to imitate

imitato imitated

immaginare to imagine

immaginario imaginary

l'**immaginazione** (f.) imagination

l'**immagine** (f.) image (3)

immediato immediate

immesso emitted

l'**immigrante** (m. or f.) immigrant

l'**immigrato/l'immigrata** immigrant (3)

immigratorio pertaining to immigration

l'**immigrazione** immigration

l'**immondizia** garbage

immutato unchanged

impadronirsi (isc) to master

imparare to learn

impedire (isc) (di + inf.) to prevent

impegnato busy, engaged

l'**impegno** commitment, involvement (13)

impensabile unthinkable

l'**imperativo** imperative

l'**imperatore/l'imperatrice** emperor/empress

imperfetto imperfect

l'**impermeabile** (m.) raincoat

impersonale impersonal

impersonato played (the part of)

l'**impianto** plant; system

impiegare to take

l'**impiegato/l'impiegata** employee

l'**impiego** employment

imporre (p.p. **imposto**; p.r. **imposi**) to impose, require; **imporsi** to get the upper hand (9)

importante important

l'**importanza** importance

†**importare** to import; to matter

l'**importazione** (f. sing.) imports

impossibile impossible

l'**impossibilità** impossibility

imposto imposed, levied

impotente powerless

l'**impotenza** helplessness (8)

l'**imprenditore/l'imprenditrice** entrepreneur

l'**impressione** (f.) impression

improvvisarsi to throw oneself into something

l'**improvvisata** surprise

improvviso sudden; **all'improvviso** suddenly

inadeguato inadequate

inarrestabile unstoppable (5)

incamminarsi to set out

incantato enchanted

incantevole enchanting

incapace incapable

incartare to wrap

l'**incendio** fire

inceppato blocked

l'**incertezza** uncertainty

incisivo effective, to the point (6)

includere (p.p. **incluso**; p.r. **inclusi**) to include

incominciare to begin

l'**incomunicabilità** incommunicability

inconciliabile irreconcilable

incontrare to meet; **incontrarsi** to meet with

l'**incontro** meeting

incontrollato unchecked, uncontrolled

incoraggiare to encourage

incredibile incredible

l'**incremento** increase

l'**incrocio** intersection

l'**indagine** (f.) survey

indebolito weakened

indeciso undecided

indefinito indefinite

indeterminativo indefinite

indetto announced

indicare to indicate

l'**indicativo** indicative (mood)

l'**indicazione** (f.) indication

l'**indice** (m.) index; indicator

indietro back; behind

l'**indifferenza** indifference

l'**indigestione** (f.) indigestion

indipendente independent

l'**indipendenza** independence

indiretto indirect

indirizzare to address, direct to

l'**indirizzo** address

indisciplinato undisciplined

indiscriminatamente indiscriminately

indispensabile indispensable
indisturbato undisturbed
individuare to single out
l'individuo individual
l'indole (*f.*) nature, disposition, character
l'indossatore/l'indossatrice male/female model
indovinare to guess
l'indovinello riddle, puzzle
l'industria industry
industriale (*adj.*) industrial
l'industriale (*m. or f.*) industrialist
industrializzato industrialized
inefficiente inefficient
inesistente inexistent
inesorabile unstoppable
inestimabile inestimable; invaluable
l'infanzia childhood
infarcito stuffed (9)
infatti in fact; actually
infelice unhappy
inferiore inferior
l'infermeria infirmary
l'infermiere/l'infermiera nurse
l'inferno hell
infilare to slip
infimo lowest
infine finally
l'infinito infinity
l'inflazione (*f.*) inflation
l'influenza influence; flu
influenzare to influence
influenzato influenced
l'influsso influence
informale informal
informare to inform
l'informatica computer science
l'informazione (*f.*) information
l'infrastruttura infrastructure
infrastrutturale infrastructural
ingannare to deceive, trick
ingannevole deceptive; unsteady
l'ingegnere (*m.*) engineer
l'ingegneria engineering
ingenuo naive
l'ingiustizia injustice
ingiusto unjust, unfair
inglese English
l'inglese (*m.*) English (*language*)
l'ingorgo traffic jam (6)
ingrandirsi (**isc**) to grow (1)
l'ingrediente (*m.*) ingredient
l'ingresso entrance (15)
inguaribile incurable
inguaribilmente incurably
inizialmente initially, at first
†**iniziare** to begin
l'iniziativa initiative

iniziato begun
l'inizio beginning
innamorarsi (**di**) to fall in love (with)
innamorato cotto madly in love
l'innamorato/l'innamorata lover
innanzitutto first of all
l'innoccupazione (*f.*) non-employment
innocente innocent
innumerevole countless (9)
inoltre besides; moreover (1)
l'inquadratura shot (*cinematic*)
inquietante disquieting, alarming
l'inquilino/l'inquilina tenant
l'inquinamento pollution
inquinare to pollute
inquinato polluted
inquinatore (*adj.*) polluter
l'insalata salad
l'insediamento installation
l'insegnamento teaching; **il posto d'insegnamento** teaching position
l'insegnante (*m. or f.*) teacher
insegnare to teach
inserirsi to become part of, fit into (3)
inserito inserted
l'insetto insect
l'insicurezza insecurity
insieme together; **insieme a** (*or* **con**) together with
insistere (*p.p.* **insistito**) to insist
insoddisfatto dissatisfied
l'insoddisfazione (*f.*) dissatisfaction
insomma in short, anyway
insopportabile unbearable
insospettabile above suspicion
l'installazione (*f.*) installation
instaurare to establish
insufficiente insufficient
intanto in the meantime (4)
integrarsi to integrate oneself
l'integrità integrity
intellettuale intellectual
intelligente intelligent
intendere (*p.p.* **inteso**; *p.r.* **intesi**) to mean; **intendersene** to have an understanding
intenso intense; strong, deep
l'intenzione (*f.*) intention; **avere l'intenzione di** to intend to
interessante interesting
*****interessare** to interest; **interessarsi** (**a** *or* **di**) to be interested (in)
l'interesse (*m.*) interest
l'interezza wholeness
intermedio intermediate
internazionale international
l'interno inside, interior; **all'interno** on the inside
intero whole (12)

interpellato consulted
interpretare to interpret
l'interprete (*m. or f.*) interpreter
l'interregionale (*m.*) long-distance train
interrogare to interrogate
l'interrogativo (*m.*) long-distance train
interrompere (*p.p.* **interrotto**; *p.r.* **interruppi**) to interrupt
l'interrogatorio interrogation
intervenire (*p.p.* **intervenuto**; *p.r.* **intervenni**) to intervene
l'intervento intervention, measure (6)
l'intervista interview; **fare un'intervista** to conduct an interview
intervistare to interview
l'intervistatore/l'intervistatrice interviewer
intimo intimate
intitolato called, entitled
l'intolleranza intolerance
intorno around; **intorno a** (*prep.*) around; **guardarsi intorno** to look around (12)
l'intraprendenza enterprise; initiative
intrapreso undertaken, embarked upon
intrattenere (*p.r.* **intrattenni**) to entertain
l'intrattenimento entertainment; **d'intrattenimento** (*adj.*) entertainment (7)
l'intreccio plot
introdurre (*p.p.* **introdotto**; *p.r.* **introdussi**) to introduce, insert, bring in
l'introduzione (*f.*) introduction
intromettersi (*p.p.* **intromesso**; *p.r.* **mi intromisi**) to intervene; to interfere
introverso introverted
l'inurbamento urbanization
inutile useless
l'invasione (*f.*) invasion
invaso invaded
l'invasore (*m.*) invader
invece instead, rather (1)
inventare to invent
l'invenzione (*f.*) invention
l'inverno winter; **d'inverno** in the winter
l'investimento investment
investire to invest
investito invested
inviare to send
inviato sent
invidiato envied
invidioso envious (11)
invitare to invite
l'invito invitation
invocare to invoke
l'ipocrisia hypocrisy (8)
l'ipotesi (*f. inv.*) hypothesis (6)
ipotetico hypothetical
ipotizzare to hypothesize
irlandese Irish

ironico ironic
irregolare irregular
iscritto registered
iscrivere (*p.p.* **iscritto;** *p.r.* **iscrissi**) to enroll; **iscriversi** (**a**) to register, enroll (in) (2)
l'iscrizione (*f.*) inscription, registration
l'isola island
l'isolato block
ispirato inspired
l'ispirazione (*f.*) inspiration
l'istituto institute
l'istituzione (*f.*) institution
istruire (**isc**) to instruct, educate
istruito educated (14)
istruttivo instructive
l'istruzione (*f.*) instruction
l'itinerario itinerary

L

il labbro (*pl.* **le labbra**) lip
il laboratorio lab
il ladro / la ladra thief
il lago lake; **il laghetto** little lake
la laguna lagoon (5)
lagunare (*adj.*) lagoon
il lamé (*Frn., inv.*) *fabric interwoven with metallic thread*
lamentarsi (**di**) to complain (about)
la lamentela complaint
la lampada lamp
lampeggiare to flash with lightning
il lampo lightning
la lana wool
lanciare to throw; **lanciare l'allarme** to sound the alarm
largo wide
lasciare to leave; to let; **lasciare stare** to leave alone
lassù up there
latente dormant, latent
il lato side (12)
il latte milk
la lattina can
la lattuga lettuce
la laurea university degree; **prendere la laurea** to get a degree
laurearsi (**a**) to graduate (*from a university*) (2); **laurearsi** (**in**) to get a degree (in) (2)
il laureato / la laureata graduate
la lavabiancheria (*inv.*) washing machine
lavare to wash; **lavare a secco** to dryclean; **lavarsi** to wash up
la lavastoviglie (*inv.*) dishwasher
la lavatrice washing machine
lavorare to work
lavorativo working; **l'orario lavorativo** workday schedule

il lavoratore / la lavoratrice worker
lavoratrice (*adj.*) working; **la madre lavoratrice** working mother
il lavoro work; job; **il lavoraccio** hard work
la lega league
legale legal; **lo studio legale** attorney's office
legalizzare to legalize
la legalizzazione legalization
il legame connection, bond (14)
legare to tie
legato tied, bound; **tenersi legato** to be addicted
la legge law
la leggenda legend
leggere (*p.p.* **letto;** *p.r.* **lessi**) to read
leggermente lightly
leggero light, not serious (7)
legittimamente legitimately
il legno wood
la lentezza slowness
lento slow
il leone lion
la lettera letter; **la letterina** short letter; **le lettere** humanities
letterario (*adj.*) literary
la letteratura literature
il letto bed; **stare/rimanere a letto** to stay in bed; **a letto** in/to bed
il lettore / la lettrice reader
la lettura reading
levare to rise; to take flight; **levarsi** to take off (*clothing, etc.*)
la lezione lesson; **andare a lezione** to go to class
liberato freed, liberated
la liberazione liberation
libero free; **a ruota libera** freewheeling, free (*conversation*)
la libertà freedom, liberty
la libreria bookstore
il libretto transcript
il libro book; **il librone** big book
licenziare to fire
il liceo high school (2)
il lido beach
lieto happy, glad; **a lieto fine** with a happy ending
lieve light
lievemente slightly
limitare to limit
il limite limit
la linea line; style; **in linea** lined up
la lingua language
il linguaggio language
linguistico linguistic
il lino linen

il liquore liqueur, liquor
lirico lyric
la lista list
litigare to argue, quarrel
il litro liter
il livello level (7); **a livello** (**di**) at/on the level (of) (7)
locale local
la località resort; place
la locuzione idiom, expression
logico logical; **in modo logico** in a logical way
la longevità longevity
lontano far
la lotta struggle, fight (8)
lottare to fight, struggle
il lotto lottery
la luce light
lucente shining
il luglio July
lugubre gloomy
il lumicino small light
la luna moon
il luna park (*inv.*) amusement park
il lunario almanac; **sbarcare il lunario** to make both ends meet
lunatico moody
il lunedì Monday
lungo long; **a lungo** a long time
il lungometraggio full-length film
il luogo place; **avere luogo** to take place
il lupo wolf; **in bocca al lupo!** good luck!
il lusso luxury

M

macchiato spotted
la macchina car; **in macchina** by car; **scrivere a macchina** to type
il macchinario machinery
il macchinista engineer
macrobiotico macrobiotic
la madre mother; **la madre lavoratrice** working mother
la madrelingua mother tongue (9)
la madreperla mother-of-pearl
il maestro / la maestra elementary school teacher
la mafia Mafia
magari if only; perhaps
il magazzino store; **il grande magazzino** department store (4)
il maggio May
maggior(e) greater, bigger; **il maggior(e)** the highest; **la maggior parte** most
la maggioranza majority (3)
la magia magic spell
magico (*adj.*) magic
magistrale professional, skillful

la maglia cardigan; **il maglione** polo sweater
il mago magician, wizard (11)
magro thin
mai ever; **non... mai** never
la maionese mayonnaise
malato (*adj.*) sick
il malato sick person
la malattia illness
male (*adv.*) badly, poorly; **sentirsi male** to feel unwell; **stare male** to be unwell
il male pain; disease; **farsi male** to hurt oneself; **mal di gola** sore throat; **mal di schiena** backache
maledetto cursed
maleducato ill-mannered, rude
il malgoverno misgovernment
malgrado in spite of
malinconico sad
il malinteso misunderstanding, quarrel
maltrattato mistreated
maluccio (*adv.*) rather badly, not very well
malvagio wicked (11)
la mancanza shortage, lack (1)
*mancare to be lacking, be missing (4)
mandare to send; **mandare via** to send away (12)
il mandolino mandolin
mangiare to eat; **fare da mangiare** to make something to eat; **mangiarsi le unghie** to bite (*lit.*, to eat) one's nails
la mania mania, craze
il/la manicure (*inv.*) manicure
la manifestazione display, demonstration
il manifesto poster
la maniglia handle
la mano (*pl.* **le mani**) hand; **dare una mano** to help, give a helping hand; **fatto a mano** handmade
il manoscritto manuscript
il manovale unskilled worker
mantenere (*p.r.* **mantenni**) to support; to keep
la mappa map
la marca brand; **di marca** with a (good) brand name; **la marca da bollo** revenue stamp
marcato marked, noticeable
†marcire (**isc**) to rot, decay
il mare sea; **al mare** at (to the) sea
il margine margin; **ai margini** on the fringe of
marino marine, sea; **il cavalluccio marino** sea horse
il marito husband
il marmo marble
marocchino Moroccan

marrone (*adj., inv.*) brown
il martello hammer (10)
marziano Martian
il marzo March
la maschera mask; **in maschera** masked
maschile masculine
maschilista macho, chauvinistic
il maschio male
la massa mass; **di massa** massive, in great number
massiccio massive (14)
il massimo maximum
la matematica (*sing.*) mathematics
la materia subject (*of study*)
il materiale material
il materialismo materialism
la maternità motherhood
materno maternal
il/la matricola freshman
la matrigna stepmother
matrimoniale matrimonial
il matrimonio wedding, matrimony
il mattino (**la mattina**) morning; **in mattinata** in the morning
matto crazy
il mattone brick
la mattonella tile
la maturità maturity; **l'esame di maturità** exit examination (*taken after five years of high school*)
il meccanico mechanic
la media average
mediato mediated
la medicina medicine
il medico doctor
medio (*adj.*) average (7); **il Medio Oriente** Middle East; **la scuola media** middle school
il Medioevo (*sing.*) Middle Ages
la medusa jelly fish
la megacentrale large power plant
il megafono megaphone
il megaingorgo huge traffic jam
meglio better; **il meglio** the best
la mela apple
il melone melon
il membro member
la memoria memory
il/la menefreghista person who couldn't care less
meno less; **fare a meno di** to do without; **il meno** the least
la mensa cafeteria
mensile monthly
la mente mind; **venire in mente** to come to mind
mentre while

il menù (*inv.*) menu
menzionare to mention
meravigliarsi to wonder, marvel
meravigliosamente wonderfully, marvelously
il mercato market
la merce (*sing.*) goods
il mercoledì (*inv.*) Wednesday
meridionale (*adj.*) south, southern
il/la meridionale southern Italian person
meritato deserved
il merito merit; **in merito a** regarding
il merletto lace
il mese month
il messaggio message
il messicano / la messicana Mexican
messo put
il mestiere job, trade (12)
la metà half
meteorologico meteorological, pertaining to the weather
il metro meter
la metropoli (*inv.*) metropolis
la metropolitana subway
metropolitano (*adj.*) metropolitan
mettere (*p.p.* **messo**; *p.r.* **misi**) to put; **mettere a fuoco** to set on fire; **mettere da parte** to set aside, save up (12); **mettere in circolazione** to put into circulation; **mettere in crisi** to threaten, put in a critical position (5); **mettere in ordine** to put in order; **mettere in regola** to put in order; **mettersi (a +** *inf.*) to begin (*doing something*) (11); **mettersi adosso** to put on (*clothing*); **mettersi d'accordo** to come to an agreement; **mettersi i vestiti** to put on (*clothes*) (4); **mettersi in contatto** to contact; **mettersi in viaggio** to set out on a trip (10); **mettersi nei guai** to get into trouble; **mettersi nei panni di qualcuno** to put oneself in another's shoes
la mezzanotte midnight
mezzo half
il mezzo, i mezzi means (7)
il mezzogiorno noon; **il Mezzogiorno** southern Italy (15)
il microfono microphone
migliaio (*pl.* **migliaia**) thousand
il miglio (*pl.* **le miglia**) mile
il miglioramento improvement (15)
*migliorare to improve
migliore better; **il migliore** the best
il miliardo billion
il milione one million

il **mille** (*inv.*) one thousand; **mille grazie** many thanks

il **millepiedi** (*inv.*) millipede

millesimo thousandth

mimare to mime

la **mina** mine

la **minaccia** threat

minacciare to threaten

minacciato threatened (9)

minerale (*adj.*) mineral

la **minestra** soup

la **minigonna** miniskirt

minimo least, smallest

il **ministro** minister, secretary (of State)

la **minoranza** minority

minore smaller, lesser; **il minore** younger; the youngest

il **minuto** minute

miope nearsighted (10)

il **miracolo** miracle

mischiare to mix

la **miseria** poverty (8)

misterioso mysterious

il **mistero** mystery

la **misura** measure, extent; **in minor misura** to a lesser extent

mite mild

il **mito** myth, idealized image (3)

il/la **mittente** sender; **rimandare al mittente** return to sender

il **mobile** piece of furniture

la **mobilità** mobility

modale modal

il **modello** model

moderno modern

modesto modest

il **modo** way, manner; **in modo distratto** distractedly; **in modo logico** in a logical way; **in ogni modo** at any rate

il **modulo** form

il **mogano** mahogany

la **moglie** (*pl.* **le mogli**) wife

il **molo** pier, wharf

molto (*adj.*) much, many; (*adv.*) very; much

il **momento** moment

mondiale world, worldwide

il **mondo** world

la **moneta** coin (11)

il **monopolio** monopoly

monotono monotonous

la **montagna** mountain; **andare in montagna** to go to the mountains

†**montare** to climb; to go up on; **montare in superbia** to grow proud

il **monte** mountain, mount

monumentale monumental

il **monumento** monument

morale (*adj.*) moral

la **morale** moral (*of a story*)

la **moralità** morality

morbido soft, tender

***morire** (*p.p.* **morto**) to die

morto (*adj.*) dead

il **morto** / la **morta** dead person

la **mostra** show, exhibition

mostrare to show

la **motivazione** motivation

il **motivo** reason; **per motivi di** for reasons of

la **motocicletta** (la **moto**) motorcycle

il **motorino** moped

la **motoslitta** snowmobile

il **movimento** movement

la **multa** fine; **fare una multa** to levy a fine

multietnico multiethnic

multirazziale multiracial (14)

municipale municipal

†**muovere** (*p.p.* **mosso**; *p.r.* **mossi**) to move; **muoversi** to move, change place

il **muro** wall; **le mura** town walls; **piantare un chiodo nel muro** to drive a nail into the wall

il **museo** museum

la **musica** music

il/la **musicista** musician

il **muso** muzzle; front; nose

muto silent, dumb

N

napoletano Neapolitan

narrare to narrate

la **narrativa** fiction

***nascere** (*p.p.* **nato**; *p.r.* **nacqui**) to be born

la **nascita** birth (15)

nascondere (*p.p.* **nascosto**; *p.r.* **nascosi**) to hide

il **naso** nose

il **Natale** Christmas; **a Natale** at Christmas time

la **natura** nature

naturale natural

la **nave** ship

la **navetta** shuttle

la **nazionalità** nationality

la **nazione** nation

neanche not even

la **nebbia** fog; **il nebbione** dense fog

necessario necessary

la **necessità** necessity

negare to deny (3); **negarsi** to deny oneself (15)

negativo negative

la **negligenza** negligence

il/la **negoziante** trader; storekeeper

il **negozio** store

il **nemico** / la **nemica** enemy

nemmeno not even

il **neorealismo** neorealism

neorealista neorealist

neppure not even (3)

nero black

il **nervo** nerve; **dare sui nervi** (a qualcuno) to get on one's nerves

il **nervosismo** nervousness

nervoso nervous

nessuno nobody; not . . . any

netto clearly defined (9)

la **neve** snow; **il pupazzo di neve** snowman

***nevicare** to snow

nevrotico neurotic

la **nicotina** nicotine

il **nido** nest; **l'asilo** (**nido**) day-care center (13)

niente nothing; **nient'affatto** not at all; **per niente** not at all

la **ninnananna** lullaby

i **nipotini** (*pl.*) grandchildren

la **noia** boredom

noioso boring

noleggiare to rent (*movable things*)

il **nome** name; **il nomignolo** nickname

nominare to name, call

nonché let alone, as well as

nondimeno nevertheless, however

il **nonno** / la **nonna** grandfather/grandmother

nono ninth

nonostante in spite of (1); (**ciò**) **nonostante** in spite of (that) (8)

il **nord** north

normale normal

normanno Norman

nostalgico nostalgic; **in chiave nostalgica** nostalgically

notare to notice

notevole considerable, notable (1)

la **notizia** piece of news; **le notizie** news

noto well-known

la **notte** night; **di notte** at night; **passare la notte in bianco** to spend a sleepless night

la **novella** short story

il **novembre** November

la **novità** novelty

il **nucleo** nucleus

nulla nothing

numerato numbered, counted

il **numero** number

numeroso numerous

nuotare to swim
il nuoto swimming
nuovo new; di nuovo again; nuovo di zecca brand-new; nuovo fiammante brand-new
la nuvola cloud
nuvoloso cloudy

O

obbedire (isc) to obey
obbligato obligated
obbligatorio required
obbligazionario concerning bonds and finances
l'obbligo obligation; la scuola dell'obbligo legally required schooling
obiettivo objective
l'occasione (f.) opportunity, bargain
gli occhiali (pl.) glasses; gli occhiali da sole sunglasses
l'occhiata glance; dare un'occhiata to have a look
l'occhio eye; costare un occhio della testa to cost an arm and a leg; tenere d'occhio to keep an eye out
*occorrere (p.p. occorso; p.r. occorsi) to have to; to be necessary
occupare to occupy; occuparsi (di) to take care (of), attend (to); to be busy (with) (2)
occupato busy (signal); busy
l'oceano ocean
odiare to hate
l'odio hate
l'odore (m.) smell, odor; l'odore di bruciato (smell of) burning
offendere (p.p. offeso; p.r. offesi) to offend
offerto offered
l'offesa offense
offeso offended
offrire (p.p. offerto) to offer
l'oggetto object
oggi today
oggigiorno nowadays
ogni each; in ogni modo at any rate; ogni tanto now and then
ognuno everybody, each one
le Olimpiadi (pl.) Olympic Games
l'olio oil
l'oliva olive
oltre more (greater) than, beyond (5)
oltretutto after all
l'ombra shade
l'ombrello umbrella
ombroso shady, shadowed
l'omiciattolo shrimp; little man
l'omicidio homicide

omogeneo homogeneous
l'omone (m.) large man
l'onda wave; andare in onda to be broadcast
ondata wave
l'onestà honesty
onorevole honorable
l'opera opera; work
l'operaio blue-collar worker
l'operatore/l'operatrice operator
l'operazione (f.) operation
l'opinione (f.) opinion
opporre (p.p. opposto; p.r. opposi) to oppose; opporsi to object, counter
l'opportunità opportunity
opportuno opportune
oppure or
l'ora hour, time; di buon'ora early; l'ora di punta rush hour; non vedere l'ora (di + inf.) to look forward to; l'oretta about an hour
orale oral
l'orario schedule, timetable (13); in orario on time; l'orario fisso set schedule; l'orario lavorativo workday schedule
l'orchestra orchestra
ordinale ordinal
ordinare to order
ordinato orderly
l'ordinazione (f.) ordination
l'ordine (m.) order; mettere in ordine to put in order
gli orecchini (pl.) earrings
l'orecchio ear
organico organic
organizzare to organize
l'organizzazione (f.) organization
l'organo organ
l'orgoglio pride
orgoglioso proud
l'oriente the East; il Medio Oriente Middle East
l'orientamento orientation
orientarsi to find one's bearings
originale original; in versione originale in the original form
l'origine (f.) origin
ormai by now
l'oro gold
l'orologio watch; clock
orrendo horrendous
orribile horrible
l'orrore (m.) horror
l'ortaggio vegetable
l'orto vegetable garden
l'ortografia spelling
ortografico orthographic (spelling); l'errore ortografico spelling mistake

l'ospedale (m.) hospital
ospitare to accommodate (4)
l'ospite (m. or f.) guest; host
ossequioso respectful
osservare to observe
l'osservazione (f.) observation
l'osso (pl. le ossa) bone
l'ostacolo obstacle (13)
l'ostello (youth) hostel
l'osteria inn, tavern
ostile hostile (9)
l'ostilità hostility (14)
ottenere (p.r. ottenni) to obtain
l'ottico optician
ottimamente very well, excellently
ottimistico optimistic
ottimo very good, excellent
l'ottobre (m.) October
l'ovest (m.) west
ovviamente obviously, evidently
ovviare to remedy
ovvio obvious

P

il pacco package
la pace peace
il padre father; padrino godfather
il padrone boss, owner (12)
il paesaggio landscape
il paese country; town (1)
la paga salary (12)
il pagamento payment
pagare to pay
la pagina page; a pagina on page
il pagliaccio clown
il paio (pl. le paia) pair
la palandrana long, loose garment
il palazzo palace; apartment building; il palazzone apartment building (12); il pigiama palazzo lounging pajamas
il palco stage (11)
la palestra gymnasium; andare in palestra to go to the gym
la palla ball; il palloncino balloon; il pallone soccerball
il pallacanestro basketball
pallido pale
il paltò (inv.) winter coat
la pancetta bacon
la panchina bench
il pane bread
la panetteria bakery
il panico panic
il panificio bakery
il panino roll; sandwich
il panneggio drapery
il pannello panel; il pannello solare solar panel (6)

il **panno** cloth; **mettersi nei panni di qualcuno** to put oneself in another's shoes

i **pantaloni** (*pl.*) pants, trousers

il **Panteon** (*inv.*) Pantheon

il **Papa** Pope

paradossalmente paradoxically

parafrasato paraphrased

paragonabile comparable

paragonare to compare (1)

il **paragone** comparison (9); **fare un paragone** to compare

il **paragrafo** paragraph

paralizzato paralyzed

il **parametro** parameter

parcheggiare to park

il **parcheggio** parking place

il **parco** park

parecchio quite a bit (1); **parecchi** several

il/la **parente** relative

la **parentesi** (*inv.*) parenthesis

il **parere** opinion; **a mio parere** in my opinion

*__parere__ (*p.p.* **parso;** *p.r.* **parvi**) to seem

pari equal; **di pari passo** at the same rate (15)

il **parlamento** parliament

parlare to speak, talk; **parlare di** to talk about; **sentire parlare di** to hear of (12)

parmigiano parmesan

la **parola** word; **le parolacce** bad words

la **parrocchia** parish

il **parrucchiere / la parruchiera** hairdresser

la **parte** part; **a parte** separately; **da parte** aside; **fare parte di** to be part of; **in gran parte** for the most part; **la maggior parte** most; **mettere da parte** to set aside, save up (12)

partecipare to participate

la **partecipazione** participation

particolare particular

*__partire__ to leave, go on a trip, depart

la **partita** game

il **partito** (*political*) party (3)

parzialmente partially

la **Pasqua** Easter

il **passaggio** ride; **dare un passaggio** to give a ride

il/la **passante** passerby

†**passare** to spend (time); to stop by, pass by, go by; **passare la notte in bianco** to spend a sleepless night; **passare le vacanze** to spend the vacation; **passarsela bene** to get along well

il **passatempo** pastime

il **passato** past

il **passeggero / la passeggera** passenger

passeggiare to stroll

la **passeggiata** walk; **fare una passeggiata** to take a walk

la **passerella** runway

passivo passive

il **passo** step; **di pari passo** at the same rate (15); **essere al passo** to keep up

la **pasta** pastry

la **pastasciutta** pasta

la **pasticceria** pastry shop

il **pasticcio** mess

la **pastiglia** lozenge

il **pasto** meal

la **patata** potato

paterno paternal

la **patina** (patina) coating

patire (**isc**) to suffer

la **patria** homeland (3)

il **patrimonio** patrimony

pattinare to skate

il **pattino** skate; **i pattini a rotelle** roller skates

il **patto** condition; **a patto che** on condition that

la **paura** fear; **avere paura** to be frightened; **fare paura** to frighten

pazientemente patiently

la **pazienza** patience; **avere pazienza** to be patient

pazzo crazy, mad

peccato! (*interj.*) what a pity!

la **pedagogia** pedagogy

il/la **pediatra** pediatrician

il **pedone** pedestrian

peggio worse; **il peggio** the worst

il **peggioramento** worsening, aggravation

†**peggiorare** to get worse

peggiorativo pejorative

il **peggiore** the worst

la **pelle** skin; leather

il **pellegrino / la pellegrina** pilgrim

la **pellicola** film

il **pelo** fur

la **pena** suffering, punishment; **fare pena** to feel sorry (*for someone*); **la pena detentiva** prison sentence

penare to suffer

la **penetrazione** penetration

la **penisola** peninsula

la **penna** pen

penoso painful

pensare (**a**) to think (about); **pensare di** (+ *inf.*) to plan; **pensare di qualcosa o di qualcuno** to have an opinion about something or somebody

il **pensiero** thought

la **pensione** inexpensive hotel; **andare in pensione** to retire

il **pentagono** pentagon

pentirsi to regret

il **pepe** pepper

il **peperone** pepper; **peperoncino** chili pepper

la **pera** pear

la **percentuale** percentage

percepire (**isc**) to perceive

la **percezione** perception

perché why; because; so that

perciò therefore

perdente losing

perdere (*p.p.* **perso;** *p.r.* **persi**) to lose; to miss; **perdere la testa** to lose one's head; **perdere tempo** to waste time; **perdersi** to get lost

la **perdita** loss, waste

perdonare to forgive

perdutamente hopelessly, desperately

perduto lost

perfetto perfect

il/la **perfezionista** perfectionist

perfido perfidious, treacherous

perfino (*adv.*) even (12)

il **pericolo** danger

pericoloso dangerous

la **periferia** (*sing.*) outskirts (12); suburbs

il **periodico** magazine (9)

il **periodo** period; **il periodo estivo** summertime

la **perla** pearl

la **permanenza** stay

il **permesso** permission

permettere (**di**) (*p.p.* **permesso;** *p.r.* **permisi**) to allow (3)

il **pero** pear tree

però however

la **perplessità** perplexity

perplesso perplexed (3)

la **persecuzione** persecution

perseguitato persecuted, oppressed

persino (*adv.*) even

la **persona** person

il **personaggio** important person; character

personale personal

la **personalità** personality

la **persuasione** persuasion

pertinente pertinent, relevant

pervadere to pervade

pesante heavy

pesare to weigh; **pesare sulle spalle** (**di**) to rest on the shoulders (of), weigh heavily (on) (13)

il **pesce** fish; **chi dorme non piglia pesci** the early bird gets the worm

il **peso** weight (5)

pessimamente pessimistically

il/la **pessimista** pessimist

pessimistico pessimistic
il pesticida pesticide
la pestilenza pestilence
la petizione petition
il petrolio petroleum, oil
il pettegolezzo gossip, idle talk
pettegolo gossipy
pettinarsi to comb one's hair
il pezzo piece; piece (*musical*) (11); **il pezzetino** tiny piece
il piacere pleasure; **fare piacere a** to give pleasure, please; **fare un piacere** to do a favor; **per piacere** please
*****piacere** (*p.p.* **piaciuto**; *p.r.* **piacqui**) to like
piacevole pleasant
la piacevolezza pleasantness, delight
piangere (*p.p.* **pianto**; *p.r.* **piansi**) to cry, weep
pianificato planned
la pianificazione planning
il/la pianista pianist
piano slowly
il piano plan; work plan
il pianoforte piano
la pianta plant
piantare to plant; **piantare in asso** to abandon, "leave in the lurch" (10); **piantare un chiodo nel muro** to drive a nail into the wall
il pianterreno ground floor
il piatto dish, plate
la piazza piazza, square; **il piazzale** large square
piccolo small, little; **da piccolo** as a child
il picnic: fare un picnic to have a picnic
il piede foot; **a piedi** on foot; **andare a piedi** to go on foot; **in piedi** standing
pieghettato pleated
pienamente completely, fully
pieno full (1)
pietoso pitiful, piteous
il pigiama (*sing.*) pajamas; **il pigiama palazzo** lounging pajamas
pigliare to press; **chi dorme non piglia pesci** the early bird gets the worm
pignolo fussy
pigro lazy; **pigrone** extremely lazy
la pila battery
la pillola pill
il/la pilota pilot
pilotare to pilot
la pioggia rain; **la pioggia acida** acid rain
*****piovere** (*p.r.* **piovve**) to rain; **piovere a dirotto** to pour, rain cats and dogs
il pipistrello bat
il pirata pirate
la piscina swimming pool (4)
il pisello pea

il pittore / la pittrice painter
pittoresco picturesque
la pittura painting
più more; plus; **al più presto** as soon as possible; **il più** the most; **non più** no more; no longer; **per di più** moreover, what's more (13); **sempre (di) meno** less and less; **sempre (di) più** more and more
piuttosto rather
il pizzo lace
la plastica plastic
la platea theater stall
la pochette (*Frn., inv.*) clutch bag
poco not much; **ben poco** very little; **da poco** of little value, insignificant (10); **fra poco** shortly; **poco alla volta** a few at a time; **un poco (po')** a little
la poesia poem, poetry
il poeta / la poetessa poet; **il poetastro** bad poet
poetico poetic
poi then, afterward; **da... in poi...** from . . . on (8)
poiché since, because (14)
la polemica controversy
la polenta polenta, (*corn*) mash
la politica (*sing.*) politics
politico political
la polizia police
poliziesco (*adj.*) detective (*story*)
il poliziotto policeman
il pollo chicken
il polso wrist
la poltrona armchair; **la poltroncina** small armchair
polveroso dusty (4)
pomeridiano (*adj.*) afternoon
il pomeriggio afternoon; **del pomeriggio** in the afternoon
il pomodoro tomato
il pompiere fireman
il ponte bridge
popolare popular
la popolazione population
la porcellana porcelain
il porco pig
il porcospino porcupine
la pornografia pornography
porre (*p.p.* **posto**; *p.r.* **posi**) to put; to place
la porta door; **il portone** main door
«il portaborse» (*inv.*) "yes man," flunky
il portafoglio wallet
portare to bring; to take; to carry; to accompany; to wear; **portare a termine** to bring to a close
il portico arcade
positivo positive

la posizione position, standing
possessivo possessive
il possesso possession
il possessore / la posseditrice owner
possibile possible
la possibilità possibility
la posta mail; post office; **la posta elettronica** e-mail
postale postal
posteggiare to park
il posto place (10); job (14); seat; **cedere il posto** to give up one's place; **il posto d'insegnamento** teaching position
la potenza power
la potenzialità potentiality
potenzialmente potentially
il potenziamento strengthening
potere to be able; **può darsi** perhaps
il potere power (3)
povero poor
la povertà poverty
il pranzo dinner
la pratica practice
praticare to practice
pratico practical
precario precarious
precedente preceding
la precedenza precedence
il precetto precept
precisamente precisely, exactly
precisare to define exactly
predicare to preach
predisposto prearranged; prepared
predominante predominant
la preferenza preference
preferibile preferable
preferire (isc) to prefer
preferito favorite
pregare (**di** + *inf.*) to pray; to beg
il pregio value, worth; excellence
la prelettura prereading
prematuramente prematurely
premere (*p.r.* **premetti**) to press
la premiazione awarding of prizes
il premio prize (7); **il gioco a premi** game show (7)
prendere (*p.p.* **preso**; *p.r.* **presi**) to take, pick up; to have (*food*); **prendere a calci** to kick; **prendere gran cura di** to take care of, treat; **prendere in considerazione** to take into consideration; **prendere in giro** to kid, be kidding; **prendere in prestito** to borrow; **prendere la laurea** to get a university degree (2); **prendere un raffreddore** to catch a cold; **prendersela** to take offense
prenotare to reserve
prenotato reserved

la **prenotazione** reservation
preoccupare to worry, trouble; **preoccuparsi (di)** to be worried (about)
preoccupato worried (9)
la **preoccupazione** worry
preparare to prepare; **prepararsi** to prepare oneself, get ready
la **preparazione** preparation
la **preposizione** preposition
la **prepotenza** overbearing manner
presentare to present, introduce
il **presentatore / la presentatrice** announcer
il **presente** present (*verb tense*)
la **presenza** presence
il **presidente / la presidentessa** president
presidenziale presidential
preso taken
presso near, at
pressoché almost, all but
prestare to lend
prestato rendered
il **prestigiatore / la prestigiatrice** juggler
prestigioso prestigious
il **prestito** loan; **prendere in prestito** to borrow (9)
presto early, soon, quickly; **al più presto** as soon as possible; **ben presto** quickly; **fare presto (+ *inf.*)** to hurry
presumere (*p.p.* **presunto;** *p.r.* **presunsi**) to presume
pretendere (*p.p.* **preteso;** *p.r.* **pretesi**) to demand, expect
prevalentemente prevalently
†**prevalere** (*p.p.* **prevalso;** *p.r.* **prevalsi**) to prevail
prevedere (*p.p.* **previsto** *or* **preveduto;** *p.r.* **previdi**) to foresee (14); to predict
previsto foreseen, predicted
il **prezzo** price
prima before
il **primato: tempo di primato** record time
la **primavera** spring; **di/in primavera** in the spring
prima: il film di prima visione first-run movie
principale principal
principalmente principally, chiefly
il **principe / la principessa** prince/princess
privato private
probabile probable, likely
la **probabilità** probability, likelihood
probabilmente probably
il **problema** problem
problematico problematic
il **processo** process
il **procrastinatore** procrastinator

procreare to procreate, give birth
procurare to procure, get
prodotto (*adj.*) produced, manufactured
il **prodotto** product
produrre (*p.p.* **prodotto;** *p.r.* **produssi**) to produce
la **produttività** productivity
produttivo productive
il **produttore / la produttrice** producer
la **produzione** production
professionale professional
la **professione** profession
il/la **professionista** professional person
il **professore / la professoressa** teacher (*at middle-school, high-school, and university levels*)
il **profeta** prophet
il **profitto** profit
profondo deep, profound
il **profugo** refugee (3)
il **profumo** perfume, scent
il/la **progettista** planner, designer
il **progetto** project
il **programma** program; **il programma di varietà** variety show (7)
programmare to program
la **programmazione** programming
progredito progressive, advanced (15)
progressista progressive
progressivo progressive
proibire (*isc*) (**di** + *inf.*) to prohibit
proiettato projected
la **proiezione** projection
promettere (**di** + *inf.*) (*p.p.* **promesso;** *p.r.* **promisi**) to promote
pronto ready
la **pronuncia** pronunciation
pronunciare to pronounce
la **propensione** propensity, tendency
propenso inclined
proporre (*p.p.* **proposto;** *p.r.* **proposi**) to propose, support
il **proposito** purpose; **a proposito** by the way
la **proposta** proposal (6)
la **proprietà** property
il **proprietario / la proprietaria** owner; landlord/landlady
proprio (*adj.*) own; (*adv.*) really (4)
il **prosciutto** cured ham
proseguire to continue (on), carry on (11)
la **prosperità** prosperity
prospero prosperous
prossimamente soon, in a short time
prossimo next
il/la **protagonista** protagonist

proteggere (*p.p.* **protetto;** *p.r.* **protessi**) to protect
la **protesta** protest
protestare to protest
la **protezione** protection
provocare to provoke
provare to taste; to try on; to feel; **provare (a + *inf.*)** to try
proveniente originating
provenire (*p.r.* **provenni**) **da** to come from
la **provincia** province
provocato provoked
la **provocazione** provocation
il **provvedimento** measure
la **psicologia** psychology
psicologico psychological
lo **psicologo / la psicologa** psychologist
pubblicare to publish
la **pubblicità** advertising, publicity (7)
pubblicitario (*adj.*) commercial; **l'annuncio pubblicitario** advertisement; **lo spot pubblicitario** commercial (7)
pubblicizzato publicized (7)
pubblico (*adj.*) public
il **pubblico** public, audience (7)
il **pugno** fist
pulire (*isc*) to clean
pulito cleaned
la **pulizia** cleanliness
pungente pungent, penetrating
la **punizione** punishment
la **punta** point; **l'ora di punta** rush hour
la **puntata** installment; episode
il **punto** point (1); stitch; **essere sul punto (di)** to be on the verge (of); **il punto di vista** point of view (1)
puntuale punctual, on time
il **pupazzo** puppet; **il pupazzo di neve** snowman
purché provided that
pure also
puro pure
purtroppo unfortunately
puzzare to stink, smell badly
la **puzzola** skunk
puzzolente stinking, smelly (5)

Q

qua here
il **quaderno** notebook
quadrato (*adj.*) square
il **quadro** painting
qualche some; **qualche volta** sometimes
qualcosa something
qualcuno someone; **stare a cuore a qualcuno** to be important to someone
la **qualità** quality
qualitativo qualitative

qualsiasi any
qualunque any, any sort of, whatever
la quantità quantity
quantitativo quantitative
quantunque although
il quartetto quartet
il quartiere neighborhood
il quarto one fourth
quasi almost
quattro: fare quattro chiacchiere to have a chat
la questione question, matter
quindi then; therefore (1)
il quotidiano daily newspaper
la quota share, quota
quotidianamente (*adv.*) daily
quotidiano (*adj.*) daily (1)

R
la rabbia anger, rage (8)
*****rabbrividire** to shiver (9)
raccogliere (*p.p.* **raccolto;** *p.r.* **raccolsi**) to collect, gather
la raccolta collection
raccomandare to recommend; **raccomandarsi** (**a**) to depend (on); to ask a favor (of)
la raccomandazione recommendation
raccontare to tell, narrate
il racconto short story
racimolare to glean; to pick up, scrape together
†raddoppiare to double, redouble
radicalment radically
la radice root; origin, source
la radio (*inv.*) radio; **la radiolina** small radio
radiofonico radio; **la trasmissione radiofonica** radio broadcast
la radiografia radiography; X-ray (photograph)
rado rare; **di rado** seldom, rarely
raffigurare to represent
la raffinatezza refinement
il raffreddore cold; **prendere un raffreddore** to catch a cold
raffrontare to confront
il ragazzo / la ragazza boy/girl; **il ragazzaccio** bad boy
raggiungere (*p.p.* **raggiunto;** *p.r.* **raggiunsi**) to reach, arrive at
raggranellare to scrape up, scrape together
la ragione reason; **avere ragione** to be right
la RAI: Radio Audizione Italiane *Italian TV station*
rammendare to mend; to darn

rampante rampant
rapido quick, fast
la rapina robbery (15)
rapito kidnapped
il rapporto relationship (5)
il/la rappresentante representative, delegate
rappresentare to represent
rappresentativo representative
raramente rarely
raro rare, uncommon
il raso satin
la rassegna review
rassegnarsi (**a**) to resign oneself (to), settle (for) (10)
rassomigliare to resemble, be like
la razza race (14)
razziale racial
il razzismo racism (14)
razzista racist
il re (*pl.* **i re**) king
reagire (**isc**) to react (14)
reale real; royal
realizzare to put into effect, bring about (6); **realizzarsi** to come true; to materialize
la realtà reality
il reame kingdom
la reazione reaction
recare to bring
la recensione review
recente recent
la recessione recession
il recipiente container
reciproco reciprocal
il record (*inv.*) record
la recrudescenza new outbreak, surge
il recupero recuperation
il reddito income; revenue
regalare to give (*as a gift*)
il regalo gift; **fare un regalo** to give a gift; **farsi regali** to exchange gifts
la reggia royal palace
la regia direction, production
la regina queen
regionale regional; **la giunta regionale** regional council
la regione region
il/la regista film director (8)
registrare to register; to record
il registratore tape recorder
la regola rule; **mettere in regola** to put in order
il regolamento rule
regolare regular
regolare to control, regulate (3)
la regolarità regularity

reinventare to reinvent
relativo relative
il relatore / la relatrice reporter
la relazione report
la religione religion
religioso religious
remoto distant
rendere (*p.p.* **reso;** *p.r.* **resi**) to return, give back; **rendere** (+ *adj.*) to make; **rendersi conto** (**di**) to realize, become aware (of)
il reperto archeological find, evidence
la repubblica republic
il/la residente resident
la residenza residence
residenziale residential
la resistenza resistance
respingere (*p.p.* **respinto;** *p.r.* **respinsi**) to repel, drive back
responsabile (**di**) responsible (for)
la responsabilità responsibility
*****restare** to stay, remain
restio restive; reluctant
restituire (**isc**) to return, give back
il resto remainder; **del resto** besides
la resurrezione resurrection
la rete (**televisiva**) TV network (7)
la retrospettiva retrospective
la retta: dare retta a to pay attention to
riaccenderlo to restart, turn on again
riacquisire (**isc**) to reacquire
riassumere (*p.p.* **riassunto;** *p.r.* **riassunsi**) to summarize (8)
il riassunto summary
ricco rich; **ricco sfondato** filthy rich
la ricerca research; **fare ricerca** (**fare ricerche**) to do research
il ricercatore / la ricercatrice researcher
la ricetta recipe
ricevere to receive
il ricevimento reception
la richezza wealth
richiamare to call back
richiedere (*p.p.* **richiesto;** *p.r.* **richiesi**) to demand; to require
la richiesta demand; request
richiesto in demand; asked for; needed
il riciclaggio recycling (6)
riciclare to recycle (6)
riconoscere (*p.p.* **riconosciuto;** *p.r.* **riconobbi**) to recognize
ricoprire (*p.p.* **ricoperto**) to cover
ricordare to remember; **ricordare qualcosa a qualcuno** to remind someone of something; **ricordarsi** (**di**) to remember
il ricordo memory
ricorrente recurrent (8)

la **ricorrenza** anniversary

ricreativo recreative; recreational

ridere (*p.p.* **riso;** *p.r.* **risi**) to laugh (at);
 ridere in faccia (**a qualcuno**) to laugh
 in someone's face (12)

ridicolo ridiculous

ridimensionato reorganized; reappraised

ridurre (*p.p.* **ridotto;** *p.r.* **ridussi**) to reduce

la **riduzione** reduction

riempire to fill out (*a form*)

***rientrare** (**in**) to come back to town (*fol-
 lowing a holiday or vacation*) (4)

riequilibrare to balance

rievocare to recall

rifare (*p.p.* **rifatto;** *p.r.* **rifeci**) to do again

riferirsi (**isc**) (**a**) to refer (to)

rifiutarsi (**di**) to refuse (to)

il **rifiuto, i rifiuti** trash, waste (6)

la **riflessione** reflection

riflessivo reflexive

riflettere to reflect, think

riforestare to reforest

la **riforestazione** reforestation

la **riforma** reform

rifugiarsi to take shelter; to seek comfort

il **rifugio** shelter, refuge

la **riga** line

la **rigidità** inflexibility

rigido rigid, strict

riguardare to concern

riinserito put in again

il **rilancio** relaunching

rilassante relaxing

rilassarsi to relax (11)

rileggere (*p.p.* **riletto;** *p.r.* **rilessi**) to reread

rilento: a rilento slowly

rilevante noteworthy (9)

rilevare to raise, increase

rimandare to postpone (3); to send back
 (3); **rimandare al mittente** return to
 sender

rimanente remaining, left over

***rimanere** (*p.p.* **rimasto;** *p.r.* **rimasi**) to re-
 main, stay; **rimanere a letto** to stay in
 bed

il **rimborso** reimbursement

rimediare to fix, remedy

il **rimedio** remedy

il **rimmel** (*inv.*) mascara (11)

rinascimentale of the Renaissance

il **Rinascimento** Renaissance

la **rinascita** rebirth

rinfrescare to cool down, refresh (4)

ringraziare (**di** *or* **per**) to thank someone
 (for)

rinnovarsi to happen again, recur

rinunciare (**a**) to give up (*something*) (4)

riparare to repair

ripetere to repeat

ripiantare to replant

il **ripieno** filling, stuffing

riportare to return, bring back

riposare to rest

riprendere (**a** + *inf.*) (*p.p.* **ripreso;** *p.r.*
 ripresi) to resume, start again

il **risanamento** restoration (5)

risanare to restore, improve (5)

riscaldare to heat

rischiare (**di**) to risk (3)

il **rischio** risk

riscontrabile verifiable, checkable

riscoprire (*p.p.* **riscoperto**) to find again

riscuotere (*p.p.* **riscosso;** *p.r.* **riscossi**) to
 collect; to shake up

risiedere to reside

il **riso** laughter

risoluto determined, resolute

la **risoluzione** resolution

risolvere (*p.p.* **risolto;** *p.r.* **risolsi**) to resolve

le **risorse** (*pl.*) resources (6)

risparmiare to save (6)

il **risparmio** saving(s) (6); conservation (6)

rispecchiare to reflect again

rispettare to respect

il **rispetto** respect; **rispetto a** compared
 to

rispettoso respectful

rispondere (*p.p.* **risposto;** *p.r.* **risposi**) to
 answer

la **risposta** answer

il **ristorante** restaurant

ristretto narrow, limited

risultare to result

il **risultato** result

ritardatario late

il **ritardo** delay; **in ritardo** late

ritenere (*p.r.* **ritenni**) to retain

ritirare to withdraw

il **ritmo** rhythm

il **rito** rite; **il rito civile** civil ceremony

il **ritorno** return; **l'andata e ritorno**
 round-trip

il **ritratto** portrait

il **ritrovamento** discovery

rituale (*adj.*) ritual

la **riunione** meeting

riunito reunited

riuscire (**a**) to succeed (in), manage (to)

la **riva** bank (*of river*)

il/la **rivale** rival

rivedere (*p.p.* **rivisto** *or* **riveduto;** *p.r.* **riv-
 idi**) to see again; **rivedersi** to meet
 again

rivelarsi to prove to be (5)

la **rivista** magazine

rivolgersi (**a**) (*p.p.* **rivolto;** *p.r.* **mi rivolsi**)
 to turn to, apply (to)

rivoluzionario revolutionary

la **rivoluzione** revolution

la **roba, le robe** stuff, things, belongings
 (10)

romantico romantic

il **romanziere** / la **romanziera** novelist

il **romanzo** novel; **il romanzo storico** historical novel (8)

rompere (*p.p.* **rotto;** *p.r.* **ruppi**) to break

rosa (*inv.*) pink

il **rossetto** lipstick (11)

rosso red; **il rosso d'uovo** yolk of an egg

la **rotella** small skate; **i pattini a rotelle**
 roller skates

rotto broken

la **rottura** breaking off

rovente redhot, fiery

rovesciare to turn inside out

la **rovina** ruin

rovinare to ruin, spoil

rubare to steal (11)

la **rubrica** heading; column (*in newspaper*)

il **rumore** noise

il **ruolo** role (8)

la **ruota** wheel; **a ruota libera** freewheeling, free (*conversation*)

ruotare to whirl around, rotate

rurale rural

la **ruralità** rurality, rural character

il **russo** / la **russa** Russian person; (*m.*)
 Russian language

S

il **sabato** Saturday

il **sacco** sack; **il sacchetto** small bag

il **saccopelista** tourist who uses a sleeping
 bag

sacrificare to sacrifice

il **sacrificio** sacrifice; **fare un sacrificio** to
 make a sacrifice

il **saggio** essay

il/la **saggista** essayist

la **sala** hall, room; **il salotto** drawing room

i **salatini** salt biscuits; snacks

il **saldo** sale

il **sale** salt

saliente salient, main

†**salire** to climb, go up; to board (*a bus*)

la **salsiccia** sausage

il **saltimbanco** tumbler, acrobat

il **salto** jump

salubre healthy

salutare to greet; to say good-bye to

la **salute** health (12)

il **saluto** greeting
salvaguardare to safeguard
salvare to save
il **salvaschermo** screen saver
il **salvataggio** rescue
il **sandalo** sandal (4)
la **sanità** health care (15)
sanitario sanitary
sano healthy (15)
sapere (*p.r.* **seppi**) to know, have knowledge of; to find out
il **saponcino** saponin (*chemical compound used as detergent*)
il **sapore** flavor (9); taste (9, 10)
la **saracinesca** rolling shutter
il **sarto** / la **sarta** tailor
il **sasso** stone
il **sassofono** saxophone
la **satira** satire
sbadato careless
sbagliare to make a mistake
sbagliato wrong, mistaken
lo **sbaglio** mistake
sbarcare to disembark; **sbarcare il lunario** to make both ends meet
lo **sbarco** disembarkation; unloading
sbrigarsela to hurry up
scabroso difficult; embarrassing
gli **scacchi** (*pl.*) chess
scadente declining (2); poor-quality (8)
lo **scaffale** shelf, set of shelves
lo **scaldabagno** water heater
la **scala** stairs; scale; (*pl.*) staircase; gli **scalini** steps
lo **scambio** exchange; lo **scambio studentesco** student exchange
lo **scandalo** scandal
scandire (**isc**) to scan; to pronounce carefully
la **scansione** scanning
*__scappare__ to flee, take off, run (3); to rush off; to run along
la **scarica elettrica** electric charge
lo **scarico** waste (5); exhaust (*automobile*)
la **scarpa** shoe; le **scarpe da ginnastica** sneakers; lo **scarpone** boot
scarseggiare to lack, be scarce
scarso insufficient
scatenare to stir up
scattante quick
lo **scavo** excavation
scegliere (*p.p.* **scelto;** *p.r.* **scelsi**) to choose
la **scelta** choice
scelto chosen
scemo stupid, silly
la **scena** scene; stage
lo **scenario** scenery
*__scendere__ (*p.p.* **sceso;** *p.r.* **scesi**) to sink, descend (5)

lo **sceneggiatore** / la **sceneggiatrice** script-writer
la **scheda** index card
lo **schema** outline, plan
lo **schermo** screen
scherzare to joke
lo **scherzo** joke
scherzoso playful
*__schiattare__ to burst with
la **schiavitù** (*inv.*) slavery
la **schiena** back; **mal di schiena** backache
lo **schifo** disgust; **mi fa schifo** it makes me sick
schizofrenico schizophrenic
lo **sci** ski
la **sciarada** charade
sciare to ski
la **sciarpa** scarf (11)
lo **sciatore** / la **sciatrice** skier
scientifico scientific
la **scienza** science; la **scienza ambientale** environmental science (2)
sciistico (related to) skiing
la **sciocchezza** stupidity, foolish thing
lo **sciocco** / la **sciocca** fool
sciogliersi (*p.p.* **sciolto;** *p.r.* **sciolsi**) to loosen, come untied; to melt; to dissolve
lo **sciopero** strike; **fare sciopero** to go on strike
lo **sciroppo** syrup
*__scivolare__ to slip, slide (11)
lo **scocciatore** / la **scocciatrice** bore; **fare lo scocciatore** to be a nuisance
lo **scoiattolo** squirrel
la **scolarità** school attendance index
lo **scolaro** / la **scolara** scholar
scolastico scholastic, related to school
scolpire (**isc**) to sculpt; to carve
la **scommessa** bet, wager
scommettere (*p.p.* **scommesso;** *p.r.* **scommisi**) to bet
*__scomparire__ (*p.p.* **scomparso;** *p.r.* **scomparvi**) to disappear
scomparso disappeared (11)
sconfitto defeated
scongiurare to avert
sconosciuto unknown (1)
scontato reduced (*price*); **dare per scontato** to take for granted
scontentare to displease (3)
scontento unhappy, discontented
lo **sconto** discount; **fare lo sconto** to give a discount
scontrarsi (**con**) to run up against (13)
scontroso irritable, testy
lo **sconvolgimento** disturbance
sconvolto very upset, devastated (8)

la **scoperta** discovery
lo **scopo** purpose
*__scoppiare__ to explode (3); to break out (3)
scoprire (*p.p.* **scoperto**) to discover (10)
scoraggiato discouraged
la **scorciatoia** short cut
scorso last, past; **l'anno scorso** last year
scortese impolite
scozzese plaid
gli **scritti** (*pl.*) writing(s)
lo **scrittore** / la **scrittrice** writer
scrivere (*p.p.* **scritto;** *p.r.* **scrissi**) to write; **scrivere a macchina** to type
lo **scudo** shield
lo **scultore** / la **scultrice** sculptor
la **scultura** sculpture
la **scuola** school; la **scuola dell'obbligo** legally required schooling; la **scuola media** middle school (2)
scuotere (*p.p.* **scosso;** *p.r.* **scossi**) to shake
la **scusa** apology; **chiedere scusa** to apologize; **domandare scusa** to beg someone's pardon
scusare to excuse; **scusarsi** to apologize
sebbene although, though
†**seccare** to dry; to bore, annoy
secco dry; **lavare a secco** to dryclean
la **secessione** secession
il **secolo** century
secondo (*adj.*) second; (*prep.*) according to
la **sede** seat; main office
*__sedersi__ to sit down
seduto seated
segnalato indicated
il **segnale** sign, signal, message
il **segno** sign (12); **è segno che** it's a sign that (12)
il **segretario** / la **segretaria** secretary
la **segreteria** administrative offices; answering machine
il **segreto** secret
seguente following
seguire to follow; **seguire un corso** to take a course
seguito popular, watched widely (7); **a seguito di** following from
selezionare to select
la **selezione** selection
selvatico wild
il **semaforo** traffic light
*__sembrare__ to seem; **mi sembra che** it seems to me that
il **semestre** semester
seminare to sow
semplice simple
semplicemente simply
semplificare to simplify

sempre always, all the time; **sempre (di) meno** less and less; **sempre (di) più** more and more

il senato Senate

il senatore / la senatrice senator

la sensazione sensation

la sensibilità sensitivity (13)

il senso sense; **il doppio senso** double meaning

sentimentalmente sentimentally

il sentimento feeling

sentire to feel; to hear; **sentire parlare di** to hear of (12); **sentirsi** to feel; **sentirsi male** to feel unwell

senza without; **senz'altro** of course

separare to separate; **separarsi** to part

il separatismo separatism

separato separated

la separazione separation

sepolto buried

seppellire to bury

la sequenza sequence

il sequestro kidnapping

la sera evening; night; **di sera** in the evening; **la serata** evening

serale (*adj.*) evening; **la fascia serale** evening hours

il serbatoio tank, cistern

sereno clear

la serie (*inv.*) series

serio serious; **sul serio** seriously

la serra greenhouse; **l'effetto serra** greenhouse effect (6)

servire to serve; to help; **non serve** it isn't any good; **servire (per)** to be necessary (for) (5); **servirsi di** to use

servito served; used

il servizio service

la sessione session

la seta silk

la sete thirst; **avere sete** to be thirsty

il settembre September

settentrionale northern (9)

la settimana week

settimanale weekly

il settore sector

severo severe, austere

la sfilata parade; fashion show

sfiorato touched upon

sfogliare to leaf through

lo sfogo outlet

sfondato: ricco sfondato filthy rich

lo sfondo background

sfortunatamente unfortunately

sforzare to force

lo sforzo effort

lo sfruttamento exploitation

sfruttare to exploit (3)

sfruttato exploited, utilized (6)

sgretolarsi to fall to pieces

sgridare to scold

la sgridata scolding

la siccità drought

siccome as, since

sicuramente surely

la sicurezza safety

sicuro sure; safe

la sigaretta cigarette

significare to mean

significativo meaningful

il significato meaning

il signore / la signora gentleman/lady; **la signorina** miss

signorile refined, classy

il silenzio silence

il simbolo symbol

simile similar

la simpatia liking, attraction

simpatico nice, likeable

sincero sincere

il sindaco mayor

la sinfonia symphony

singolare remarkable; singular

singolo single

la sinistra left

sinistro (*adj.*) left; **a sinistra** to/on the left

il sinonimo synonym

la sintesi (*inv.*) synthesis; summary

il sintomo symptom

il sistema system

sistemarsi to settle down, get organized

la sistemazione arrangement

situato situated, placed

la situazione situation

slogarsi to dislocate

smaltato enameled

smarrire to lose

smarrito lost

smettere (di + *inf.*) (*p.p.* **smesso;** *p.r.* **smisi**) to stop (*doing something*) (11)

sminuito diminished

snodarsi to unwind

il sobborgo suburb

soccorrere (*p.p.* **soccorso;** *p.r.* **soccorsi**) to help, assist

il soccorso help

sociale social

socialista (*adj.*) socialist

la società society

la sociologia sociology

il sociologo / la sociologa sociologist

soddisfacente satisfactory

soddisfare (*p.p.* **soddisfatto;** *p.r.* **soddisfeci**) to satisfy

soddisfatto satisfied

la soddisfazione satisfaction

la sofferenza suffering

soffocato suffocated

soffrire (*p.p.* **sofferto**) to suffer; to stand, tolerate; **soffrire di** to suffer from

il soggetto subject

sognare to dream (*of or about*)

il sogno dream; **fare un brutto sogno** to have a bad dream

solare solar; **il pannello solare** solar panel (6)

il soldato soldier

il soldo penny; **i soldi** money; **i soldi contanti** cash; **i soldini** change

il sole sun; **gli occhiali da sole** sunglasses

la solidarietà solidarity

solitario solitary

solito usual; **di solito** usually

la solitudine solitude

il sollievo relief, comfort

solo (*adj.*) alone; lonely; **solo** (*adv.*) only

soltanto (*adv.*) only

la soluzione solution

somigliare (a) to resemble, look like (4)

la somma sum, amount

il sommario summary

sommato summed up; **tutto sommato** all things considered (15)

sommerso (da) submerged (5)

la sommità top

sommo supreme

il sondaggio survey

sondare to sound; to probe

il sonno sleep; **avere sonno** to be sleepy

sopportare to sustain, support (5); to bear, put up with (10)

sopra on; above; over; **berci sopra** to drink to (celebrate) something

sopraffino excellent

i soprannaturali (*pl.*) supernatural beings

soprattutto above all, especially

il sopravvissuto survivor

la sopravvivenza survival (8)

*sopravvivere to survive

la sorella sister; **la sorellastra** stepsister

sorprendente surprising (1)

sorprendere (*p.p.* **sorpreso;** *p.r.* **sorpresi**) to surprise

la sorpresa surprise

sorpreso surprised

sorridente smiling

sorridere (*p.p.* **sorriso;** *p.r.* **sorrisi**) to smile

la sorte fate

sospeso suspended, hanging on

sospirare to long for, yearn for

sospirato longed-for (4)

il sospiro sigh

il sostantivo noun

la **sostanza** substance
sostanziale substantial
sostenere (*p.r.* **sostenni**) to support; to maintain; **sostenere gli esami** to take exams (2)
il **sostengo** support
il **sostenitore** / la **sostenitrice** supporter
sostenuto elevated; sustained
sostituire (isc) to substitute
sostituito substituted
la **sostituzione** substitution
sottile thin
sotto under, below
sottoelencato listed
sottolineare to underline
il **sottosegretario** / la **sottosegretaria** assistant minister, secretary (*of state*)
sottosviluppato underdeveloped
il **sottotitolo** subtitle
sottovoce in a whisper (11)
il **sovraffollamento** overcrowding
sovraffollato overcrowded
la **sovrana** sovereign; queen
sovrano royal, queenly
il/la **sovrintendente** supervisor
la **sovrintendenza** supervision
lo **spaccio** trafficking
la **spada** sword
la **spaghetteria** spaghetti restaurant
spagnolo Spanish
la **spalla** shoulder; **alle spalle di** (**qualcuno**) behind (someone's back) (11); **pesare sulle spalle** (**di**) to rest on the shoulders (of), weigh heavily (on) (13)
*****sparire** to disappear (10)
lo **spasimo** pang, spasm
spassoso funny
spaventare to scare (9)
spaventato frightened
lo **spavento** fright
la **spaziatura** spacing
lo **spazio** space
spazzare to sweep
lo **specchio** mirror
la **specialità** specialty
la **specializzazione** specialization
specialmente especially
la **specie** (*inv.*) kind, sort
specifico specific
spedire (isc) to send
spegnere (*p.p.* **spento; p.r. spensi**) to turn off (*the light*), extinguish; **si è spento** turned off, died; **spegnersi** to pass away, die
spendere (*p.p.* **speso; p.r. spesi**) to spend
la **speranza** hope
sperare to hope (for)
la **spesa** shopping; **fare la spesa** to go grocery shopping

spesso (*adv.*) often
lo **spettacolo** show (11)
lo **spettatore** / la **spettatrice** spectator
speziato spicy
la **spiaggia** beach
gli **spiccioli** (*pl.*) small change (11)
spiegabile explainable
spiegare to explain
la **spiegazione** explanation
spietato ruthless
spingere (*p.p.* **spinto; p.r. spinsi**) to push (2); to urge
lo **spinotto** gudgeon, piston pin
lo **spirito** spirit
spiritoso witty
splendido splendid
spocchioso arrogant, conceited (9)
spontaneo spontaneous
spopolarsi to be depopulated (5)
sporcarsi to get dirty
la **sporcizia** dirtiness
sporco dirty
lo **sportello** window (*in the bank, ticket office*); counter
sportivo (*adj.*) sporting, sports
sposarsi to get married
lo **sposo** / la **sposa** groom/bride; **dare in sposa** to wed
spostare to move; **spostarsi** to move, travel (1)
lo **spot pubblicitario** commercial (7)
sprecare to waste
lo **spreco** wastefulness (6)
*****sprofondare** to sink
la **spugna** sponge
lo **spumante** sparkling wine
la **squadra** team
squagliare to melt
squilibrato unbalanced (13)
squisito exquisite
stabile stable, steady
lo **stabile** building
stabilirsi to settle (*in a place*)
stabilizzare to stabilize
staccare to take off
lo **stadio** stadium
stagionale seasonal
la **stagione** season
stamattina this morning
la **stampa** print
la **stampante** printer
stampare to print
stampato printed
stancare to tire
stanco tired
la **stanza** room; lo **stanzino** small room
*****stare** (*p.r.* **stetti**) to stay, remain; **lasciare stare** to leave alone; **stare** (**per** + *inf.*)

to be about to; **stare a cuore a qualcuno** to be important to someone; **stare attento** to be careful; **stare in coda** to stand in line; **stare male** to be unwell; **stare zitto** to keep quiet
starnutire (isc) to sneeze (10)
stasera this evening
statua statue
statunitense American (*of the United States*)
la **stella** star
lo **stemma** coat of arms
lo **stereotipo** stereotype
stesso same
lo **stile** style
lo/la **stilista** stylist; fashion designer
la **stima** estimate
stimolante stimulating
stimolare to stimulate
lo **stipendio** salary
stirare to iron
lo **stivale** boot
lo **stomaco** stomach
la **storia** history; story; la **storiella** funny story
storico historical; il **romanzo storico** historical novel (8)
lo **straccio** rag
stracotto overcooked
la **strada** street, road; **fuori strada** in the wrong direction
stralunato upset
straniero foreign (1)
strano strange
straordinario extraordinary
strapieno very full
la **strategia** strategy
stravagante extravagant
stravolto upset, disturbed
lo **stregone** / la **strega** sorcerer/witch
stressante stressful
stressato stressed
stretto tight
stridulo shrill
la **striscia** strip; **a strisce** striped; la **strisciolina** thin strip
stropicciarsi to rub (*one's eyes, hands, etc.*)
lo **strumento** instrument
la **struttura** structure
strutturale structural
lo **studente** / la **studentessa** student
studentesco (*adj.*) student (*relating to school*); lo **scambio studentesco** student exchange
lo **studio** study; la **borsa di studio** scholarship; lo **studio legale** attorney's office
studioso studious
stufarsi to get fed up

stufo (**di**) fed up (with)

stupendo stupendous

la stupidaggine foolishness, nonsense

stupido stupid

stupito amazed

sturare to uncork

subire (**isc**) to undergo

subito at first, at once, immediately (1)

*succedere (*p.p.* **successo**; *p.r.* **successi**) to happen (3)

il successo success

il sud south

sudare to perspire

sudato perspiring

il sudore sweat

sufficiente sufficient, enough

la sufficienza sufficiency

il suffisso suffix

il suggerimento suggestion

suggerire (**isc**) to suggest

il suicidio suicide

suonare to play (*an instrument*)

il suono sound

superalcolico high in alcoholic content

superare to exceed (4); **superare l'esame** to pass an exam (2)

la superbia pride; **montare in superbia** to grow proud

superficiale superficial

superfluo superfluous

superiore superior; advanced

superlativo superlative

la superstrada freeway

superveloce extremely fast

il supplemento supplement, extra charge

supporre (*p.p.* **supposto**; *p.r.* **supposi**) to suppose

la supposizione supposition, conjecture

supremo: il supremo supreme; highest

surgelato frozen

surreale surreal

surrealistico surrealistic

suscitare to cause, provoke

il sussidio subsidy; benefit

lo svago diversion, leisure activity (15)

lo svantaggio disadvantage

svegliare to wake; **svegliarsi** to wake up

sviluppato developed

svilupparsi to develop (1)

lo sviluppo development (1)

la Svizzera Switzerland

svogliatamente unwillingly

svogliato unwilling; listless

svolgere (*p.p.* **svolto**; *p.r.* **svolsi**) to turn

la svolta turning point

svuotarsi to empty

T

il tabacco tobacco

la tabella table; schedule; **il tabellone** notice board

il tacchino turkey

il tacco heel; **il tachetto** low heel

tacere (*p.p.* **taciuto**; *p.r.* **tacqui**) to be quiet; to keep quiet

tagliare to cut

la tagliatrice seamstress

il tailleur (*Frn., inv.*) woman's suit

tale such

il talento talent

il tamburo drum

tanto so; so much; **ogni tanto** now and then

tapparsi to stop up (*one's ears*)

il tappo cork

tardi late

la tariffa tariff

la tartaruga turtle

la tarteletta little tart (*cake*)

la tasca pocket

tascabile pocket-size

la tassa tax; **le tasse universitarie** tuition (2)

il tassametro taximeter

il/la tassista taxi driver

il tasso rate, degree (1)

la tastiera keyboard

il tasto key

la tavola table; **il tavolino** little table

il tè (*inv.*) tea

teatrale theatrical

il teatro theater

la tecnica technique

tecnico technical

la tecnologia technology

il tedesco / la tedesca German person; (*m.*) German (*language*)

il tegumento integument (*natural outer covering*)

le telecomunicazioni (*pl.*) telecommunications

il telefilm (*inv.*) TV series (7)

telefonare (**a**) to call, phone

la telefonata (telephone) call

telefonico telephonic

il telefono telephone; **al telefono** on the phone; **il telefonino** cellular phone

il telegiornale newscast (7)

la telenovela (*pl.* **le telenovelas**) soap opera (7)

il telespettatore / la telespettatrice TV viewer

televisivo pertaining to television (7); **la rete** (**televisiva**) TV network (7)

il televisore TV set

il tema topic, theme; essay

tematico thematic

temere to fear (14)

il tempaccio nasty weather

la temperatura temperature

la tempesta storm

il tempio temple

il tempo time; weather; **essere al passo coi tempi** to keep up with the times; **fare bel tempo** to be nice weather; **fare brutto tempo** to be bad weather; **perdere tempo** to waste time; **tempo di primato** record time

il temporale thunderstorm (4)

la tenda tent

la tendenza tendency (5)

tendenzialmente: è tendenzialmente he/she tends to be

tendere (*p.p.* **teso**; *p.r.* **tesi**) to be inclined to

tenere (*p.r.* **tenni**) to keep; to hold; to consider; **tenere conto** (**di**) to take into account; **tenere d'occhio** to keep an eye out; **tenersi a galla** to keep on top of things; **tenersi legato** to be addicted

la tenerezza tenderness

il/la tenista tennis player

il tenore way; tenor

tentare (**di**) to attempt, try (to) (10)

la teoria theory

terapeutico therapeutic

il termine end; **portare a termine** to bring to a close

termoelettrico thermoelectrical

il termometro thermometer

la terra land; **per terra** on the ground

il terremoto earthquake

il terreno ground, soil

terribile terrible

il territorio territory

il terziario tertiary period

la tesi (*inv.*) thesis; **discutere la tesi** to defend one's thesis

il tesoro treasure

la tessera: la foto tessera wallet-sized photo

la testa head; **costare un occhio della testa** to cost an arm and a leg; **in testa** at the head; **mal di testa** headache; **perdere la testa** to lose one's head

il/la testimone witness

la testimonianza testimony

il testo text

il tetto roof (12)

la tigre tiger

timido timid; **timiduccio** very timid

il timore fear, dread

tipico typical

il tipo character; type

tirare to pull; **tirare vento** to be windy

il titolo title

la tivù (*inv.*) TV (7)

toccare to touch; **tocca a** (**qualcuno**) it's someone's turn

togliere (*p.p.* **tolto;** *p.r.* **tolsi**) to remove, take away (14); **togliersi** to take off (*clothing, etc.*)

tollerante tolerant

la tolleranza tolerance

tollerare to tolerate

la tomba grave, tomb

il tombino manhole cover

tonico tonic

la tonnellata ton

il tono tone

il torcicollo stiff neck

il torero bullfighter

tormentare to torment

tormentato tormented

***tornare** to return

il torneo tournament

torrido torrid; burning

la torta cake

il torto wrong; **avere torto** to be wrong

la tosse cough

tossico toxic

il/la tossicodipendente drug addict

la tossicodipendenza drug addiction

tossire (**isc**) to cough

totale total

tra between, among

la traccia trace

tradizionale traditional

la tradizione tradition

tradurre (*p.p.* **tradotto;** *p.r.* **tradussi**) to translate

il traduttore / la traduttrice translator

la traduzione translation

il traffico traffic

tragico tragic

la trama plot

il tramonto sundown

il trampolo stilt

tranne except

tranquillamente quietly

tranquillo quiet, tranquil

la transizione transition

il trapassato past perfect

trarre (*p.p.* **tratto;** *p.r.* **trassi**) to take out; to pull

trascorrere (*p.p.* **trascorso;** *p.r.* **trascorsi**) to spend (time) (15)

la trascrizione transcription

trascurato negligent

trasferirsi (**isc**) to move, relocate

trasformarsi to turn into, change oneself

trasformato transformed

la trasformazione transformation

trasmettere (*p.p.* **trasmesso;** *p.r.* **trasmisi**) to transmit, broadcast (7)

la trasmissione transmission; broadcast, program (7)

il trasporto transportation

trattare to treat; to be about; **trattarsi** (**di**) to be a matter of, be about (3)

la trattoria small restaurant

travestirsi to disguise oneself; to dress up

travolgere (*p.p.* **travolto;** *p.r.* **travolsi**) to overturn

tremare to shake, tremble

tremendo awful, horrible

il treno train; **il trenino** toy train; **in treno** by train

il triangolo triangle

la tribuna platform

il tribunale court

il tricheco walrus

il trimestre term, period of three months

trionfale triumphal

il trionfo triumph

triste sad; **in chiave triste** sadly

troncare to cut off; to break off

tropicale tropical

troppo too much, too many

trovare to find; to visit; **trovarsi** to be situated; to get along; to find oneself; **trovarsi in disaccordo** to disagree

truccarsi to put on make-up (11)

truccato made-up (*with cosmetics*) (11)

il truccatore / la truccatrice make-up artist

la truppa troup

tu: dare del tu to use the **tu** form

tuffarsi (**in**) to dive (4)

tunisino Tunisian

†**tuonare** to thunder

il tuono thunder

turbato disturbed, troubled

turchese turquoise

il turismo tourism

il/la turista tourist

turistico (*adj.*) tourist

tuttavia however

tutti (*pl.*) all, everybody; **tutti e due** both

tutto all, whole; **del tutto** completely; **tutto sommato** all things considered (15); **tutte le volte** every time

tuttora still (13)

U

ubbidire (**isc**) to obey

ubriaco drunk; **ubriaco fradicio** dead drunk

uccidere (*p.p.* **ucciso;** *p.r.* **uccisi**) to kill (11)

udire to hear (11)

ufficiale official

l'ufficio office

l'uguaglianza equality

uguale equal

ulteriormente farther on, later on; subsequently

ultimamente recently, lately

ultimo last; latest

ultramoderno ultramodern

umanistico humanistic

l'umanità humanity

umanitario humanitarian

umano (*adj.*) human

l'umidità humidity

umido humid

umile humble

l'umore (*m.*) mood

l'umorismo humor

unanime unanimous (3)

l'Ungheria Hungary

l'unghia fingernail; **mangiarsi le unghie** to bite (*lit.*, to eat) one's nails

unico only, unique; **figlio unico / figlia unica** only son/daughter

l'unificazione (*f.*) unification

l'unione (*f.*) union

l'unità unity; unit

unitario unitary

l'università university; **fare l'università** to attend a university

universitario of the university; **le tasse universitarie** tuition (2)

l'uomo (*pl.* **gli uomini**) man

l'uovo (*pl.* **le uova**) egg; **il rosso d'uovo** yolk of an egg

urbanizzato urbanized

l'urbanizzazione (*f.*) urbanization, town planning

urbano urban

urlare to scream

l'usanza habit, custom (1)

usare to use

***uscire** to go out; **uscire di casa** to leave the house

l'uso use

l'utente (*m. or f.*) user

utile useful

utilizzare to use

l'utilizzo use

utopico utopian

l'utopista (*m. or f.*) utopian, idealist; impractical dreamer

V

la vacanza vacation; **andare in vacanze** to go on vacation; **fare le vacanze** to go on vacation; **passare le vacanze** to spend the vacation

il vacanziere vacationer

valere (*p.p.* **valso**; *p.r.* **valsi**) to be worth; **valere un'acca** to be worthless (10)

valido valid

la valigia suitcase

la valle valley

il valore value; worth, merit (9)

la valutazione valuation, estimate

il vantaggio advantage

vantaggioso advantageous

il vapore vapor, steam; **a vapore** steamed

varare to launch

la variabile variable

la variazione variation

la varietà variety; **il programma di varietà** variety show (7)

vario varied

il vaso vase

vecchio old

il vecchio / la vecchia old man/woman; **la vecchietta** little old lady

vedere (*p.p.* **visto** *or* **veduto**; *p.r.* **vidi**) to see, watch, meet; **fare vedere a** to show; **non vedere l'ora** (**di** + *inf.*) to look forward (to)

il vedovo / la vedova widower/widow

vegetale (*adj.*) vegetable

vegetariano (*adj.*) vegetarian

il vegetariano / la vegetariana vegetarian

il veicolo vehicle

la vela sail; **la barca a vela** sailboat

il velluto velvet

veloce fast

velocemente fast, quickly

la velocità speed

vendere to sell

vendicare to avenge

la vendita sale (9); **in vendita** for sale

il venditore / la venditrice seller, vendor

il venerdì (*inv.*) Friday

*venire (*p.r.* **venni**) to come; **venire in mente** to come to mind

il vento wind; **tirare vento** to be windy; **il venticello** little breeze

veramente truly, really

il verbo verb

verde green; **essere al verde** to be broke

la verdura (*sing.*) vegetables

verificare to verify, check; **verificarsi** to take place

la verità truth

il verme worm

vermiforme vermiform (*resembling a worm*)

la vernice varnish

vero true, real

il versamento payment; deposit

la versione version, translation; **in versione originale** in the original form

verso toward; about, around

il vertigo dizziness

la vestaglia dressing gown

vestire to dress

il vestito dress, suit; **i vestiti** clothes; **cambiarsi (i vestiti)** to change (one's clothes); **mettersi i vestiti** to put on (one's clothes)

la vetrina shop window

il vetro glass

il vezzeggiativo term of endearment

via away; **andare via** to go away; **buttare via** to throw away (9); **gettare via** to throw away

la via way; road; **mandare via** to send away; **per via aerea** by air mail; **il viale** avenue

viaggiare to travel

il viaggio trip, travel; **essere in viaggio** to be traveling; **fare un viaggio** to take a trip; **mettersi in viaggio** to set out on a trip (10)

la vicenda story, plot (8); **a vicenda** each other

la vicinanza vicinity

vicino (*adj.*) near, close, nearby; (*adv.*) nearby; **vicino a** near

il vicino / la vicina neighbor

la videoteca video store

vietare to prohibit, forbid

vietato prohibited, forbidden

la vigilanza vigilance

il/la vigile traffic cop

la villa villa; **la villetta** small house

la villeggiatura vacation

la viltà cowardice; **per viltà** out of cowardice

vincere (*p.p.* **vinto**; *p.r.* **vinsi**) to defeat, beat; to win, conquer

il vincitore / la vincitrice winner

il vincolo tie, bond

il vino wine; **il vinello** light wine

viola (*inv.*) violet, purple

violento violent

la violenza violence

il violino violin

la virtù (*inv.*) virtue

visibile visible

la visione vision; **il film di prima visione** first-run movie

la visita visit

visitare to visit

il viso face

la vista view, sight; **in vista** in sight; **il punto di vista** point of view (1)

la vita life

la vitalità vitality

il vitellone lazy good-for-nothing

la vittima victim (3)

il vittimismo persecution complex

vittimizzare to victimize

vivace lively

la vivacità liveliness

*vivere (**di**) (*p.p.* **vissuto**; *p.r.* **vissi**) to live (on)

vivibile liveable

vivo living, alive; **dal vivo** live (*show*); **entrare nel vivo** to get to the heart

viziato spoiled

il vizio vice, weakness

il vocabolario vocabulary

il vocabolo word

la vocale vowel

la vocazione vocation, inclination

la voce voice; **ad alta voce** aloud

la voglia desire; **avere (la) voglia di** to feel like

il volantino leaflet

†volare to fly

volentieri with pleasure, gladly

volere (*p.r.* **volli**) to want; **volere bene** to care for; **volere dire** to mean

il volo di collegamento connecting flight

la volontà will; **a volontà** at will

volonteroso willing, eager

la volta time; turn; **a volte** sometimes; **c'era una volta** once upon a time; **di una volta** of an earlier era (7); **poco alla volta** a few at a time; **qualche volta** sometimes; **tutte le volte** every time

la vongola clam

votare to vote

il voto vote; grade

vuoto (*adj.*) empty (2)

il vuoto emptiness

Z

lo zaino knapsack, backpack

la zecca mint; **nuovo di zecca** brand-new

lo zecchino sequin

zeppo packed full

lo zio / la zia uncle/aunt

zitto silent; **stare zitto** to keep quiet

la zona zone

il zoologo / la zoologa zoologist

la zucca pumpkin

lo zucchero sugar

INDEX

ABOUT THE AUTHORS

Romana Habeković is the Director of Italian Language Program at the University of Michigan, where she received her PhD. in Italian, specializing in twentieth-century Italian literature. She is the author of *Tommaso Landolfi's Grotesque Images* and numerous articles in the areas of Italian literature. Her research interests also include Italian cinema and culture.

Claudio Mazzola, a native of Italy, completed his Laurea at the University of Milan and received his PhD. in Comparative Literature from the University of Washington. He has taught at the University of Michigan, Vassar College, and The College of the Holy Cross. Co-author of an Italian reading anthology, *Racconti del Novecento: realtà regionali,* he associates his scholarly interests in Italian cinema and twentieth-century literature with a strong commitment to pedagogy.

Grateful acknowledgment is made for use of the following:

Photographs: page 1 Roberto Soncin-Gerometta/Photo 20-20;   **3** Peter Menzel/Stock, Boston;   **26** Tiberio Mavrici/Granata Press Service;   **44** Beryl Goldberg;   **48** Reuters/Bettmann Newsphotos;   **50** D. Aubert/Sygma;   **65** Granata Press Service;   **67** Jonathan Blair/Woodfin Camp & Associates;   **88** Peter Menzel/Stock, Boston;   **91** Hugh Rogers/Monkmeyer Press Photos;   **93** F. Scianna/Magnum;   **116** Mike Mazzaschi/Stock, Boston;   **141** *Lamerica*. Directed by Gianni Amelio (1995). C.G. Group Tiger/Alia Film/New Yorker Films. Photo: Photofest;   **143** Beryl Goldberg;   **166** Ten Studio/Granata Press Service;   **190** Granitsas/The Image Works;   **209** Alain Benainous/Gamma-Liaison;   **211** "A Tumultuous Assembly: Numerical Sensibility," an illustration by Filippo Tommaso Marinetti, in *Les Mots en liberté futuristes* (Milan: 1919), from the Beinecke Rare Book and Manuscript Library, Yale University;   **253** Giorgio de Chirico, *The Soothsayer's Recompense,* Philadelphia Museum of Art, Louise and Walter Arensberg Collection;   **277** Elizabeth Garvey/Monkmeyer Press;   **279** Elizabeth Garvey/Monkmeyer Press;   **289** Ida Wyman/Monkmeyer Press Photos;   **298** S. Ferraris/Marka;   **313** P. Cipelli/Marka;   **323** Agenzia Contrasto/Photo Researches;   **331** Philippe Roy/Explorer/Photo Researchers

Realia: page 12 Copyright *L'Espresso;*   **38** cartoon reprinted from *La Settimana Enigmistica,* Italy. Copyright reserved;   **39** ad reprinted with permission of Pioneer Electronics Italia SPA;   **50** cartoon reprinted from *Panorama;*   **54** exclusive property of Scott SPA;   **59** from *La Settimana Enigmistica,* Italy. Copyright reserved;   **72** from *Il Corriere della Sera;*   **113** weather map from *La Repubblica;*   **123** (electricity graph and table) copyright *L'Espresso;*   **124** bar graph copyright *L'Espresso;*   **132** cartoon reprinted from *La Settimana Enigmistica,* Italy. Copyright reserved;   **134** from *Domenica Quiz;*   **137** from Serono Istituto Farmacologico;   **147** from *Sorrisi e Canzoni TV;*   **148** from *La Settimana Enigmistica,* Italy. Copyright reserved;   **149** cartoon reprinted from *La Notte;*   **151** from *La Notte;*   **171** from *Cinema: Il Sogno Continua,* by Bruno Amatucci (Perugia: Edizione Aguiscuola-Sarin, 1989);   **173** from *Cinema: Il Sogno Continua,* by Bruno Amatucci (Perugia: Edizione Aguiscuola-Sarin, 1989);   **176** *CIAK;*   **182** from *La Grande Enigmistica Italiana;*   **182** ad reprinted from *Cinema: Il Sogno Continua,* by Bruno Amatucci (Perugia: Edizione Aguiscuola-Sarin, 1989);   **198** © by ALI;   **206** ad reprinted courtesy of Warner Home Video;   **218** cartoon copyright *L'Espresso;*   **225** cartoon reprinted from *La Grande Enigmistica Italiana;*   **232** illustration by Guglielmo Wohlgumuth, from *Cento Favole di Trilussa* (Segrate: Arnoldo Mondadori Editore);   **238** illustration by Guglielmo Wohlgumuth, from *Cento Favole di Trilussa* (Segrate: Arnoldo Mondadori Editore);   **259** from *Grande Dizionario della Lingua Italiana* (Torino: UTET, p. 409);   **266** cartoon reprinted from *La Grande Enigmistica Italiana;*   **271** cartoon reprinted from *La Settimana Enigmistica,* Italy. Copyright reserved;   **284** (illustration) by Claire Bretecher. © *Le Nouvel Observateur;* (graph) from *Panorama;*   **304** Copyright *L'Espresso;*   **309** pie graph copyright *L'Espresso;*   **322** cartoon by Allegra, from *Smemoranda* (Milan: GUT Edizioni, 1992);   **330** bar graphs reprinted from *Il Corriere della Sera;*   **346** cartoon reprinted from *Domenica Quiz*

Readings: page 72 from *Il Corriere della Sera,* 7 luglio 1991;   **94** from *Il Venerdì* (supplement to *La Repubblica*), 29 giugno 1990;   **122** from *Il Venerdì* (supplement to *La Repubblica*);   **195** Alessandra Longo, *La Repubblica;*   **216** from *Il Libro degli errori.* Copyright 1993, Edizioni E. Elle, Trieste, Italy;   **238** Copyright G.G. Feltrinelli Editore, Milano, 1987;   **259** Luigi Malerba, from *Storiette tascabili,* Torino: Einaudi, 1984;   **284** *Panorama;*   **303** from *L'Espresso,* 23 guigno 1991;   **328** from *Il Corriere della Sera*